한국의 토익 수험자 여러분께,

토익 시험은 세계적인 직무 영어능력 평가 시험으로, 지난 40여 년간 비즈니스 현장에서 필요한 영어능력 평가의 기준을 제시해 왔습니다. 토익 시험 및 토익스피킹, 토익라이팅 시험은 세계에서 가장 널리 통용되는 영어능력 검증 시험으로, 160여 개국 14,000여 기관이 토익 성적을 의사결정에 활용하고 있습니다.

YBM은 한국의 토익 시험을 주관하는 ETS 독점 계약사입니다.

ETS는 한국 수험자들의 효과적인 토익 학습을 돕고자 YBM을 통하여 'ETS 토익 공식 교재'를 독점 출간하고 있습니다. 또한 'ETS 토익 공식 교재' 시리즈에 기출문항을 제공해 한국의 다른 교재들에 수록된 기출을 복제하거나 변형한 문항으로 인하여 발생할 수 있는 수험자들의 혼동을 방지하고 있습니다.

복제 및 변형 문항들은 토익 시험의 출제의도를 벗어날 수 있기 때문에 기출문항을 수록한 'ETS 토익 공식 교재'만큼 시험에 잘 대비할 수 없습니다.

'ETS 토익 공식 교재'를 통하여 수험자 여러분의 영어 소통을 위한 노력에 큰 성취가 있기를 바랍니다.

감사합니다.

Dear TOEIC Test Takers in Korea,

The TOEIC program is the global leader in English-language assessment for the workplace. It has set the standard for assessing English-language skills needed in the workplace for more than 40 years. The TOEIC tests are the most widely used English language assessments around the world, with 14,000+ organizations across more than 160 countries trusting TOEIC scores to make decisions.

YBM is the ETS Country Master Distributor for the TOEIC program in Korea and so is the exclusive distributor for TOEIC Korea.

To support effective learning for TOEIC test-takers in Korea, ETS has authorized YBM to publish the only Official TOEIC prep books in Korea. These books contain actual TOEIC items to help prevent confusion among Korean test-takers that might be caused by other prep book publishers' use of reproduced or paraphrased items.

Reproduced or paraphrased items may fail to reflect the intent of actual TOEIC items and so will not prepare test-takers as well as the actual items contained in the ETS TOEIC Official prep books published by YBM.

We hope that these ETS TOEIC Official prep books enable you, as test-takers, to achieve great success in your efforts to communicate effectively in English.

Thank you.

입문부터 실전까지 수준별 학습을 통해 최단기 목표점수 달성!

ETS TOEIC® 공식수험서 스마트 학습 지원

www.ybmbooks.com에서도 무료 MP3를 다운로드 받을 수 있습니다.

ETS 토익 모바일 학습 플랫폼!
ETS 토익기출 수험서 앱

구글플레이 앱스토어

교재 학습 지원
- LC 음원 MP3
- 교재 해설 동영상 강의
- 교재/부록 모의고사 채점 분석
- 단어 암기장

부가 서비스
- 데일리 학습(토익 기출문제 풀이)
- 토익 최신 경향 무료 특강
- 토익 타이머

모의고사 결과 분석
- 파트별/문항별 정답률
- 파트별/유형별 취약점 리포트
- 전체 응시자 점수 분포도

ETS 토익 학습 전용 온라인 커뮤니티!
ETS TOEIC® Book 공식카페

etstoeicbook.co.kr

강사진의 학습 지원 토익 대표강사들의 학습 지원과 멘토링

교재 학습관 운영 교재별 학습게시판을 통해 무료 동영상 강의 등 학습 지원

학습 콘텐츠 제공 토익 학습 콘텐츠와 정기시험 예비특강 업데이트

토익 정기시험
기출문제집

ETS 실전 5세트

RC

토익® 정기시험
기출문제집
RC

발행인	허문호
발행처	YBM

편집	노경미
디자인	DOTS
마케팅	고영노, 김동진, 박찬경, 하재희, 문근호, 고은

초판발행	2017년 12월 12일
27쇄발행	2025년 12월 1일

신고일자	1964년 3월 28일
신고번호	제 1964-000003호
주소	서울시 종로구 종로 104
전화	(02) 2000-0515 [구입문의] / (02) 2000-0304 [내용문의]
팩스	(02) 2285-1523
홈페이지	www.ybmbooks.com

ISBN	978-89-17-22885-4

ETS, 토익 are registered trademarks of Educational Testing Service, Princeton, New Jersey, U.S.A., used in the Republic of Korea under license. Copyright © 2017 by Educational Testing Service, Princeton, New Jersey, U.S.A. All rights reserved. Reproduced under license for limited use by YBM. These materials are protected by United States Laws, International Copyright Laws and International Treaties. In the event of any discrepancy between this translation and official ETS materials, the terms of the official ETS materials will prevail. All items were created by ETS. All item annotations and test-taking tips were reviewed by ETS.

서면에 의한 저자와 출판사의 허락 없이 내용의 일부 혹은 전부를 인용 및 복제하거나 발췌하는 것을 금합니다.
낙장 및 파본은 교환해 드립니다.
구입철회는 구매처 규정에 따라 교환 및 환불처리 됩니다.

*toeic.
토익 정기시험 기출문제집

ETS 실전 5세트

RC

Preface

Dear test taker,

English-language proficiency has become a vital tool for success. It can help you excel in business, travel the world, and communicate effectively with friends and colleagues. The TOEIC® test measures your ability to function effectively in English in these types of situations. Because TOEIC scores are recognized around the world as evidence of your English-language proficiency, you will be able to confidently demonstrate your English skills to employers and begin your journey to success.

The test developers at ETS are excited to help you achieve your personal and professional goals through the use of the TOEIC® 정기시험 기출문제집. This book contains practice-test questions taken from actual TOEIC tests that have been retired so that the questions can be used in this prep book. These practice questions will help you become familiar with the TOEIC test's format and content. This book also contains detailed explanations of the question types and language points contained in the TOEIC test. These test questions and explanations have all been prepared by the same test specialists who develop the actual TOEIC test, so you can be confident that you will receive an authentic test-preparation experience.

Features of the TOEIC® 정기시험 기출문제집 include the following.

- Five authentic, full-length test forms complete with answer keys and official scripts
- Specific and easy to understand explanations for learners
- The very same ETS voice actors that you will hear in an official TOEIC test administration

---

By using the TOEIC® 정기시험 기출문제집 to prepare for the TOEIC test, you can be assured that you have a professionally prepared resource that will provide you with accurate guidance so that you are more familiar with the tasks, content, and format of the test and that will help you maximize your TOEIC test score. With your official TOEIC score report, you will be ready to show the world what you know!

We are delighted to assist you on your TOEIC journey with the TOEIC® 정기시험 기출문제집 and wish you the best of success.

신토익 기출문제 최초 공개!

유일무이

'출제기관이 독점 제공한' 기출 문제가 담긴 유일한 교재!

이 책에 수록된 5세트의 RC 문제는 토익 출제기관인 ETS의 정기 시험 기출 문제이다. 진짜 토익 문제로 '실전 감각'을 키우자!

최신문항

'진짜 신토익'을 다룬 최신 실전문제집!

신토익 출제 경향을 가장 정확하게 알 수 있는 최신 기출 문항으로 신토익에 대비해 보자!

독점제공

'ETS가 제공하는' 표준 점수 환산표!

출제기관 ETS가 독점 제공하는 표준 점수 환산표를 수록했다. 문제를 풀었다면 환산표를 통해 자신의 실력이 어느 정도인지 가늠해 보자!

What is the TOEIC?

TOEIC은 어떤 시험인가요?

Test of English for International Communication(국제적 의사소통을 위한 영어 시험)의 약자로서, 영어가 모국어가 아닌 사람들이 일상생활 또는 비즈니스 현장에서 꼭 필요한 실용적 영어 구사 능력을 갖추었는가를 평가하는 시험이다.

시험 구성

구성	Part	내용		문항수	시간	배점
듣기(L/C)	1	사진 묘사		6	45분	495점
	2	질의 & 응답		25		
	3	짧은 대화		39		
	4	짧은 담화		30		
읽기(R/C)	5	단문 빈칸 채우기(문법/어휘)		30	75분	495점
	6	장문 빈칸 채우기		16		
	7	독해	단일 지문	29		
			이중 지문	10		
			삼중 지문	15		
Total		**7 Parts**		**200문항**	**120분**	**990점**

TOEIC 접수는 어떻게 하나요?

TOEIC 접수는 한국 토익 위원회 사이트(www.toeic.co.kr)에서 온라인 상으로만 접수가 가능하다. 사이트에서 매월 자세한 접수 일정과 시험 일정 등의 구체적 정보 확인이 가능하니, 미리 일정을 확인하여 접수하도록 한다.

시험장에 반드시 가져가야 할 준비물은요?

신분증 규정 신분증만 가능
(주민등록증, 운전면허증, 기간 만료 전의 여권, 공무원증 등)
필기구 연필, 지우개 (볼펜이나 사인펜은 사용 금지)

시험은 어떻게 진행되나요?

09:20	입실 (09:50 이후는 입실 불가)
09:30 – 09:45	답안지 작성에 관한 오리엔테이션
09:45 – 09:50	휴식
09:50 – 10:05	신분증 확인
10:05 – 10:10	문제지 배부 및 파본 확인
10:10 – 10:55	듣기 평가 (Listening Test)
10:55 – 12:10	독해 평가 (Reading Test)

TOEIC 성적 확인은 어떻게 하죠?

시험일로부터 약 10~11일 후, 오후 3시부터 인터넷과 ARS(060-800-0515)로 성적을 확인할 수 있다. TOEIC 성적표는 우편이나 온라인으로 발급 받을 수 있다(시험 접수시, 양자 택일). 우편으로 발급 받을 경우는 성적 발표 후 대략 일주일이 소요되며, 온라인 발급을 선택하면 유효기간 내에 홈페이지에서 본인이 직접 1회에 한해 무료 출력할 수 있다. TOEIC 성적은 시험일로부터 2년간 유효하다.

TOEIC은 몇 점 만점인가요?

TOEIC 점수는 듣기 영역(LC) 점수, 읽기 영역(RC) 점수, 그리고 이 두 영역을 합계한 전체 점수 세 부분으로 구성된다. 각 부분의 점수는 5점 단위이며, 5점에서 495점에 걸쳐 주어지고, 전체 점수는 10점에서 990점까지이며, 만점은 990점이다. TOEIC 성적은 각 문제 유형의 난이도에 따른 점수 환산표에 의해 결정된다.

신토익 경향 분석

PART 1 사진 묘사 Photographs   총 6문제

1인 등장 사진
주어는 He/She, A man/woman 등이며 주로 앞부분에 나온다.

2인 이상 등장 사진
주어는 They, Some men/women/people, One of the men/women 등이며 주로 중간 부분에 나온다.

사물/배경 사진
주어는 A car, some chairs 등이며 주로 뒷부분에 나온다.

사람 또는 사물 중심 사진
주어가 일부는 사람, 일부는 사물이며 주로 뒷부분에 나온다.

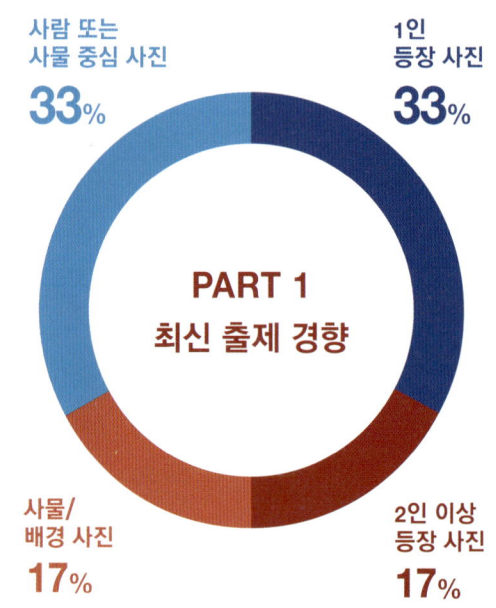

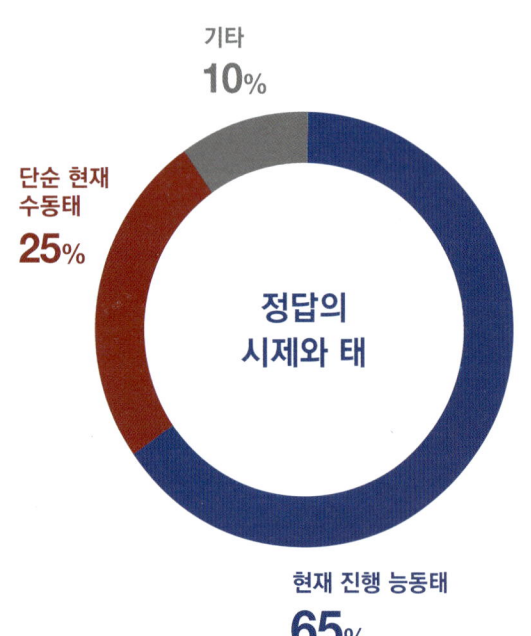

현재 진행 능동태
〈is/are + 현재분사〉 형태이며 주로 사람이 주어이다.

단순 현재 수동태
〈is/are + 과거분사〉 형태이며 주로 사물이 주어이다.

기타
〈is/are + being + 과거분사〉 형태의 현재 진행 수동태, 〈has/have + been + 과거 분사〉 형태의 현재 완료 수동태, '타동사 + 목적어' 형태의 단순 현재 능동태, There is/are와 같은 단순 현재도 나온다.

PART 2 질의 응답 Question-Response

총 25문제

평서문
질문이 아니라 객관적인 사실이나 화자의 의견 등을 나타내는 문장이다.

명령문
동사원형이나 Please 등으로 시작한다.

의문사 의문문
각 의문사마다 1~2개씩 나온다. 의문사가 단독으로 나오기도 하지만 What time ~?, How long ~?, Which room ~? 등에서처럼 다른 명사나 형용사와 같이 나오기도 한다.

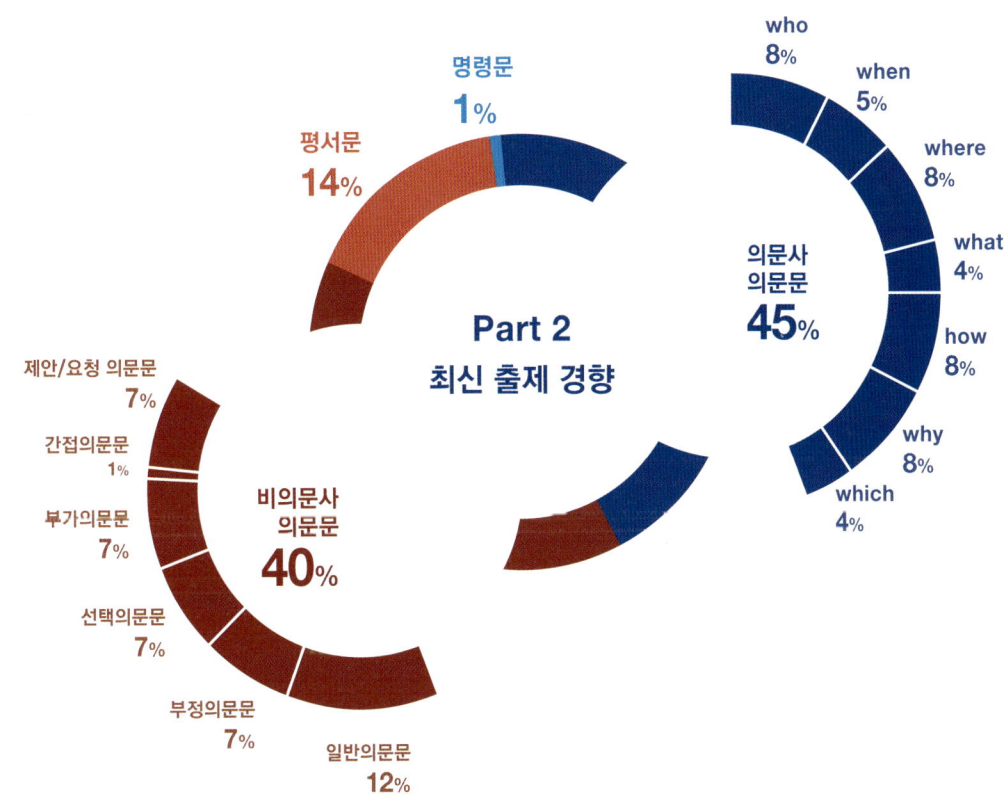

Part 2 최신 출제 경향

- 명령문 1%
- 평서문 14%
- 의문사 의문문 45%
  - who 8%
  - when 5%
  - where 8%
  - what 4%
  - how 8%
  - why 8%
  - which 4%
- 비의문사 의문문 40%
  - 제안/요청 의문문 7%
  - 간접의문문 1%
  - 부가의문문 7%
  - 선택의문문 7%
  - 부정의문문 7%
  - 일반의문문 12%

비의문사 의문문
일반(Yes/No) 의문문 적게 나올 때는 한두 개, 많이 나올 때는 서너 개씩 나오는 편이다.
부정의문문 Don't you ~?, Isn't he ~? 등으로 시작하는 문장이며 일반 긍정 의문문보다는 약간 더 적게 나온다.
선택의문문 A or B 형태로 나오며 A와 B의 형태가 단어, 구, 절일 수 있다. 구나 절일 경우 문장이 길어져서 어려워진다.
부가의문문 ~ don't you?, ~ isn't he? 등으로 끝나는 문장이며, 일반 부정 의문문과 비슷하다고 볼 수 있다.
간접의문문 의문사가 문장 처음 부분이 아니라 문장 중간에 들어 있다.
제안/요청 의문문 정보를 얻기보다는 상대방의 도움이나 동의 등을 얻기 위한 목적이 일반적이다.

신토익 경향 분석

PART 3 짧은 대화 Short Conversations
총 13대화문 39문제 (지문당 3문제)

- 3인 대화의 경우 남자 화자 두 명과 여자 화자 한 명 또는 남자 화자 한 명과 여자 화자 두 명이 나온다. 따라서 문제에서는 2인 대화에서와 달리 the man이나 the woman이 아니라 the men이나 the women 또는 특정한 이름이 언급될 수 있다.
- 대화 & 시각 정보는 항상 파트의 뒷부분에 나온다.
- 시각 정보의 유형으로 chart, map, floor plan, schedule, table, weather forecast, directory, list, invoice, receipt, sign, packing slip 등 다양한 자료가 골고루 나온다.

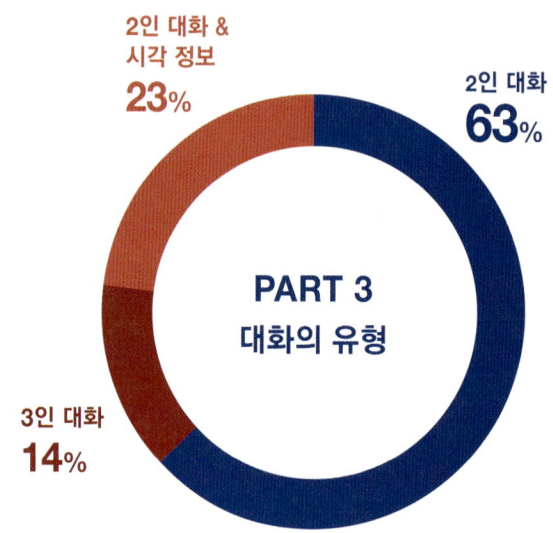

PART 3 대화의 유형
- 2인 대화 63%
- 2인 대화 & 시각 정보 23%
- 3인 대화 14%

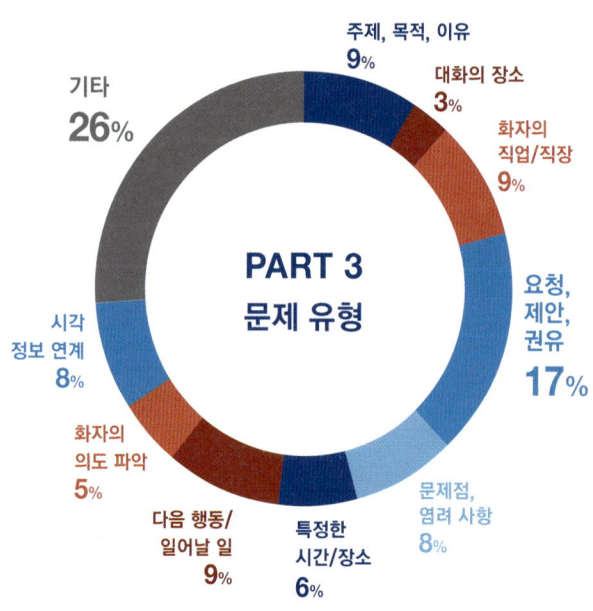

PART 3 문제 유형
- 기타 26%
- 주제, 목적, 이유 9%
- 대화의 장소 3%
- 화자의 직업/직장 9%
- 요청, 제안, 권유 17%
- 문제점, 염려 사항 8%
- 특정한 시간/장소 6%
- 다음 행동/일어날 일 9%
- 화자의 의도 파악 5%
- 시각 정보 연계 8%

- 주제, 목적, 이유, 대화의 장소, 화자의 직업/직장 등과 관련된 문제는 주로 대화의 첫 번째 문제로 나오며 다음 행동/일어날 일 등과 관련된 문제는 주로 대화의 세 번째 문제로 나온다.
- 화자의 의도 파악 문제는 주로 2인 대화에 나오지만, 가끔 3인 대화에 나오기도 한다. 시각 정보 연계 대화에는 나오지 않고 있다.
- Part 3 안에서 화자의 의도 파악 문제는 2개 나오고 시각 정보 연계 문제는 3개 나온다.

PART 4 짧은 담화 Short Talks

총 10지문 30문제 (지문당 3문제)

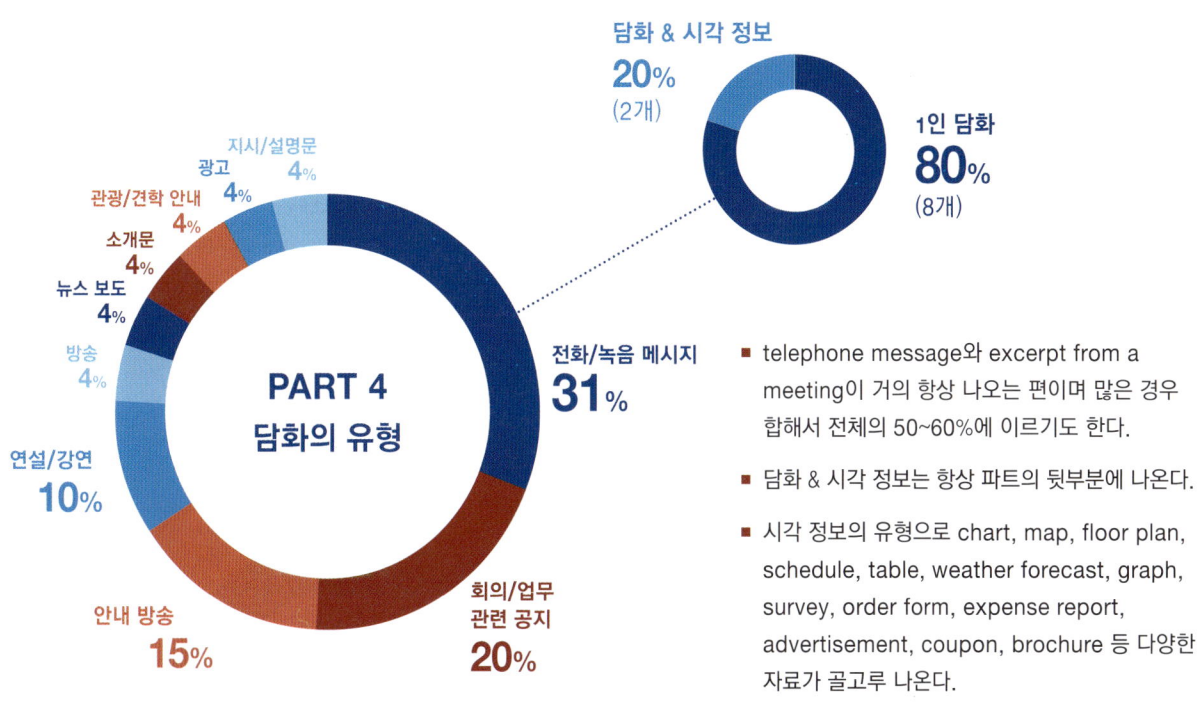

- telephone message와 excerpt from a meeting이 거의 항상 나오는 편이며 많은 경우 합해서 전체의 50~60%에 이르기도 한다.
- 담화 & 시각 정보는 항상 파트의 뒷부분에 나온다.
- 시각 정보의 유형으로 chart, map, floor plan, schedule, table, weather forecast, graph, survey, order form, expense report, advertisement, coupon, brochure 등 다양한 자료가 골고루 나온다.

- 문제 유형은 기본적으로 Part 3과 거의 비슷하다.
- 주제, 목적, 이유, 담화의 장소, 화자의 직업/직장 등과 관련된 문제는 주로 담화의 첫 번째 문제로 나오며 다음 행동/일어날 일 등과 관련된 문제는 주로 담화의 세 번째 문제로 나온다.
- Part 4 안에서 화자의 의도 파악 문제는 3개 나오고 시각 정보 연계 문제는 2개 나온다.

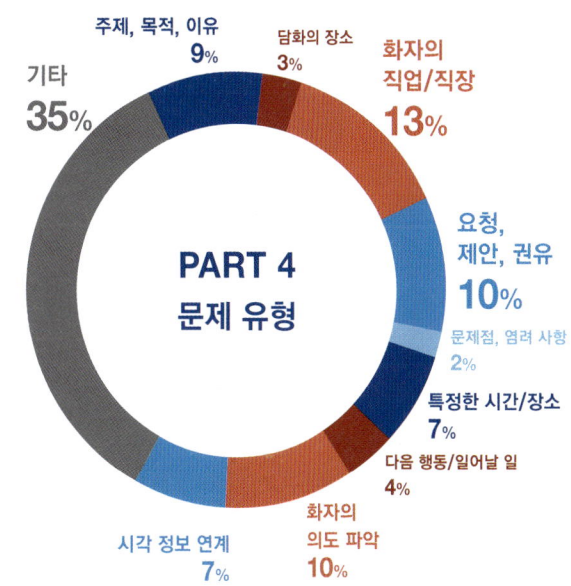

신토익 경향 분석

PART 5 단문 빈칸 채우기 Incomplete Sentences   총 30문제

문법 문제
시제와 대명사와 관련된 문법 문제가 2개씩, 한정사와 분사와 관련된 문법 문제가 1개씩 나온다. 시제 문제의 경우 능동태/수동태나 수의 일치와 연계되기도 한다. 그 밖에 한정사, 능동태/수동태, 부정사, 동명사 등과 관련된 문법 문제가 나온다.

어휘 문제
동사, 명사, 형용사, 부사와 관련된 어휘 문제가 각각 2~3개씩 골고루 나온다. 전치사 어휘 문제는 3개씩 꾸준히 나오지만, 접속사나 어구와 관련된 어휘 문제는 나오지 않을 때도 있고 3개가 나올 때도 있다.

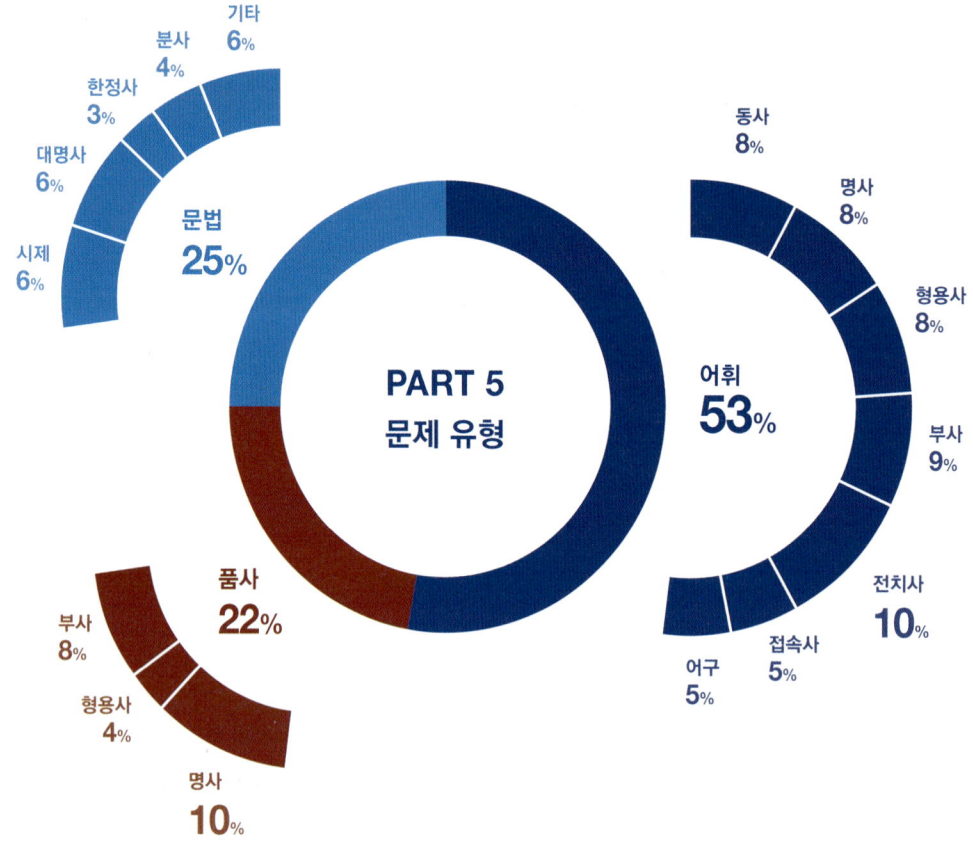

품사 문제
명사와 부사와 관련된 품사 문제가 2~3개씩 나오며, 형용사와 관련된 품사 문제가 상대적으로 적은 편이다.

PART 6 장문 빈칸 채우기 Text Completion

총 4지문 16문제 (지문당 4문제)

한 지문에 4문제가 나오며 평균적으로 어휘 문제가 2개, 품사나 문법 문제가 1개, 문맥에 맞는 문장 고르기 문제가 1개 들어간다. 문맥에 맞는 문장 고르기 문제를 제외하면 문제 유형은 기본적으로 파트 5와 거의 비슷하다.

어휘 문제
동사, 명사, 부사, 어구와 관련된 어휘 문제는 매번 1~2개씩 나온다. 부사 어휘 문제의 경우 therefore(그러므로)나 however(하지만)처럼 문맥의 흐름을 자연스럽게 연결해 주는 부사가 자주 나온다.

문맥에 맞는 문장 고르기
문맥에 맞는 문장 고르기 문제는 지문당 한 문제씩 나오는데, 나오는 위치의 확률은 4문제 중 두 번째 문제, 세 번째 문제, 네 번째 문제, 첫 번째 문제 순으로 높다.

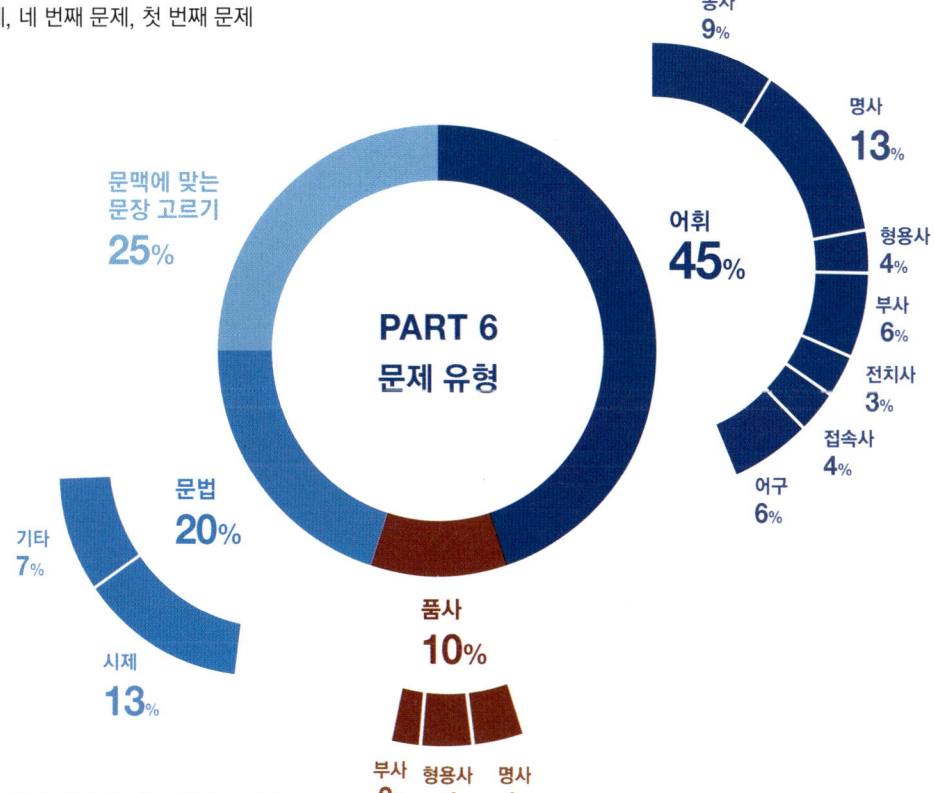

문법 문제
문맥의 흐름과 밀접하게 관련이 있는 시제 문제가 2개 정도 나오며, 능동태/수동태나 수의 일치와 연계되기도 한다. 그 밖에 대명사, 능동태/수동태, 부정사, 접속사/전치사 등과 관련된 문법 문제가 나온다.

품사 문제
명사나 형용사 문제가 부사 문제보다 좀 더 자주 나온다.

신토익 경향 분석

PART 7 독해 Reading Comprehension

지문 유형	지문당 문제 수	지문 개수	비중 %
단일 지문	2문항	4개	약 15%
	3문항	3개	약 16%
	4문항	3개	약 22%
이중 지문	5문항	2개	약 19%
삼중 지문	5문항	3개	약 28%

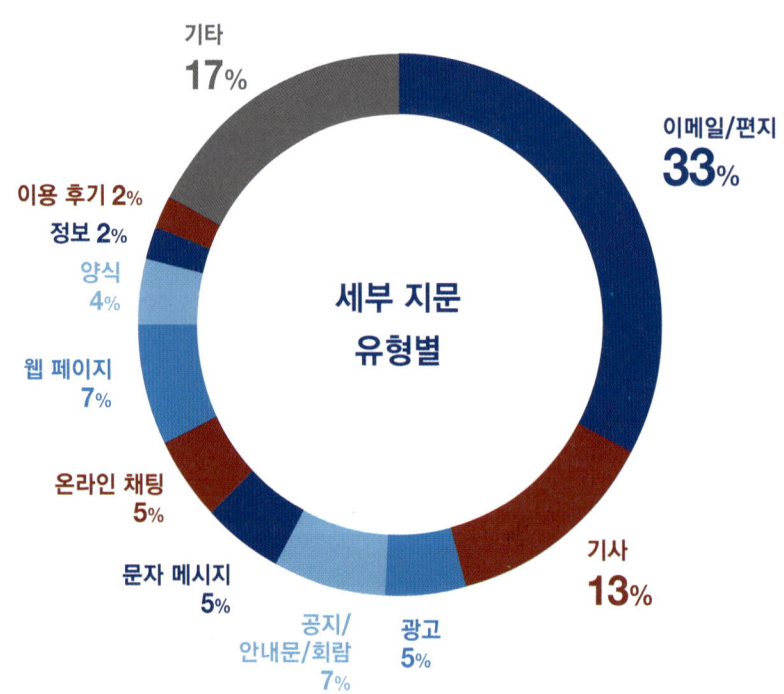

- 이메일/편지, 기사 유형 지문은 거의 항상 나오는 편이며 많은 경우 합해서 전체의 50~60%에 이르기도 한다.
- 기타 지문 유형으로 agenda, brochure, comment card, coupon, flyer, instructions, invitation, invoice, list, menu, page from a catalog, policy statement, report, schedule, survey, voucher 등 다양한 자료가 골고루 나온다.

(이중 지문과 삼중 지문 속의 지문들을 모두 낱개로 계산함 – 총 23지문)

총 15지문 54문제 (지문당 2~5문제)

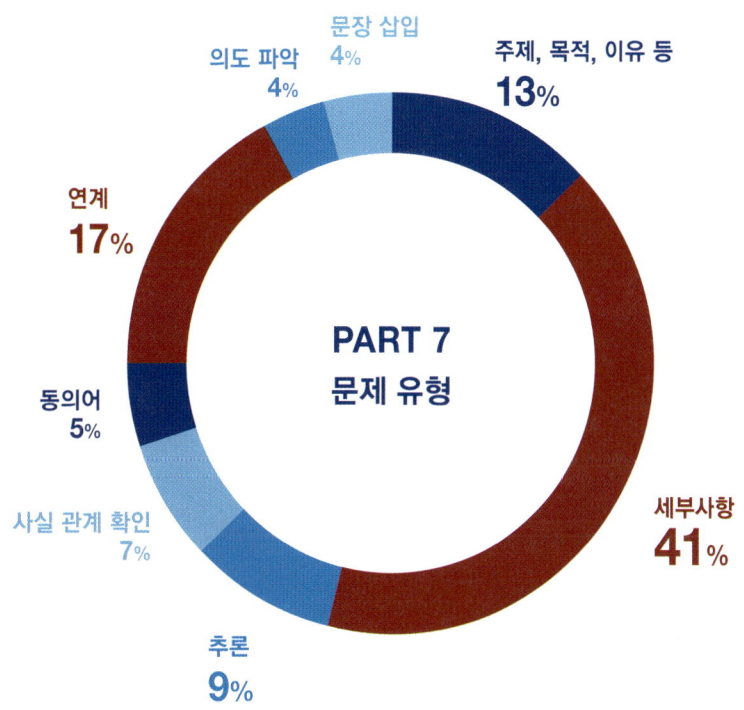

- 동의어 문제는 주로 이중 지문이나 삼중 지문에 나온다.
- 연계 문제는 일반적으로 이중 지문에서 한 문제, 삼중 지문에서 두 문제가 나온다.
- 의도 파악 문제는 문자 메시지(text-message chain)나 온라인 채팅(online chat discussion) 지문에서 출제되며 두 문제가 나온다.
- 문장 삽입 문제는 주로 기사, 이메일, 편지, 회람 지문에서 출제되며 두 문제가 나온다.

점수 환산표 및 산출법

점수 환산표 이 책에 수록된 각 Test를 풀고 난 후, 맞은 개수를 세어 점수를 환산해 보세요.

LISTENING Raw Score (맞은 개수)	LISTENING Scaled Score (환산 점수)	READING Raw Score (맞은 개수)	READING Scaled Score (환산 점수)
96–100	475–495	96–100	460–495
91–95	435–495	91–95	425–490
86–90	405–470	86–90	400–465
81–85	370–450	81–85	375–440
76–80	345–420	76–80	340–415
71–75	320–390	71–75	310–390
66–70	290–360	66–70	285–370
61–65	265–335	61–65	255–340
56–60	240–310	56–60	230–310
51–55	215–280	51–55	200–275
46–50	190–255	46–50	170–245
41–45	160–230	41–45	140–215
36–40	130–205	36–40	115–180
31–35	105–175	31–35	95–150
26–30	85–145	26–30	75–120
21–25	60–115	21–25	60–95
16–20	30–90	16–20	45–75
11–15	5–70	11–15	30–55
6–10	5–60	6–10	10–40
1–5	5–50	1–5	5–30
0	5–35	0	5–15

점수 산출 방법

아래의 방식으로 점수를 산출할 수 있다.

자신의 답안을 수록된 정답과 대조하여 채점한다. 각 Section의 맞은 개수가 본인의 Section별 '실제 점수 (통계 처리하기 전의 점수, raw score)'이다. Listening Test와 Reading Test의 정답 수를 세어, 자신의 실제 점수를 아래의 해당란에 기록한다.

	맞은 개수	환산 점수대
LISTENING		
READING		
총점		

Section별 실제 점수가 그대로 Section별 TOEIC 점수가 되는 것은 아니다. TOEIC은 시행할 때마다 별도로 특정한 통계 처리 방법을 사용하며 이러한 실제 점수를 환산 점수(converted[scaled] score)로 전환하게 된다. 이렇게 전환함으로써, 매번 시행될 때마다 문제는 달라지지만 그 점수가 갖는 의미는 같아지게 된다. 예를 들어 어느 한 시험에서 총점 550점의 성적으로 받는 실력이라면 다른 시험에서도 거의 550점대의 성적을 받게 되는 것이다.

▼

실제 점수를 위 표에 기록한 후 왼쪽 페이지의 점수 환산표를 보도록 한다. TOEIC이 시행될 때마다 대개 이와 비슷한 형태의 표가 작성되는데, 여기 제시된 환산표는 본 교재에 수록된 Test용으로 개발된 것이다. 이 표를 사용하여 자신의 실제 점수를 환산 점수로 전환하도록 한다. 즉, 예를 들어 Listening Test의 실제 정답 수가 61~65개이면 환산 점수는 265점에서 335점 사이가 된다. 여기서 실제 정답 수가 61개이면 환산 점수가 265점이고, 65개이면 환산 점수가 335점 임을 의미하는 것은 아니다. 본 책의 Test를 위해 작성된 이 점수 환산표가 자신의 영어 실력이 어느 정도인지 대략적으로 파악하는 데 도움이 되긴 하지만, 이 표가 실제 TOEIC 성적 산출에 그대로 사용된 적은 없다는 사실을 밝혀 둔다.

토익® 정기시험
기출문제집

RC

TEST

01

READING TEST

In the Reading test, you will read a variety of texts and answer several different types of reading comprehension questions. The entire Reading test will last 75 minutes. There are three parts, and directions are given for each part. You are encouraged to answer as many questions as possible within the time allowed.

You must mark your answers on the separate answer sheet. Do not write your answers in your test book.

PART 5

Directions: A word or phrase is missing in each of the sentences below. Four answer choices are given below each sentence. Select the best answer to complete the sentence. Then mark the letter (A), (B), (C), or (D) on your answer sheet.

101. Dr. Braun will write ------- letters only for interns who master every task expected of a junior copy editor.

    (A) recommends
    (B) recommendation
    (C) recommended
    (D) recommending

102. The ------- of a new chief financial officer at Veracore Industries was announced on April 6.

    (A) appoint
    (B) appoints
    (C) appointed
    (D) appointment

103. After a six-month probationary period, city employees are ------- to take vacation days.

    (A) beneficial
    (B) eligible
    (C) convenient
    (D) relevant

104. Ms. Larensky is applying with several different agencies to obtain the permits ------- for the outdoor art event.

    (A) required
    (B) requiring
    (C) requires
    (D) will require

105. This letter serves as ------- that we have received and processed your credit-card cancellation request.

    (A) confirm
    (B) confirmed
    (C) confirmable
    (D) confirmation

106. Many people at the company have industry experience, but only a handful of ------- can see the future importance of current trends.

    (A) we
    (B) us
    (C) our
    (D) ourselves

107. The new furniture for the conference room is scheduled to be delivered ------- on Tuesday.

    (A) hardly
    (B) comfortably
    (C) early
    (D) eagerly

108. After working in Canada for ten years, Cha Joon has ------- to Seoul to plan the opening of an upscale restaurant.

    (A) visited
    (B) returned
    (C) occurred
    (D) related

109. Toucan Database System is designed to perform a detailed financial analysis -------.
    (A) automate
    (B) automatic
    (C) automated
    (D) automatically

110. The city council approved the bill to increase funding for its road improvement -------.
    (A) statement
    (B) permission
    (C) project
    (D) ability

111. The Neighborhood Involvement Program honors residents ------- volunteer their time to help Egin City.
    (A) for
    (B) who
    (C) those
    (D) as

112. Several architects ------- intriguing design plans for the Hadler Building's addition.
    (A) proposing
    (B) proposed
    (C) proposal
    (D) proposals

113. The updated training program is limited to site supervisors ------- the Casey Medical Care system.
    (A) within
    (B) until
    (C) during
    (D) since

114. Mr. Koizumi must complete the cost estimate before he ------- for the conference.
    (A) will leave
    (B) leaves
    (C) leaving
    (D) left

115. Although the new X150 printer is ------- to other models, it costs only half as much.
    (A) similar
    (B) likable
    (C) reflected
    (D) considerate

116. To address budget deficits, Lunere County plans to limit spending and ------- tourism.
    (A) promote
    (B) declare
    (C) obtain
    (D) benefit

117. Operating instructions are posted above the printer so you can ------- refer to them.
    (A) consecutively
    (B) standardly
    (C) namely
    (D) easily

118. The Vickwell Historical Museum will be closed for renovations ------- on Monday, September 10.
    (A) will begin
    (B) has begun
    (C) beginner
    (D) beginning

119. Finley Plant Nursery implements the ------- latest agricultural techniques.
    (A) so
    (B) more
    (C) very
    (D) much

120. According to the compensation guidelines, employees who regularly complete their work ------- it is due may receive bonuses.
    (A) before
    (B) how
    (C) why
    (D) either

121. Thank you for your ------- in the Foxdale Apartments community enhancement survey.
    (A) participant
    (B) participation
    (C) participate
    (D) participated

122. Solar energy has become a key ------- in the development of additional energy resources throughout the region.
    (A) factor
    (B) position
    (C) instructor
    (D) composition

123. The LPN auto company has issued a special report to address concerns ------- the fuel efficiency of its vehicles.
    (A) excluding
    (B) during
    (C) following
    (D) regarding

124. This year's company retreat will focus on techniques that help people think more -------.
    (A) create
    (B) creative
    (C) creativity
    (D) creatively

125. Employees must ------- requests for time off to Ms. Cheung for approval.
    (A) apply
    (B) submit
    (C) vacate
    (D) oppose

126. Board members are free to discuss the issues among ------- before the formal votes are taken.
    (A) themselves
    (B) theirs
    (C) their
    (D) they

127. Judging by ticket sales, Fen Jiang's first attempt at directing a film was ------- a success.
    (A) clear
    (B) clearly
    (C) clearer
    (D) clearing

128. ------- the Nolan Credit Union parking area is now open to the public, a section has been reserved for credit union employees.
    (A) While
    (B) When
    (C) For
    (D) But

129. Pharmacy technicians are responsible for verifying and processing prescriptions ------- they are requested by a physician.
    (A) as well as
    (B) as soon as
    (C) in regard to
    (D) in addition to

130. All laboratory personnel must attend the clinical safety workshop to ensure ------- with new regulations.
    (A) activation
    (B) fulfillment
    (C) compliance
    (D) indication

PART 6

Directions: Read the texts that follow. A word, phrase, or sentence is missing in parts of each text. Four answer choices for each question are given below the text. Select the best answer to complete the text. Then mark the letter (A), (B), (C), or (D) on your answer sheet.

Questions 131-134 refer to the following press release.

Cecil Munrow, founder and president of Munrow's, Liverpool's largest retail clothier, announced that he ------- £4,000 to the city's new community center. The funds derive from the sale of tickets
131.
to a party held last night at his company's -------. Mr. Munrow will present a check to the center
132.
tomorrow at its opening ceremony.

------- the past twenty years, Mr. Munrow has organized several fund-raising events for charitable
133.
institutions and community services. -------.
134.

131. (A) will donate
(B) donated
(C) might donate
(D) donating

132. (A) museum
(B) hotel
(C) factory
(D) store

133. (A) Despite
(B) Over
(C) Between
(D) Beneath

134. (A) The opening ceremony will begin at 10:00 A.M.
(B) The community center offers classes for adults and children.
(C) Last night's event was the most successful thus far.
(D) Mr. Munrow plans to open a new location in London next year.

Questions 135-138 refer to the following notice.

WXO Radio Turns 50!

On February 3 WXO Radio will celebrate its fiftieth anniversary. That's half a century of stimulating ------- . Over the years, we ------- our listeners breaking news, thought-provoking stories, and
135. 136.
popular music from around the world. Now we invite you to celebrate with us during an open house from 5:00 P.M. to 6:30 P.M. on February 3 at our Eighth Street studio. Take a tour and see some of the behind-the-scenes magic. Watch a demonstration of our digital audio equipment. ------- . The open house is free, but registration is required. We hope you can join us for this -------
137. 138.
occasion.

135. (A) concerts
 (B) discussions
 (C) programming
 (D) development

136. (A) offers
 (B) offering
 (C) will offer
 (D) have offered

137. (A) We plan to merge with another local radio station next year.
 (B) You can even meet some of your favorite broadcasters.
 (C) This is the first event in our February schedule.
 (D) This station continues to be a vital part of your community.

138. (A) special
 (B) specialize
 (C) especially
 (D) specialization

Questions 139-142 refer to the following article.

June 8—Today the Bratton City Council approved an agreement with KGRM Enterprises. Under the agreement, KGRM ------- the 22-acre lot on Mueller Street. The proposal calls for building both offices and retail stores on the site. Bratton's mayor, Keith Wercler, says he welcomes the ------- opportunities this project will bring to the area. "We expect the project to create 700 permanent full-time jobs," he said. "I am glad it was finally approved after so many postponements." -------. KGRM spokesperson Katie Cornyn expects the project will take five years to complete, yet cautions that setbacks may still occur. "We've provided the council our best -------, but it's not possible to foresee all issues that may arise," Cornyn said.

139. (A) to develop
 (B) will develop
 (C) has developed
 (D) could have developed

140. (A) economic
 (B) unforeseen
 (C) volunteer
 (D) frequent

141. (A) While the city is anxious for work to get underway, delays are typical for major commercial endeavors such as this.
 (B) Nearby tenants, however, have raised some valid concerns about the construction noise.
 (C) Despite city officials' promises to grant the company a long-term agreement, they now may have to reconsider.
 (D) Council members will vote on three different proposals from the architects.

142. (A) argument
 (B) background
 (C) estimate
 (D) combination

Questions 143-146 refer to the following e-mail.

From: Customer Care <custcare@arttodaymag.ca>
To: Karina Bhat <kbhat871@5mail.ca>
Date: November 5
Subject: Welcome to Art Today
Attachment: Form

Dear Ms. Bhat:

Thank you for subscribing to *Art Today*! ------- you will be among the first to know about exciting
                                            143.
art exhibits, concerts, auctions, and festivals throughout Western Canada. Your first issue will

arrive within the next few days, and then each issue will be sent at the beginning of the month.

-------. Your subscription also allows you unlimited ------- to articles, videos, and other multimedia
144.   **145.**
on our Web site. All you need to do is log in using your subscriber number and password, which

you will find ------- the enclosed enrollment form.
             146.

Sincerely,

Ken Suzuki
Customer Representative

---

143. (A) Now
(B) Afterward
(C) Then
(D) Meanwhile

144. (A) To place a subscription, call our service desk during business hours.
(B) If you do not receive your copy in a week, please contact us immediately.
(C) Artists are invited to submit descriptions of their work.
(D) The first concert is scheduled to take place in Vancouver in early October.

145. (A) accessing
(B) accesses
(C) accessed
(D) access

146. (A) for
(B) about
(C) on
(D) at

PART 7

Directions: In this part you will read a selection of texts, such as magazine and newspaper articles, e-mails, and instant messages. Each text or set of texts is followed by several questions. Select the best answer for each question and mark the letter (A), (B), (C), or (D) on your answer sheet.

Questions 147-148 refer to the following notice.

We are pleased to announce that Teresa Park has joined the Severin Law Firm as an associate attorney. Ms. Park graduated with high honors from Naridell University Law School, where she specialized in copyright and trademark law. While attending school, she worked as a clerk in the legal aid office at the university. This past summer, she completed an internship at Delmar and Associates, a legal firm whose client base includes writers, musicians, and other professionals in the publishing industry. Ms. Park has an exceptional record of service and will be a valuable asset to our team. Please join us this Thursday at 3:00 P.M. in the main conference room to welcome her to our office.

147. Where is the notice most likely posted?

(A) In a law office
(B) In a talent agency
(C) In a recording studio
(D) In a publishing company

148. What are employees invited to do on Thursday?

(A) Watch a musical performance
(B) Join a community service group
(C) Attend a professional conference
(D) Meet a new staff member

Questions 149-150 refer to the following notice.

Attention West Arragon Residents:

The West Arragon Business Directory has grown so large that it takes up a sizable portion of the neighborhood newsletter. As a result, we will no longer be printing the directory on paper and will offer it online instead.

The directory is not posted yet, but it will be found at www.westarragon.com in the next few weeks. When it becomes available, I suggest that you review your listing to make sure it is accurate. If you find that your listing is out of date or has a link that does not work, please let me know so that I can make the necessary changes.

Thanks,
Judy Lanster
West Arragon Neighborhood Council
555-0013

149. What change will be made to the business directory?

(A) It will have shortened listings.
(B) It will be available only online.
(C) It will be distributed on a different date.
(D) It will cover more than one neighborhood.

150. According to the notice, why might readers contact Ms. Lanster?

(A) To request a correction
(B) To obtain an access code
(C) To subscribe to a newsletter
(D) To suggest changes in deadlines

Questions 151-153 refer to the following agenda.

Workshop: Team Building 17 April 9:15 A.M. to 4:30 P.M. £40 per person
9:15 A.M.: *First Steps* Focus on important issues that small businesses face. Identify your company's long- and short-term objectives as well as any areas in need of improvement.
10:45 A.M.: *Fostering Fellowship* Learn how to help create an atmosphere of cooperation rather than competition among your employees at all levels.
12:15 P.M.: *Lunch Break* Participants may choose between two complimentary entrees: grilled chicken sandwich with salad greens or pasta with vegetables.
1:30 P.M.: *Team Activities* Experiment with team-building exercises for both small and large groups. Work with your fellow participants to get ideas that you can use with your own employees.
3:00 P.M.: *Evaluation Techniques* Learn about methods to determine whether team-building activities are having the intended effect. Get tips on how to use common office software to track progress at your company.

151. For whom is the workshop most likely intended?

   (A) Business journalists
   (B) Human resource experts
   (C) Owners of small businesses
   (D) New employees at small companies

152. What session involves identifying goals?

   (A) First Steps
   (B) Fostering Fellowship
   (C) Team Activities
   (D) Evaluation Techniques

153. What is NOT indicated about the workshop?

   (A) It requires a fee to attend.
   (B) It includes a meal.
   (C) It is a one-day event.
   (D) It will focus on new software.

Questions 154-157 refer to the following article.

Local News

Monday, March 31

The Cloud Theater on Gordon Street will close at the end of this month, but this important piece of real estate won't be closed for long. The building has been sold to the Lakehurst Cinema Society (LCS). According to LCS Executive Director Kartik Malla, the group is planning to make some updates to the building before it reopens. He explained that the seats, screens, and sound systems will be replaced in all of the theaters. — [1] —.

"However," Mr. Malla added, "we'll be keeping one of the Cloud Theater's old projectors so we can continue to show classic films in their original format."

Up to now, the Cloud Theater has played mainly art house, independent, and foreign films. — [2] —. The former owner, Mr. Eugene Sattler, who has now retired, always sought to make the Cloud Theater a haven for artistic films. He was successful for many years, but ticket sales have declined in recent years and he decided it was time to sell. — [3] —.

"This was a hard decision to make," said Mr. Sattler. "I will miss working at the theater. I am happy the LCS is going to bring new life to the old theater."

Under its new ownership, the theater will continue to show those artistic types of movies on special occasions. It will also show more mainstream movies that will appeal to families and children.

The society plans to reopen the theater to the public on July 1. In addition, it will continue to serve as host for the classic film festival that begins the first weekend in August and continues for ten days. Everything about the festival will remain the same except for one thing. Formerly called the Gordon Street Film Festival, it will now be known as the Lakehurst Cinema Society Film Festival. — [4] —.

154. What is suggested about the Cloud Theater?

(A) It will show mainly classic films.
(B) It will soon have new equipment installed.
(C) Its ticket prices will increase.
(D) Its customers are not happy about changes that are planned.

155. According to the article, what was difficult for Mr. Sattler?

(A) Securing suitable equipment
(B) Selecting a location for retirement
(C) Deciding to sell the theater
(D) Finding buyers for the theater

156. What was renamed?

(A) A movie theater
(B) An executive position
(C) A film festival
(D) A Lakehurst street

157. In which of the positions marked [1], [2], [3], and [4] does the following sentence best belong?

"The concession stand has also been eliminated."

(A) [1]
(B) [2]
(C) [3]
(D) [4]

Questions 158-159 refer to the following brochure page.

VENTURE SOLUTIONS

As our corporate client, you
- gain access to cutting-edge technology
- pay only for what you use, thus reducing hardware and software expenses
- enjoy our streamlined, up-front, and ongoing billing

We provide
- customized software production and regular maintenance of on-site hardware (requires one-year contract)
- management and regular upgrades of applications and databases
- storage, backup, and data recovery
- an around-the-clock service center for fast resolution of issues
- access to our exclusive Venture Remote Monitoring (VRM) system

158. What is one of the services offered by Venture Solutions?

(A) Legal advice
(B) Office accounting
(C) Building maintenance
(D) Software development

159. What is mentioned about ongoing care of computer equipment?

(A) It must be purchased for a minimum of one year.
(B) It is recommended for older computer systems.
(C) It is performed by external consultants.
(D) It is not available to new customers.

Questions 160-162 refer to the following job advertisement.

---

http://www.youronlinejobfinder.com

Your Online Job Finder

Work for the best!

Other companies ask their salespeople to make countless calls to potential customers who are not expecting to be contacted. At AJQ Insurance, customers call us for their insurance needs! Our insurance sales associates take only inbound sales calls from interested potential policyholders. These positions are free from the pressure of selling on commission.

Complete our sales training while being paid a generous hourly rate. Take the exam to become a licensed insurance professional. If you succeed, you may be offered a salaried position.

We will consider education and experience in the salary offer. Some university work is useful, but motivated high school graduates will also be considered. Because we work with our customers twenty-four hours a day, seven days a week, we offer many shifts to choose from—with an additional 10% in pay for late-night and early-morning shifts.

Please click "Apply Now" below to take advantage of this opportunity with youronlinejobfinder.com. You will need an active e-mail address and phone number to complete the process. Suitable candidates will be contacted by phone or e-mail. Call 409-555-0123 if you have any questions about the application process. We recommend that you become familiar with the company before applying by visiting our Web site at AJQinsurance.com.

Apply Now

---

160. What duty is mentioned as part of the job?

(A) Meeting sales commission targets
(B) Receiving calls from potential customers
(C) Working only during unconventional hours
(D) Calling people who are unfamiliar with the company

161. According to the advertisement, what is required for a salaried position?

(A) Sales experience
(B) A university degree
(C) Employer references
(D) An insurance license

162. According to the advertisement, why should applicants visit the AJQ Web site?

(A) To learn about AJQ Insurance
(B) To apply for the insurance sales job
(C) To ask questions about the process
(D) To find out about their application status

Questions 163-166 refer to the following article.

A Long-Lasting Love for Books

February 29—Both in and around Pine Hill, Alfred Carlson, who has been teaching Russian literature at Pine Hill State University for twenty years, is probably best known as the owner of The Treasure Box, the town's oldest bookstore. The store has two unique features: it specializes in rare books and is open for business on Saturdays only. Evidently, walk-in sales make up only a small percentage of Mr. Carlson's business; the bulk of the store's revenue is generated by orders placed over the telephone or online by universities, museums, and private collectors.

On Sunday The Treasure Box will be celebrating its sixtieth anniversary. "When my mother, Willisa, opened the bookstore all those years ago on Green Edge Road, two blocks from here, she probably had no idea it would still be serving the public six decades later," Mr. Carlson said. The store still displays the original sign over the doorway. The interior retains the living-room atmosphere it always had, with its mismatched tables and chairs. One section of the store is filled with books about baseball, an abiding passion of the Carlson family. On Friday nights the store becomes an informal social club. Not surprisingly, members tend to enjoy conversation about rare books, literature, and baseball.

Later this month Mr. Carlson will mark another milestone: he will be retiring from his teaching position. His retirement does not mean, however, that The Treasure Box will see extended business hours; it will continue to be open once a week. "I am not retiring from one job just so that I can spend more time on another," Mr. Carlson said. "Rather, the fact that I no longer will have to prepare for classes or grade students' papers means that I will be able to dedicate more time to my children and grandchildren."

---

163. Why most likely was the article written?

(A) To attract members to a new book club
(B) To highlight the benefits of selling items that are unique
(C) To celebrate the achievements of a local business personality
(D) To announce the relocation of an established business

164. What is NOT suggested about Mr. Carlson?

(A) He will soon be ending his career as an instructor.
(B) He studies works written by Russian authors.
(C) He has lived in Pine Hill for almost ten years.
(D) He enjoys talking about baseball with others.

165. The word "retains" in paragraph 2, line 9, is closest in meaning to

(A) contributes to
(B) agrees with
(C) remembers
(D) keeps

166. What is stated about The Treasure Box?

(A) It will be adding a section devoted to children's books.
(B) It will maintain its current hours of operation.
(C) Its sales are expected to increase this year.
(D) Its sign will be replaced later in the month.

Questions 167-168 refer to the following text-message chain.

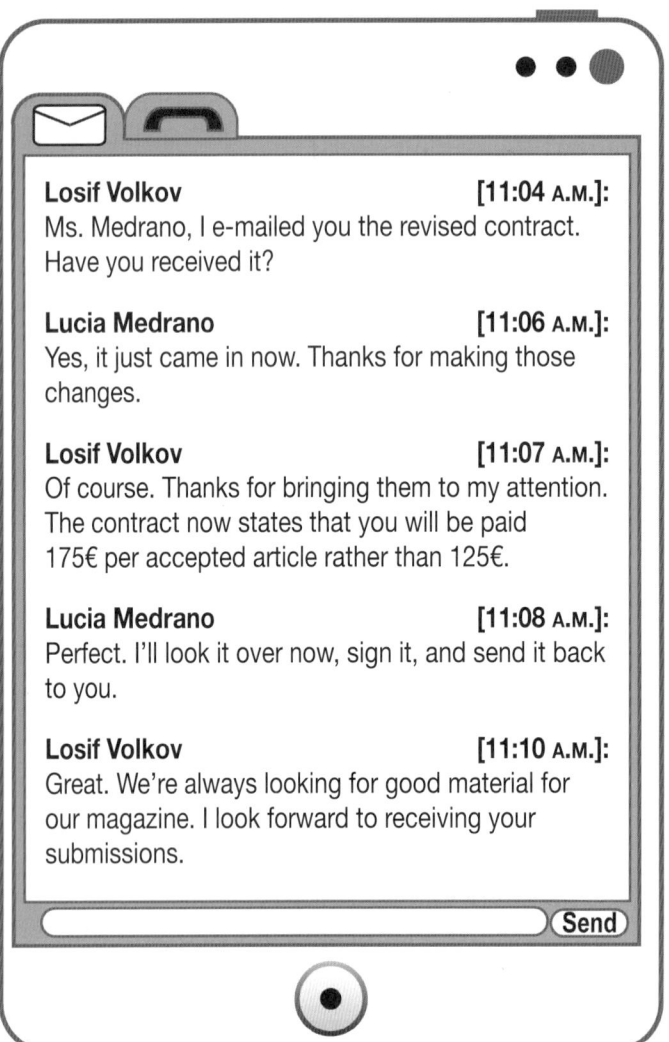

Losif Volkov [11:04 A.M.]:
Ms. Medrano, I e-mailed you the revised contract. Have you received it?

Lucia Medrano [11:06 A.M.]:
Yes, it just came in now. Thanks for making those changes.

Losif Volkov [11:07 A.M.]:
Of course. Thanks for bringing them to my attention. The contract now states that you will be paid 175€ per accepted article rather than 125€.

Lucia Medrano [11:08 A.M.]:
Perfect. I'll look it over now, sign it, and send it back to you.

Losif Volkov [11:10 A.M.]:
Great. We're always looking for good material for our magazine. I look forward to receiving your submissions.

167. At 11:07 A.M., what does Mr. Volkov mean when he writes, "Of course"?

(A) He already knew that an e-mail had been received.
(B) He has received a signed contract.
(C) He thinks the solution to a problem is obvious.
(D) He was happy to fulfill a request.

168. Who most likely is Ms. Medrano?

(A) A writer
(B) A lawyer
(C) A financial adviser
(D) A human resources manager

Questions 169-171 refer to the following e-mail.

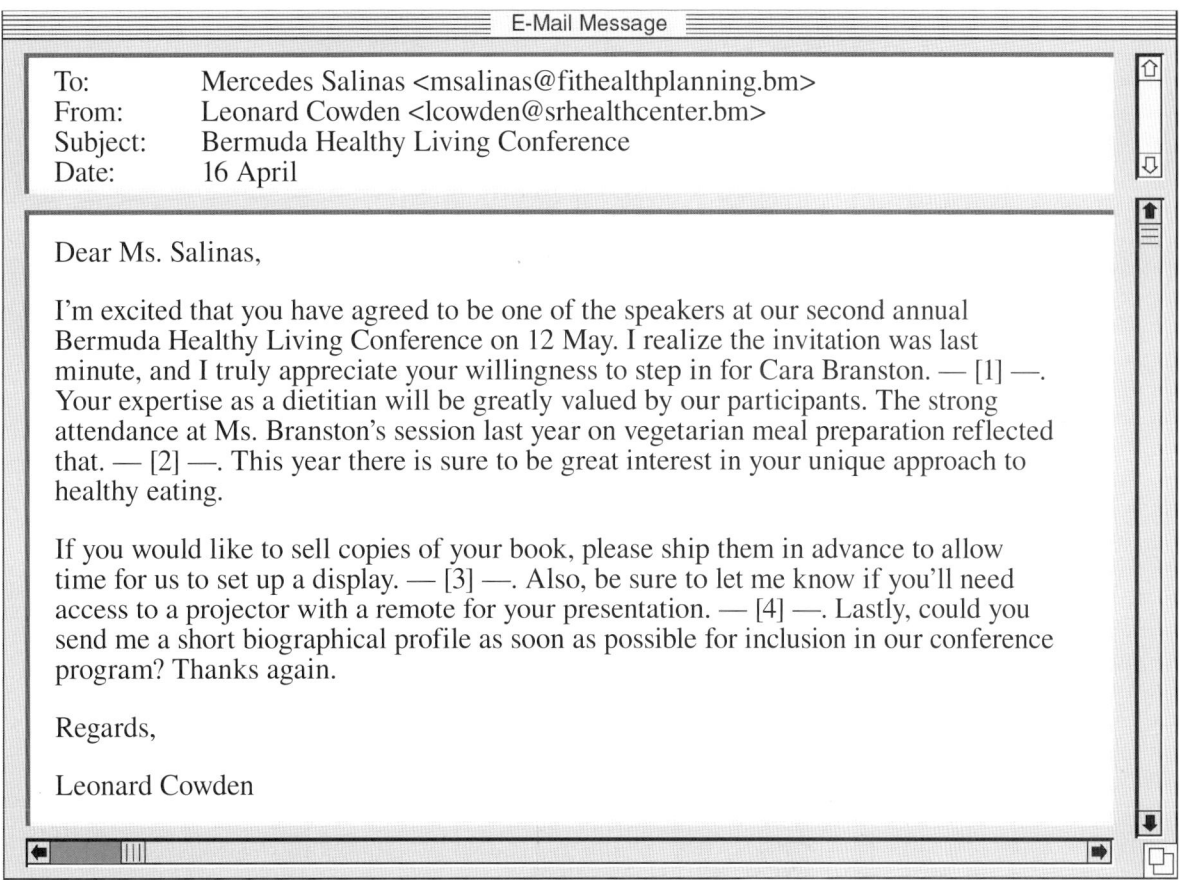

169. Why did Mr. Cowden most likely send the e-mail?

    (A) To invite Ms. Salinas to an event
    (B) To acknowledge Ms. Salinas' acceptance of an offer
    (C) To ask Ms. Salinas for a recommendation
    (D) To propose that a session be rescheduled

170. What is suggested about Ms. Branston?

    (A) She spoke at the conference last year.
    (B) She wrote a popular book about nutrition.
    (C) She is a colleague of Ms. Salinas.
    (D) She is studying to be a dietitian.

171. In which of the positions marked [1], [2], [3], and [4] does the following sentence best belong?

    "It is no trouble at all to have visual equipment available."

    (A) [1]
    (B) [2]
    (C) [3]
    (D) [4]

Questions 172-175 refer to the following text-message chain.

Diane Ulrich | 11 July, 10:25
Jake, has order #9829-2 been sent out yet? If not, the customer has asked us to add item #645A.

Jake Hollis | 11 July, 10:28
That's a customized silver ring, right? The engravers usually require a minimum of 3 days to add the customer's personalized message.

Diane Ulrich | 11 July, 10:29
Can you get it any sooner? The customer needs it as soon as possible.

Jake Hollis | 11 July, 10:31
Let me check with someone from the engraving department.

Jake Hollis | 11 July, 10:33
Kim, can you do a rush job on a ring? It's item #645A, for order #9829-2.

Kim O'Dell | 11 July, 10:34
How soon do you need it? Is tomorrow OK?

Diane Ulrich | 11 July, 10:35
Yes, that works. Thank you both for your help!

172. What type of products does the store sell?

(A) Books
(B) Jewelry
(C) Flowers
(D) Appliances

173. What does the customer want to do?

(A) Change an order
(B) Update a delivery address
(C) Receive a refund
(D) Choose a different shipping method

174. Why does Mr. Hollis contact Ms. O'Dell?

(A) To ask if some work can be completed faster than usual
(B) To find out when an order will be shipped
(C) To find out when a meeting will be held
(D) To alert her to an error in a previous message

175. At 10:35, what does Ms. Ulrich most likely mean when she writes, "that works"?

(A) She plans to interview someone for a job.
(B) She is pleased that the equipment is functioning properly.
(C) The customer will be satisfied if the item is engraved tomorrow.
(D) Some new items will be chosen for a catalog by the end of the day.

Questions 176-180 refer to the following e-mails.

To:	j.wickler@seed-delight.net
From:	bartosz@ashersfarmingdigest.com
Date:	September 22
Subject:	Asher's Farming Digest

Dear Mr. Wickler,

For a limited time, *Asher's Farming Digest* is offering discounted pricing on advertisements to companies that have not yet advertised in our magazine. When you advertise with *Asher's Farming Digest*, you can reach a targeted audience of over 30,000 agriculture professionals in print and online. Take advantage of this unique opportunity to help expand your customer base!

Our current offers for first-time advertisers, valid until October 15, are outlined below. To reserve any of these full-color advertisements, have one of our designers create a custom advertisement for you, or request more information, please reply to this e-mail or call me at 603-555-0103, ext. 27. Specifications for advertisements are available at www.ashersfarmingdigest.com/ads.

Package	Format	Price (Per Month)
1	One full-page print ad plus 6" x 1" Web site ad	$675
2	One half-page print ad plus 4" x 5" Web site ad	$525
3	One half-page print ad plus 3" x 3" Web site ad	$475
4	One quarter-page print ad plus 3" x 3" Web site ad	$400

Sincerely,

Gosia Bartosz
Marketing Coordinator
Asher's Farming Digest

E-Mail Message

To: bartosz@ashersfarmingdigest.com
From: j.wickler@seed-delight.net
Date: September 29
Subject: Re: Asher's Farming Digest

Hello Ms. Bartosz,

I received your e-mail and am interested in placing an advertisement in *Asher's Farming Digest*. First, though, I would like some clarification about the online advertisement. I reviewed the specifications on your Web site but am still uncertain about the location of the advertisement. Where exactly would the 4" x 5" advertisement appear on your Web site?

As soon as I hear from you, I can provide an electronic file of the advertisement together with payment details.

Thanks,

James Wickler
Owner, Seed Delight Company

176. Why did Ms. Bartosz e-mail Mr. Wickler?

(A) To announce the launch of a publication
(B) To advertise a new agricultural product
(C) To inform him of a special promotion
(D) To offer him a discount on a subscription

177. What is suggested about *Asher's Farming Digest*?

(A) It recently expanded its readership.
(B) It will be releasing a special issue.
(C) It has increased its advertising rates.
(D) It publishes a full-color magazine.

178. What is mentioned about Ms. Bartosz?

(A) She is a graphic designer.
(B) She has worked with Mr. Wickler before.
(C) She can provide additional assistance.
(D) She will be out of the office in October.

179. In the second e-mail, the word "placing" in paragraph 1, line 1, is closest in meaning to

(A) hiring
(B) putting
(C) assigning
(D) calculating

180. What package does Mr. Wickler most likely want?

(A) Package 1
(B) Package 2
(C) Package 3
(D) Package 4

Questions 181-185 refer to the following e-mails.

To:	j.bonsky@kwipt.net
From:	u.akpan@fraskerdigitalmarketing.com
Date:	Wednesday, July 9
Subject:	Frasker Digital Marketing technical writing

Dear Ms. Bonsky,

Thank you again for applying to Frasker Digital Marketing. We enjoyed speaking with you on Monday and are thrilled to invite you to join our technical writing team. As you know, your work will entail writing user guides, installation manuals, newsletters, and other documents for our technology clients. Your strong background in information technology will be a big asset, as it is crucial that you understand the technical details of our clients' products and can articulate this information clearly and succinctly.

Your work will begin in August with an in-person training session at our headquarters in Albany, New York. We'd like to find a time that works for as many people on the new team as possible, especially those like you who do not live in New York. Please respond to this e-mail as soon as possible and let me know which weekend in August you prefer.

This is a contract position, and aside from the initial training session, work will be done remotely during whichever hours you choose. As discussed, you will receive a page rate that depends on the complexity of each assignment you choose to accept. Al Chalmers, our head of human resources, will be in touch soon with all the necessary documents you will need to fill out.

We look forward to working with you!

Uwana Akpan
Frasker Digital Marketing

To:	undisclosed recipients
From:	u.akpan@fraskerdigitalmarketing.com
Date:	Thursday, July 10
Subject:	FDM training

Dear Technical Writing Team,

Based on your responses, we have determined that August 16–17 works best for most of you. Please note that training will run from Saturday morning through Sunday afternoon. We expect anyone who lives outside the area to arrive on Friday, when we will arrange for you to have dinner with some of our local writers if you like. All travel expenses will be covered by Frasker Digital Marketing. More details about this will follow, but for now I just want to inform you of the schedule so you can put it on your calendars.

Uwana Akpan
Frasker Digital Marketing

181. Why did Ms. Akpan write to Ms. Bonsky?

(A) To offer her a position
(B) To provide technical assistance
(C) To promote a writing workshop
(D) To negotiate a salary

182. What information is Ms. Bonsky asked to provide?

(A) Her educational background
(B) Her availability for training
(C) A list of her current clients
(D) A summary of her work experience

183. What is indicated about the technical writing team members?

(A) They are paid at variable rates.
(B) They have all worked together before.
(C) They work from the same location.
(D) They pay their own travel expenses.

184. Why will Mr. Chalmers contact Ms. Bonsky?

(A) To clarify a company policy
(B) To make travel arrangements
(C) To issue employment paperwork
(D) To explain software requirements

185. What will Ms. Bonsky most likely do on August 15 ?

(A) Submit a writing assignment
(B) Travel to Albany
(C) Participate in a training session
(D) Meet Mr. Chalmers

Questions 186-190 refer to the following advertisement, e-mail, and Web site feedback.

Janney's Star Tours
★ ★ ★ ★ ★
Edinburgh, Scotland

To celebrate the arrival of Spring, Janney's Star Tours is offering packages at 10 percent less than the cost of last year's tours. This offer applies to travel reservations made on or before 15 May. Our Spring tours are offered every week, but book yours early before they fill up! Here is a sampling of our standard packages:

> Glasgow and Inverness: This 4-day tour begins in one of the most bustling seaports in Britain. Enjoy live theatre and view some of the best modern art in the country. Then continue on to Inverness, and experience the contrast offered by its high-tech businesses and ancient castles, forts, and woods.

> Aberdeen and Isle of Skye: The City of Aberdeen boasts energy, shipbuilding, and fishing among its diverse industries. During this 4-day tour, stroll Aberdeen's parks and gardens, visit art galleries, and check out the numerous cafes and bookshops around Aberdeen's universities. The tour will proceed to Skye, a cool, peaceful, and often misty northern island dotted with small villages.

> Dublin: Take a hop over to the Emerald Isle and explore the whole of Ireland. Our 3- and 5-day tours take you to Belfast, Donegal, the Blarney Castle, and more.

We can customize tours for special groups by tour length and type of attractions.

From: noreply@bookings.janneysstar.com
To: ebryant127@telserver.com
Date: 8 April
Subject: Confirmation of Reservation

Dear Mr. Bryant,

Thank you for choosing Janney's Star Tours. Your reservation for one passenger(s) has been confirmed:

Tour name:	Aberdeen and Isle of Skye
Departure Date/Time from Edinburgh –	Monday, 19 May, 9:00
Return to Edinburgh –	Thursday, 22 May, 19:00
Your card has been charged:	£184.00

Our customer relations coordinator is happy to address any concerns you may have before your trip date. If you have an enquiry please e-mail tours@janneysstar.com or telephone +44 (0) 134 236 0155.

Participant feedback

I'm a photographer, and the views and locations you see on this tour are second to none. This company knows how to treat its customers, and I hope to be back for more adventures. Our guide, Dympna Murray, was knowledgeable and energetic. As a native of the city we visited, she exhibited a charming familiarity with its traditions and culture. I learned a lot about the history of the city through her interesting stories.

Posted by: Evan Bryant

186. What is suggested about Janney's Star Tours?

    (A) It has recently opened new offices.
    (B) It is celebrating a company expansion.
    (C) It has created new tours to meet demand.
    (D) It schedules its tours several times a month.

187. According to the advertisement, what can Janney's Star Tours offer clients?

    (A) Discussions with artists and actors
    (B) Reduced rates for repeat customers
    (C) A guaranteed maximum tour group size
    (D) Travel arrangements based on a group's preferences

188. What is suggested about Mr. Bryant's tour?

    (A) It will take five days to complete.
    (B) It was purchased at a reduced price.
    (C) It will not include gallery entrance fees.
    (D) It has been especially designed for historians.

189. In the Web site feedback, the word "treat" in paragraph 1, line 2, is closest in meaning to

    (A) serve
    (B) pay for
    (C) develop
    (D) improve

190. What is indicated about Ms. Murray?

    (A) She is from Aberdeen.
    (B) She is a newly trained guide.
    (C) She speaks several languages.
    (D) She studies at a local university.

GO ON TO THE NEXT PAGE

Questions 191-195 refer to the following schedule, e-mail, and review.

African Council for Industry & Commerce
6th Annual Symposium
Van Ravenswaaij Convention Centre
Cape Town, South Africa
Saturday, 9 August

Tentative Schedule		
Time	**Location**	
9:00 A.M.–9:30 A.M.	Welcome and Opening Remarks by ACIC President Storey Dambuza **Leadwood Banquet Hall**	
	Mangrove Room	**Willowmore Room**
10:00 A.M.–11:30 A.M.	Enhancing Flavor, Texture, and Nutritional Value—Marius Van Rhyn	Creating Standards of Excellence for Safety and Quality—Shameen Pillay
1:00 P.M.–2:30 P.M.	Traditional Preservation Techniques Revisited: Canning and Pickling—Fezekile Agwu	Purchasing Automated Equipment For Your Production Facility—Avanish Gupta
3:00 P.M.–4:30 P.M.	Innovations in Refrigeration and Storage for Perishable Products—Anja Haasbroek	Packaging Strategies for Product Shipping—Thabo Kekana

- Presenters must notify Cedrick Molawa (cmolawa@acic.org.za) of needed changes by 3 July. A final version of the schedule will be posted by 10 July on our Web site, www.acic.org.za/schedule.
- Presenters MUST register for the event. Select the "Registration" tab on our Web site and fill out a registration form. Be sure to mark the box labeled, "Presenter". Additionally, those planning to recruit personnel should complete an Employer Application, available under the site's "Career Center" tab.
- The Vertin Suites has a limited number of rooms still available at a discounted rate, so consider booking promptly.

From:	Anja Haasbroek <ahaasbroek5@mnpind.co.za>
To:	Cedrick Molawa <cmolawa@acic.org.za>
Date:	Thursday, 24 June 1:50 P.M.
Subject:	Schedule change request

Dear Mr. Molawa:

Due to circumstances beyond his control, my colleague, Thabo Kekana, is unable to give his presentation. I have now been asked to take over from him. Looking at the most recent draft of the conference schedule, however, I noticed that the time slot assigned to Mr. Kekana conflicts with mine. Kindly assist me in resolving this dilemma. Thank you.

Sincerely,
Anja Haasbroek

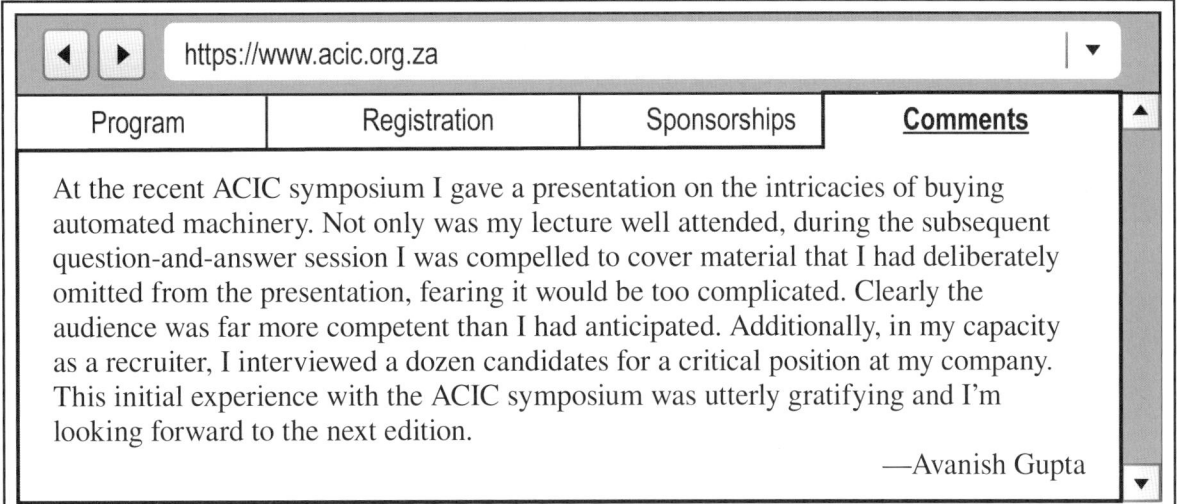

191. What industry is the focus of the conference?

    (A) Recycling
    (B) Food
    (C) Automotive
    (D) Clothing

192. According to the schedule, what are presenters expected to do?

    (A) Confirm on their registration that they are presenting
    (B) Indicate where they would like their materials sent
    (C) Reserve hotel accommodations by July 10
    (D) Request a discount code from Vertin Suites

193. What has Ms. Haasbroek been asked to do?

    (A) Arrange a meeting with Mr. Molawa
    (B) Submit a draft of her presentation
    (C) Discuss ways of preparing goods for transport
    (D) Cancel travel arrangements made for Mr. Kekana

194. In the review, the word "capacity" in paragraph 1, line 5, is closest in meaning to

    (A) role
    (B) time
    (C) ability
    (D) experience

195. What is probably true about Mr. Gupta?

    (A) He opened a manufacturing plant recently.
    (B) He filled out an Employer Application when registering.
    (C) He preferred the recent ACIC conference over previous ones.
    (D) He believed his topic would be easy to understand.

Questions 196-200 refer to the following article, newspaper editorial, and e-mail.

CORDOVA (May 6)—Cordova city officials have begun preliminary discussions about what to do with Lowell Street Bridge, a historic city landmark that is in dire need of an upgrade. While costly restoration options are being considered, several factors make demolition a more likely outcome.

"It's a tough decision and one we don't intend to make hastily," said city planner Colin Barnwell. "So far, it seems that replacing the bridge makes the most financial sense."

Price isn't the only consideration, however. According to structural engineer Steve Pachenco, traffic flow is another important factor. "Highway 49 will soon be broadened from two lanes to four. Then, Lowell Street Bridge will no longer be able to accommodate the increase in vehicles," he said. "The way I see it, a wider, more modern bridge is inevitable."

For residents who want to share their opinions and ideas, the city council will be holding a public input session at Helman Square next Thursday at 11:00 A.M.

Letters to the Editor

May 7—I'm writing in response to yesterday's article about Lowell Street Bridge. This bridge is an invaluable part of Cordova's cultural identity and it is in the city's best interest to keep it intact. Considering the tremendous amount of income the cultural-heritage-tourism industry brings to the city annually, I would argue that the short-term costs of restoring this historic landmark would be economically worthwhile.

—Maria Cantu, member of the Cordova Preservation Society (CPS)

E-mail

To: members@cordovaps.org
From: leo_contreras@cordovaps.org
Date: May 19
Subject: Lowell Street Bridge Update

Dear CPS Members,

Congratulations! Thanks to our strong community presence at the city council event, and after countless phone calls to city council members, it looks like Lowell Street Bridge will not be demolished after all! *The Cordova Times* published an article today stating that the city is now planning to relocate the bridge to the Eastside cultural district, where it will be used for foot traffic rather than motor vehicles.

This decision is surely due in part to the fact that each of you voiced your opinions last Thursday.

Thanks again,
Leo Contreras, Cordova Preservation Society Community Organizer

---

196. In the article, what is indicated about the city of Cordova?

(A) It plans to start offering tours.
(B) It is going to increase its budget.
(C) It will soon start a road expansion project.
(D) It is enforcing new traffic regulations.

197. What is NOT implied about Ms. Cantu?

(A) She values a city landmark.
(B) She worked with Mr. Pachenco.
(C) She disagrees with Mr. Barnwell.
(D) She read the May 6 newspaper article.

198. In the e-mail, the word "countless" in paragraph 1, line 2, is closest in meaning to

(A) numerous
(B) unrecorded
(C) insignificant
(D) registered

199. Why does Mr. Contreras congratulate CPS members?

(A) They have elected new leadership.
(B) They have been featured in a newspaper article.
(C) They have helped influence a city decision.
(D) They have secured additional funding from the city.

200. What is suggested about CPS members?

(A) They helped repair a structure.
(B) They meet regularly every Thursday.
(C) Some of them spoke at Helman Square.
(D) Some of them live in the Eastside cultural district.

Stop! This is the end of the test. If you finish before time is called, you may go back to Parts 5, 6, and 7 and check your work.

토익 정기시험
기출문제집

RC

TEST

02

READING TEST

In the Reading test, you will read a variety of texts and answer several different types of reading comprehension questions. The entire Reading test will last 75 minutes. There are three parts, and directions are given for each part. You are encouraged to answer as many questions as possible within the time allowed.

You must mark your answers on the separate answer sheet. Do not write your answers in your test book.

PART 5

Directions: A word or phrase is missing in each of the sentences below. Four answer choices are given below each sentence. Select the best answer to complete the sentence. Then mark the letter (A), (B), (C), or (D) on your answer sheet.

101. The travel ------- will be processed as soon as they are received.
    (A) document
    (B) documents
    (C) documented
    (D) documenting

102. ------- change your seating assignment, visit the reservations page on our Web site.
    (A) For
    (B) Across
    (C) With
    (D) To

103. The president of Somchai Bank rides ------- bicycle to work every day, except when it rains.
    (A) he
    (B) him
    (C) his
    (D) himself

104. Agents who have not yet registered for next week's Insurance Excellence Forum must do so -------.
    (A) closely
    (B) formerly
    (C) nearly
    (D) immediately

105. Matos Realty has developed two ------- methods of identifying undervalued properties.
    (A) different
    (B) differently
    (C) difference
    (D) differences

106. Wearing lab coats and safety goggles is a ------- for all laboratory workers.
    (A) training
    (B) fulfillment
    (C) specialization
    (D) requirement

107. The manufacturer ------- that the filter be cleaned at least once a month for optimal performance.
    (A) remembers
    (B) recognizes
    (C) recommends
    (D) registers

108. Before selecting a Dagle steel door, measure the door opening -------.
    (A) careful
    (B) caring
    (C) carefully
    (D) cares

109. Okpara employees should contact their supervisors by 10:00 A.M. ------- they expect to miss a day of work.

    (A) if
    (B) soon
    (C) only
    (D) then

110. The director has requested a ------- of the costs of short- and long-term rental agreements.

    (A) comparable
    (B) comparison
    (C) compared
    (D) comparative

111. Ms. Yi of Lakesview Catering says that five trays of appetizers are more than ------- for fifty guests.

    (A) able
    (B) numerous
    (C) sure
    (D) enough

112. Canada's Pan Rail Corporation will no longer ------- freight into the United States.

    (A) transport
    (B) transporting
    (C) transports
    (D) transported

113. According to experts, Flash Maxe dishwashing detergent consistently delivers ------- results.

    (A) exceptionally
    (B) exceptional
    (C) exception
    (D) exceptions

114. When picking up identification badges, employees need to show ------- of employment at Ekmekci Associates.

    (A) process
    (B) analysis
    (C) proof
    (D) basis

115. Roxy Koenig is ------- seeking a new venue for her summer concert since the Hazelton Music Hall is being renovated.

    (A) actively
    (B) activity
    (C) active
    (D) activate

116. Prospective tenants must provide at least two references ------- their application.

    (A) too
    (B) in addition
    (C) moreover
    (D) along with

117. While Ms. Molinsky has little experience in technical support, her knowledge of computer systems is -------.

    (A) extensive
    (B) clever
    (C) considered
    (D) eager

118. Please refer to the attached flowchart, which describes the ------- of responsibilities among the various leadership positions.

    (A) support
    (B) attention
    (C) division
    (D) statement

119. A good project manager strives ------- communication between departments whenever possible.

    (A) to enhance
    (B) enhances
    (C) is enhancing
    (D) enhanced

120. Same-day appointments can usually be scheduled, although not ------- with your usual doctor.

    (A) expectedly
    (B) necessarily
    (C) preventively
    (D) permanently

121. Mr. Vieira is ------- with introducing several changes that have helped Stacatti Stationery increase business.
    (A) credited
    (B) scored
    (C) agreed
    (D) relied

122. In the photograph, President Tang can be seen standing ------- Dr. Dervishi.
    (A) from
    (B) reverse
    (C) opposite
    (D) distant

123. The new location of the Bentler Company is easily ------- by car or bus.
    (A) access
    (B) accessibly
    (C) accessible
    (D) accessibility

124. A rise in energy prices will mostly affect businesses ------- energy consumption is high.
    (A) its
    (B) which
    (C) whose
    (D) more

125. City officials have ------- Harmon Avenue businesses that street repairs will be completed within 48 hours.
    (A) assured
    (B) arranged
    (C) disclosed
    (D) committed

126. Nominations for the ------- seat on the Gitterman Holdings Board of Trustees must be submitted by Friday.
    (A) approaching
    (B) adjustable
    (C) vacant
    (D) united

127. Our department ------- the policy meeting last Monday, but we had a scheduling conflict.
    (A) can attend
    (B) must have attended
    (C) should attend
    (D) would have attended

128. ------- the effectiveness of Maisey Stanton's leadership on the town council, she will likely win next week's mayoral election.
    (A) Since
    (B) Given
    (C) Among
    (D) Upon

129. Barner Corporation's record profits resulted from the recent ------- to identify operating efficiencies.
    (A) initiative
    (B) initiating
    (C) initiation
    (D) initiator

130. Customers still tend to place short notices in the classified section ------- there is no longer a mandated word limit.
    (A) as if
    (B) so that
    (C) in case
    (D) even though

PART 6

Directions: Read the texts that follow. A word, phrase, or sentence is missing in parts of each text. Four answer choices for each question are given below the text. Select the best answer to complete the text. Then mark the letter (A), (B), (C), or (D) on your answer sheet.

Questions 131-134 refer to the following e-mail.

To: Dominic Campion <campion571@email.co.uk>
From: Customer Service <cust-serv@takada.co.jp>
Date: Friday, 2 November 9:49 P.M.
Subject: Web site inquiry

Dear Mr. Campion:

Thank you for your recent comment on our Web site about the instruction manual for the BX2000 miniature camera. We agree with you ------- the instructions for uploading pictures to a mobile phone are potentially confusing. -------. Our documentation team has ------- revised the section to clarify the type of cable and software needed in order to transfer pictures from your camera. You can find the ------- version of the manual in the Product Information section of our Web site, or we can send you a print version in the mail if you prefer. Delivery usually takes 1 to 2 weeks.

Sincerely,

Madoka Kanemitsu
Customer service representative
Takada Camera Company

131. (A) that
 (B) on
 (C) what
 (D) of

132. (A) The BX2000 camera is one of our top-selling models.
 (B) Instruction manuals can be downloaded from our Web site.
 (C) We received similar feedback from other customers.
 (D) We are always looking for talented staff to join our team.

133. (A) instead
 (B) likewise
 (C) therefore
 (D) nevertheless

134. (A) original
 (B) updated
 (C) absolute
 (D) focused

Questions 135-138 refer to the following e-mail.

To: saul_ortega@jmail.net
From: k_morris@tknmanufacturing.com
Date: October 18
Subject: Factory Manager position

Dear Mr. Ortega,

You are officially invited to a second interview. This time, I will be meeting only with the top candidates to determine who is most ------- for the manager position. I believe you possess many of the ------- we are looking for.
135.   136.

I trust that you remain interested in this job opportunity. -------, would a 1:00 P.M. appointment next
137.
Tuesday work for you? Please prepare a proposal that explains how you would increase production at our plant without decreasing quality. -------.
138.

Best regards,

Karen Morris
TKN Manufacturing
202-555-0127 ext. 23

135. (A) suiting
    (B) suitable
    (C) suit
    (D) suits

136. (A) agreements
    (B) performances
    (C) qualities
    (D) promotions

137. (A) Despite that
    (B) If so
    (C) However
    (D) For example

138. (A) I would certainly be happy to write a job reference for you.
    (B) My assistant will train you in your new duties.
    (C) I look forward to hearing your vision for an efficient workplace.
    (D) Your new product ideas were especially informative.

Questions 139-142 refer to the following advertisement.

Do You Wear Eyeglasses? Contact Culler Solutions Today!

In June, Culler Solutions will be conducting a consumer study on behalf of Optometrica 21. To this end, we are ------- eyeglass wearers between the ages of 21 and 65. Participants must have a prescription that is less than two years old ------- the start of the study. -------.
139.   140.   141.

Interested individuals are requested to fill out a short survey at cullersolutions.com/eyeglass_study. Qualified applicants will be contacted by a member of our staff. Upon completion of the study, each participant ------- a gift card valued at $100.
142.

---

139. (A) seeking
(B) insuring
(C) promoting
(D) showing

140. (A) except for
(B) as
(C) because of
(D) at

141. (A) We reserve the right to order discounted eyeglass frames.
(B) We will need to request a copy of the document for confirmation.
(C) We will enclose a copy of the document in the packet.
(D) We ask that you submit payment for the prescription promptly.

142. (A) will receive
(B) had received
(C) to receive
(D) to be received

Questions 143-146 refer to the following article.

Sunnyville Daily Times

Local News

(5 May)—On Monday, following a city council meeting, Mayor Tom Biel announced the introduction of training programs for aspiring city transportation workers. During the press conference, he noted the current ------- for both drivers and mechanics. -------, he pointed to a
143.   144.
wave of employee retirements as having triggered these urgent staffing needs. The announcement ------- with approval by most city officials. However, Nelton District Representative
                145.
Laura Ochoa was unconvinced. -------.
                              146.

143. (A) settlement
 (B) reduction
 (C) demand
 (D) difficulty

144. (A) Specifically
 (B) Undoubtedly
 (C) Regardless
 (D) Besides

145. (A) will be meeting
 (B) to meet
 (C) had been meeting
 (D) was met

146. (A) She expects ticket prices to fall in response to complaints.
 (B) She thinks the driver's license test should be more thorough.
 (C) She wants to recruit workers who are already skilled.
 (D) She feels it is too early to start replacing the city's buses.

PART 7

Directions: In this part you will read a selection of texts, such as magazine and newspaper articles, e-mails, and instant messages. Each text or set of texts is followed by several questions. Select the best answer for each question and mark the letter (A), (B), (C), or (D) on your answer sheet.

Questions 147-148 refer to the following text message.

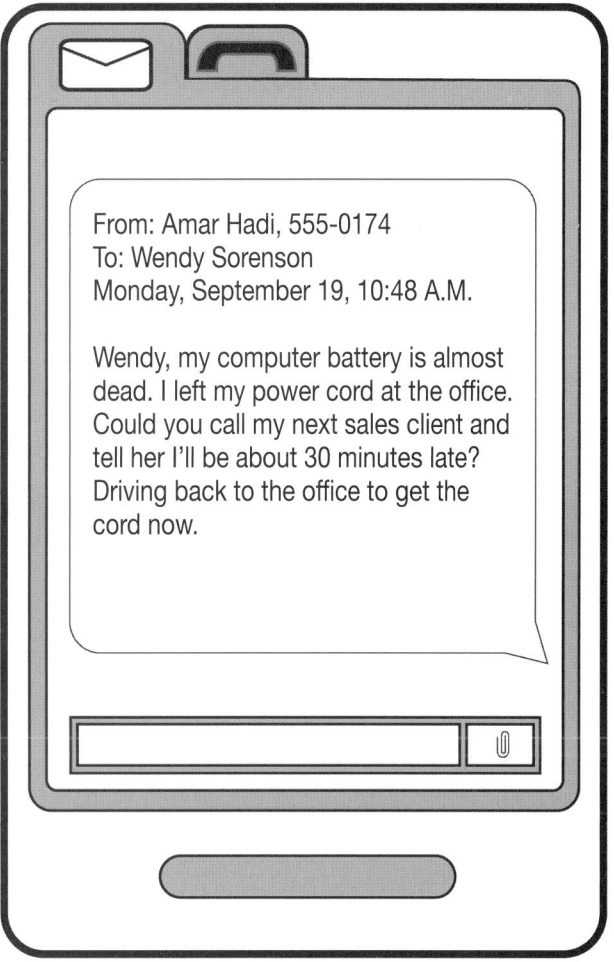

From: Amar Hadi, 555-0174
To: Wendy Sorenson
Monday, September 19, 10:48 A.M.

Wendy, my computer battery is almost dead. I left my power cord at the office. Could you call my next sales client and tell her I'll be about 30 minutes late? Driving back to the office to get the cord now.

147. Why did Mr. Hadi send the text message to Ms. Sorenson?

(A) To ask if she found his power cord
(B) To request that she contact a customer
(C) To remind her to recharge a device
(D) To confirm the location of a sales appointment

148. What will Mr. Hadi probably do next?

(A) Look for his computer
(B) Return to his office
(C) Buy a power cord
(D) Call technical support

Questions 149-150 refer to the following article.

Around Town

Bright Sky Café owner Marta Padilla has signed a lease for a second restaurant at 422 Oak Street. The building, adjacent to Cade Theater, formerly housed a branch of Haldon Bank. Ms. Padilla's new venture, to be called Tierra Bistro, will start service on June 5. At first, however, the bistro will be open only during the evening hours. The idea is to attract a following, especially among theatergoers, before adding a lunch service. Ms. Padilla's successful original eatery, Bright Sky Café, is situated on Second Street, close to the Wynn Farmers' Market bus stop. Executive Chef Armando Lucca will oversee both locations.

149. What is the purpose of the article?

(A) To profile a successful property sales agent
(B) To discuss the opening of a new business
(C) To report on a restaurant's relocation
(D) To announce a change in ownership

150. What is indicated about Tierra Bistro?

(A) It is scheduled to begin serving lunch on June 5.
(B) It is located near a public transportation route.
(C) It is Ms. Padilla's first restaurant.
(D) It is expected to receive business from theater patrons.

Questions 151-153 refer to the following memo.

> To: Garston Architects Ltd. staff
> From: Archie Wentworth, Senior Partner
> Re: All-staff meeting
> Date: 20 March
>
> To All Staff,
>
> Next Monday, 27 March, we will have a special guest at our all-staff meeting in room 203. Vera Pavlovich is a senior architect at the Nørgaard-Holm Firm in Copenhagen, where she has worked for the past four years. She led the design of Copenhagen's Lund House as well as the Iversen Building in Stockholm. Both buildings have won international awards for their sleek, innovative designs. Before making a name for herself in Europe, Ms. Pavlovich spent eight years in New York City at the Ellison-Grant Architect Group. It was at Ellison-Grant that I had the chance to collaborate with her on several projects. Ms. Pavlovich will be here in Edinburgh next week and has agreed to give a talk at our meeting about several of her internationally acclaimed design projects. All staff are urged to attend.

151. What does the memo discuss?

(A) Plans to open a branch office
(B) The hiring of a new staff member
(C) Suggestions about a project
(D) An architect's achievements

152. What does Mr. Wentworth indicate about Ms. Pavlovich?

(A) She will do design work for one of his firm's projects.
(B) She plans to open her own firm.
(C) She is a former colleague of his.
(D) She is in the process of moving to a new city.

153. Where is Garston Architects Ltd. located?

(A) In Edinburgh
(B) In New York City
(C) In Stockholm
(D) In Copenhagen

Questions 154-155 refer to the following text-message chain.

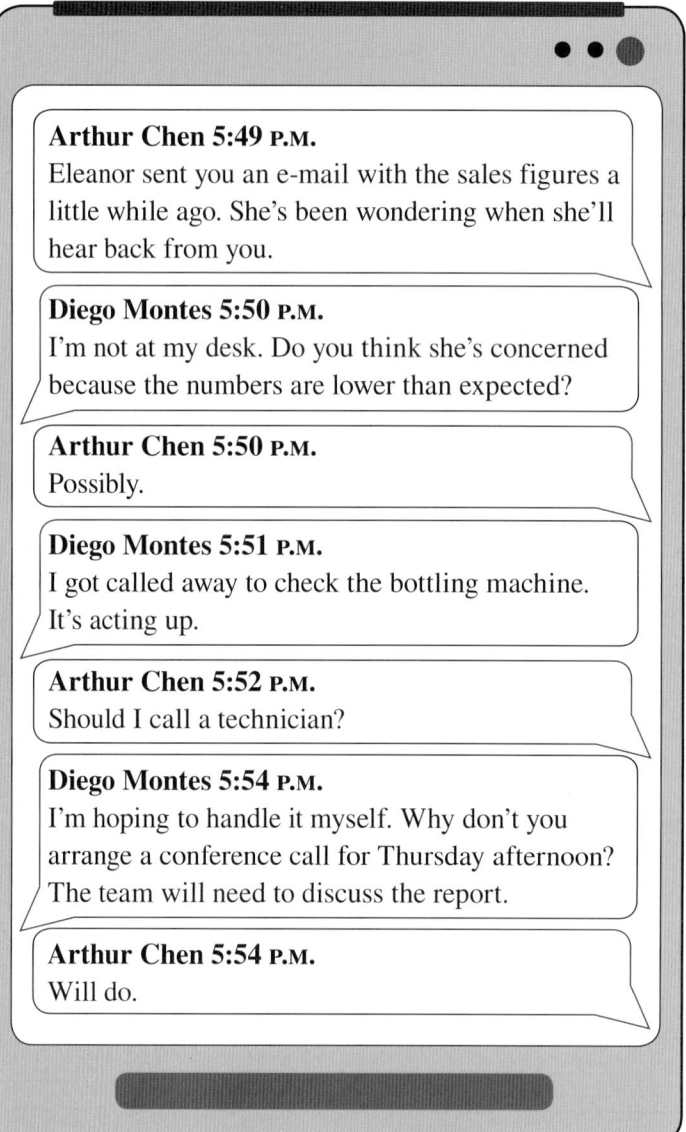

Arthur Chen 5:49 P.M.
Eleanor sent you an e-mail with the sales figures a little while ago. She's been wondering when she'll hear back from you.

Diego Montes 5:50 P.M.
I'm not at my desk. Do you think she's concerned because the numbers are lower than expected?

Arthur Chen 5:50 P.M.
Possibly.

Diego Montes 5:51 P.M.
I got called away to check the bottling machine. It's acting up.

Arthur Chen 5:52 P.M.
Should I call a technician?

Diego Montes 5:54 P.M.
I'm hoping to handle it myself. Why don't you arrange a conference call for Thursday afternoon? The team will need to discuss the report.

Arthur Chen 5:54 P.M.
Will do.

154. At 5:50 P.M., what does Mr. Montes most likely mean when he writes, "I'm not at my desk"?

    (A) He has left for the day.
    (B) He will miss an appointment.
    (C) He is visiting Mr. Chen's office.
    (D) He cannot respond to Eleanor.

155. What task is Mr. Chen asked to do?

    (A) Review documents
    (B) Schedule a meeting
    (C) Confirm travel plans
    (D) Repair some equipment

Questions 156-158 refer to the following letter.

Calmont Art Museum
254 Tanner Road
Hamilton HM 12
www.calmont.org.bm

19 December

Mr. Reggie Sayre
16 Neville Lane
Paget PG 05
Bermuda

Dear Mr. Sayre:

As a Calmont Art Museum member, you will soon be able to take advantage of our Member Appreciation Month discounts. — [1] —. From 1 to 31 January, members will receive an extra 20 percent savings on all gift-shop items. Members will also be offered a complimentary cup of coffee or tea with their meal in the café. Additionally, those who become first-time members by 31 January will receive a 10 percent membership fee discount. — [2] —. So encourage your friends to go online and sign up.

— [3] —. Every Friday of the month, the previously closed third-floor galleries, which feature sculptures and paintings by contemporary Bermudian artists, will be open to all visitors until 9:00 P.M. Photographs of select artwork from these galleries can be viewed on our Web site.

— [4] —. We hope to see you in the coming month.

Sincerely,

Ilyana Cooper
Ilyana Cooper
Director of Member Services

---

156. What is true about the Calmont Art Museum building?

(A) It has a restaurant.
(B) It will be closing for one month.
(C) It will have photographs on display.
(D) It has a studio for art classes.

157. According to the letter, what will be different on Fridays?

(A) Museum admission will be free.
(B) Additional galleries will be open.
(C) Hours at the gift shop will be extended.
(D) Bermudian artwork will be on sale.

158. In which of the positions marked [1], [2], [3], and [4] does the following sentence best belong?

"January is a wonderful time to visit the museum for another reason."

(A) [1]
(B) [2]
(C) [3]
(D) [4]

Questions 159-160 refer to the following e-mail.

To:	Moana Dixon <mdixon@jeminatoys.com.au>
From:	So-Hyun Ahn <sahn@jeminatoys.co.kr>
Subject:	Jemina Toys' anniversary
Date:	20 June
Attachment:	📎 Kickoff celebration

Dear Vice President Dixon,

Several high-profile events and a mix of advertisements are now in place for Jemina Toys' celebration of fifty years in Korea. The kickoff banquet will be held at the Grand Harper Hotel in Seoul on 2 August. We're eager to hear your decision about whether you will join us as our guest of honour. You'll find an invitation attached.

We just arranged advertising for a series of in-store anniversary sales that will launch periodically over the remainder of the year. We'll also be sending out press releases before each of these. I'll provide you with a complete schedule once it is finalized.

Sincerely,

So-Hyun Ahn
Korea Marketing Director, Jemina Toys

159. What is the purpose of the e-mail?

(A) To inquire about discounted products
(B) To confirm a hotel reservation
(C) To agree to attend a dinner
(D) To report on promotional plans

160. What does Ms. Ahn promise to send later?

(A) A revised invitation
(B) A list of upcoming events
(C) A travel itinerary
(D) A report of recent sales

Questions 161-164 refer to the following article.

Long Ride Even Longer?

By Selma Gonzalez

On Monday, Chien Motors, the manufacturer now producing Long Ride motorcycles, announced a delay in the introduction of the new Flash JX model. Industry competitors responded with surprise at the news. —[1]—. And Long Ride motorcycle fans went online en masse to express frustration with Chien Motors for canceling March's much-anticipated rollout.

It seems the decision to equip the Flash JX with a hybrid system, which uses both gasoline and electric power, is to blame. Chien Motors admits that the current prototype was rejected because of its excessive size and weight. This design of the power system would have required a larger motorcycle body than planned. They also had concerns over its lack of power output. —[2]—.

In addition to the design challenges, the Long Ride factory, having been equipped to produce previous models, is not ready for production of the Flash JX hybrid. —[3]—. New equipment will need to be purchased, and the assembly floor will need to be reconfigured.

Last year, Chien Motors was widely praised by motorcycle enthusiasts after it stepped in to save Long Ride from going out of business. What a difference twelve months has made. —[4]—.

161. What is indicated about Chien Motors?

(A) It owns the Long Ride motorcycle brand.
(B) It plans to sell a model at a reduced price.
(C) It is moving its headquarters.
(D) It will introduce a new motorcycle in March.

162. What is NOT mentioned as a problem with the power system?

(A) It is too heavy.
(B) It is too expensive.
(C) It is too weak.
(D) It is too large.

163. Why will the factory be renovated?

(A) It does not comply with a new regulation.
(B) It has not been updated in over a decade.
(C) It had been set up to make older models.
(D) It is too small to produce two models at once.

164. In which of the positions marked [1], [2], [3], and [4] does the following sentence best belong?

"Now they will need to win back the goodwill of these potential customers."

(A) [1]
(B) [2]
(C) [3]
(D) [4]

Questions 165-168 refer to the following text-message chain.

David Fowles [4:26 P.M.] Ms. Kang, tomorrow's forecast is calling for storms, so the roof work on your hotel's new wing will have to be put on hold.

Sue Kang [4:27 P.M.] Will that mean no work the whole day?

David Fowles [4:27 P.M.] Not at all. My workers can help Tony Ulman's crew repair the support beams inside the old building.

Sue Kang [4:28 P.M.] How long will it take to repair those?

David Fowles [4:28 P.M.] Let me check.

David Fowles [4:29 P.M.] Tony, how close are you to finishing your project?

Tony Ulman [4:31 P.M.] Things were looking OK until this morning when the structural engineer came by with some updates. We'll be working late the next few days.

David Fowles [4:32 P.M.] How would you feel about my crew helping you out tomorrow?

Tony Ulman [4:33 P.M.] Great! Then we could possibly finish in one day.

Sue Kang [4:35 P.M.] So your workers will only need access to the old building?

David Fowles [4:36 P.M.] For tomorrow, yes. Would it be OK for them to leave their cars in front of the old building?

Sue Kang [4:38 P.M.] Sure. There should be enough spaces next to the main entrance. And could you remind them not to take vehicles onto the grass?

165. What does Mr. Fowles suggest will interrupt work tomorrow?

(A) Broken equipment
(B) A delayed delivery
(C) Poor weather
(D) A lack of workers

166. At 4:31 P.M., what does Mr. Ulman most likely mean when he writes, "We'll be working late the next few days"?

(A) His crew has not been reporting to work on time.
(B) His crew's plan is to leave early on Friday.
(C) His crew is needed at two different work sites.
(D) His crew's project was made more difficult.

167. Who most likely is Ms. Kang?

(A) A landscape designer
(B) A hotel manager
(C) A transportation coordinator
(D) A roofing supplier

168. What is one topic Mr. Fowles asks about?

(A) The best building entrance for their use
(B) Directions to the old building
(C) Plans for the new wing
(D) The availability of parking

Questions 169-171 refer to the following advertisement.

Nimblearn

Find the Information Your Company Needs

Nimblearn is a robust, next-generation tool designed to make creating surveys easy, effective, and affordable. Our intuitive Web-based software allows you to design and administer surveys and automatically track and analyze results.

You asked for it, we created it. We designed Nimblearn to include all the features you requested:

- A simple process for designing surveys that guides you every step of the way
- A huge list of question types, from true/false to open text, with advice on how and when to use each one
- A library of proven sample questions designed to gather essential feedback on quality
- Loads of quick and easy ways to distribute your surveys (e-mail, social media, etc.)
- Summary and advanced reports that can be viewed in real time

Go to www.nimblearn.com to learn more.

169. How would a company most likely use Nimblearn?

(A) To perform market research
(B) To create software programs
(C) To design colorful advertisements
(D) To produce end-of-year financial reports

170. What is suggested about the company that developed Nimblearn?

(A) It was founded by a computer engineer.
(B) It posts customer reviews on its Web site.
(C) It has a reputation for producing high-quality goods.
(D) It used customer feedback in developing the product.

171. What is NOT mentioned as a feature of Nimblearn?

(A) Step-by-step instructions
(B) Sample survey questions
(C) Easy-to-read charts and graphs
(D) Suggestions for simple distribution

Questions 172-175 refer to the following notice.

Prendis National Park Authority (PNPA)

Prendis National Park includes mainland shore areas and Prendis Island itself. Please note, however, that additional restrictions will be in force for accessing the island this summer. Unless they are members of an official tour, visitors to the park will be prohibited from setting foot on Prendis Island. This rule also applies to individuals who may wish to visit the island independently using private watercraft. Such individuals may view the island from the water and may anchor offshore, but must not make landfall on the island.

The PNPA's official boat tours for visitors to the island are offered seven days a week throughout the year and depart at two-hour time intervals starting at 8 A.M. The final tour leaves at 4 P.M., except for the summer months of December through March, when this is extended to 6 P.M. Call 08 9776 5992 to make reservations. The official tour includes a brief visit to the island itself, where you can view bird-nesting areas with a PNPA park ranger as your authorized escort.

Payment and Reservations
- Tours are capped at 18 participants. If your group is smaller than 15, we reserve the right to include other visitors in your tour.
- Tickets are $20 per person for those 12 years of age and over and $10 per child under the age of 12.
- A nonrefundable deposit of $5 per person is required to hold a reservation for groups. Your deposit will be credited to your total group admission fee. If your party does not arrive at the specified time, we reserve the right to shorten the trip as necessary in order to avoid interfering with subsequent tours. Rescheduling cannot be considered.

---

172. What is announced in the notice?

(A) An added service
(B) A new tourist facility
(C) A recent policy change
(D) An updated fee structure

173. What is indicated about visiting Prendis Island?

(A) Visitors are warned not to disturb the wildlife.
(B) To tour on foot, visitors must be accompanied by a guide.
(C) Visitors are not permitted to swim near the island.
(D) To view the island from a boat, visitors must join an official tour.

174. What is NOT mentioned about the PNPA's tours?

(A) The capacity is limited.
(B) Advance payment may be required.
(C) Tour times vary by season.
(D) Overnight tours can be scheduled.

175. According to the notice, what may happen if a group arrives late for a scheduled tour?

(A) It may be canceled.
(B) It may last less than two hours.
(C) It may cost more.
(D) It may be moved to another day.

Questions 176-180 refer to the following Web page and customer review.

Welcome to Ticket Stack

REVIEWS | **HOME** | EVENTS | PLACE ORDER

Ticket Stack—the online source for all your ticket needs!

Ticket Stack has printed tickets for millions of events, including concerts, sporting events, conferences, and more. No matter what the event, we can help you design the perfect ticket.

Step 1: Create your ticket
Browse our collection of attractive template designs by selecting a category. You can then easily modify the text of each template to include your event information. If you want more control over the color scheme, font, images, and other design features, simply download our Ticket Stack Design Application. This free software gives customers the freedom to go beyond the standard templates and modify the appearance of their tickets.

Step 2: Choose a quantity
With Ticket Stack, you can order as few as 50 tickets or as many more as you need. The more you order, the lower the price!

Quantity	Price per item
50-500	30 cents
501-1,000	20 cents
1,001-2,500	10 cents
2,501 or more	8 cents

Step 3: Add an invisible verification stamp
For an additional 2 cents per item, you can choose to have the back of your tickets printed with ultraviolet ink, visible only under a black light. This feature ensures the authenticity of your tickets.

Step 4: Place your order
Orders generally require three business days to process, but large orders may take longer. Be sure to place your order well in advance of your event.

Welcome to Ticket Stack

REVIEWS | HOME | EVENTS | PLACE ORDER

★★★★★ *I'm so thankful I found Ticket Stack!*

I work for an independent local theater, Dewley Theater. We recently ordered 2,500 tickets from Ticket Stack. We decided against securing the tickets with the invisible verification stamp but did download the free software so that we would have more flexibility with the design and could include the theater's logo. The tickets came out great! A number of patrons complimented us on the new design, and we were especially pleased with the prompt delivery! By contrast, last year we ordered tickets from a small company based here in Albany and were disappointed with the service. That order took four weeks to arrive. This year, even though Ticket Stack is based on the opposite side of the country, we received our tickets within just five business days!

—Ned Collier

176. According to the Web page, what does the free software allow users to do?
    (A) Customize designs
    (B) Confirm attendees
    (C) Update a Web site
    (D) Check customer information

177. What is mentioned on the Web page about Ticket Stack?
    (A) It offers a variety of ticket sizes.
    (B) It offers an optional security feature.
    (C) It uses a unique numbering system.
    (D) It has several store locations.

178. What is indicated about Mr. Collier?
    (A) He paid ten cents per ticket.
    (B) He requested a rush order.
    (C) He chose a standard template.
    (D) He received more tickets than he requested.

179. What is suggested about the Dewley Theater?
    (A) It is located in Albany.
    (B) It is planning to change its logo.
    (C) It recently reduced its ticket prices.
    (D) It mails tickets directly to patrons.

180. According to the review, why does Mr. Collier prefer Ticket Stack over another company?
    (A) It has lower prices.
    (B) It delivers internationally.
    (C) It uses higher-quality equipment.
    (D) It processes orders more quickly.

Questions 181-185 refer to the following e-mail and business plan.

To:	Anna Browne <abrowne@firstprospect.com>
From:	Stefania Floros <s.floros@soleassortment.com>
Date:	December 22
Re:	Business plan
Attachment:	Floros revised

Dear Ms. Browne,

Thank you for helping me to secure funding for my new business. I have reviewed your feedback and changed my business plan accordingly. As you suggested, I have added a section that identifies our anticipated customer population. The revised version is attached. I believe this completes the necessary paperwork for my loan application. If you have further questions, please do not hesitate to contact me.

I look forward to receiving your official approval of my application.

Sincerely,

Stefania Floros

Revised Business Plan: Sole Assortment

Section 1. Purpose
Raleigh Street has become a vibrant district of eateries, shops, and entertainment venues. My business, Sole Assortment, will fill a very significant gap among the existing apparel shops and department stores. Sole Assortment will focus on women's shoes and accessories. We are committed to offering high-quality footwear at affordable prices in a relaxing, customer-centered environment.

Section 2. Target Market
Sole Assortment will serve women who work in the surrounding area. Because many office buildings are within walking distance, customers from the target market are likely to frequent the store during mid-day breaks and at the end of the business day. Weekend customers are those who come to the area for shopping, dining, and entertainment.

Section 3. Estimated Timeline
The grand opening is scheduled for May 10. The anticipated deadlines for each stage of the timeline are:

February 25	Sign lease and obtain business permit
March 31	Renovate space and install displays
April 30	Post job announcements, complete interviews, and hire staff
May 7	Load inventory and prepare for opening

Section 4. Financial Information
See attached projection sheet for details about anticipated expenditures and profits.

181. What is the purpose of the e-mail?

(A) To acknowledge a recent job promotion
(B) To give instructions on getting a permit
(C) To offer advice to a new business owner
(D) To respond to a specific suggestion

182. In the e-mail, the word "secure" in paragraph 1, line 1, is closest in meaning to

(A) guard
(B) obtain
(C) save
(D) fasten

183. What section of the business plan was added?

(A) Section 1
(B) Section 2
(C) Section 3
(D) Section 4

184. What type of business does Ms. Floros plan to start?

(A) A gourmet restaurant
(B) An employment agency
(C) A beauty salon
(D) A shoe shop

185. According to the business plan, what information was submitted separately?

(A) Letters of recommendation
(B) Names of contracted suppliers
(C) Details about estimated costs
(D) A list of inventory items

Questions 186-190 refer to the following Web page, e-mail, and form.

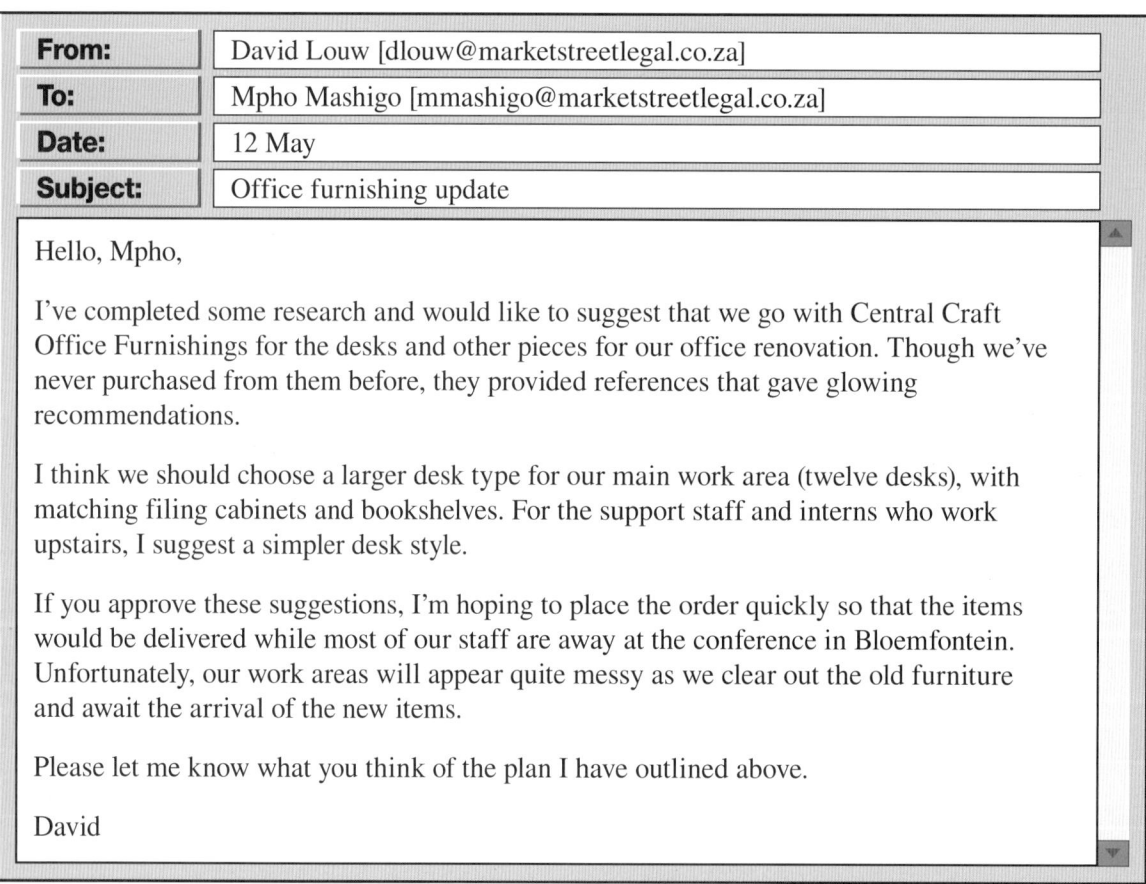

Order code:	Y6183W
Contact:	David Louw, (041) 961–5072
Delivery to:	Market Street Legal, 56 Market Street, Uitenhage 6229
Delivery window:	02–04 June, 09:00–17:00

Quantity	Product ID	Description
12	HBD3113	Hamilton Business Desk
12	TAF1275	Tuck Away File Cabinet; matte grey
4	BB2820	Bookworm Bookshelves; matte grey
6	FD4218	Flexible Desk

Note: *Due to demand, we are out of Product BB2820 at our Port Elizabeth store. Those items will be delivered to your office directly from our manufacturing site, so they will be shipped into Uitenhage from Cape Town rather than from Port Elizabeth. This may delay the delivery by one or two days. Every effort will be made to have the entire order delivered on the same day.*

186. What is indicated about Central Craft Office Furnishings?
    (A) It provides complimentary interior design services.
    (B) It offers special deals to educational institutions.
    (C) It has recently expanded its product inventory.
    (D) It has just opened a branch location.

187. What is probably true about Market Street Legal's furniture order?
    (A) It will be delivered at no charge.
    (B) It includes an item that has been discontinued.
    (C) It was placed too late for delivery in June.
    (D) It includes a style selected by interns.

188. Why does Mr. Louw probably prefer to schedule a delivery during a particular period of time?
    (A) He will receive an additional discount.
    (B) He needs some furnishings for an important meeting.
    (C) He needs extra time to discard old office furniture.
    (D) He wants to minimize inconvenience to colleagues.

189. What furniture product will most likely be placed upstairs at Market Street Legal?
    (A) Hamilton Business Desks
    (B) Tuck Away File Cabinets
    (C) Bookworm Bookshelves
    (D) Flexible Desks

190. According to the form, where is the furniture made?
    (A) Uitenhage
    (B) Cape Town
    (C) Bloemfontein
    (D) Port Elizabeth

Questions 191-195 refer to the following e-mail, menu, and comment card.

From:	Jethro Li <jli@plumroom.com>
To:	Bettina Vargas <bvargas@plumroom.com>
Date:	Monday, September 19
Subject:	Menu tasting

Hi Bettina,

It's hard to believe Mr. Bonneau will be here in just four weeks! Since his review will be published in the city newspaper, let's be sure that our selections reflect the very best of The Plum Room. To get input on the menu we'll be serving him, I've decided we should hold a special menu-tasting event on Saturday of next week.

I have a few suggestions for what we could serve at the menu tasting. How about preparing a hearty meatless entrée that can really hold its own? That way we can highlight our vegetarian-friendly offerings. Perhaps our steamed shellfish dish would be a good option too. I do insist, however, on offering the new specialty pizzas we're planning to introduce on our regular menu. That is, of course, assuming construction on the brick oven is completed by then. Also, I think we could serve at least one of our fruit desserts—they are always popular. But do know that I have full confidence in you, as Head Chef, to finalize the menu selections.

Lastly, I'd like to offer our menu-tasting patrons a chance to tour the kitchen while they are here. Let me know how you feel about this and how best to arrange it.

Thanks,

Jethro Li

The Plum Room Tasting Menu
Saturday, October 1

Smoked salmon canapés
Baked halibut in butter sauce
Eggplant steak with lemon tomato sauce
Steamed mussels and shrimp in a coconut broth
Roasted Tuscan chicken with white beans and wilted greens
Peach cake with glazed almonds

Tasting Comment Card

Name: Elianne Aude

Please comment on your tasting experience at The Plum Room.

I was pleasantly surprised by the gentle sweetness of the eggplant dish; the sauce was a little acidic for my taste though. The halibut, on the other hand, exceeded all my expectations. The Tuscan chicken was tender, but overall it lacked flavor. Regarding the cake, it was fairly tasty, though a bit overcooked. I was quite impressed with the efficient design of your kitchen. I look forward to sampling the new brick-oven pizzas when they're introduced. It's a shame you weren't able to offer them today.

---

191. What is the purpose of the menu tasting?
    (A) To prepare for a visit from a restaurant critic
    (B) To select dishes to enter in a cooking contest
    (C) To evaluate a chef who is applying for a job
    (D) To decide on items to add to the daily menu

192. In the e-mail, the word "hearty" in paragraph 2, line 2, is closest in meaning to
    (A) sincere
    (B) abundant
    (C) satisfying
    (D) original

193. What is true about the tasting menu?
    (A) It lists dishes that were offered for free.
    (B) It includes a dessert suggested by Mr. Li.
    (C) It was served to customers in the restaurant's kitchen.
    (D) It is available every weekend.

194. Which menu item was most likely Ms. Aude's favorite?
    (A) The halibut
    (B) The cake
    (C) The eggplant
    (D) The chicken

195. What is suggested about the brick oven?
    (A) It is too large for the kitchen.
    (B) It needs to be repaired.
    (C) It failed a safety inspection.
    (D) It is still being built.

Questions 196-200 refer to the following e-mail, flyer, and text message.

To:	Interns
From:	Hassan Asif
Subject:	Speaker series
Date:	February 11

Dear students,

Good news! Mr. Tatsuo Nomura has agreed to participate in our Speaker Series this spring. As part of your student internship responsibilities you will need to arrange his lodging here at the university for March 25–27 and have the necessary paperwork completed and approved so that Mr. Nomura can receive his honorarium. Please reserve a room for his presentation as well. I recommend McAneny Auditorium since it can accommodate the most people, but any of the presentation rooms in the business building would be fine.

Also, once Mr. Nomura provides his abstract, you will need to design a flyer and post it in the usual locations throughout the building. I trust you will be able to divide the work among the four of you without any issues. Thanks!

Dr. Asif

Professor, Dunn School of Business

Dunn School of Business
Speaker Series Presents:

Mr. Tatsuo Nomura
Executive Vice President, Kyoto Financial Group, Japan

Developing Alternative Finance Partnerships
March 26, 5:30 P.M.
Trosdal Room

In the past few years, many financial institutions have restricted lending to reduce their risk. This practice, however, contributes to unfavorable market conditions. How can banks minimize risk while still providing suitable funding opportunities to entrepreneurs? One possible solution that is gaining in popularity is alternative finance. I will provide an overview of alternative finance, share some compelling data collected jointly by researchers at Kyoto Financial Group and Dunn School of Business, and discuss how this global banking innovation can revive our industry.

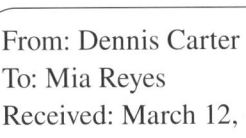

From: Dennis Carter
To: Mia Reyes
Received: March 12, 6:00 P.M.

Mia, I'm in the media room about to print the flyer you designed, and I've noticed an error. Mr. Nomura's bio was somehow deleted from the flyer! Can you revise the flyer immediately and resend it to me? The media room is closing in 30 minutes, and Dr. Asif stressed that the flyers must be posted this evening at the latest.

196. What is suggested about the Trosdal Room?

    (A) It is not located in the business building.
    (B) It is the site for all of the events in the Speaker Series.
    (C) It is smaller than McAneny Auditorium.
    (D) It is available on March 27.

197. In the e-mail, the word "issues" in paragraph 2, line 3, is closest in meaning to

    (A) conflicts
    (B) periodicals
    (C) distributions
    (D) announcements

198. What is Mr. Nomura's presentation about?

    (A) A new trend in banking
    (B) A job opportunity in finance
    (C) Unusual methods of data collection
    (D) Characteristics of skilled entrepreneurs

199. What problem does Mr. Carter mention?

    (A) A name has been misspelled.
    (B) The flyer is missing information.
    (C) The flyer will not be posted on time.
    (D) The room reserved for the presentation is closed.

200. Who most likely is Ms. Reyes?

    (A) A technician in the media room
    (B) An executive assistant to Mr. Nomura
    (C) A presenter from the Speaker Series
    (D) A student at Dunn School of Business

Stop! This is the end of the test. If you finish before time is called, you may go back to Parts 5, 6, and 7 and check your work.

토익 정기시험
기출문제집

RC

TEST

03

READING TEST

In the Reading test, you will read a variety of texts and answer several different types of reading comprehension questions. The entire Reading test will last 75 minutes. There are three parts, and directions are given for each part. You are encouraged to answer as many questions as possible within the time allowed.

You must mark your answers on the separate answer sheet. Do not write your answers in your test book.

PART 5

Directions: A word or phrase is missing in each of the sentences below. Four answer choices are given below each sentence. Select the best answer to complete the sentence. Then mark the letter (A), (B), (C), or (D) on your answer sheet.

101. All shelves in the holiday merchandise section need to remain ------- stocked.

    (A) full
    (B) fully
    (C) fuller
    (D) fullest

102. ------- to the exercise room is included with your stay at the Bayland Hotel.

    (A) Access
    (B) Accessed
    (C) Accessing
    (D) Accessible

103. Mr. Okello's promotion means that ------- will supervise a larger team.

    (A) he
    (B) his
    (C) him
    (D) himself

104. Juniper Worldwide, Inc., will be ------- payroll service providers on January 1.

    (A) changing
    (B) attending
    (C) holding
    (D) turning

105. The Valletta Visitor Centre offers daily boat rides ------- the city's historic waterfront.

    (A) between
    (B) along
    (C) below
    (D) apart

106. Ultrora Action's T-Pro tennis shoe is the lightest ------- on the market right now.

    (A) that
    (B) any
    (C) one
    (D) either

107. Duram Biscuit Corp. is able to ------- good deals with its wholesale suppliers.

    (A) negotiating
    (B) negotiates
    (C) negotiated
    (D) negotiate

108. At Razani Marketing, there are ------- opportunities for professional advancement.

    (A) plenty
    (B) each
    (C) very
    (D) many

109. Parking on Dahakno Street will be prohibited for the next few days ------- emergency repairs to water lines.

    (A) so that
    (B) as a result
    (C) in order to
    (D) because of

110. Accountants applying for the training must obtain a ------- from their supervisor.

    (A) referring
    (B) referred
    (C) referral
    (D) refer

111. The evaluation report will be completed ------- after the auditors inspect the laboratory.

    (A) when
    (B) only
    (C) still
    (D) most

112. In light of our recent expansion, it will be ------- to hire another administrative assistant by June 1.

    (A) necessitating
    (B) necessary
    (C) necessarily
    (D) necessities

113. Due to low registration, the communications workshop scheduled for July 2 will be postponed ------- further notice.

    (A) until
    (B) onto
    (C) since
    (D) all

114. The initial response to the beta version of the software allows us to be ------- optimistic about future product sales.

    (A) fairness
    (B) fairest
    (C) fairly
    (D) fair

115. Orvale School's business mentors are retired executives with a ------- of expertise across a wide range of industries.

    (A) wealth
    (B) height
    (C) labor
    (D) fame

116. Thank you for your interest in our ------- line of compact refrigerators.

    (A) update
    (B) updated
    (C) updates
    (D) updating

117. The judges may begin to review the entries ------- the deadline for submitting slogans has passed.

    (A) how
    (B) nor
    (C) now that
    (D) whether

118. On his daily radio show, *Trade Biz*, Antonio Koslor ------- business news from all over the globe.

    (A) analysis
    (B) analyzer
    (C) analyzes
    (D) analyzing

119. The purchase of *The New Lagos Reporter* will not lead to changes ------- editorial staff.

    (A) in
    (B) again
    (C) positions
    (D) ultimately

120. Professor Reginald Layke's proposal for an additional course in business management was approved in a ------- short time.

    (A) surprised
    (B) surprise
    (C) surprisingly
    (D) surprising

121. Caridell Science Museum trustees are expected to be ------- of all the museum's operations.

    (A) aware
    (B) current
    (C) serious
    (D) alert

122. With the completion of its airport, Honokai Island's tourism ------- has improved dramatically.

    (A) economical
    (B) economic
    (C) economize
    (D) economy

123. Brock's Bistro has requested that we ------- the number of dinner guests by Monday.

    (A) personify
    (B) magnify
    (C) specify
    (D) testify

124. Doi Textiles, Inc., is well-known ------- the fashion world as being a trendsetter for young women's clothing.

    (A) toward
    (B) throughout
    (C) regarding
    (D) aboard

125. To sign up for any class at Routen Academy, simply complete the online ------- form at www.routenacademy.edu.

    (A) enrollment
    (B) inventory
    (C) complaint
    (D) solicitation

126. A reception will be held to introduce the newly ------- director of marketing to the employees of Kaulana Industries.

    (A) appoint
    (B) appoints
    (C) appointed
    (D) appointing

127. To fill two vacant positions on its benefits committee, Adidion Labs ------- employees who are ready for a challenge.

    (A) seeking
    (B) is seeking
    (C) are sought
    (D) have been sought

128. The software for tracking orders has been ------- successful as it has greatly decreased time spent on the task.

    (A) haltingly
    (B) intimately
    (C) permissibly
    (D) markedly

129. Lately the community sports program has had a surplus of volunteers, ------- are students.

    (A) inasmuch as
    (B) the reason being
    (C) because of them
    (D) most of whom

130. Please use the attached survey to let us know how ------- your recent stay at the Copper Mine Inn was.

    (A) knowledgeable
    (B) considerable
    (C) enjoyable
    (D) available

PART 6

Directions: Read the texts that follow. A word, phrase, or sentence is missing in parts of each text. Four answer choices for each question are given below the text. Select the best answer to complete the text. Then mark the letter (A), (B), (C), or (D) on your answer sheet.

Questions 131-134 refer to the following e-mail.

To: jaredkho@pharmacon.com.au
From: angelazucker@umedvic.edu.au
Date: 22 June
Subject: Thanks!

Dear Dr. Kho,

Thanks for ----131.---- our laboratory yesterday. As always, your expertise ----132.----. Our technicians especially benefited from your demonstration of the updated imaging systems, as well as from the general discussion of principles behind the technological advances in the lab setting.

Over the next few months, I will be hiring several more technicians. Would ----133.---- be available to lead another session in October? ----134.----. Please let me know so we can discuss the details.

Sincerely,

Angela Zucker

131. (A) calling
 (B) opening
 (C) visiting
 (D) staffing

132. (A) appreciates
 (B) will be appreciated
 (C) is appreciating
 (D) was appreciated

133. (A) theirs
 (B) yours
 (C) you
 (D) they

134. (A) Many of the candidates seem very promising.
 (B) If so, it would be a great help to the new employees.
 (C) With your input, the process will be quick.
 (D) These technicians adhere to strict regulations.

Questions 135-138 refer to the following article.

BRENTON (March 22)—Yesterday, Brenton Railway won a $37 million grant from the Federal Transit Agency. Thanks to the ------- 135. , construction of the proposed train terminal in Kirk Valley can now begin.

The expansion of the rail system is certainly good news for many in the community. ------- 136. . Drivers, too, are pleased about the grant. Edgar Simental, ------- 137. lives near the planned Kirk Valley Station, says, "What a relief for commuters like me. We have had to endure steadily worsening road traffic ------- 138. some time now. I anticipate taking the train instead of my car to work every day as soon as the station opens."

135. (A) funding
 (B) policy
 (C) design
 (D) strategy

136. (A) Riders will no longer be able to park their cars at the terminal.
 (B) Officials have confirmed that construction has been postponed indefinitely.
 (C) The cost of a monthly train pass, however, is expected to increase.
 (D) The project will create about 75 permanent jobs at the station.

137. (A) likewise
 (B) another
 (C) then
 (D) who

138. (A) for
 (B) with
 (C) about
 (D) on

Questions 139-142 refer to the following e-mail.

To: Josephine Blum [jblum@serenelakerestaurant.net]
From: Charlie Timmer [ctimmer@serenelakerestaurant.net]
Re: Outstanding reviews
Date: April 2

Dear Josephine,

The other managers and I were pleased to read the recent glowing reviews in both the *Gazette Daily Press* and the *Downtowner*. We agree that your contributions to Serene Lake Restaurant have been ------- . Therefore, we are happy ------- you a bonus that will be paid with your next weekly paycheck on April 8.
139.   140.

-------, we are raising your salary by 10 percent, effective May 1. Since you began as Executive
141.
Chef in December, our sales have more than doubled. -------. These positive trends are directly
142.
linked to your stellar performance.

Many thanks from the management team of Serene Lake Restaurant.

Charlie

---

139. (A) withdrawn
(B) matched
(C) affordable
(D) exceptional

140. (A) to award
(B) an award
(C) it awarded
(D) that awards

141. (A) For example
(B) In addition
(C) Nevertheless
(D) On the other hand

142. (A) An assistant manager will be hired as soon as possible.
(B) The restaurant will be open late on weekends beginning next month.
(C) You are the only staff member who will receive a raise this year.
(D) Our ratings in local magazines have also risen significantly.

Questions 143-146 refer to the following article.

Education Fair

(9 July)—The annual International Higher Education Fair came to Jakarta for the third consecutive year on Saturday, 7 July. -------. As usual, American and Australian universities were ------- represented. -------, observers noted that participation from European and Asian universities has been increasing year by year. Also noticeable was the fact that many more graduate students attended the ------- this year than in the past.

143. (A) A teachers' conference was also held at the same hotel.
(B) The fair featured hundreds of institutions from all over the world.
(C) Local student organizations arranged the evening entertainment.
(D) Registration fees were waived for those who volunteered to work at the fair.

144. (A) heavy
(B) heavily
(C) heavier
(D) heaviness

145. (A) Moreover
(B) Rather
(C) Instead
(D) Thus

146. (A) class
(B) demonstration
(C) event
(D) ceremony

PART 7

Directions: In this part you will read a selection of texts, such as magazine and newspaper articles, e-mails, and instant messages. Each text or set of texts is followed by several questions. Select the best answer for each question and mark the letter (A), (B), (C), or (D) on your answer sheet.

Questions 147-148 refer to the following notice.

The National Birdwatchers Society (NBS) is opening a local chapter in Wellspoint in September. The group will meet on the second Tuesday of every month at the Wheaton Diner, 1600 Carter Street, at 7:30 P.M. Everyone is welcome.

If you plan to use public transportation to travel to the meetings, Bus #44 stops two blocks away on the corner of Longview and Wedgeworth Streets. If you plan to drive, parking is free along both streets after 6:00 P.M.

We have an exciting year planned, so we hope you'll be able to join us. For a list of monthly speakers, visit us online at www.nbswellspoint.org.

147. Where would the notice most likely appear?

   (A) By a parking area
   (B) In a book about birds
   (C) At a community center
   (D) On a bus schedule

148. According to the notice, what is available on the Web site?

   (A) Registration forms
   (B) Some meeting details
   (C) New wildlife videos
   (D) Membership fee information

Questions 149-150 refer to the following invoice.

The Regal Hotel
2979 Haskett Ave.
Phoenix, AZ 85023

Date: March 20
Invoice Number: 816

Bill To:
Mariah Ferrell
Howells LLC
324 N. Front Street
Phoenix, AZ 85086

Invoice for one-day conference to be held on April 28 by Howells LLC

Item	Rate	Total
Berlot Room Conference space (100 guests)	$350.00/day	$ 350.00
Audiovisual equipment rental		
3 wireless microphones	$ 90.00/unit	$ 270.00
1 projector	$150.00/unit	$ 150.00
1 projection screen	$ 80.00/unit	$ 80.00
Breakfast	$ 10.00/person	$1,000.00
Lunch	$ 20.00/person	$2,000.00
	Subtotal	$3,850.00
	Tax	$ 319.55
	Total	$4,169.55*

*Please send this amount by April 1 to reserve all listed services.

149. What is NOT included in the total cost of the event?
 (A) Overnight hotel stays
 (B) Microphones
 (C) Meals for participants
 (D) Conference room rental

150. What is Ms. Ferrell asked to do?
 (A) Confirm a reservation
 (B) Return audiovisual equipment
 (C) Make a payment
 (D) Select items from a menu

Questions 151-152 refer to the following online chat discussion.

Pamela Carter [3:44 P.M.] Hi, Oswaldo. Did you look at the pictures of the East Fourth Street property?
Oswaldo Medrano [3:45 P.M.] Yes, I did. Given that many of our designers and editors are working remotely, is all that space really necessary?
Pamela Carter [3:47 P.M.] Yes, but as we grow more will be working on site.
Oswaldo Medrano [3:48 P.M.] That may not be for a while, though.
Pamela Carter [3:50 P.M.] We should consider both our immediate and long-term needs. The building offers ample room to allow for staff expansion.
Oswaldo Medrano [3:52 P.M.] That's true. Our requirements may change. Especially when we start signing contracts with more authors.

151. At what type of business do the people most likely work?

   (A) A publishing company
   (B) A moving company
   (C) A real estate agency
   (D) A local interior design firm

152. At 3:52 P.M., what does Mr. Medrano most likely mean when he writes, "That's true"?

   (A) An alternative space should be rented.
   (B) A new space will be too expensive.
   (C) The property may suit their needs in the future.
   (D) The property needs structural improvements.

Questions 153-155 refer to the following e-mail.

To:	Theodore Upton
From:	Edith Howe
Re:	Pelligrine Rental Agreement, 259 Grove Street house
Date:	May 4

Ted:

I just received a call from John Pelligrine. According to him, the figures in the rental agreement you e-mailed him this morning reflect the first quote he was given on April 24, not the negotiated figures agreed upon in the subsequent meeting on April 29.

Mr. Pelligrine had planned to move into the property this weekend, May 7–8, and he wants to make sure the rental paperwork is in place before he finalizes the moving arrangements. He said that he has been offered another property, also on Grove Street, and will proceed to rent that property if he cannot finalize his agreement with us by the end of office hours today.

Since I'm out of town, I will leave this urgent matter in your hands. Please contact Mr. Pelligrine immediately and e-mail him a corrected agreement. Please copy me on all correspondence regarding this matter.

Thank you.

Edith

153. Why was the e-mail written?
    (A) To share a copy of a budget
    (B) To introduce a colleague
    (C) To report a problem
    (D) To negotiate a contract

154. When was the agreement modified?
    (A) On April 24
    (B) On April 29
    (C) On May 7
    (D) On May 8

155. What would Ms. Howe like Mr. Upton to do?
    (A) Schedule a meeting
    (B) Look at another property
    (C) Visit a potential client
    (D) Send a document

Questions 156-157 refer to the following news article.

ADELAIDE (2 February)—According to a recent report, ice cream sales in the region have fallen by nearly twenty percent this year. The decrease has surprised many, especially given the remarkably hot weather this summer. Local vendors pointed to an increase in the wholesale price of milk, which has caused their own prices to rise significantly.

To offset the decrease in sales, many ice cream stores are stocking alternative desserts that do not contain dairy. For example, Giordano's Dessert Shoppe in Wellington has begun selling fruit ices. According to analysts, because ice cream is a specialized market, traditional strategies such as increased advertising and customer discounts are not as effective as they are in other industries.

156. According to the article, why have ice cream sales decreased?

(A) Consumers' diets have changed.
(B) Production costs are higher.
(C) Many people in the area have moved away.
(D) Recent weather conditions have been unusual.

157. How are vendors responding to the trend?

(A) By expanding their hours of operation
(B) By spending more money on advertising
(C) By offering discounts to customers
(D) By selling different products

Questions 158-161 refer to the following online chat discussion.

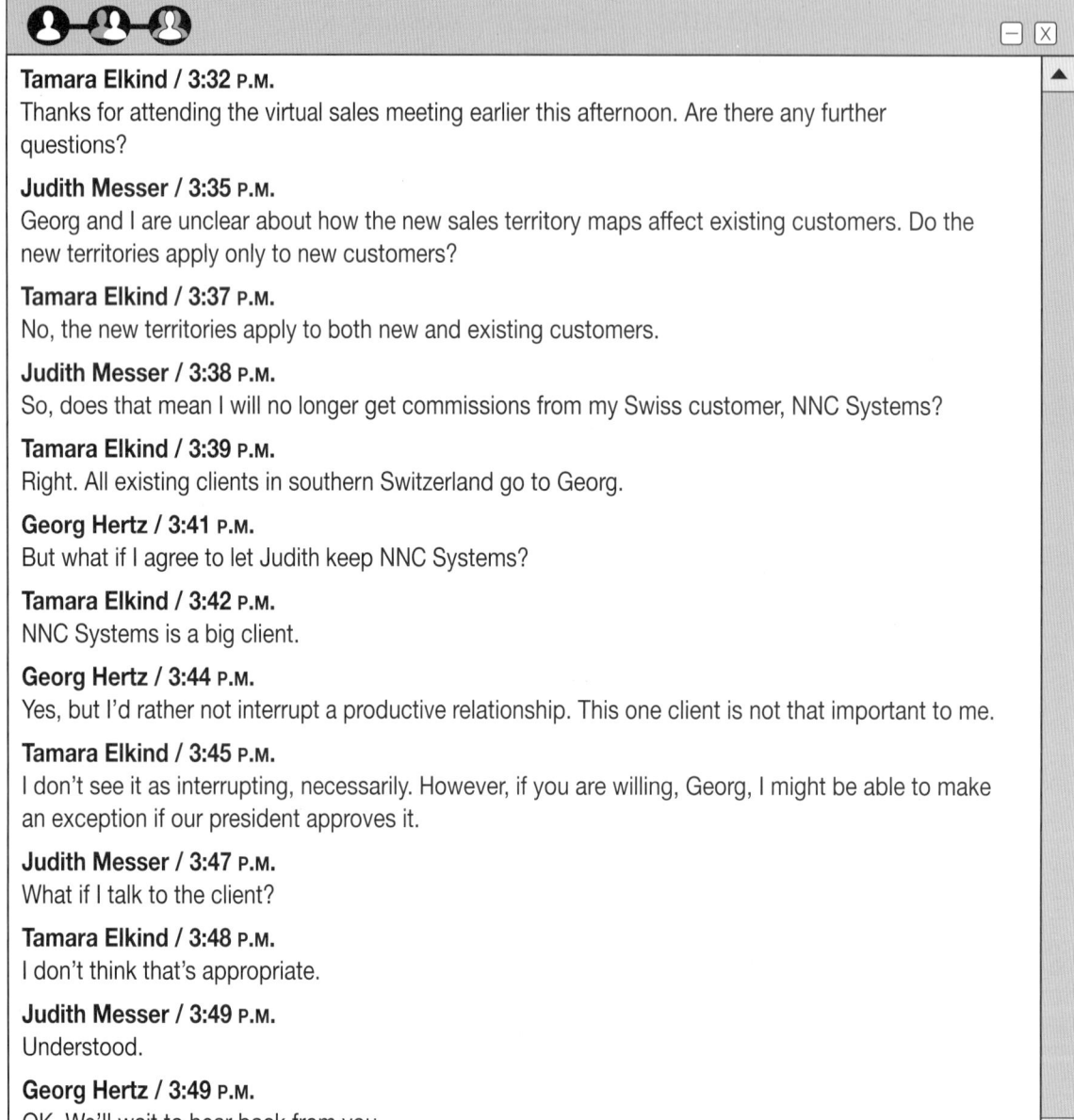

Tamara Elkind / 3:32 P.M.
Thanks for attending the virtual sales meeting earlier this afternoon. Are there any further questions?

Judith Messer / 3:35 P.M.
Georg and I are unclear about how the new sales territory maps affect existing customers. Do the new territories apply only to new customers?

Tamara Elkind / 3:37 P.M.
No, the new territories apply to both new and existing customers.

Judith Messer / 3:38 P.M.
So, does that mean I will no longer get commissions from my Swiss customer, NNC Systems?

Tamara Elkind / 3:39 P.M.
Right. All existing clients in southern Switzerland go to Georg.

Georg Hertz / 3:41 P.M.
But what if I agree to let Judith keep NNC Systems?

Tamara Elkind / 3:42 P.M.
NNC Systems is a big client.

Georg Hertz / 3:44 P.M.
Yes, but I'd rather not interrupt a productive relationship. This one client is not that important to me.

Tamara Elkind / 3:45 P.M.
I don't see it as interrupting, necessarily. However, if you are willing, Georg, I might be able to make an exception if our president approves it.

Judith Messer / 3:47 P.M.
What if I talk to the client?

Tamara Elkind / 3:48 P.M.
I don't think that's appropriate.

Judith Messer / 3:49 P.M.
Understood.

Georg Hertz / 3:49 P.M.
OK. We'll wait to hear back from you.

158. Who most likely is Ms. Elkind?

(A) A company president
(B) A sales manager
(C) A travel agent
(D) A human resources officer

159. What is suggested about Ms. Messer?

(A) She has a good relationship with NNC Systems.
(B) She is being transferred to an office in Switzerland.
(C) She is happy with the new territory assigned to her.
(D) She did not attend the sales meeting.

160. At 3:42 P.M., what does Ms. Elkind most likely mean when she writes, "NNC Systems is a big client"?

(A) She doubts Mr. Hertz can meet NNC Systems' needs.
(B) She believes Mr. Hertz is misinformed.
(C) She wants Mr. Hertz to visit Switzerland.
(D) She thinks Mr. Hertz's offer is surprising.

161. What will most likely happen next?

(A) Ms. Messer will review the new maps of sales territory.
(B) Ms. Messer will talk with her client.
(C) Ms. Elkind will contact the company's president.
(D) Mr. Hertz will accept a job offer from NNC Systems.

Questions 162-165 refer to the following e-mail.

To:	Roberto Reyes <rreyes@hamwelltc.co.bb>
From:	Cynthia Jensen <cjensen@baobablandscaping.co.bb>
Subject:	Information
Date:	14 May
Attachment:	BLS1

Dear Mr. Reyes:

I am following up on the Baobab Landscaping service proposal I forwarded on 22 April. — [1] —. Our company is one of the best in Barbados, and we would like to add you to our list of satisfied customers. Our clients include many local businesses like yours, among them hotels, restaurants, and banks. — [2] —. In case you overlooked the original proposal, I am attaching it again here.

The proposal is based on the service you inquired about, namely the maintenance of the grounds around Hamwell Tennis Courts once a week. —[3]—. Should you wish more extensive work, such as replacing trees, additional fees would apply.

— [4] —. I look forward to hearing from you. I hope our company will have the opportunity to be of service to you in the near future.

Sincerely,

Cynthia Jensen

162. What is the purpose of the e-mail?

(A) To request an appointment
(B) To explain a change in rates
(C) To resend a previous estimate
(D) To submit a revised proposal

163. What is mentioned in the e-mail?

(A) Mr. Reyes is a satisfied customer.
(B) Baobab Landscaping is a new business.
(C) Ms. Jensen met with Mr. Reyes in person.
(D) Mr. Reyes requested some information from Ms. Jensen.

164. For what kind of business does Mr. Reyes most likely work?

(A) A hotel
(B) A tennis facility
(C) A restaurant
(D) A local bank

165. In which of the positions marked [1], [2], [3], and [4] does the following sentence best belong?

"Also, we would reassess your needs continually and communicate recommendations to you once a month."

(A) [1]
(B) [2]
(C) [3]
(D) [4]

Questions 166-168 refer to the following article.

Matt Alcheri's Adventurous Leap

By Erika Quade, *Badger Dispatch*

MILWAUKEE (12 January) — Matt Alcheri has created music for dozens of films, including *Seeking Eleanor*, which earned him the Cinearts Award for Best Original Music. Recently, he has lent his considerable composing skills to *Final Chance*, a video game produced by Silhouette Gaming Systems (SGS), which has been creating interactive entertainment for 10 years now.

Mr. Alcheri was introduced to the managing director of SGS, Harry Jansson, at a social event hosted by Ms. Chandra Bixby, who, on occasion, has collaborated with Mr. Alcheri in composing film scores. Mr. Jansson proceeded to invite Mr. Alcheri to write the music for *Final Chance*.

In a phone interview, Mr. Alcheri said that he was "quite impressed" with the graphics and animation of *Final Chance*. "It left me with the sense that I was watching a movie, and so I did not hesitate to collaborate on the project," said the renowned composer. He further remarked that writing the score for the video game was virtually identical to composing the music for a movie.

"All I had to do was write music that matches the atmosphere of the various scenes depicted in the game," he added.

As for Mr. Jansson, he said in the same interview that with pre-orders for *Final Chance* standing currently at 200,000 copies, he has no doubt that the latest SGS product, scheduled to be released on March 20, will be a success.

166. Who is Ms. Bixby?

(A) A film company executive
(B) A video game developer
(C) A movie director
(D) A music composer

167. What most likely is true about Mr. Jansson?

(A) He became SGS' managing director ten years ago.
(B) He helped plan Ms. Bixby's social event.
(C) He has worked with Mr. Alcheri before.
(D) He spoke to Ms. Quade recently.

168. What is indicated about *Final Chance*?

(A) It took a year to develop.
(B) It will be available in March.
(C) It will be limited to 200,000 copies.
(D) It is based on the film *Seeking Eleanor*.

Questions 169-171 refer to the following brochure.

TILT SOLAR

*Thinking of converting your home to solar energy? With **Tilt Solar** you can do it in just four simple steps!*

1. Set up a home consultation.
Our experienced energy evaluators will help you determine whether a full or partial conversion to solar energy is best for you. Our evaluators will analyze your energy usage, the amount of sunlight your area receives, and the size and angle of your roof.

2. Approve your design.
Once the evaluators determine the number of solar panels needed, our expert designers will create the most energy-efficient system for your home. They will also help you choose the most cost-effective payment plan. Unlike other companies, Tilt Solar offers various financing options.

3. Schedule your installation.
Our certified installers will install your system at your convenience. Installation can typically be completed in one day, depending on the size and angle of your roof. Once installed, the system needs to be serviced only once every five years. Maintenance plans are available.

4. Start saving money on your energy bills!
As soon as your new system is operating, you'll start saving money on your monthly energy bills. It's that easy! The Tilt Solar system will immediately begin collecting energy from the sun. That energy can be used to power lights, household appliances, electronic devices, and much more. Don't be discouraged by the high price at the outset—within three to four years, you will save so much money that the system will pay for itself!

169. What is the purpose of the brochure?

(A) To advertise a company's product
(B) To discuss a trend in home building
(C) To compare two different forms of energy
(D) To provide the steps for operating a system

170. What is NOT evaluated during the home consultation?

(A) The amount of energy used in the home
(B) The amount of sunlight received locally
(C) The space available for solar panels
(D) The expected useful life of the panels

171. What does the brochure suggest is one disadvantage of the system?

(A) It does not fit on all rooftops.
(B) It requires frequent maintenance.
(C) It requires a large initial investment.
(D) It does not work where there is little sunlight.

Questions 172-175 refer to the following article.

Expansion Excites Lonsdale

September 20—Paso Tech Corporation completed the first phase of its new expansion project last week. Paso Tech, one of the leading producers of elements used in high-definition computer monitors and projectors, completed construction on one of three new factories to be built over the next four years. —[1]—. The first of the factories, built in Australia's Lonsdale, is the company's most sizable factory and will eventually be responsible for 55% of the company's output each year.

The new factory has brought with it an increase in jobs for local residents. —[2]—. More than 1,000 construction workers were hired to help build the massive factory and its surrounding structures.

Paso Tech's President Goro Hashimoto stated, "This was a major endeavor for our company. When we started this construction project, we realized that it was going to take a lot of money, resources, and staff. —[3]—. Not only did we hire locals to expand the physical plant, but we also added many workers to our full-time payroll. We hope to be able to do the same in Japan. We plan to begin building in Tokyo very soon." The company's headquarters are currently located in Osaka, Japan.

Additional factories will be constructed in some of Paso Tech's other locations, including in Brazil and South Africa. While the remaining factories will not be as large as the Lonsdale location, they will still require additional resources and labor. —[4]—.

172. What is true of Paso Tech?

    (A) It manufactures monitor parts.
    (B) It recently merged with another company.
    (C) It is renovating its corporate headquarters.
    (D) It sells construction equipment.

173. What is stated about the Paso Tech factory in Lonsdale?

    (A) It was the second new factory built this year.
    (B) It is the largest factory the company owns.
    (C) It produces over half of the company's output.
    (D) It took more than three years to build.

174. Where will the next Paso Tech factory be built?

    (A) In Australia
    (B) In Japan
    (C) In Brazil
    (D) In South Africa

175. In which of the positions marked [1], [2], [3], and [4] does the following sentence best belong?

    "We were pleased to see the impact our project had on the local workforce."

    (A) [1]
    (B) [2]
    (C) [3]
    (D) [4]

Questions 176-180 refer to the following letter and survey.

22 November

Ms. Helena Artemis
32 Oakhill Road, Apt. 5G
Vancouver, BC V6E 1B2

Dear Ms. Artemis:

Thank you for being a loyal Vogel Home Store customer. Our records show that you recently made a purchase with your Vogel credit card. We are conducting a brief survey about our patrons' buying experiences. We would be most appreciative if you would complete the enclosed survey, which should take about five minutes of your time. We have provided a prepaid, addressed envelope for your convenience. Customers who respond before 7 December will receive a limited edition framed print by Chelsea Artworks. Those who return a completed survey after that date will receive a voucher for 15 percent off of their next purchase.

Thank you in advance for your participation.

Sincerely,

Rahul Sehri

Rahul Sehri
Customer Relations Manager

Vogel Home Store

By taking our survey, you can help us ensure customers have the best shopping experience possible.

Name: Helena Artemis   Date: 12 December

1. May we call you to further discuss your answers?
   ☐ Yes — phone number _____   ☑ No

2. Where do you go to shop at Vogel Home Store?
   ☑ To store location   ☐ To our Web site   ☐ To both

   Please explain your response:
   There is a Vogel Home Store close to my apartment, and I like to see your products in person before I buy them.

3. On your most recent visit to Vogel Home Store, did you find what you were looking for?
   ☐ Yes   ☑ Not exactly   ☐ No

   Please explain your response:
   You have a great selection of towels (and other home products), but you did not have the color I wanted for my kitchen. Your very accommodating sales assistant said that he could have the towels I wanted shipped from your warehouse, but I ultimately went with a different color that I could buy that night.

176. Why did Mr. Sehri write to Ms. Artemis?

(A) To report on some survey results
(B) To request that she submit a refund form
(C) To address a complaint that she made
(D) To ask her to share some feedback

177. What is indicated about Vogel Home Store?

(A) It is building a larger warehouse.
(B) It is hiring customer service personnel.
(C) It issues credit cards to customers.
(D) It carries low-cost merchandise.

178. In the letter, the word "conducting" in paragraph 1, line 2, is closest in meaning to

(A) administering
(B) authorizing
(C) behaving
(D) transferring

179. What will Ms. Artemis most likely receive from Vogel Home Store?

(A) A discount coupon
(B) A framed picture
(C) A follow-up phone call
(D) An extra set of towels

180. What does Ms. Artemis mention about Vogel Home Store?

(A) It should open an online shop.
(B) It has a wide variety of items.
(C) Its products are often out of stock.
(D) Its salespeople are not helpful.

Questions 181-185 refer to the following memo and schedule.

Trubridge Contracting

To: All Trubridge Contracting Employees
From: Trubridge Contracting Acquisitions Committee
Re: Trubridge Estefen
Date: October 12

As you know, Trubridge Contracting will officially merge with Estefen Builders on November 21. We feel that this merger will benefit both companies. Like us, Estefen specializes in commercial construction, and this merger will solidify our position at the forefront of the ever-growing Lexington City building trade. In addition, the creation of Trubridge Estefen will enable us to take on more complex development projects such as the Faust Center and the Hull Street Mall expansion.

Members of each department will meet during the week of October 20 to discuss some of the logistical details of the merger, as well as the planned expansion and renovation of the Trubridge offices so they can effectively accommodate Estefen's 113 employees. If you have questions you would like to see addressed during the meetings, please feel free to e-mail the meeting chairpersons in advance.

Note that both Stan Trubridge and Zack Estefen will attend each meeting.

Trubridge Contracting Acquisitions Committee

Department	Date/Time	Meeting Chairpersons
Administration	Monday, Oct 20 9:00–11:00 A.M.	Janine Wu, Office Manager (Trubridge Contracting)/ Ronaldo Romo, Office Manager (Estefen Builders)
Public Relations*	Tuesday, Oct 21 1:00–3:00 P.M.	Jim Hoyt, Public Relations Manager (Trubridge Contracting)
Management	Wednesday, Oct 22 1:00–3:00 P.M.	Eileen Crawford, Vice President (Trubridge Contracting)/ Larry Field, General Manager (Estefen Builders)
Design	Thursday, Oct 23 9:00–11:00 A.M.	Laura Ward, Design Team Leader (Trubridge Contracting)/ Ann Sykes, Creative Director (Estefen Builders)
*Estefen Builders does not have a public relations department. During this meeting, Zack Estefen will hear about the role current Trubridge public relations employees will play in the newly merged company.		

181. What is one purpose of the memo?

(A) To announce changes to a company's benefits package
(B) To discuss the importance of a merger
(C) To explain why a department was created
(D) To congratulate employees on a successful project

182. According to the memo, what is Trubridge Contracting's area of expertise?

(A) Architectural design
(B) Residential property development
(C) Commercial construction
(D) Property management

183. What is suggested about the employees of Estefen Builders?

(A) They will relocate their offices.
(B) They must reapply for their jobs.
(C) They work outside of Lexington City.
(D) They developed the meeting agenda.

184. What is indicated about Ms. Ward?

(A) She will attend a department meeting on Monday.
(B) She is a new employee at Trubridge Contracting.
(C) She will answer questions that are sent to her by e-mail.
(D) She is a member of the Trubridge Contracting Acquisitions Committee.

185. What will happen at the meeting on October 21?

(A) Ms. Crawford and Mr. Field will act as chairpersons.
(B) Trubridge Contracting employees will learn about their new job duties.
(C) Mr. Estefen will be the only Estefen Builders employee attending.
(D) Mr. Trubridge will not be present.

Questions 186-190 refer to the following announcement, instructions, and e-mail.

People Needed for Focus Groups

Westwood Market Research is recruiting adults 22 to 65 years old to participate in a study about travel at Rivergrove Hotel's conference centre at 38 Coe Parkway during the first week of May. Study participants will listen to a series of advertising messages and engage in a discussion led by a moderator. Participants will be compensated for the two-hour session. If you are interested, please call Westwood at 204-555-0172 and mention study 89. You will then be directed to respond to a brief screening questionnaire to ensure that you are eligible to participate.

Mary,

Thanks for agreeing to facilitate four focus groups for Travel Rex at the Rivergrove Hotel. Below is the schedule. As this is a study for a travel industry Web site, the client wanted us to locate people who travel often, either for work or for leisure. Each group will be composed of 25 people.

Ages	Dates for the 5:00 to 7:00 P.M. Sessions
22–30	Monday, 1 May
31–44	Tuesday, 2 May
45–55	Wednesday, 3 May
56+	Thursday, 4 May

For each group, you'll read the scripts for four advertisements, each emphasizing a different feature of Travelrex.ca.

Advertisement 1 – Shopping for airline fares
Advertisement 2 – Major travel destinations
Advertisement 3 – Group-travel discounts
Advertisement 4 – Comparing vehicle rental rates

When recording the group interaction, make sure participants' name tags can be seen. This will allow us to mention participants by name when we review the video and compile our analysis for the client. Let me know if you have any questions.

Kristina Balubal

To:	becky_feagan@travelrex.ca
From:	kbalubal@westwood.ca
Date:	15 May
Subject:	Study 89
Attachment:	Study 89 results

Dear Becky,

I just want to let you know that we have completed research for the target markets your company requested. As you can see from the attachment, one message stood out as the most well liked among all four groups. This message presents overviews of the most common journeys travelers take. Please let me know when you're available to meet. We can view the video together and go over the results in more detail.

Best regards,

Kristina Balubal
Client Services Manager, Westwood Market Research

186. What is NOT suggested about focus group participants?

(A) They have traveled frequently.
(B) They are Web-site designers.
(C) They were paid for their time.
(D) They had to answer preliminary questions over the phone.

187. In the instructions, the word "locate" in paragraph 1, line 3, is closest in meaning to

(A) find
(B) fix
(C) notice
(D) describe

188. What is indicated about study 89?

(A) It included only business travelers.
(B) It took place all in one day.
(C) It was conducted at Travel Rex's headquarters.
(D) It comprised four groups of equal size.

189. According to the instructions, why were participants provided with name tags?

(A) So that they could be assigned to the correct group
(B) So that they could be allowed to enter the conference center
(C) So that the researchers could easily identify them
(D) So that the discussion environment would be relaxed

190. Based on results from the study, what advertisement was the most popular?

(A) Advertisement 1
(B) Advertisement 2
(C) Advertisement 3
(D) Advertisement 4

Questions 191-195 refer to the following Web page, e-mail, and letter.

http://www.magob.org.bs

Exhibitions | Education Programmes | Tickets | Membership

Modern Art Gallery of the Bahamas
Scheduled Exhibitions

Dates	Exhibition Title	Description
7 May–5 October	*The Moon and Tides*	This exceptional collection of paintings and photographs by international artists, including several from Caribbean nations, demonstrates the power the moon and the sea have held over humanity for centuries.
28 May–5 October	*Furniture as Art*	We tend to think of furniture as functional, but furniture can also be art. This exhibition features a variety of unique antique and contemporary furniture from across Europe.
3 July–18 December	*Dance: Movement in Art*	Through sculptures, paintings, photographs, and video recordings, this exhibition features dance styles from Albania to Zambia and a host of other countries in between.
24 July–22 August	*The Photography of Burt Walters*	This exhibition is a collection of extraordinary photographs featuring families from around the world.

For ticket information, visit the Tickets page or e-mail cdeleon@magob.org.bs. Members receive two complimentary tickets to all exhibitions. Visit the Membership page to find out how you can become a member!

E-Mail Message

From: Melanie Nichols <mnichols@inet.com.bs>
To: Carleigh De Leon <cdeleon@magob.org.bs>
Subject: Tickets
Date: 1 May

Hello,

I just received my complimentary tickets for this season's exhibitions. I would like to get two more tickets to "Dance: Movement in Art." I believe you have my credit card information on file, so could you please charge my card and mail the additional tickets? I'm also really excited to see the "Furniture as Art" exhibition. Thank you for bringing these magnificent exhibitions to the gallery this year.

Melanie Nichols

3 May

Melanie Nichols
P.O. Box N-123
NASSAU, N.P.

Dear Ms. Nichols,

Thank you for your continued patronage of the Modern Art Gallery of the Bahamas. I apologize again that the exhibition you wanted to see has been canceled. Per our telephone conversation, I have enclosed two additional tickets to its replacement exhibition, "Indigenous Cultures of the Americas," which is a traveling exhibition that will also run for the same dates, 3 July–18 December. Your JPax credit card ending in 3389 has been charged $24.

Sincerely,

Carleigh De Leon

Carleigh De Leon
Modern Art Gallery of the Bahamas

Enclosures

191. According to the Web page, what do all of the exhibitions have in common?

(A) They include photographs.
(B) They include live performances.
(C) They feature works by artists from the Caribbean.
(D) They feature works from multiple countries.

192. What is indicated about Ms. Nichols?

(A) She is requesting a refund.
(B) She has a membership to the museum.
(C) She is a contemporary artist.
(D) She has already seen the exhibits.

193. Which exhibition has been canceled?

(A) *The Moon and Tides*
(B) *Furniture as Art*
(C) *Dance: Movement in Art*
(D) *The Photography of Burt Walters*

194. In the letter, the word "run" in paragraph 1, line 5, is closest in meaning to

(A) be shown
(B) manage
(C) move
(D) be covered

195. According to the letter, what did Ms. De Leon do for Ms. Nichols?

(A) Mail a list of upcoming events
(B) Change the date of an exhibition
(C) Confirm a reservation
(D) Charge a credit card

Questions 196-200 refer to the following e-mails and attachment.

E-mail

To:	Natasha Borzova; Rosana Trujillo; Marcus Paulet
From:	Tom Anyati
Date:	June 12, 7:54 A.M.
Subject:	Office space
Attachment:	📎 Properties

Hi all,

I thoroughly enjoyed our work luncheon at Motano Grill last Monday. As a fellow Silen Consultants employee, I am thrilled to be part of the team headed to Edmonton to open our first branch there. At the meeting, I sensed our shared eagerness to land our first clients and begin advising firms in Edmonton on how best to use information technology in achieving their goals.

I appreciated the thoughts shared about the kind of office space that would be ideal. I have searched morbushrealty.ca for suites that meet our basic criteria and budget and have come up with a short list of possibilities for everyone to look over. Please see the attached document and respond with your comments.

Tom Anyati, Silen Consultants

2185 Rock Falls Boulevard
Open concept office/retail space in a well-developed suburban area of Edmonton with plenty of pedestrian traffic. Building has high visibility along Rock Falls Boulevard for your company sign. Super energy-efficient heating system will save you hundreds in bills every winter. Monthly lease: $1,000.

12440 Trimeck Way
First-floor office suite. Elegantly furnished. Covered on-site parking with security gates. Located at Landon Research Park, adjacent to a station on the city's main rail line, 20 minutes from downtown. Marvin Park, whose trails are very popular with joggers, is nearby. User-friendly Zemtron phone system already installed for your use. Monthly lease: $950.

5123 Office Park Drive
Free-standing, single-story building. Comes with designer furniture. Secure city parking across the street with a prearranged parking discount for renters. High-speed Internet access that can be customized to your requirements is provided. Located west of the city centre, in the 17th Street shopping district. Monthly lease: $875.

9982 Croton Avenue
Fourth-floor office suite. Covered parking garage with security access controls. Located within Edmonton's central business district. Color copier/scanner/printer/fax on-site for your use. State-of-the-art videoconferencing studio and free high-speed wireless Internet. Monthly lease: $1,000.

E-mail

To: Natasha Borzova; Tom Anyati; Rosana Trujillo
From: Marcus Paulet
Date: June 15, 4:39 P.M.
Re: Office space

Dear all,

Thank you, Tom, for narrowing down our search to these options. It sounds like last Monday's team-planning meeting was very productive. I had hoped to be there, but my last-minute trip to Toronto couldn't be helped. Also, it looks like I am the last to comment on this e-mail discussion, so thank you for your patience.

Rosana, I appreciate the desire to locate in a spacious executive-style office, but I really feel we shouldn't compromise on the priority of being right in the heart of downtown. Is anyone familiar with Edmonton's public transit system? It would help to know if using it to commute would be a possibility.

I also agree with Tom's idea that we should have a presence at the technology fair in Edmonton. I will try to look into it next weekend when my wife and I go up to view some housing options. Also, I will be having lunch with an Edmonton executive who used to work for Silen Consultants, thanks to a connection made by Rosana. I will report any new insights learned.

Marcus Paulet, Silen Consultants

---

196. Who most likely is Mr. Anyati?

(A) A technology consultant
(B) A worker at Motano Grill
(C) A conference organizer
(D) A real estate agent

197. What is one property feature that is mentioned in the attachment?

(A) A shower room for employees
(B) A popular restaurant in the building
(C) Electricity bills paid for by the owner
(D) Location close to exercise trails

198. What is suggested about Mr. Paulet?

(A) He missed the gathering at Motano Grill.
(B) He is considering selling his car.
(C) He plans to attend a performance.
(D) He hopes to tour Edmonton by bus.

199. What is indicated about Ms. Trujillo?

(A) She just relocated to a new home.
(B) She will meet a former colleague.
(C) She sent an e-mail to her coworkers.
(D) She used to live in Edmonton.

200. Which property does Mr. Paulet likely favor?

(A) 2185 Rock Falls Boulevard
(B) 12440 Trimeck Way
(C) 5123 Office Park Drive
(D) 9982 Croton Avenue

Stop! This is the end of the test. If you finish before time is called, you may go back to Parts 5, 6, and 7 and check your work.

토익® 정기시험
기출문제집

RC
TEST
04

READING TEST

In the Reading test, you will read a variety of texts and answer several different types of reading comprehension questions. The entire Reading test will last 75 minutes. There are three parts, and directions are given for each part. You are encouraged to answer as many questions as possible within the time allowed.

You must mark your answers on the separate answer sheet. Do not write your answers in your test book.

PART 5

Directions: A word or phrase is missing in each of the sentences below. Four answer choices are given below each sentence. Select the best answer to complete the sentence. Then mark the letter (A), (B), (C), or (D) on your answer sheet.

101. Sales clerks at Sylla Bazaar receive additional pay when ------- work in the evening.
    (A) their
    (B) they
    (C) theirs
    (D) them

102. The use of high-quality yet ------- machine parts led to a decrease in costs for Mr. Kim's factory.
    (A) inexpensive
    (B) unhappy
    (C) incomplete
    (D) undecided

103. Because humidity can ------- wood, the climate in furniture storage units must be controlled.
    (A) damage
    (B) damaging
    (C) damaged
    (D) damages

104. The updated safety manual includes guidelines ------- the entire factory.
    (A) so
    (B) and
    (C) both
    (D) for

105. A limited ------- of time for questions will be granted following Mr. Tanaka's speech.
    (A) value
    (B) record
    (C) amount
    (D) setting

106. At Correia Electronics, we are ------- researching appliance technology.
    (A) continual
    (B) continues
    (C) continue
    (D) continually

107. At Imprint Eyewear, most prescription eyeglasses can be made ------- two business days.
    (A) since
    (B) to
    (C) against
    (D) within

108. The first prize presented was the Kozar Award for ------- in educational toy design.
    (A) excel
    (B) excelled
    (C) excellent
    (D) excellence

109. Ms. Ling is not here today, but she ------- attends every library board meeting.
    (A) previously
    (B) typically
    (C) almost
    (D) well

110. Investing in ------- properties as possible can be risky but is often lucrative.
    (A) as much
    (B) as many
    (C) so much
    (D) so many

111. After interviewing Ms. Garcia personally, the company president ------- the committee's decision to hire her as chief financial officer.
    (A) finalized
    (B) designed
    (C) hosted
    (D) created

112. Construction of the Yukimura Building ------- because of modifications in the architectural plans.
    (A) postpones
    (B) has been postponed
    (C) will have postponed
    (D) is postponing

113. Please inform Ms. Montgomery of any ------- to your office supplies order before 2:00 P.M.
    (A) announcements
    (B) conversions
    (C) adjustments
    (D) commitments

114. All Buchler Energy customers are encouraged to sign up for electronic statements ------- paper ones.
    (A) except
    (B) through
    (C) instead of
    (D) according to

115. In her letter of reference, Ms. Eisner indicates that Mr. Patel's ability to work well with others is his most ------- quality.
    (A) admiration
    (B) admiring
    (C) admire
    (D) admirable

116. This Friday, all employees may depart two hours before closing ------- their manager requires them to stay.
    (A) either
    (B) nor
    (C) because
    (D) unless

117. The Science Career Fair is an exciting opportunity for job seekers to meet with ------- from major companies in the field.
    (A) recruit
    (B) recruiting
    (C) recruitments
    (D) recruiters

118. The songs on Sophia Vestra's new album are ------- the most innovative musical arrangements of her career.
    (A) beside
    (B) over
    (C) among
    (D) upon

119. The research indicates that ------- in Chestnut Valley has remained stable over the past two years.
    (A) tourists
    (B) tours
    (C) tourism
    (D) toured

120. Online orders are handled by Mr. Clark's team, ------- regular mail orders are overseen by Ms. Adauto's group.
    (A) while
    (B) until
    (C) despite
    (D) whether

GO ON TO THE NEXT PAGE

121. After the ------- upgrades have been implemented, the production process should run more efficiently.
    (A) suggest
    (B) suggested
    (C) suggesting
    (D) suggests

122. Panjan Air, an airline ------- in Singapore, is offering budget flights to Bangkok and Jakarta.
    (A) stored
    (B) stayed
    (C) based
    (D) moved

123. Mesmio, provider of premium television content, welcomes ------- ideas for improving our service.
    (A) specifics
    (B) specifies
    (C) specific
    (D) specify

124. The conclusions from our analysis turned out to be ------- applicable to the budget problem.
    (A) directing
    (B) directly
    (C) directs
    (D) direct

125. The proposal ------- the vacant land on Spring Street into a community garden will be voted on this Monday.
    (A) to transform
    (B) transformation
    (C) is transforming
    (D) transformed

126. After quality control inspectors ------- that all specifications are met, the product can be shipped.
    (A) affect
    (B) replace
    (C) certify
    (D) associate

127. The ------- meadowlands surrounding the museum are designated as wildlife habitat.
    (A) ethical
    (B) vast
    (C) absolute
    (D) economic

128. ------- of Mitesh Sandu's international performances was filmed for the documentary.
    (A) All
    (B) Others
    (C) Their own
    (D) Each one

129. New tax incentives reward local businesses ------- decrease their water consumption.
    (A) will
    (B) when
    (C) that
    (D) if

130. Based on new data, Min-Soo Trucking's proposal to expand its business to Southeast Asia would be only ------- successful.
    (A) conspicuously
    (B) marginally
    (C) regrettably
    (D) intriguingly

PART 6

Directions: Read the texts that follow. A word, phrase, or sentence is missing in parts of each text. Four answer choices for each question are given below the text. Select the best answer to complete the text. Then mark the letter (A), (B), (C), or (D) on your answer sheet.

Questions 131-134 refer to the following e-mail.

From: Young Ho Woo, Office of Professional Development
To: All employees
Subject: Lecture series
Date: Tuesday, October 1

Dear Colleagues,

The first of our Surveying the Field lectures will be held on October 3. This ------- lecture will be led by Roberto Colon, founder of the successful start-up Radio Dedicate. Mr. Colon ------- what established technology companies can learn from start-up businesses. Mr. Colon's talk is the only one in the series that addresses start-ups. -------.

As you know, Mr. Colon is a great leader in the industry, so we hope all staff will be present. Nevertheless, you must seek ------- your manager before attending.

Thank you,

Young Ho Woo

131. (A) final
    (B) daily
    (C) revised
    (D) upcoming

132. (A) discussed
    (B) will discuss
    (C) has discussed
    (D) will have discussed

133. (A) Many large technology companies are privately owned.
    (B) Corporate lecture series are gaining popularity in the field of technology.
    (C) As a student, Mr. Colon published an article in a prestigious business journal.
    (D) The rest will deal with various other topics, including marketing and customer service.

134. (A) approving
    (B) who approves
    (C) the approval of
    (D) having approved

Questions 135-138 refer to the following letter.

January 28

Ojas Ramachandran
Sawat Clothing Company
Bengaluru 560 001
Karnataka, India

Dear Mr. Ramachandran:

We are writing to let you know about a temporary ------- in our order fulfillment service. On March 20, we will begin moving all of our inventory to a new warehouse in Kyoto. -------. The move will take up to two weeks, ------- which time we will be unable to ship overseas orders. ------- any delays, please place your next order by March 14. If you have any questions, please don't hesitate to contact me.

Sincerely,

Aiko Oba
Customer Service Director

---

135. (A) extension
     (B) solution
     (C) improvement
     (D) disruption

136. (A) This will allow us to keep a larger variety of items in stock.
     (B) These will be available at a special price for a limited time.
     (C) Warehousing has become an important industry in the region.
     (D) You can track the status of your order on our Web site.

137. (A) rather than
     (B) due to
     (C) during
     (D) above

138. (A) To avoid
     (B) Having avoided
     (C) Avoids
     (D) Avoided

Questions 139-142 refer to the following article.

GTC Public Meeting

May 7

By Josip Kovach

The Greenville Transportation Commission (GTC) will hold a public meeting at City Hall on Thursday, May 15, at 7 P.M., to discuss its proposal to extend light rail service to Greenville Industrial Park. -------139.-------. Residents of the neighborhood have complained that the extension will generate too much noise during peak commuting hours. -------140.-------, the GTC has been studying the feasibility of installing noise barriers along the tracks. At the meeting, Leora Kelman, CEO of Acoustic Engineering, will explain how much noise reduction the GTC can -------141.------- to achieve with the barriers. A -------142.------- by Mayor Joe Rowan will follow.

139. (A) The GTC completed the project ahead of schedule.
 (B) The rail line will run through a residential area.
 (C) The commission chair will run for mayor next year.
 (D) The GTC has decided to hold monthly meetings.

140. (A) In addition
 (B) In time
 (C) In response
 (D) In conclusion

141. (A) remind
 (B) accept
 (C) persuade
 (D) expect

142. (A) present
 (B) presenting
 (C) presenter
 (D) presentation

Questions 143-146 refer to the following e-mail.

From: rosgrove@lavilli.com
To: henriksson@skanenursery.se
Subject: Svenska Yellow
Date: April 2

Dear Mr. Henriksson,

I represent the Lavilli Garden Stores chain, which is now in the process of ------- its product range to include newly developed kinds of trees. We are interested in carrying Svenska Yellow apple saplings in our stores. Since this ------- originated in Sweden, we contacted the Association of Swedish Fruit Producers, which recommended your apple nursery to us. On your Web site, it appears you do ------- have the product in stock. Initially, we would be interested in buying a small sample of saplings. ------- Do you offer discounts for bulk purchases?

I look forward to hearing from you.

Sincerely,

Roger Osgrove
Lavilli Garden Stores

143. (A) expanding
 (B) expanded
 (C) expands
 (D) expand

144. (A) response
 (B) method
 (C) ability
 (D) variety

145. (A) indeed
 (B) alone
 (C) quite
 (D) ever

146. (A) Our nursery has been family-owned for over 100 years.
 (B) Unfortunately, they are no longer in stock at this point.
 (C) However, we want to place a larger order in the future.
 (D) If you do, please visit our Web site for more information on our offer.

PART 7

Directions: In this part you will read a selection of texts, such as magazine and newspaper articles, e-mails, and instant messages. Each text or set of texts is followed by several questions. Select the best answer for each question and mark the letter (A), (B), (C), or (D) on your answer sheet.

Questions 147-148 refer to the following notice.

TSL Laptop Loan Program

Patrons of Tartan Street Library (TSL) can now take advantage of our laptop loan program. Thanks to a donation from the Lynquire Corporation, we now have 25 new laptop computers available *for in-house use only*. The equipment can be rented once daily at our service counter for a fee of $3.00 per hour with a maximum loan period of two hours. Patrons can use the library's wireless printer for a charge of $0.15 per page.

Please Note: TSL employees can assist with general start-up procedures for the laptops and with wireless Internet and printer connections. However, they are unable to provide any assistance with technical difficulties users may experience involving either the laptop itself or any computer program being used.

147. What is stated about the Tartan Street Library's laptop computers?
 (A) They can be borrowed at no charge.
 (B) They can be used only within the building.
 (C) They are owned by the Lynquire Corporation.
 (D) They can be rented three times per day.

148. According to the notice, what are TSL employees unable to do for laptop users?
 (A) Start the equipment
 (B) Connect to the Internet
 (C) Provide access to a printer
 (D) Help with equipment problems

Questions 149-150 refer to the following letter.

Blanck & Cassell Office Supplies
55 Belmont Street, Denver, CO 80252
Phone: 720-555-0101
www.blanckandcassell.com

October 4

Elena Cardillo
124 Sagebrush Avenue, Apartment B-3
Denver, CO 80033

Dear Ms. Cardillo:

To thank you for being such a loyal customer, we would like to invite you to become a member of our new Frequent Buyer Club. It is free to join and will help you save money on future purchases. Once enrolled, you will receive a 5 percent discount on all purchases in our Denver and Boulder stores. The only requirement for maintaining your membership is to make at least one purchase per year.

To sign up, simply complete and send in the enclosed form or visit our Web site at www.blanckandcassell.com.

Sincerely,

Isaac Grantway

Isaac Grantway
Customer Service Representative

Enclosure

149. Why was the letter sent to Ms. Cardillo?
(A) To announce an update to a Web site
(B) To offer a discount program
(C) To confirm a recent order
(D) To advertise a new store

150. What was sent with the letter?
(A) A bill
(B) A gift card
(C) A refund
(D) An application

Questions 151-152 refer to the following e-mail.

To:	Sales Associates Team
From:	Shein, Clifford
Date:	November 22
Subject:	Urgent matter

Dear Sales Associates,

The most recent edition of *The Brooktown Weekly* ran our advertisement with a misprint. It listed the end of our half-price sale as December 11 instead of December 1. While a correction will appear in the paper's next issue, it is to be expected that not all of our customers will be aware of the error. Therefore, if shoppers ask between December 2 and 11 about the sale, first apologize for the inconvenience and then offer them a coupon for 10% off any item they wish to purchase, either in the store or online.

Should customers have any further questions, please direct them to the floor manager. Thank you for your assistance in this matter.

Clifford Shein, General Manager, Williams Apparel

151. What is stated about *The Brooktown Weekly*?

    (A) It runs advertisements by Williams Apparel in every edition.
    (B) It misidentified the last day of Williams Apparel's promotional event.
    (C) It will include discount coupons from Williams Apparel in its next edition.
    (D) It apologized to the general manager of Williams Apparel for an inconvenience.

152. What does Mr. Shein ask the sales associates to do?

    (A) Refer customers to the company's Web site for additional products
    (B) Refer customers to the store's advertisement in local newspapers
    (C) Tell customers to discuss additional concerns with a supervisor
    (D) Tell customers about a problem with a new product

Questions 153-155 refer to the following article.

Auckland Daily Chronicle
Business Briefs

AUCKLAND (6 June)—Ann Marie Haas, former executive director of Gear Good, a company that develops and sells software for bike-sharing companies, has a new but related position. —[1]—. Beginning in November, she will be general manager of City Wheels, a bike-sharing company in Auckland. —[2]—.

The move comes at an opportune moment for both Ms. Haas and City Wheels. Ms. Haas had worked for Gear Good in Wellington since the company was founded five years ago but was yearning to return to Auckland, where she grew up. City Wheels was looking for a new leader to oversee its planned expansion from 50 to 75 bike stations in Auckland. —[3]—. "I'm thrilled to join a company that's important to residents and tourists alike," Ms. Haas said.

The City Wheels system is simple and affordable for occasional use. —[4]—. The first thirty minutes of biking are free, and after that, the cost is $4 per hour or $20 per day. Ms. Haas said she is enthusiastic about this venture, both for herself and for the city of Auckland.—Tahei Davis, Staff Writer

153. What is the purpose of the article?

(A) To describe the financial difficulties a business is facing
(B) To announce the launch of a new software company
(C) To report on an executive's career move
(D) To assess recent tourism trends in Auckland

154. What does City Wheels expect to do?

(A) Open an office in Wellington
(B) Add more bike stations
(C) Increase its rates
(D) Offer several new bike tours

155. In which of the positions marked [1], [2], [3], and [4] does the following sentence best belong?

"A modest $5 registration fee is required to begin using City Wheels bikes."

(A) [1]
(B) [2]
(C) [3]
(D) [4]

Questions 156-157 refer to the following text-message chain.

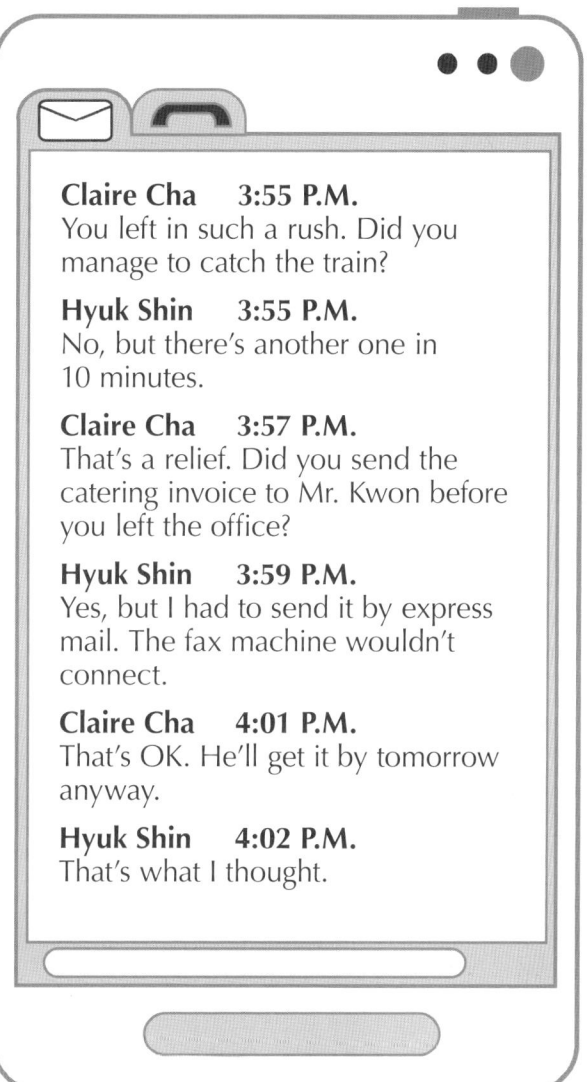

Claire Cha 3:55 P.M.
You left in such a rush. Did you manage to catch the train?

Hyuk Shin 3:55 P.M.
No, but there's another one in 10 minutes.

Claire Cha 3:57 P.M.
That's a relief. Did you send the catering invoice to Mr. Kwon before you left the office?

Hyuk Shin 3:59 P.M.
Yes, but I had to send it by express mail. The fax machine wouldn't connect.

Claire Cha 4:01 P.M.
That's OK. He'll get it by tomorrow anyway.

Hyuk Shin 4:02 P.M.
That's what I thought.

156. Where most likely is Mr. Shin as he writes to Ms. Cha?

(A) At his office
(B) At a dining establishment
(C) At the local post office
(D) At a train station

157. At 4:02 P.M., what does Mr. Shin most likely mean when he writes, "That's what I thought"?

(A) He managed to send a fax.
(B) A delivery will arrive in time.
(C) Express mail is a better option.
(D) An invoice needed to be revised.

GO ON TO THE NEXT PAGE

Questions 158-161 refer to the following online chat discussion.

Anish Kumar 11:15 A.M.
Thanks everyone for getting together online before our next meeting. I thought it would be helpful to see what's been done and what still needs to be done for the festival. I believe Ella has some news to share.

Ella Costa 11:16 A.M.
That's right. I finally got the permit from the city council to hold the festival in Greenhill Park!

Mi-Young Park 11:17 A.M.
Fantastic!

Kenneth Baudin 11:18 A.M.
That's great news. I was worried they weren't going to come around.

Ella Costa 11:19 A.M.
When I showed them that our plans included ways to limit trash and other potential crowd-related problems, they were convinced.

Anish Kumar 11:20 A.M.
Any other news?

Mi-Young Park 11:21 A.M.
King Pizza has already agreed to park a pizza truck at the festival. I also have several calls out to other local eateries. I should have responses from some others by the time we meet on Friday.

Kenneth Baudin 11:22 A.M.
I'm still working on getting more acts to perform. Janine Dougherty has tentatively agreed to sing with a band for a few numbers.

Anish Kumar 11:23 A.M.
That would be great. She has a great voice and she's a local favorite here.

158. What are the writers discussing?
(A) A new restaurant
(B) An outdoor event
(C) A television show
(D) An online concert

159. At 11:18 A.M., what does Mr. Baudin most likely mean when he writes, "I was worried they weren't going to come around"?
(A) He did not think a permit would be granted.
(B) He did not think the council would attend the event.
(C) He thought the council meeting would be canceled.
(D) He thought the trash would not be removed.

160. What is Ms. Park expecting?
(A) A notice about a permit
(B) A response from a band
(C) Changes in the schedule
(D) Replies from restaurants

161. Who most likely is Ms. Dougherty?
(A) A new colleague
(B) A performer
(C) A reporter
(D) A patron

Questions 162-164 refer to the following notice on a Web page.

http://www.saponacstateparkauthority.com

Saponac State Park

| Home | **News and Notes** | Hiking | Camping | Maps | About the Park |

Please note that www.newenglandexplored.com, a popular commercial tourism Web site, lists 42 Millinocket Drive as the address of Saponac State Park. Be aware that this is the address for the park's maintenance facilities, which are located on an unpaved road that is open only to park employees. The Saponac State Park Visitor Center and the official park entrance are located at 66 Debsconeag Way, about 32 miles from the maintenance building. Park visitors must use the park's main entrance. All marked trails and guided walks begin in this area. From Elkdale, take Highway 82 north, use exit 558 for Ranch Road, and follow the signs approximately 8 miles to the park's main entrance. All roads leading to the park's main entrance are paved. For more information, call (207) 555-0117.

162. For whom is the notice most likely intended?

   (A) Park visitors
   (B) Elkdale commuters
   (C) Road-construction workers
   (D) Park-maintenance employees

163. What is suggested about the Web site www.newenglandexplored.com?

   (A) It contains unreliable information.
   (B) It is currently being updated.
   (C) It has information about parks in many countries.
   (D) It was created by Saponac State Park employees.

164. What does the notice include?

   (A) Instructions for making reservations
   (B) Directions for driving to the park
   (C) A list of current roadwork projects near the park
   (D) Information about employment opportunities

Questions 165-168 refer to the following e-mail.

E-mail

To: Hamza Darzi <hdarzi@gady.net>
From: Anna Leski <leski@zengerproducts.com>
Date: February 8
Re: Refresh 2000

Dear Mr. Darzi,

Thank you for bringing our attention to the issues you have experienced with the Refresh 2000. We take pride in creating high-quality appliances, so we are taking steps to address your concerns immediately.

— [1] —. Since the date you purchased your unit, the Refresh 2000 has been redesigned and thoroughly tested. We have shipped one of these updated units to your home address. I am confident that the new version will remove dirt from your carpet to your satisfaction. — [2] —. If it does not, please contact our accounting office in Lakeside at 291-555-0177 for a full repayment of the purchase price. Additionally, we have just transferred all production to a larger building and are refining our manufacturing procedures. — [3] —.

Please let me know if there is anything else I can do. — [4] —. On behalf of Zenger, I apologize for the inconvenience this issue has caused, and I hope to serve you again soon.

Sincerely,

Anna Leski, Customer Care Representative
Zenger Household Products, Inc.
Eastern Regional Office
267 Kelley Avenue
Planterville, VA 42558

165. What is the purpose of the e-mail?
    (A) To provide details about a delivery
    (B) To respond to a customer complaint
    (C) To announce a new policy for returns
    (D) To inform an employee of process changes

166. What most likely is the Refresh 2000?
    (A) A washing machine
    (B) A microwave oven
    (C) A vacuum cleaner
    (D) A dishwasher

167. What is NOT offered as a solution to the problem?
    (A) Repairing the purchased item
    (B) Refunding the purchase price
    (C) Offering a replacement product
    (D) Improving manufacturing operations

168. In which of the positions marked [1], [2], [3], and [4] does the following sentence best belong?

    "Our quality control manager will visit the factory and observe those processes to ensure that nothing is being overlooked."

    (A) [1]
    (B) [2]
    (C) [3]
    (D) [4]

Questions 169-172 refer to the following article.

Airport Expansion Continues

26 May—A major airport expansion project is under way in Onalia City. The project is estimated to cost $1.6 billion, and a new terminal is scheduled to open for international service in approximately one year.

The airport, however, sits on a confined piece of land, which presents significant challenges to increasing the number of takeoffs and landings. If the airport remains limited to its current two runways, the capacity to handle air traffic could be reached within three years.

To address the problem, officials overseeing the Onalia City Airport project have contracted a group of engineers from Wilford Engineering to explore the possibility of extending a third runway over the Pacific Ocean. The engineering firm will survey the area for six months before presenting their findings and recommending a plan of action.

Runways that extend over water are not unprecedented. This type of runway exists in places such as Gibraltar and Japan, which have faced similar challenges.

169. Why is Onalia City Airport undergoing an expansion?

   (A) To accommodate flights to other countries
   (B) To provide service to a growing population in surrounding cities
   (C) To compete with a nearby airport
   (D) To reduce flight delays

170. In paragraph 2, line 5, the word "handle" is closest in meaning to

   (A) touch
   (B) manage
   (C) examine
   (D) release

171. What has Wilford Engineering been hired to do?

   (A) To determine whether a potential runway site is suitable
   (B) To develop a plan for increasing the size of the air traffic control tower
   (C) To investigate how to improve traffic on roads leading to the airport
   (D) To review expansion plans with officials in Gibraltar and Japan

172. What is suggested about Onalia City Airport?

   (A) It has been open for one year.
   (B) It has earned $1.6 billion in revenue.
   (C) It has sustained structural damage.
   (D) It is located on the coast.

Questions 173-175 refer to the following policy statement.

Dubai Ecological Construction Expo
Exhibit Hall Rules
BADGE CONTROL

Admission to the exhibit hall is restricted to exhibitors from qualified companies, exposition attendees, and logistics personnel.

Badges are required on the floor at all times, including during move-in and move-out days.

- Exhibitor badges will be given to the company's primary contact for distribution to that exhibitor's personnel.

- The number of badges assigned to each exhibitor will be based on the size of booth space the company has rented.

- Anyone on the floor who is not officially registered will be evicted from the show.

- False certification of any individual as a company's exhibition representative, or misuse of exhibitor badges, will be just cause for removing the exhibit from the floor.

---

173. What is the purpose of the policy statement?

(A) To outline the registration process
(B) To provide details about setting up exhibits
(C) To specify who is permitted in the exhibit hall
(D) To describe facilities that are available to participants

174. How will individual team members obtain a badge?

(A) They will receive badges from an expo official when they check in.
(B) They will print out badges directly from the expo registration Web page.
(C) Personalized badges will be sent to them in the mail.
(D) A company representative will pass out badges to them.

175. What must a company do to increase the number of employees working at its exhibit?

(A) Rent a larger space for its exhibit
(B) Request extra exhibitor badges online
(C) Apply for an exemption to the staff limit
(D) Speak directly to an expo representative

GO ON TO THE NEXT PAGE

Questions 176-180 refer to the following e-mails.

To:	calvin.galt@zmurk.net
From:	s_duval@cps.org
Date:	2 February
Subject:	Next steps

Dear Mr. Galt,

Thank you again for agreeing to serve on the organizing committee for the Caribbean Professional Screenwriters (CPS) Conference. I am following up on our initial meeting about speakers and presenters.

I get the impression that Timothy Primus, our first choice, may be out of our price range. However, I've been pursuing some funding in the form of government grants. If these resources come through, I'll try to secure Mr. Primus; otherwise, Laura Tambie may be a good option. In the meantime, I hope your efforts to recruit the other six panelists for the "Meet and Learn" session will be successful.

Thank you,

Shenell Duval

To:	tprimus@agency.net
From:	s_duval@cps.org
Date:	12 April
Subject:	CPS Conference
Attachment:	📎 Contract

Dear Mr. Primus:

I would like to confirm your participation as the keynote speaker at the Caribbean Professional Screenwriters (CPS) Conference. You are scheduled to give your address on the opening day of the conference, Saturday, 10 July, at the Harlan Hotel in San Fernando, Trinidad. We have planned for you to speak for 30–45 minutes. Naturally, we will have technology on hand to enable you to show clips from your films, should you choose to do so. Also, please note that we request your participation at the "Meet and Learn" session, which allows aspiring screenwriters an opportunity to network with industry experts. This will be held on day two of the conference and will last approximately 90 minutes.

We are pleased to cover all your expenses for food, lodging, and travel both to and from San Fernando. However, as stated in the contract, return airfare can only be provided for those staying for and fully participating in both days of the conference. To obtain flights at the most convenient times, we are recommending that tickets be secured by the end of May.

If you agree, please confirm by signing and submitting the attached contract. I look forward to meeting you at the conference.

Sincerely,

Shenell Duval, CPS Conference Chief Organizer

176. Why does Ms. Duval write to Mr. Galt?

    (A) To request financial support
    (B) To discuss plans for an event
    (C) To make a hiring recommendation
    (D) To negotiate the terms of a contract

177. In the first e-mail, the word "impression" in paragraph 2, line 1, is closest in meaning to

    (A) idea
    (B) mark
    (C) memory
    (D) experience

178. What is probably true about Ms. Duval?

    (A) She plans to attend a job fair.
    (B) Her recommendations for speakers were not accepted.
    (C) She will meet Mr. Primus for lunch on July 10.
    (D) Her application for government funding was successful.

179. What is implied about Mr. Primus?

    (A) He is a journalist.
    (B) He will give a 90-minute talk.
    (C) He has had success in the film industry.
    (D) He has attended a CPS conference in the past.

180. According to the second e-mail, what should Mr. Primus do to ensure that all his expenses will be paid for by CPS?

    (A) Attend all conference events
    (B) Submit receipts for food purchases
    (C) Finalize a travel itinerary before June 1
    (D) Sign and return a reimbursement form

Questions 181-185 refer to the following e-mail and magazine index.

From:	editor@kitchengoodiesmag.com
To:	thaydon@fennmail.com
Subject:	Recipe publication
Date:	September 10

Dear Ms. Haydon,

I am happy to inform you that your entry, "Thea's Zesty Mint Melon Rays," has won the Fruit Recipe Challenge and will be published in the November issue of *Kitchen Goodies* magazine. Please be aware that the editors may need to shorten the title of your recipe due to space limitations and layout constraints.

We would also like to request some information from you. In your recipe you mention that honey can be used as the sweetener instead of sugar. Could you provide a measurement for the honey, should readers choose to use it? Also, you indicate that the dish should be refrigerated before serving. Could you provide the minimum amount of time it should be chilled?

Finally, recipes from our readers are usually accompanied by a photograph of the author. In your response to this e-mail, please attach a high resolution picture of yourself.

Best regards,
Clive Dowty
Assistant Editor
Kitchen Goodies

KITCHEN GOODIES
Issue 198
RECIPE INDEX

FROM CELEBRITY CHEFS
12 *Cheese Crusties.* A treat that no cheese aficionado can afford to miss
16 *Chickpea Mango Curry.* If you think you know all the staples of Indian cuisine, think again.

GET BAKING
21 *Grandma's Chocolate Cookies.* Crispy cookies with a soft ganache filling

RECIPE CHALLENGE WINNER
27 *Melon Rays.* A zesty melon salad with a delicious ingredient that may surprise you

DONE IN NO TIME
35 *Apple Delights.* Want to whip up a quick snack during a commercial break on TV? Here's just the recipe you need.

FEATURED INGREDIENT
43 *Crystallized Ginger.* Our test kitchen created a hearty red lentil soup with crystallized ginger as the star.

181. Why was the e-mail sent to Ms. Haydon?

(A) To ask her to teach in a cooking school
(B) To discuss the publication of a recipe
(C) To tell her about a prize that will be sent to her
(D) To request an additional recipe

182. In the e-mail, the word "entry" in paragraph 1, line 1, is closest in meaning to

(A) submission to a contest
(B) doorway
(C) subscription to a magazine
(D) lowest level

183. What does Mr. Dowty NOT ask Ms. Haydon to provide?

(A) An amount for an ingredient
(B) A length of time for a process
(C) A revised title for a recipe
(D) A photograph of herself

184. On what page does Ms. Haydon's recipe appear?

(A) 12
(B) 16
(C) 21
(D) 27

185. What is indicated about the recipe on page 35?

(A) It requires cooking expertise.
(B) It takes little time to prepare.
(C) It contains many different ingredients.
(D) It was created by a celebrity chef.

Questions 186-190 refer to the following memo, e-mail, and article.

From: Ravinder Kapur, CEO, LTL
To: LTL Factory Floor Employees
Subject: Update
Date: 26 November

On Tuesday, 4 December, a reporter from *Asia Enterprise Monthly* will be touring LTL to collect information for an article about our new textile-printing machines. An official from our public relations department will be guiding our guests through the factory. The reporter has been granted permission to speak to employees. Please feel free to respond to questions that involve your day-to-day work. You should, however, refer all other inquiries to the official accompanying the reporter. We encourage you to review our media policy prior to the visit. You will be informed of any changes to the plans for this event.

Thank you for your cooperation.

E-mail

From: Desmond Xueling <dxueling@aem.com.sg>
To: Ravinder Kapur <rkapur@ltl.com.sg>
Subject: Meeting
Date: 27 November

Dear Mr. Kapur,

Due to a scheduling conflict, I have to reschedule my tour of your facility. I could visit on one of the following days and times instead: Monday morning, 3 December; Wednesday afternoon, 5 December; or Thursday afternoon, 6 December.

Also, I have spoken to our staff photographer. Per your request, she will limit her photography to the offices of the members of the management team. Rest assured that we will protect your company's proprietary information.

Thank you again for your time.

Desmond Xueling, *Asia Enterprise Monthly*

New Equipment a Boon for LTL?

7 January

By Desmond Xueling

Tucked into a busy industrial area in Singapore, the LTL manufacturing facility is small, gray, and unassuming. But the building's nondescript exterior masks an abundance of color and activity inside. Early on a sunny December morning, two enormous new textile-printing machines were already churning out the largest swaths of fabric ever processed by the factory.

"Each machine is well over three meters wide," said LTL's Felicity Tong, who accompanied us on a tour of the factory floor. "Our machine operators are still learning to use the machines effectively, as you can see from this pile of rejected pieces," Ms. Tong remarked. "The machines are efficient, but mastering them is posing some challenges for our work crews."

The machines come with the potential for big profits. Company CEO Ravinder Kapur commented that the demand for his company's fabrics has grown in recent years. "These machines will allow us to print on vinyl and other materials that we had lacked the resources to work with," he said. "We're very pleased to be able to satisfy client demand."

---

186. What is the purpose of the memo?
   (A) To publicize changes to the company's media policy
   (B) To announce the purchase of new machinery
   (C) To encourage staff members to read a newspaper article
   (D) To provide guidelines for speaking to a journalist

187. In the memo, the word "refer" in paragraph 1, line 6, is closest in meaning to
   (A) check
   (B) direct
   (C) consider
   (D) explain

188. When did Mr. Xueling most likely visit the factory?
   (A) On December 3
   (B) On December 5
   (C) On December 6
   (D) On January 7

189. What is suggested about Ms. Tong?
   (A) She joined LTL on November 26.
   (B) She specializes in public relations.
   (C) She had her picture taken with Mr. Kapur.
   (D) She interviewed employees before the tour.

190. What does the article indicate about LTL?
   (A) Its machine operators have completed a training program.
   (B) Its new machines are more reliable than the old ones.
   (C) It has been losing customers in recent years.
   (D) It is using fabrics that it had not used previously.

Questions 191-195 refer to the following letters and invoice.

Cutler's Rare Books
36 Boyle St.
Boston, MA 02116

Dear Mr. Cutler,

I first came across Cutler's Rare Books at the Antiquarian Book Fair in California last year. After noting the high quality and wide range of your products, I decided to purchase several books from your online store. As I am not interested in having damaged books in my collection, I carefully read the descriptions of their condition before making my purchase. I was assured that the books were undamaged and in their original condition. When I examined the books on their arrival, I discovered that the Norris volume had been sloppily glued and rebound within the last several years.

Please contact me at your earliest convenience to discuss this disappointing situation.

Sincerely,

Roger Baskin
Roger Baskin

Cutler's Rare Books
36 Boyle St. • Boston, MA 02116

M. Norris	*Adventures of a Pirate*	$100.00
J. Van Liew	*Nine Years at Sea*	$ 60.00
A. Mangino	*Advice for the Young*	$ 75.00
S. G. D'Cruz	*The Beaches of Galdona*	$ 79.00
B. Hall	*An Illustrated History of Spain*	$125.00
	TOTAL	$439.00

All items are sold as is, and all sales are final.

Cutler's Rare Books
36 Boyle St., Boston, MA 02116

Roger Baskin
14111 Trail Ridge Dr.
Sun City West, AZ 85375

Dear Mr. Baskin,

Let me assure you that I carefully check all of our books myself before their descriptions are entered in our sales catalog. I distinctly remember examining the volume in question when it arrived and again before it was packaged for shipping to you. It is my professional opinion that the book was rebound by its original owner over 70 years ago. Therefore, the book is in its original condition by the standards of our industry.

I understand your disappointment and, to try to make it up to you, I am refunding your payment for the book by Joseph Van Liew, which you may keep with our compliments.

Thank you,

David Cutler
David Cutler

191. Why did Mr. Baskin write to Mr. Cutler?

(A) To dispute an inaccurate bill
(B) To cancel a recently placed order
(C) To object to an item's condition
(D) To inquire about a missing item

192. What book is Mr. Baskin concerned about?

(A) *Adventures of a Pirate*
(B) *Nine Years at Sea*
(C) *Advice for the Young*
(D) *The Beaches of Galdona*

193. What is mentioned about Cutler's Rare Books?

(A) It does not have an online store.
(B) It does not sell illustrated books.
(C) It does not have much inventory.
(D) It does not allow product returns.

194. What is indicated in the second letter?

(A) Mr. Cutler inspected the shipment himself.
(B) Mr. Baskin's items have not been mailed yet.
(C) Mr. Baskin will receive a replacement soon.
(D) Mr. Cutler will send the book to an expert for evaluation.

195. How much of a refund will Mr. Baskin receive?

(A) $60
(B) $75
(C) $100
(D) $125

Questions 196-200 refer to the following e-mail, Web page, and article.

E-Mail Message

To: Ben Greenidge
From: Nirmala Deokaran
Subject: Request
Date: 13 January

Dear Mr. Greenidge,

I kindly request that management consider entering our company in the CASATO Virtual Business Tournament. The competition, organized by the Caribbean & South American Trade Organization (CASATO), requires participants to develop and implement business strategies that ensure the long-term stability and continuity of an imaginary company.

Participation in this event could be highly beneficial to our company. Though many tournament participants occupy non-decision-making positions in their organization, the contest demands that they apply a broad range of leadership practices. In the process, most become more appreciative of the day-to-day realities and complexities of managing an actual company. Moreover, they tend to apply the skills acquired or refined during the competition—such as collaboration, analysis, and problem-solving—in actual work situations. Additionally, participation in the event may increase our company's profile, opening up new markets for our products. Roughly six months after last year's tournament, about one-third of the 70 companies that had taken part in that event reported an increase in regional business activities.

Details about the tournament are available at www.casato.org/events/tournament_information.

Sincerely,

Nirmala Deokaran
Flight Dispatcher
Omicron Air Cargo

---

http://www.casato.org/events/tournament_information

CASATO

CASATO VIRTUAL TOURNAMENT

Entry information

Registration for this year's tournament is open from 1 March to 1 April, while the tournament starts on 8 June. No more than two teams per company can be registered. The top three teams will be announced on 3 July and will be honored during a ceremony to be held on 19 August at Hotel Baía da Lua in Rio de Janeiro, Brazil.

A Virtual Breakthrough for Omicron

9 July—The CASATO Virtual Tournament pits teams from companies based in the Caribbean and South America against one another to determine which one can run the most successful virtual business. While teams from various Guyana-based companies have participated in the competition since its inception, none had ever won. Last week, however, the team representing Omicron Air Cargo in this year's event learned it had earned third place in a field consisting of 109 teams, which represented 85 companies. Omicron's winning team was led by Nirmala Deokaran. The team has been honored with the CASATO Virtual Business Award.

196. What is the goal of competitors in the CASATO tournament?

    (A) To develop an international trade agreement
    (B) To create materials for training prospective managers
    (C) To run a nonexistent company
    (D) To design a business Web site

197. What does Ms. Deokaran NOT mention as a benefit of participating in the CASATO tournament?

    (A) Better understanding of the tasks that managers perform
    (B) Increased opportunities to invest in regional businesses
    (C) Greater public awareness of a company's offerings
    (D) Improved cooperation among employees

198. What most likely is true about Ms. Deokaran?

    (A) She was invited to a celebratory event.
    (B) She is being considered for a managerial position.
    (C) She had taken part in interactive online competitions before.
    (D) She recommended implementing some management practices.

199. What is indicated about Omicron Air Cargo?

    (A) Its services are in great demand.
    (B) Its operations are located in Guyana.
    (C) It will formulate new business strategies in June.
    (D) It registered two teams for the CASATO tournament.

200. What is indicated about the most recent CASATO tournament?

    (A) It was sponsored by a Brazilian hotel chain.
    (B) It saw the introduction of a set of new criteria.
    (C) It drew participation from more companies than last year's event.
    (D) It received more press coverage than last year's tournament.

Stop! This is the end of the test. If you finish before time is called, you may go back to Parts 5, 6, and 7 and check your work.

토익 정기시험
기출문제집

RC

TEST

05

READING TEST

In the Reading test, you will read a variety of texts and answer several different types of reading comprehension questions. The entire Reading test will last 75 minutes. There are three parts, and directions are given for each part. You are encouraged to answer as many questions as possible within the time allowed.

You must mark your answers on the separate answer sheet. Do not write your answers in your test book.

PART 5

Directions: A word or phrase is missing in each of the sentences below. Four answer choices are given below each sentence. Select the best answer to complete the sentence. Then mark the letter (A), (B), (C), or (D) on your answer sheet.

101. Mr. Ashburton has been ------- recommended by all three of his references.
    (A) high
    (B) higher
    (C) highly
    (D) highest

102. Mr. Choi wants to know when the illustrations will be ready for ------- review.
    (A) he
    (B) his
    (C) him
    (D) himself

103. The project meeting has been rescheduled ------- tomorrow because of the bad weather.
    (A) in
    (B) by
    (C) out
    (D) for

104. Smooth Tek's newest software makes it much ------- for business owners to create newsletters.
    (A) easy
    (B) easily
    (C) easier
    (D) ease

105. By ------- offices in London, Paris, and Madrid, Sedgehill Ltd. has continued its growth into markets overseas.
    (A) opening
    (B) opened
    (C) opens
    (D) open

106. ------- the kiln's heat is set too high, the ceramic objects inside may be ruined.
    (A) So
    (B) If
    (C) But
    (D) Why

107. *The National Overview* is the fourth ------- distributed newspaper in the northeastern region.
    (A) wide
    (B) widen
    (C) most widely
    (D) more widely

108. Dr. Lin, the keynote speaker at this year's Southeast Dentistry Convention, ------- several groundbreaking dental devices.
    (A) invented
    (B) exceeded
    (C) supervised
    (D) communicated

109. Rose's Bistro will close next month due to escalating operating -------.
    (A) expenses
    (B) functions
    (C) customers
    (D) occasions

110. During yesterday's meeting, Ms. Milne offered her ------- to the sales team for their excellent results this quarter.
    (A) congratulations
    (B) congratulate
    (C) congratulating
    (D) congratulatory

111. The employee satisfaction survey results are ------- to differ among departments.
    (A) important
    (B) likely
    (C) probable
    (D) recent

112. The course taught by Prof. Brennink is intended for ------- interested in medical or health-related careers.
    (A) either
    (B) those
    (C) which
    (D) whom

113. Starting September 1, the accounting department will issue travel reimbursements ------- from biweekly paychecks.
    (A) separates
    (B) separately
    (C) separating
    (D) separation

114. The planned construction of several new office buildings in Newbury has created a ------- demand for skilled workers.
    (A) lengthy
    (B) plenty
    (C) sizable
    (D) durable

115. The new computer security program allows users to ------- any suspicious activity on their account.
    (A) monitoring
    (B) monitors
    (C) monitored
    (D) monitor

116. The ------- of the Kawagoe factory has had a significant impact on Inagi Technology employees' productivity.
    (A) expansion
    (B) expanded
    (C) expanse
    (D) expand

117. Please review the repair estimate carefully ------- it has been received from the maintenance department.
    (A) then
    (B) while
    (C) ever since
    (D) as soon as

118. ------- of the marketing assistant include coordinating focus groups and writing detailed reports.
    (A) Promotions
    (B) Offerings
    (C) Productions
    (D) Responsibilities

119. The product development team for Herbeve Cosmetics is ------- a package redesign to try to increase sales.
    (A) considered
    (B) considering
    (C) considers
    (D) consider

120. ------- an increase in small, individual furnaces, glassblowing has become a more accessible and popular art medium.
    (A) Because of
    (B) Instead of
    (C) Rather than
    (D) Such as

121. Our investment in solar energy was a key ------- in achieving energy independence.

    (A) factor
    (B) role
    (C) basis
    (D) agency

122. Payments made to your account after the invoice was generated are not ------- in the balance shown.

    (A) reflected
    (B) reflects
    (C) reflecting
    (D) reflect

123. See our media kit for facts and information ------- our line of lighting equipment.

    (A) pending
    (B) regarding
    (C) among
    (D) throughout

124. The lawyers report that the merger was successfully concluded ------- last-minute negotiations.

    (A) as well as
    (B) overall
    (C) thanks to
    (D) even if

125. Mr. Hong will outline the procedures for handling customers' ------- information.

    (A) confiding
    (B) confides
    (C) confidential
    (D) confidentially

126. Last year, the Fromley Company ------- an internship program for trade school students studying electrical technology.

    (A) expressed
    (B) specialized
    (C) signaled
    (D) established

127. ------- in the news, the Honorable Cynthia Rengle is now making headlines with her proposal to drastically reduce local taxes.

    (A) Less
    (B) Enough
    (C) Apart
    (D) Seldom

128. Despite being the audience's least favorite film at the Star Film Festival, *Lost Dog* ------- won the critics' award for best animation.

    (A) furthermore
    (B) without
    (C) nevertheless
    (D) neither

129. We found the Staffplex payroll management system to be the only one ------- for our needs.

    (A) cooperative
    (B) deliberate
    (C) extensive
    (D) adequate

130. Ms. Mills has correctly predicted that sales would increase ------- as the company's radio advertisement continues to air.

    (A) arguably
    (B) reportedly
    (C) productively
    (D) incrementally

PART 6

Directions: Read the texts that follow. A word, phrase, or sentence is missing in parts of each text. Four answer choices for each question are given below the text. Select the best answer to complete the text. Then mark the letter (A), (B), (C), or (D) on your answer sheet.

Questions 131-134 refer to the following article.

B-B Chang International to buy Sieng Technology

SINGAPORE—B-B Chang International (BBCI) announced Wednesday that ------- would buy Sieng Technology in a deal valued at $450 million.
131.

A spokesperson for BBCI said the company expects to double its profits by the end of next year. It will accomplish this by making full use of Sieng's recently updated production facilities. -------.
132.

Financial experts believe the Sieng acquisition will make BBCI the world's leading producer of circuits. "They will be well ahead of their -------," said top analyst Rhoda Sutton.
133.

B-B Chang plans to maintain Sieng's current workforce, with each of Sieng's factories continuing normal operations for the next five years. -------, BBCI will evaluate whether additional staff are
134.
needed.

131. (A) it
 (B) he
 (C) those
 (D) someone

132. (A) Offers from other firms were rejected.
 (B) All four are operating at maximum capacity.
 (C) Another company will be acquired next year.
 (D) The transaction should improve morale.

133. (A) critics
 (B) suppliers
 (C) investors
 (D) competitors

134. (A) After all
 (B) After that time
 (C) As you requested
 (D) As a matter of fact

Questions 135-138 refer to the following notice.

The Treviso Inn: Reservations

We recommend reservations because hotel accommodations in Treviso are very ------- .
135.
Reservations will be held with a one-night deposit or 50 percent of total room charges for stays of longer than one night. Cancellations made more than seven days prior to your scheduled arrival date ------- in full. If, for some reason, a reservation must be cancelled within one week of your
136.
scheduled arrival date, charges for the entire ------- of your stay will be billed to you.
137.
------- .
138.

135. (A) limitation
 (B) limit
 (C) limits
 (D) limited

136. (A) will be refunded
 (B) were refunded
 (C) are refunding
 (D) had been refunding

137. (A) area
 (B) degree
 (C) length
 (D) week

138. (A) Hotel guests are welcome to use our fitness center.
 (B) This policy applies to early departures as well.
 (C) In addition, we will soon open another hotel in Treviso.
 (D) We hope that you have enjoyed your stay.

Questions 139-142 refer to the following article.

Laptop Funds Approved

New technology ------- to the students of Fairmont. On Tuesday, Mayor Suzanne Kuiper
             139.

announced that her "Tech Now" proposal was approved by the Board of Supervisors. -------.
                                                                           140.

The program allots $35,000 to each school in the city for the purchase of laptop computers.

Students will be allowed to take home the laptops ------- of the time for special assignments and
                                                       141.

class projects, but they will normally be available to the students only ------- school hours.
                                                                                                                     142.

139. (A) came
    (B) was coming
    (C) is coming
    (D) comes

140. (A) The vote took place on Monday, June 2.
    (B) The laptops will be purchased at a discount rate.
    (C) The final decision is highly anticipated.
    (D) Nevertheless, the mayor remains content with the decision.

141. (A) some
    (B) many
    (C) none
    (D) all

142. (A) at
    (B) on
    (C) during
    (D) with

Questions 143-146 refer to the following letter.

September 20

Ms. Amy Ellerson
Belgore Insurance Group
126 Sunrise Road
Teaneck, NJ 07666

Dear Ms. Ellerson:

Thank you for your purchase of 25 cases of premium paper from Bernstein Paper Products. Your online order was received on September 18 and is ready for shipping. ------- .
143.

We appreciate that you have chosen to make the switch to Bernstein Paper Products for your company's paper needs. To show our gratitude, we are applying a 5 percent discount to this ------- order. -------, we are including a reimbursement of shipping charges. Enclosed please find
144.   145.
the adjusted invoice and a check for $58.38.

Bernstein Paper Products is pleased ------- you. We look forward to working with you in the future.
146.

Sincerely,

Duri Yun
Lead Customer Service Representative
Enclosure

---

143. (A) Your years of continued patronage are truly valued.
(B) However, it seems that you have overpaid on your order.
(C) You may expect to receive your order in 5-7 business days.
(D) Unfortunately, we are writing to inform you of a delay in delivery.

144. (A) upcoming
(B) complimentary
(C) initial
(D) sequential

145. (A) However
(B) In addition
(C) For instance
(D) Still

146. (A) welcomes
(B) welcoming
(C) to welcome
(D) having welcomed

PART 7

Directions: In this part you will read a selection of texts, such as magazine and newspaper articles, e-mails, and instant messages. Each text or set of texts is followed by several questions. Select the best answer for each question and mark the letter (A), (B), (C), or (D) on your answer sheet.

Questions 147-148 refer to the following receipt.

Receipt # 84502-11516
(Keep this receipt number handy. You will need it if you have to contact customer service.)

April 17, 6:43 P.M.
Received from Jasmine Shalib:
$54 payment to Pilgrim Theater
Charged to credit card ending in xxxx-1394
Description: Tickets for Philip Dadian in concert
Friday, May 1, 7:30 P.M.
Unit price: $27 / Quantity: 2 / Amount: $54

IMPORTANT: Please print this receipt and bring it with you to the venue. No paper tickets will be mailed. Be sure to arrive early to check your name on the preorder list at the ticket counter. Tickets are nonrefundable.

147. What does Ms. Shalib plan to do on May 1?

(A) Call the theater
(B) Request a refund
(C) Pay her credit card bill
(D) Attend a musical event

148. What must Ms. Shalib bring with her?

(A) A credit card
(B) Paper tickets
(C) A copy of a receipt
(D) A form of identification

Questions 149-151 refer to the following invoice.

Omicron Premier Services Ltd.
83 Malet Street
London
WC1E 7HU

===

Invoice: 1Z67HN2
Arrival Date: 3 April

Bill to:
Dr. John Kwang
Overbrook Hospital

Ship to:
Overbrook Hospital
27 St. Stephens Green
Dublin, Ireland

Item Number	Description	Item Price
12B	5 Boxes Small Bandages	£12
12C	10 Boxes Large Bandages	£30
431Z*	2 Boxes Large Sterile Gloves	£5
10CD	5 Large Knee Braces	£25
	TOTAL	**£72**

Payment due upon receipt of goods.

* Item 431Z will be shipped at a later date as it is currently not in the warehouse.

---

149. What most likely is Omicron Premier Services?

(A) A hospital
(B) A doctor's office
(C) A shipping company
(D) A medical supply company

150. According to the invoice, what will happen on April 3?

(A) An invoice will be revised.
(B) An order will be placed.
(C) A payment will be refunded.
(D) A shipment will be delivered.

151. What is indicated about the gloves?

(A) They are out of stock at the moment.
(B) They are available in one size only.
(C) They are no longer manufactured.
(D) They are the wrong brand.

Questions 152-153 refer to the following text message.

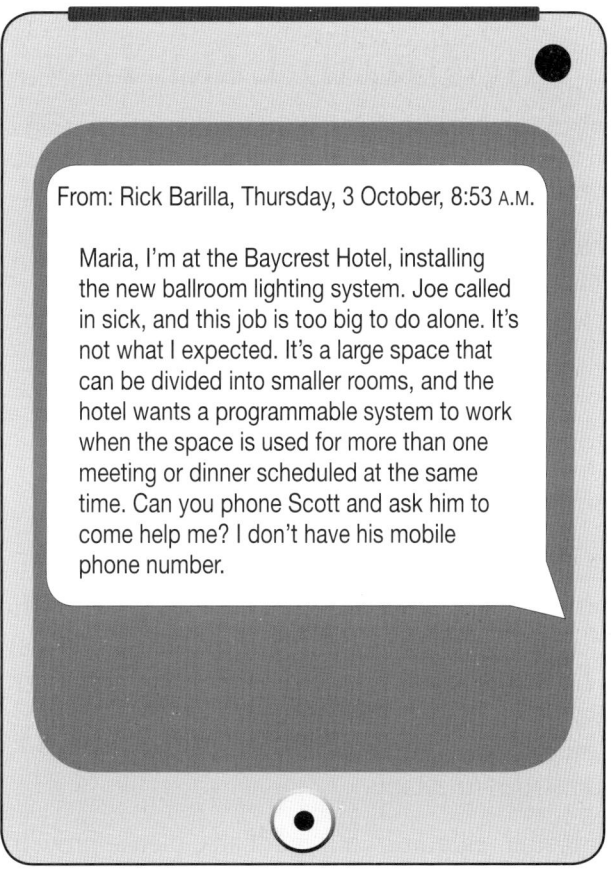

From: Rick Barilla, Thursday, 3 October, 8:53 A.M.

Maria, I'm at the Baycrest Hotel, installing the new ballroom lighting system. Joe called in sick, and this job is too big to do alone. It's not what I expected. It's a large space that can be divided into smaller rooms, and the hotel wants a programmable system to work when the space is used for more than one meeting or dinner scheduled at the same time. Can you phone Scott and ask him to come help me? I don't have his mobile phone number.

152. What problem does Mr. Barilla have?
 (A) He feels sick and cannot work.
 (B) He will not be able to attend a scheduled dinner.
 (C) He does not know how to divide a large room.
 (D) He is unable to do a job by himself.

153. Why did Mr. Barilla send the text message to Maria?
 (A) To have her reschedule a meeting at a hotel
 (B) To cancel an event in the hotel ballroom
 (C) To ask her to make a call
 (D) To request special equipment

Questions 154-155 refer to the following survey.

THE BROAD LAKE INN

Thank you for staying at the Broad Lake Inn! Customer satisfaction is very important to us, and we would appreciate your feedback. Please fill out the survey below and leave it with the receptionist at the front desk when you check out.

How satisfied were you with the Broad Lake Inn?
Please circle one selection for each category:

Service	Not satisfied	Satisfied	(Very satisfied)
Cleanliness	Not satisfied	Satisfied	(Very satisfied)
Appearance	Not satisfied	(Satisfied)	Very satisfied
Restaurant	(Not satisfied)	Satisfied	Very satisfied

Would you recommend the Broad Lake Inn to others?

No   Maybe   (Yes)

Please add any comments or suggestions you may have in the space below.

Overall, I had a wonderful experience at the inn. The employees were extremely friendly, and the inn was very clean and comfortable. Thanks to the well-equipped computer center, I was able to get a lot of work done. The restaurant, however, was quite expensive, and the food was not particularly tasty.

If you wish to be contacted regarding your feedback, please provide your name and phone number or e-mail address below:

Minna Haataja
mhaataja@feridia.fi

---

154. What are guests asked to do?

(A) Return a completed form
(B) Leave their keys at the front desk
(C) Tell their friends about the inn
(D) Recommend staff members for awards

155. What is suggested about Ms. Haataja?

(A) She is an experienced cook.
(B) She would like a job in the hotel industry.
(C) She frequently travels on business.
(D) She would like to discuss her stay with hotel staff.

Questions 156-157 refer to the following online chat discussion.

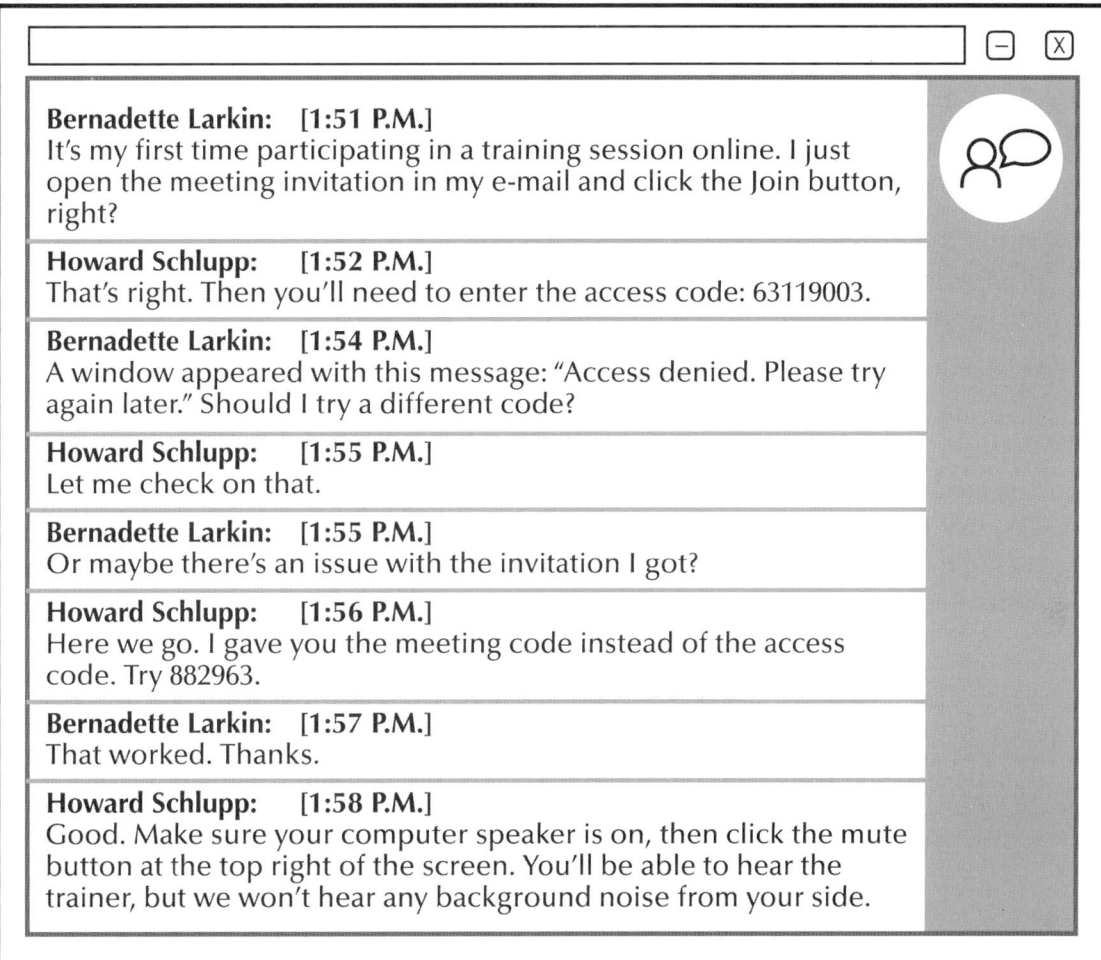

Bernadette Larkin: [1:51 P.M.]
It's my first time participating in a training session online. I just open the meeting invitation in my e-mail and click the Join button, right?

Howard Schlupp: [1:52 P.M.]
That's right. Then you'll need to enter the access code: 63119003.

Bernadette Larkin: [1:54 P.M.]
A window appeared with this message: "Access denied. Please try again later." Should I try a different code?

Howard Schlupp: [1:55 P.M.]
Let me check on that.

Bernadette Larkin: [1:55 P.M.]
Or maybe there's an issue with the invitation I got?

Howard Schlupp: [1:56 P.M.]
Here we go. I gave you the meeting code instead of the access code. Try 882963.

Bernadette Larkin: [1:57 P.M.]
That worked. Thanks.

Howard Schlupp: [1:58 P.M.]
Good. Make sure your computer speaker is on, then click the mute button at the top right of the screen. You'll be able to hear the trainer, but we won't hear any background noise from your side.

156. At 1:56 P.M., what does Mr. Schlupp most likely mean when he writes, "Here we go"?

(A) He is about to start a meeting.
(B) He is surprised by Ms. Larkin's request.
(C) He has determined the cause of a problem.
(D) He would like to invite Ms. Larkin to a meeting.

157. What is probably true about Ms. Larkin?

(A) She has recently received a new computer.
(B) She does not have permission to attend the meeting.
(C) She often participates in conference calls.
(D) She will not need to speak during the training session.

Questions 158-160 refer to the following memo.

To: All Office Employees
From: Paul Sundquist
Re: Document printing
Date: Thursday, April 5

Based on the expense report from last quarter, it is clear that we must reduce our costs for office supplies. One area where we can realize savings is in printing and copying documents.

Many of us have been making color copies of basic documents, such as meeting minutes, product documentation drafts, and budget sheets. — [1] —. While multicolor documents are more attractive and attention-grabbing than black-and-white ones, color ink cartridges are very expensive. Purchasing frequent replacements ultimately leaves us with less money to spend on things like business travel and social events. — [2] —.

Rather than instituting a system wherein all jobs must first be approved by the department supervisors, I would prefer that employees make their own decisions about printing and copying. — [3] —. Please reserve the use of color for only those cases where visual appeal is a relevant factor. — [4] —. Thank you for your attention to this matter.

158. What is one purpose of the memo?

(A) To announce the release of a quarterly expense report
(B) To alert employees to a budget concern
(C) To inform staff of an error in a document
(D) To request feedback on a departmental procedure

159. What are employees advised to do?

(A) Make black-and-white copies of basic documents
(B) Tell coworkers about upcoming social events
(C) Distribute meeting notes by e-mail
(D) Report broken copy machines to their supervisors

160. In which of the positions marked [1], [2], [3], and [4] does the following sentence best belong?

"Publicity flyers intended for clients are one obvious example."

(A) [1]
(B) [2]
(C) [3]
(D) [4]

Questions 161-163 refer to the following article.

Parking Survey Awaited

Many Sumrita residents, businesses, and visitors have expressed concerns to town officials that there are not enough parking spaces. —[1]—. Some have called for construction of a second parking garage in the next two years.

With a data-collection project scheduled to begin on Tuesday, led by Paston Associates of Turnbridge, town officials will soon learn the extent of the parking problem on a typical weekday, during the evening, and at peak times when events are taking place in the center of town. —[2]—. When it is completed, the study will provide an updated inventory of all public and private parking spaces in the area and their typical rates of use. —[3]—.

"Anecdotally people say that demand has increased with the four new businesses and the residential projects we've seen in the last five years," said Planning Director Akash Singh. —[4]—.

161. How many parking garages are currently in Sumrita?

    (A) One
    (B) Two
    (C) Four
    (D) Five

162. What does the article indicate about the survey?

    (A) It will study the demand for parking in three local neighborhoods.
    (B) It will measure the demand for parking at various times.
    (C) It will be paid for by Paston Associates of Turnbridge.
    (D) It will be conducted by Sumrita's planning director.

163. In which of the positions marked [1], [2], [3], and [4] does the following sentence best belong?

    "But we need hard data before we can consider another costly parking garage."

    (A) [1]
    (B) [2]
    (C) [3]
    (D) [4]

Questions 164-167 refer to the following Web site.

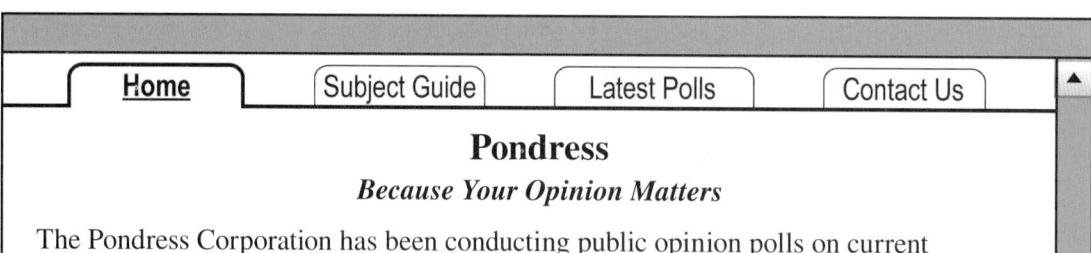

Pondress
Because Your Opinion Matters

The Pondress Corporation has been conducting public opinion polls on current issues for more than three decades. All our polls are based on telephone interviews with adults 18 years of age or older who live in specific polling areas. To ensure that every adult living within a polling area has an equal chance of being contacted, potential interviewees are selected by a computer that randomly generates phone numbers from all working exchanges.

To find out what people think about what is happening in the world these days, visit our Latest Polls page. New polls are published weekly, and all polls are stored and accessible online. If you prefer to search for polls by subject, go to our Subject Guide page. If you would like to reproduce tables, charts, or any other graphics created by Pondress, go to the Contact Us page and click the link for our Permissions Department. There you will find an easy-to-use online form to fill out with details about how and where you intend to use the information. In most cases, a response is provided within 24 hours of submission.

164. In paragraph 1, line 1, the word "current" is closest in meaning to

   (A) moving
   (B) customary
   (C) contemporary
   (D) momentary

165. What is NOT mentioned about poll participants?

   (A) They are randomly selected.
   (B) They are interviewed in groups.
   (C) They are interviewed over the phone.
   (D) They are adults.

166. What is indicated about the Pondress Corporation?

   (A) It updates its Web site every week.
   (B) It has offices in multiple locations.
   (C) It is searching for new employees.
   (D) It publishes nonfiction books.

167. How can readers get permission to reproduce graphics?

   (A) By sending an e-mail
   (B) By making a phone call
   (C) By submitting a paper form
   (D) By providing information online

Questions 168-171 refer to the following article.

Small-Business Expert Coming to São Paulo

SÃO PAULO (May 19)—Angelo Azevedo, dubbed the "small-business expert" by The *Los Angeles Chronicle*, will be the keynote speaker at the first annual São Paulo Small Business Expo (SPSBE). The Expo will take place at the São Paulo Event Center from June 3 to June 5. More than 2,000 small-business entrepreneurs will attend workshops and showcase their businesses at booths, where visitors can collect information and ask questions.

According to an SPSBE press release, Mr. Azevedo will highlight many of the ideas from his best-selling book *Keys to Startup Success*, published just last year. Mr. Azevedo believes that there are several key decisions that must be made before launching into any new business scheme. "You can't go into it with the idea of creating a product you want to sell," Mr. Azevedo writes in his book. "You have to create a product people want to buy. This is rule number one. And it is absolutely essential to get this right if you want your business to succeed."

Mr. Azevedo is the owner of several successful businesses in Los Angeles, where he has lived for the past ten years. "I'm originally from São Paulo," Mr. Azevedo said. "So I wanted to help the community where I got my start in any way I could, which is why I accepted the invitation to participate in the Expo. There's an outstanding opportunity there for small-business owners. Following these simple but important guidelines has worked well for me and for many other successful small-business owners."

Tickets to the Expo are R$100. They can be purchased through the Expo's Web site at www.saopauloexpo.com/br.

168. What is the article mainly about?

(A) The opening of a new business
(B) New trends in marketing
(C) A business leader's participation in an event
(D) The benefits of running a small business

169. According to the article, what has Mr. Azevedo recently done?

(A) He wrote a book.
(B) He presented an award.
(C) He led a workshop.
(D) He traveled to São Paulo.

170. What does Mr. Azevedo say is the most important consideration for new entrepreneurs?

(A) Marketing a product aggressively
(B) Developing a product that is attractive to consumers
(C) Manufacturing a product in a cost-effective way
(D) Creating a product that the business owner feels passionate about

171. Why did Mr. Azevedo decide to participate in the Expo?

(A) He is doing research for a newspaper article.
(B) He would like to recruit some employees.
(C) He is looking for ways to increase sales.
(D) He wants to support entrepreneurs in his hometown.

Questions 172-175 refer to the following online chat discussion.

Leon Barkov [9:42 A.M.]
Hi, everyone. I just got in the conference room, and I'm having some trouble with the projector. It keeps shutting off. Does anyone know why?

Wayne Preston [9:44 A.M.]
This happened to me last time. Try pushing the gray reset button.

Anna Mertz [9:44 A.M.]
Wasn't everything supposed to be set up by 9:30 this morning? I hope we'll be able to get everything ready before the new hires start arriving.

Leon Barkov [9:48 A.M.]
Carol Heinz was supposed to do it, but there was another meeting in the room and it ran late. She couldn't wait, so she asked me to set up once the room was free.

Leon Barkov [9:49 A.M.]
No, that doesn't work. Wayne, can you come down here?

Wayne Preston [9:50 A.M.]
On my way.

Anna Mertz [9:51 A.M.]
Are you all set otherwise?

Leon Barkov [9:52 A.M.]
Yes. The slides are ready to go. I ran them by a few colleagues to make sure everything is clear. I've made hard copies of the presentation and all the forms that the new hires will need to fill out.

Anna Mertz [9:55 A.M.]
Good. I'll be there at noon to take everyone to lunch and then to the security office to pick up their badges. I'll collect the forms then too, so please make sure they're completed before then. I'll bring the group back at 1:30 for the rest of the orientation session.

Leon Barkov [9:59 A.M.]
Thanks. The projector's working fine now. Wayne attached a different power cord.

172. What is Mr. Barkov preparing to do?

(A) Train new employees
(B) Meet with Ms. Mertz
(C) Copy some documents
(D) Present at a conference

173. Why was the conference room not set up by 9:30 A.M.?

(A) Because the projector had not been located
(B) Because a meeting did not end on time
(C) Because Ms. Heinz was not at work
(D) Because the new employees arrived late

174. At 9:50 A.M., what does Mr. Preston most likely mean when he writes, "On my way"?

(A) He is traveling to work.
(B) He will meet Ms. Mertz for lunch.
(C) He will finish reviewing some slides.
(D) He is coming to help Mr. Barkov.

175. What will happen at noon?

(A) Employees will listen to a presentation.
(B) Employees will return from the security office.
(C) Ms. Mertz will go to the conference room.
(D) Mr. Barkov will complete some forms.

Questions 176-180 refer to the following advertisement and e-mail.

Boriken Islander

Boriken Islander is Puerto Rico's largest locally owned car rental company. We offer a range of vehicles at the lowest possible prices. If you can get a lower rate with any of our local competitors, we will match that rate and pay for a full tank of fuel! The following vehicles are available for rent:

Car Class	Description	Weekly rate
Economy	2-door vehicle suitable for 4 passengers and 2 large bags	$199.00
Compact	4-door vehicle suitable for 4 passengers and 3 large bags	$229.00
Standard	4-door vehicle suitable for 5 passengers and 4 large bags	$259.00
Premium	4-door vehicle suitable for 5 passengers and 5 large bags	$309.00

Rates listed refer to payments made in person at our customer service counter. Discounted rates and details about the features of each car type are available on our Web site, www.borikenislander.com. Looking for even more savings? Use our services during April and May and receive an additional 10% off the weekly rate.

To:	customerservice@borikenislander.com
From:	mgutierrez@rotpa.net
Date:	April 4
Subject:	Inquiry

Hello,

I will be traveling to Puerto Rico on business during the second half of this month, so I just visited your Web site to make a reservation. I plan to rent a 4-door vehicle, because I will be traveling with three colleagues and want to be mindful of their comfort. At the same time, I am on a limited budget, so I intend to book the least expensive vehicle of this type.

Before finalizing the booking, though, there are two pieces of information I would like to have, both of which I was unable to locate on your site. First, if I pick up the car at your branch in San Juan and drop it off at either your Ponce or Aguadilla branch at the end of the rental period, will I be charged a drop-off fee? Second, I am unfamiliar with the roads and the traffic on the island, so I would like to add a navigation system to my order. Would that be possible? If so, how much would the weekly rate be?

Thank you for your assistance.

Magdalena Gutierrez

176. What information is NOT included in Boriken Islander's advertisement?

(A) The rental prices for its vehicles
(B) The number of people each kind of vehicle can accommodate
(C) The amount of fuel each kind of vehicle typically uses
(D) The amount of luggage space in each kind of vehicle

177. What type of car will Ms. Gutierrez most likely rent?

(A) Economy
(B) Compact
(C) Standard
(D) Premium

178. What is indicated about Boriken Islander?

(A) It has locations in various Puerto Rican cities.
(B) Its customers are primarily businesspeople.
(C) It charges a cash deposit for online reservations.
(D) It is owned by an international corporation.

179. What is suggested about Ms. Gutierrez?

(A) She has visited Puerto Rico before.
(B) She will be eligible for a discounted rate.
(C) She frequently does business with Boriken Islander.
(D) She was referred to the rental agency by another traveler.

180. According to the e-mail, what is one piece of information that Ms. Gutierrez is seeking?

(A) The company's business hours
(B) The company's reservation procedures
(C) Additional details about the types of cars available
(D) The availability of a navigation device

GO ON TO THE NEXT PAGE

Questions 181-185 refer to the following Web site and announcement.

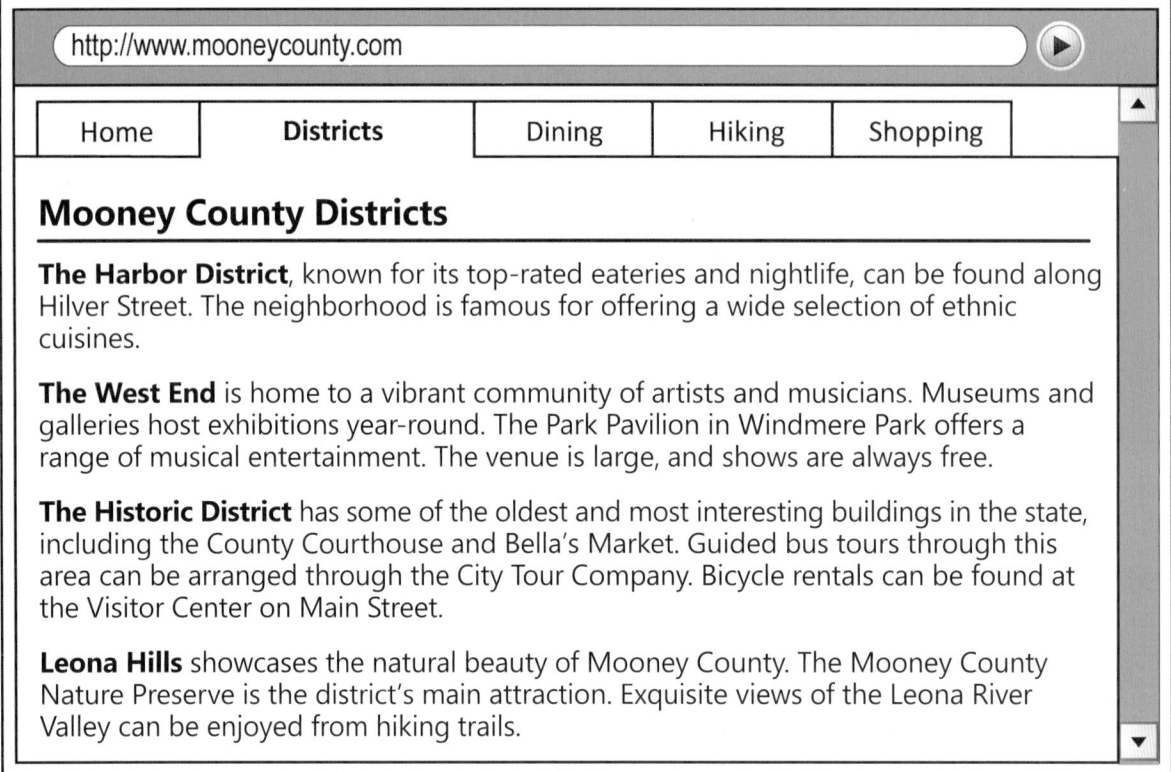

http://www.mooneycounty.com

| Home | Districts | Dining | Hiking | Shopping |

Mooney County Districts

The Harbor District, known for its top-rated eateries and nightlife, can be found along Hilver Street. The neighborhood is famous for offering a wide selection of ethnic cuisines.

The West End is home to a vibrant community of artists and musicians. Museums and galleries host exhibitions year-round. The Park Pavilion in Windmere Park offers a range of musical entertainment. The venue is large, and shows are always free.

The Historic District has some of the oldest and most interesting buildings in the state, including the County Courthouse and Bella's Market. Guided bus tours through this area can be arranged through the City Tour Company. Bicycle rentals can be found at the Visitor Center on Main Street.

Leona Hills showcases the natural beauty of Mooney County. The Mooney County Nature Preserve is the district's main attraction. Exquisite views of the Leona River Valley can be enjoyed from hiking trails.

Announcing: The Mooney County Parade

This popular annual event will be held next Saturday starting at noon at the County Courthouse. As usual, parade groups will march down Keel Street and turn onto Laurel Road. The route ends at Windmere Park. After the parade, the Santiago Heart band is scheduled to perform at 2:00 P.M. at the Park Pavilion. Awards recognizing the top entries in a number of categories from the parade will also be presented.

Officials are reminding citizens that vehicles will encounter detours in the vicinity of the parade route due to temporary road closures, and street parking will be very limited. Spectators are encouraged to use the shuttle bus service, which will start at 10:30 A.M. and run every 20 minutes all day.

181. For whom is the Web site most likely intended?

(A) Visitors to Mooney County
(B) Real estate developers
(C) Parade participants
(D) Government officials

182. According to the Web site, what is offered in the Harbor District?

(A) Guided bus tours
(B) A variety of dining options
(C) Scenic walking trails
(D) Notable architectural sites

183. What is NOT implied about the Historic District?

(A) It is home to a museum of history.
(B) It is suitable for riding a bicycle.
(C) A parade begins there every year.
(D) Bus tours are offered there.

184. What is indicated about the musical performance after the parade?

(A) It showcases the talents of local musicians.
(B) It is free to the public.
(C) It will be held in Leona Hills.
(D) It features an award-winning band.

185. What recommendation is made in the announcement?

(A) Avoid sections of Windmere Park that are under construction
(B) Follow Laurel Road for the best view of the parade
(C) Take public transportation to minimize traffic
(D) Arrive early in order to visit the market

Questions 186-190 refer to the following credit-card statement and e-mails.

Eduardo Blanquera Account Number: XXXX XXXX XXXX 8191		Page 2 3 July–2 August
Purchases		
Date	**Vendor**	**Amount**
5 July	Le Petit Bateau Café	40.05
8 July	Meyers Men's Shop	48.25
11 July	Midtown City Diner	24.11
17 July	Theta Restaurant	33.88
21 July	Harmonium Gifts	37.50
30 July	Ithaca Eatery	56.60
2 August	New Wave Office Supplies	99.87

To:	customerservice@harmoniumgifts.com
From:	eblanquera@mynet.com
Date:	5 August
Subject:	Incorrect charge

Dear Sir or Madam:

I am writing in reference to a charge placed on my credit card by Harmonium Gifts last month. I had placed a telephone order for a cotton scarf and was charged $37.50, even though the price listed for the scarf in the online catalog is $30.00. I know that the standard shipping rate is $10.00, but I received a special offer for free shipping on orders over $25.00. I would appreciate it if you could review my order and give me a refund of $7.50, which would reflect the overcharge on my purchase.

Sincerely,

Eduardo Blanquera

To:	eblanquera@mynet.com
From:	ftaylor@harmoniumgifts.com
Date:	8 August
Subject:	Your inquiry

Dear Mr. Blanquera:

Thank you for your e-mail of 5 August inquiring about the charge on your credit card. According to our records, you asked us to gift wrap your purchase. The additional charge reflects our standard gift wrapping rate. I sincerely apologize if there was a misunderstanding; the telephone sales representative should have made clear the total charge at the end of the call. In order to remedy our mistake, I would like to offer you a $5.00 credit on this order or a $15.00 discount on a future order (minimum purchase of $40.00). Please let me know which you would prefer and I will process it right away. As always, we appreciate your business and look forward to serving you again in the future.

Best regards,

Freda Taylor
Sales Manager
Harmonium Gifts

186. For what did Mr. Blanquera use his credit card most often in July?

   (A) Office supplies
   (B) Clothing
   (C) Gifts
   (D) Dining

187. When did Mr. Blanquera speak to Harmonium Gifts on the telephone?

   (A) On July 3
   (B) On July 21
   (C) On August 5
   (D) On August 8

188. In the first e-mail, the word "listed" in paragraph 1, line 3, is closest in meaning to

   (A) ranked
   (B) decided
   (C) provided
   (D) checked

189. How much does Harmonium Gifts charge for gift wrapping?

   (A) $5.00
   (B) $7.50
   (C) $10.00
   (D) $15.00

190. What information does Ms. Taylor want from Mr. Blanquera?

   (A) Which form of compensation he prefers
   (B) Which sales representative he talked to
   (C) What items should be gift wrapped
   (D) Where to send a refund

Questions 191-195 refer to the following brochure, e-mail, and pass.

Elmont Township Continuing Education Classes – May	
Continuing Education classes are open to all residents of Elmont Township aged 18 and over. Classes are held at the campus of Elmont Community College unless otherwise noted. For registration, fees, and payment information, please see page 2 of this brochure.	
How to Qualify for Your Real Estate License Mondays, 6 P.M. – 9 P.M., Stanton Hall, Room 114 Instructor: J. Ekua, Town and Country Real Estate Associates	**Photography for Fun and Profit** Tuesdays, 7 P.M. – 9 P.M., Stanton Hall, Room 114 Instructor: B. Chao, freelance photographer
Managing a Small Business: What You Need to Know Mondays, 7 P.M. – 9 P.M., Gallagher Library, Room 306 Instructor: K. Nowicki, Small Business Development Administration	**Car Care** May 22 and 24, 9 A.M. – 1 P.M., Elmont Vocational High School, Auto Shop Instructor: R. Sumaoang, Sumaoang Brothers Auto Repair

---

E-mail

To:	Zelda Ohayon [and fourteen others]
From:	Bill O'Toole <w.otoole@elmont.gov>
Subject:	Class canceled
Date:	May 23

Hi, all,

Ms. Ekua asked me to let everyone know that an emergency came up that she needs to attend to, so tomorrow's class has been canceled and will be rescheduled. As soon as we know the date, we'll let you know by e-mail and send you a temporary parking pass because the one you currently have will no longer be valid. Apologies for the inconvenience.

Bill

Elmont Community College Parking Authority
TEMPORARY PASS – GOOD FOR TODAY ONLY

    LOT A
    Valid: `May 27`
    Time stamp: `6:45 P.M.`

*Pass must be displayed on the dashboard of your vehicle and be visible from the outside.

---

191. Who most likely is R. Sumaoang?

    (A) A college professor
    (B) A town employee
    (C) A high school teacher
    (D) A local business owner

192. What is NOT suggested about the participants in continuing education classes?

    (A) They are at least 18 years old.
    (B) They paid a registration fee.
    (C) They live in Elmont Township.
    (D) They are graduates of Elmont Community College.

193. What is Ms. Ohayon interested in?

    (A) Real estate
    (B) Management
    (C) Photography
    (D) Car care

194. In the e-mail, the phrase "attend to" in paragraph 1, line 2, is closest in meaning to

    (A) listen to
    (B) wait on
    (C) take care of
    (D) be present at

195. On what date did a rescheduled class take place?

    (A) May 22
    (B) May 23
    (C) May 24
    (D) May 27

Questions 196-200 refer to the following e-mail, notice, and order form.

From:	Jean Moumas
To:	Khadim Nakra
Subject:	Trucking company
Date:	June 1

Hello, Mr. Nakra,

I am so glad that you have signed up for deliveries of our fresh vegetables, berries, flowers, and herbs, grown here on our twenty-acre family-owned farm. I can assure you that you and your customers will be delighted with the produce we provide.

Your store is in an area that is new to us, and we are looking forward to our quality produce entering a new market. Please let me know if you have a preferred trucking service. Our usual drivers, based in Santon, do not go out to Allentown. We would be happy to work with a company of your choice to keep the service for you as smooth as possible.

Thank you in advance for any suggestions you wish to provide.

Sincerely yours,

Jean Moumas

Shop Fresh Market

New This Week

June 26

Produce from Thomas Greens Farm

Dear customers, we'd like to draw your attention to the newest additions to our produce section. You've asked for fresh, local fruits and vegetables that have just been harvested. We're bringing these to you from Thomas Greens Farm, located just one hour from here in Carney.

- ✓ Tomatoes on the vine
- ✓ Yellow corn
- ✓ Fresh herbs (basil, thyme, and oregano)
- ✓ Baby eggplants
- ✓ Yellow onions (loose)

In the fall, we will be carrying fruits from Bridge Water Orchard in Eagerton. If you have any requests, please let us know.

Thomas Greens Farm   **Order Form**

Customer	Shop Fresh Market
Order date	June 30
Delivery date	July 3

Order Details:

Repeat last week's order with the following changes:
- No eggplants or fresh herbs needed this week.
- Instead of loose onions, please send them in burlap bags. (like the sample you showed us, about six to a bunch).
- Add two crates of green Brussels sprouts to the order.

P.S. You asked that we let you know if there were any problems with the delivery from Kohn Trucking. There were not. The delivery was on time, the driver was courteous, and the produce was in good condition.

Name	Khadim Nakra, Manager, Produce Department
Signature	*Khadim Nakra*

---

196. Why did Ms. Moumas send the e-mail?

(A) To advertise new products
(B) To ask for a recommendation
(C) To request a delivery estimate
(D) To complain about a policy change

197. Where is Shop Fresh Market probably located?

(A) In Santon
(B) In Allentown
(C) In Carney
(D) In Eagerton

198. In the notice, what is indicated about Thomas Greens Farm's produce?

(A) It is grown relatively near the market.
(B) It is more healthful than other products.
(C) It will be in stock starting next month.
(D) It will be discounted for one week.

199. What will Shop Fresh Market probably receive on July 3?

(A) Eggplants
(B) Herbs
(C) Corn
(D) Lettuce

200. What does Mr. Nakra indicate in the order form?

(A) He has a preference for how items are packaged.
(B) Brussels sprouts sold particularly well last week.
(C) He was disappointed by service from Kohn Trucking.
(D) The herbs delivered last week were not fresh.

Stop! This is the end of the test. If you finish before time is called, you may go back to Parts 5, 6, and 7 and check your work.

ANSWER SHEET

토익 정기시험 기출문제집

Test 01 (Part 5~7)

Test 02 (Part 5~7)

ANSWER SHEET

토익 정기시험 기출문제집

수험번호

응시일자 : 20   년   월   일

성명 (한글/한자/영자)

Test 03 (Part 5~7)

101 ⓐ ⓑ ⓒ ⓓ	121 ⓐ ⓑ ⓒ ⓓ	141 ⓐ ⓑ ⓒ ⓓ	161 ⓐ ⓑ ⓒ ⓓ	181 ⓐ ⓑ ⓒ ⓓ
102 ⓐ ⓑ ⓒ ⓓ	122 ⓐ ⓑ ⓒ ⓓ	142 ⓐ ⓑ ⓒ ⓓ	162 ⓐ ⓑ ⓒ ⓓ	182 ⓐ ⓑ ⓒ ⓓ
103 ⓐ ⓑ ⓒ ⓓ	123 ⓐ ⓑ ⓒ ⓓ	143 ⓐ ⓑ ⓒ ⓓ	163 ⓐ ⓑ ⓒ ⓓ	183 ⓐ ⓑ ⓒ ⓓ
104 ⓐ ⓑ ⓒ ⓓ	124 ⓐ ⓑ ⓒ ⓓ	144 ⓐ ⓑ ⓒ ⓓ	164 ⓐ ⓑ ⓒ ⓓ	184 ⓐ ⓑ ⓒ ⓓ
105 ⓐ ⓑ ⓒ ⓓ	125 ⓐ ⓑ ⓒ ⓓ	145 ⓐ ⓑ ⓒ ⓓ	165 ⓐ ⓑ ⓒ ⓓ	185 ⓐ ⓑ ⓒ ⓓ
106 ⓐ ⓑ ⓒ ⓓ	126 ⓐ ⓑ ⓒ ⓓ	146 ⓐ ⓑ ⓒ ⓓ	166 ⓐ ⓑ ⓒ ⓓ	186 ⓐ ⓑ ⓒ ⓓ
107 ⓐ ⓑ ⓒ ⓓ	127 ⓐ ⓑ ⓒ ⓓ	147 ⓐ ⓑ ⓒ ⓓ	167 ⓐ ⓑ ⓒ ⓓ	187 ⓐ ⓑ ⓒ ⓓ
108 ⓐ ⓑ ⓒ ⓓ	128 ⓐ ⓑ ⓒ ⓓ	148 ⓐ ⓑ ⓒ ⓓ	168 ⓐ ⓑ ⓒ ⓓ	188 ⓐ ⓑ ⓒ ⓓ
109 ⓐ ⓑ ⓒ ⓓ	129 ⓐ ⓑ ⓒ ⓓ	149 ⓐ ⓑ ⓒ ⓓ	169 ⓐ ⓑ ⓒ ⓓ	189 ⓐ ⓑ ⓒ ⓓ
110 ⓐ ⓑ ⓒ ⓓ	130 ⓐ ⓑ ⓒ ⓓ	150 ⓐ ⓑ ⓒ ⓓ	170 ⓐ ⓑ ⓒ ⓓ	190 ⓐ ⓑ ⓒ ⓓ
111 ⓐ ⓑ ⓒ ⓓ	131 ⓐ ⓑ ⓒ ⓓ	151 ⓐ ⓑ ⓒ ⓓ	171 ⓐ ⓑ ⓒ ⓓ	191 ⓐ ⓑ ⓒ ⓓ
112 ⓐ ⓑ ⓒ ⓓ	132 ⓐ ⓑ ⓒ ⓓ	152 ⓐ ⓑ ⓒ ⓓ	172 ⓐ ⓑ ⓒ ⓓ	192 ⓐ ⓑ ⓒ ⓓ
113 ⓐ ⓑ ⓒ ⓓ	133 ⓐ ⓑ ⓒ ⓓ	153 ⓐ ⓑ ⓒ ⓓ	173 ⓐ ⓑ ⓒ ⓓ	193 ⓐ ⓑ ⓒ ⓓ
114 ⓐ ⓑ ⓒ ⓓ	134 ⓐ ⓑ ⓒ ⓓ	154 ⓐ ⓑ ⓒ ⓓ	174 ⓐ ⓑ ⓒ ⓓ	194 ⓐ ⓑ ⓒ ⓓ
115 ⓐ ⓑ ⓒ ⓓ	135 ⓐ ⓑ ⓒ ⓓ	155 ⓐ ⓑ ⓒ ⓓ	175 ⓐ ⓑ ⓒ ⓓ	195 ⓐ ⓑ ⓒ ⓓ
116 ⓐ ⓑ ⓒ ⓓ	136 ⓐ ⓑ ⓒ ⓓ	156 ⓐ ⓑ ⓒ ⓓ	176 ⓐ ⓑ ⓒ ⓓ	196 ⓐ ⓑ ⓒ ⓓ
117 ⓐ ⓑ ⓒ ⓓ	137 ⓐ ⓑ ⓒ ⓓ	157 ⓐ ⓑ ⓒ ⓓ	177 ⓐ ⓑ ⓒ ⓓ	197 ⓐ ⓑ ⓒ ⓓ
118 ⓐ ⓑ ⓒ ⓓ	138 ⓐ ⓑ ⓒ ⓓ	158 ⓐ ⓑ ⓒ ⓓ	178 ⓐ ⓑ ⓒ ⓓ	198 ⓐ ⓑ ⓒ ⓓ
119 ⓐ ⓑ ⓒ ⓓ	139 ⓐ ⓑ ⓒ ⓓ	159 ⓐ ⓑ ⓒ ⓓ	179 ⓐ ⓑ ⓒ ⓓ	199 ⓐ ⓑ ⓒ ⓓ
120 ⓐ ⓑ ⓒ ⓓ	140 ⓐ ⓑ ⓒ ⓓ	160 ⓐ ⓑ ⓒ ⓓ	180 ⓐ ⓑ ⓒ ⓓ	200 ⓐ ⓑ ⓒ ⓓ

Test 04 (Part 5~7)

101 ⓐ ⓑ ⓒ ⓓ	121 ⓐ ⓑ ⓒ ⓓ	141 ⓐ ⓑ ⓒ ⓓ	161 ⓐ ⓑ ⓒ ⓓ	181 ⓐ ⓑ ⓒ ⓓ
102 ⓐ ⓑ ⓒ ⓓ	122 ⓐ ⓑ ⓒ ⓓ	142 ⓐ ⓑ ⓒ ⓓ	162 ⓐ ⓑ ⓒ ⓓ	182 ⓐ ⓑ ⓒ ⓓ
103 ⓐ ⓑ ⓒ ⓓ	123 ⓐ ⓑ ⓒ ⓓ	143 ⓐ ⓑ ⓒ ⓓ	163 ⓐ ⓑ ⓒ ⓓ	183 ⓐ ⓑ ⓒ ⓓ
104 ⓐ ⓑ ⓒ ⓓ	124 ⓐ ⓑ ⓒ ⓓ	144 ⓐ ⓑ ⓒ ⓓ	164 ⓐ ⓑ ⓒ ⓓ	184 ⓐ ⓑ ⓒ ⓓ
105 ⓐ ⓑ ⓒ ⓓ	125 ⓐ ⓑ ⓒ ⓓ	145 ⓐ ⓑ ⓒ ⓓ	165 ⓐ ⓑ ⓒ ⓓ	185 ⓐ ⓑ ⓒ ⓓ
106 ⓐ ⓑ ⓒ ⓓ	126 ⓐ ⓑ ⓒ ⓓ	146 ⓐ ⓑ ⓒ ⓓ	166 ⓐ ⓑ ⓒ ⓓ	186 ⓐ ⓑ ⓒ ⓓ
107 ⓐ ⓑ ⓒ ⓓ	127 ⓐ ⓑ ⓒ ⓓ	147 ⓐ ⓑ ⓒ ⓓ	167 ⓐ ⓑ ⓒ ⓓ	187 ⓐ ⓑ ⓒ ⓓ
108 ⓐ ⓑ ⓒ ⓓ	128 ⓐ ⓑ ⓒ ⓓ	148 ⓐ ⓑ ⓒ ⓓ	168 ⓐ ⓑ ⓒ ⓓ	188 ⓐ ⓑ ⓒ ⓓ
109 ⓐ ⓑ ⓒ ⓓ	129 ⓐ ⓑ ⓒ ⓓ	149 ⓐ ⓑ ⓒ ⓓ	169 ⓐ ⓑ ⓒ ⓓ	189 ⓐ ⓑ ⓒ ⓓ
110 ⓐ ⓑ ⓒ ⓓ	130 ⓐ ⓑ ⓒ ⓓ	150 ⓐ ⓑ ⓒ ⓓ	170 ⓐ ⓑ ⓒ ⓓ	190 ⓐ ⓑ ⓒ ⓓ
111 ⓐ ⓑ ⓒ ⓓ	131 ⓐ ⓑ ⓒ ⓓ	151 ⓐ ⓑ ⓒ ⓓ	171 ⓐ ⓑ ⓒ ⓓ	191 ⓐ ⓑ ⓒ ⓓ
112 ⓐ ⓑ ⓒ ⓓ	132 ⓐ ⓑ ⓒ ⓓ	152 ⓐ ⓑ ⓒ ⓓ	172 ⓐ ⓑ ⓒ ⓓ	192 ⓐ ⓑ ⓒ ⓓ
113 ⓐ ⓑ ⓒ ⓓ	133 ⓐ ⓑ ⓒ ⓓ	153 ⓐ ⓑ ⓒ ⓓ	173 ⓐ ⓑ ⓒ ⓓ	193 ⓐ ⓑ ⓒ ⓓ
114 ⓐ ⓑ ⓒ ⓓ	134 ⓐ ⓑ ⓒ ⓓ	154 ⓐ ⓑ ⓒ ⓓ	174 ⓐ ⓑ ⓒ ⓓ	194 ⓐ ⓑ ⓒ ⓓ
115 ⓐ ⓑ ⓒ ⓓ	135 ⓐ ⓑ ⓒ ⓓ	155 ⓐ ⓑ ⓒ ⓓ	175 ⓐ ⓑ ⓒ ⓓ	195 ⓐ ⓑ ⓒ ⓓ
116 ⓐ ⓑ ⓒ ⓓ	136 ⓐ ⓑ ⓒ ⓓ	156 ⓐ ⓑ ⓒ ⓓ	176 ⓐ ⓑ ⓒ ⓓ	196 ⓐ ⓑ ⓒ ⓓ
117 ⓐ ⓑ ⓒ ⓓ	137 ⓐ ⓑ ⓒ ⓓ	157 ⓐ ⓑ ⓒ ⓓ	177 ⓐ ⓑ ⓒ ⓓ	197 ⓐ ⓑ ⓒ ⓓ
118 ⓐ ⓑ ⓒ ⓓ	138 ⓐ ⓑ ⓒ ⓓ	158 ⓐ ⓑ ⓒ ⓓ	178 ⓐ ⓑ ⓒ ⓓ	198 ⓐ ⓑ ⓒ ⓓ
119 ⓐ ⓑ ⓒ ⓓ	139 ⓐ ⓑ ⓒ ⓓ	159 ⓐ ⓑ ⓒ ⓓ	179 ⓐ ⓑ ⓒ ⓓ	199 ⓐ ⓑ ⓒ ⓓ
120 ⓐ ⓑ ⓒ ⓓ	140 ⓐ ⓑ ⓒ ⓓ	160 ⓐ ⓑ ⓒ ⓓ	180 ⓐ ⓑ ⓒ ⓓ	200 ⓐ ⓑ ⓒ ⓓ

ANSWER SHEET

수험번호

응시일자 : 20   년   월   일

성명
- 한글
- 한자
- 영자

토익 정기시험 기출문제집

Test 05 (Part 5~7)

*toeic®

ETS 기출 한국 독점출간

토익® 정기시험 기출문제집

ETS 실전 5세트

정답 및 해설

*toeic.
토익 정기시험 기출문제집

ETS 실전 5세트

정답 및 해설

TEST 1

101 (B)	102 (D)	103 (B)	104 (A)	105 (D)
106 (B)	107 (C)	108 (B)	109 (D)	110 (C)
111 (B)	112 (B)	113 (A)	114 (B)	115 (A)
116 (A)	117 (D)	118 (D)	119 (C)	120 (A)
121 (B)	122 (A)	123 (D)	124 (D)	125 (B)
126 (A)	127 (B)	128 (A)	129 (B)	130 (C)
131 (A)	132 (D)	133 (B)	134 (C)	135 (C)
136 (D)	137 (B)	138 (D)	139 (B)	140 (A)
141 (A)	142 (C)	143 (A)	144 (B)	145 (D)
146 (C)	147 (A)	148 (D)	149 (C)	150 (A)
151 (C)	152 (A)	153 (C)	154 (B)	155 (C)
156 (C)	157 (A)	158 (D)	159 (A)	160 (B)
161 (D)	162 (A)	163 (C)	164 (C)	165 (D)
166 (B)	167 (D)	168 (A)	169 (B)	170 (A)
171 (D)	172 (B)	173 (A)	174 (B)	175 (C)
176 (C)	177 (D)	178 (C)	179 (B)	180 (B)
181 (A)	182 (B)	183 (A)	184 (C)	185 (B)
186 (D)	187 (D)	188 (B)	189 (A)	190 (A)
191 (B)	192 (A)	193 (C)	194 (B)	195 (B)
196 (C)	197 (B)	198 (A)	199 (C)	200 (C)

PART 5

101 복합명사

해설 빈칸은 동사 write 뒤에서 letters와 함께 목적어를 이룬다. 문맥상 추천서가 적절하므로 (B) recommendation이 정답이다. 복합명사인 recommendation letter(추천서)를 외워두면 쉽게 해결할 수 있다. 이미 동사(will write)가 있기 때문에 접속사 없이 또 다른 동사가 올 수 없으므로 (A) recommends와 과거 동사 (C) recommended는 오답이다. (C) recommended가 과거분사로 쓰일 경우 '추천된 편지로', (D) recommending은 현재분사로 쓰일 경우 '추천하는 편지로' 해석되어 문맥상 어색하므로 오답이다.

번역 브라운 박사는 하급 교열 편집자에게 기대되는 모든 업무에 숙달한 인턴사원에게만 추천서를 써 줄 것이다.

어휘 master 숙달하다 expect of ~에게 기대하다 copy editor 교열 편집자 recommendation 추천(서)

102 명사 자리 _ 주어

해설 빈칸은 뒤에 나오는 동사(was announced)의 주어 역할을 하는 명사 자리이므로 (D) appointment가 정답이다. 동사인 (A) appoint와 (B) appoints는 오답이며, 과거동사 또는 과거분사인 (C) appointed도 품사상 적합하지 않다.

번역 베라코어 산업의 신임 재무최고책임자 임명은 4월 6일에 발표되었다.

어휘 chief financial officer 재무최고책임자(= CFO) announce 발표하다 appointment 임명

103 형용사 어휘

해설 be동사와 to부정사구(to take vacation days) 사이에 들어갈 적절한 형용사 어휘를 묻는 문제이다. 문맥상 '휴가를 얻을 자격이 있다'는 의미가 적절하므로 정답은 (B) eligible이다. 'be eligible to 부정사(~할 자격이 있다)'를 통으로 외워두자. (A) beneficial과 (D) relevant는 to부정사가 아닌 전치사 to와 쓰여 각각 '~에 유익한', '~와 관련된'의 의미로 사용되며, (C) convenient(편리한)는 사람을 수식하는 말이 아니기 때문에 사람을 주어로 쓰지 않으므로 오답이다.

번역 시 공무원들은 6개월간의 수습 기간을 거치면 휴가를 얻을 자격이 생긴다.

어휘 probationary period 수습 기간 city employee 시 공무원 beneficial to + 명사 ~에 유익한 eligible to + 동사원형 ~할 자격이 있는 convenient to + 동사원형 ~하기에 편리한 relevant to + 명사 ~와 관련된

104 분사 자리 _ 명사 수식

해설 명사 permits를 뒤에서 수식하는 분사의 형태를 묻는 문제이다. 과거분사인 (A) required는 뒤에서 permits를 수식할 수 있는 분사로 정답이다. 문장에 동사(is applying)가 있고 접속사는 없으므로 빈칸은 동사 자리가 될 수 없다. 따라서 동사 (C) requires와 (D) will require는 오답이다. 타동사 require에서 파생된 (B) requiring은 뒤에 목적어를 필요로 하는데, 빈칸 뒤에 목적어가 보이지 않으므로 오답이다.

번역 라렌스키 씨는 야외 예술 행사에 필요한 허가증을 얻기 위해 다른 몇몇 대행사와 함께 신청 중이다.

어휘 agency 대행사 obtain 얻다 permit 허가증 required for ~에 필요한[요구되는] outdoor 야외의

105 명사 자리 _ 전치사의 목적어

해설 'serve as + 명사'는 '~로서의 역할을 하다'의 의미로 as는 전치사이다. 따라서 빈칸은 전치사의 목적어 자리이므로 정답은 명사인 (D) confirmation이다. 나머지는 모두 명사가 아니므로 오답이다. 참고로 빈칸 뒤의 that절은 confirmation과 동격이 되는 명사절이다.

번역 이 편지는 귀하의 신용카드 취소 요청을 받아서 처리했다는 확인서의 역할을 합니다.

어휘 process 처리하다 cancellation 취소 confirmation 확인, 증명

106 인칭대명사의 격 _ 목적격

해설 빈칸은 전치사 of의 목적어 자리이므로 정답은 목적격대명사 (B) us이다. 전치사 뒤에는 주격이 쓰일 수 없으므로 (A) we는 오답이며, (C) our는 소유격으로 뒤에 명사가 와야 하므로 오답이다. 동사인 can see 앞자리이므로 'a handful of ------' 이 주어 역할이므로 재귀대명사인 (C) ourselves는 주어가 될 수 없어 오답이다.

번역 회사의 많은 이들이 업계 경험이 있지만, 우리 중 아주 소수만이 현 추세가 미래에 갖는 중요성을 판단할 수 있다.

어휘 a handful of 한줌의, 소수의 current 현재의 trend 경향, 추세

107 부사 어휘

해설 빈칸은 앞의 동사 be delivered를 수식하는 부사 자리이다. 문맥상 '화요일 일찍 배달될 예정이다'가 적절하므로 (C) early(일찍, 이른)가 정답이다. (A) hardly는 '거의 ~아니다'의 뜻으로 문맥상 어색하며, 빈도부사는 주로 be동사나 조동사 뒤에, 일반동사 앞에 위치해야 하므로 구조적으로도 오답이다. (B) comfortably(편안하게)와 (D) eagerly(열심히, 간절히)는 문맥상 어색하므로 오답이다.

번역 회의실에 놓을 새 가구들이 화요일 일찍 배달될 예정이다.

어휘 conference room 회의실 be scheduled to + 동사원형 ~할 예정이다 deliver 배달하다

108 동사 어휘

해설 has와 함께 현재완료동사의 형태로 빈칸 뒤의 to Seoul(서울로)과 어울리는 정답은 (B) returned이다. return은 자동사로 '돌아가다, 돌아오다', 타동사로는 '돌려주다'의 뜻을 가진다. (A) visited는 visit가 타동사이므로 목적어를 바로 취해 'has visited Seoul'이 되어야 자연스럽다. (C) occurred는 자동사로 '일어나다, 발생하다'의 의미이며 사람이 발생한다는 것은 어색하므로 오답이다. (D) related는 relate가 자동사일 때 전치사 to와 함께 '~와 관련이 있다'는 뜻으로, '차 준 씨는 서울과 관련이 있다'는 문맥상 어색하므로 오답이다.

번역 캐나다에서 10년간 일한 후에 차 준 씨는 고급 레스토랑 개업을 준비하기 위해 서울로 돌아갔다.

어휘 opening 개업 upscale 고급스러운, 상류의 return 돌아가다, 돌아오다, 돌려주다, 반품시키다 occur 일어나다, 발생하다 relate to + 명사 ~와 관련이 있다

109 부사 자리 _ 준동사 수식

해설 빈칸은 to부정사(to perform)를 수식하는 부사 자리이므로, 정답은 (D) automatically이다. 동사 (A) automate은 품사상 적합하지 않다. 만약 (B) automatic과 (C) automated가 analysis를 뒤에서 수식한다고 본다면 각각 '자동적인 분석, 자동화된 분석'이 되어 해석상 어색하다.

번역 투컨 데이터베이스 시스템은 자동적으로 상세한 재무 분석을 수행하도록 설계되었다.

어휘 design 설계하다 perform (일·기능을) 수행하다 detailed 자세한 financial analysis 재무 분석 automatically 자동적으로

110 명사 어휘

해설 문맥상 '도로 개선 사업(project)을 위한 재정 지원(funding)'이 자연스럽기 때문에 정답은 (C) project이다. (A) statement(성명(서), 명세서), (B) permission(허가), (D) ability(능력)은 문맥상 어색하다.

번역 시의회는 도로 개선 사업을 위해 재정 지원을 확대하는 법안을 승인했다.

어휘 city council 시의회 approve 승인하다 bill 법안 funding 자금, 재정 지원 statement 성명(서), 명세서 permission 허가 ability 능력

111 관계대명사 _ 주격

해설 빈칸 앞에도 동사(honors)가 있고 빈칸 뒤에도 동사(volunteer)가 있으므로 빈칸은 접속사 자리이다. 빈칸 뒤에 주어 없이 동사 volunteer가 바로 보이므로 접속사와 주어 역할을 같이하는 주격 관계대명사 자리이다. 따라서 정답은 (B) who이다. (A) for와 (D) as는 각각 등위 접속사와 부사절 접속사가 될 수는 있지만 뒤에 '주어+동사'가 와야 하므로 오답이며, (C) those는 접속사 역할을 할 수 없으므로 오답이다.

번역 이웃 참여 프로그램은 에진 시를 돕기 위해 자발적으로 시간을 할애하는 주민들에게 경의를 표한다.

어휘 involvement 관여 honor 존중하다, 경의를 표하다 resident 주민 volunteer 자발적으로 제공하다

112 동사 자리

해설 빈칸은 주어(Several architects)와 목적어(intriguing design) 사이에 있으므로 동사 자리이다. 따라서 동사 (B) proposed가 정답이다.

번역 몇몇 건축가가 해들러 빌딩 별관을 위한 흥미로운 설계안을 제안했다.

어휘 architect 건축가 intriguing 흥미로운 addition 부속 건물, 별관 propose 제안하다

113 전치사 어휘

해설 '케시 메디컬 케어 시스템 내'로 해석되는 것이 자연스러우므로 정답은 (A) within이다. 전치사 within은 장소, 시간, 범위와 함께 쓰이며 '~내에'의 뜻이 된다. (B) until은 시점과 함께 쓰이는 전치사라서 오답이며(ex. until tomorrow 내일까지), (C) during은 기간명사와 함께 쓰이는 전치사라 오답이다(ex. during the weekend 주말 동안에). (D) since는 전치사일 때 '~이래로'의 뜻이며 과거시점 명사와 함께 쓰이므로 오답이다(ex. since last year 작년 이래로).

번역 최신 교육 프로그램은 케시 메디컬 케어 시스템 내 현장 관리자에게만 해당된다.

어휘 updated 최신의 be limited to + 명사 ~에 국한되다 site 현장 supervisor 감독, 관리자

114 동사 시제 _ 시간 부사절

해설 빈칸은 접속사(before)와 주어(he) 뒤의 동사 자리이다. 고이즈미 씨가 가격 견적을 끝마쳐야 하는 것은 회의하러 떠나기 전이어야 하므로 그가 떠나는 것은 미래에 있을 일이다. 일견 미래시제인 (A) will leave로 착각하기 쉽지만 before가 시간 부사절을 이끌고 있으므로 미래시제 대신 현재시제를 써야 한다. 따라서 정답은 (B) leaves이다. (C) leaving은 동사가 아니라서 오답인데, 만약 he를 생략한다면 before leaving for the conference가 되어 '접속사+현재분사'의 형태가 되어 정답이 될 수 있는 것도 알아두자.

번역 고이즈미 씨는 회의하러 떠나기 전에 가격 견적을 끝마쳐야 한다.

어휘 complete 완수하다 estimate 견적(서), 추정, 추산 leave for ~를 향해 떠나다 conference 회의, 학회

115 형용사 어휘

해설 문맥상 'be similar to+명사(~와 유사하다)'가 자연스러우므로 정답은 (A) similar이다. (B) likable은 '호감이 가는'의 뜻으로 'X150 프린터가 다른 모델들에게 호감이 간다'는 어색한데, 비슷한 형용사 숙어인 'be likely to+동사원형(~할 것 같다)'와 혼동하지 않도록 한다. (C) reflected는 'be reflected to+명사(~에 반영되다)'의 형태로는 쓰이지만 문맥상 오답이며, (D) considerate는 '사려 깊은'의 뜻으로 프린터와 어울리지 않아서 오답이다.

번역 신제품 X150 프린터는 다른 모델들과 비슷하지만 가격은 절반밖에 안 된다.

어휘 similar to ~와 비슷한   cost 비용이 ~이다   likable 호감이 가는   be reflected to + 명사 ~에 반영되다   considerate 사려 깊은

116 동사 어휘

해설 목적어인 tourism(관광산업)과 가장 어울리는 것은 (A) promote (촉진하다)이다. 관광산업을 선언하거나(declare), 획득한다(obtain) 고 할 수 없으므로 (B)와 (C)는 오답이다. (D) benefit이 쓰이면 '관광산업에 도움을 주다'가 되지만, 문맥상 '재정적자를 해결하기 위해 지출을 줄이고 관광산업에 도움을 줄 계획이다.'는 어색하므로 오답이다.

번역 루니어 카운티는 재정적자를 해결하기 위해 지출을 줄이고 관광산업을 촉진할 계획이다.

어휘 address (문제를) 다루다, 고심하다   budget deficit 예산[재정] 적자   limit 제한하다   spending 지출, 소비   promote 촉진하다   declare 선언하다   obtain 획득하다   benefit ~에게 도움이 되다, 유익하다

117 부사 어휘

해설 조동사(can)와 동사원형(refer) 사이에 들어갈 알맞은 부사 어휘를 골라야 하는 문제이다. 사용설명서가 프린터 위에 붙어 있는 것은 손쉽게(easily) 참조할 수 있도록 하기 위함이므로 정답은 (D) easily 이다. (A) consecutively(연속적으로), (B) standardly(표준으로), (C) namely(다시 말해)는 문맥상 어색하다.

번역 손쉽게 참고할 수 있도록 사용 설명서를 프린터 위에 붙여 놓았다.

어휘 operating instructions 사용[조작] 설명서   post 게시하다   refer to ~을 참고하다   consecutively 연속적으로   standardly 표준으로   namely 다시 말해

118 분사 자리

해설 동사 will be closed가 있고 접속사는 없기 때문에 빈칸은 분사 자리이다. 따라서 정답은 (D)의 beginning이다. 분사 beginning은 시점과 함께 쓰여서 '~부터 시작하여'의 뜻이 되며 동의어로 starting, effective가 있다. 동사 자리가 아니므로 (A) will begin, (B) has begun은 오답이다. (C) beginner(초보자)는 renovations와 복합명사로 쓰이기에 어색하므로 오답이다.

번역 빅웰 역사 박물관은 수리를 위해 9월 10일 월요일부터 문을 닫을 것이다.

어휘 closed 문을 닫은, 폐쇄된   renovation 수리

119 최상급 강조 부사

해설 빈칸은 최상급 형용사(latest) 앞자리이므로 정답은 최상급을 강조할 수 있는 (C) very이다. very는 원급과 최상급을 강조하는 부사로 쓰인다. (A) so는 원급을 강조하는 부사라서 오답, (B) more는 비교급으로 최상급인 latest와 나란히 쓰일 수 없어서 오답이다. (D) much는 비교급을 강조하는 부사이기 때문에 오답이다. 참고로 비교급 강조 부사로 '훨씬'의 뜻을 나타내는 much, even, still, far, a lot을 함께 알아둔다.

번역 핀레이 묘목 농원은 가장 최신의 농업 기술을 사용한다.

어휘 implement 사용하기 시작하다   latest 최근의, 최신의   agricultural 농업의

120 부사절 접속사

해설 complete, is, may receive, 세 개의 동사가 있고, '접속사+주어' 역할을 하는 주격 관계대명사 who가 있으므로 접속사가 하나 더 필요하다. '예정일 전에(before) 일을 마친다.'가 자연스러우므로 정답은 부사절 접속사인 (A) before이다. (B) how와 (C) why는 명사절 접속사인데 'who regularly complete their work ------ it is due'까지를 생략해도 주절인 'employees may receive bonuses.'가 완전하므로 빈칸은 명사절 접속사 자리가 아니다. 명사절은 생략하게 되면 그 문장이 불완전해야 한다. (D) either는 주로 or와 함께 'either A or B'의 형태로 쓰인다.

번역 보상 지침에 따르면 반복적으로 예정일 전에 일을 마치는 직원들은 보너스를 받을 수 있다.

어휘 compensation 보상   regularly 수시로, 반복적으로   due (특정 시간에) 하기로 되어 있는

121 명사 자리 _ 소유격 뒤

해설 소유격 your와 전치사구 사이의 빈칸은 명사 자리이다. 명사인 (A)와 (B)를 각각 해석해 보면 '당신의 참여자에 대해 감사하다'가 아니라 '당신의 참여에 대해 감사하다'가 자연스럽다. 따라서 정답은 (B) participation이다.

번역 폭스데일 아파트 공동체 발전 설문 조사에 참여해 주셔서 감사합니다.

어휘 enhancement (가치·품질 등의) 향상, 강화   survey (설문) 조사   participation 참여

122 명사 어휘

해설 2형식 동사인 become 뒤의 명사는 주어와 동격이어야 한다. 따라서 정답은 태양 에너지(Solar energy)와 동격이 될 수 있는 (A) factor(요소)이다. 태양 에너지가 핵심 위치(position), 강사 (instructor), 조직(composition)이 될 수는 없기 때문에 나머지는 오답이다.

번역 지역 전역에서 태양 에너지가 추가 에너지 자원 개발의 핵심 요소가 되고 있다.

어휘 key 핵심적인   additional 추가적인   resources 자원   throughout + 장소 ~ 전역에, 곳곳에   factor 요인, 요소   position 위치   instructor 강사   composition 조직, 구성

123 전치사 어휘

해설 문맥상 '연비에 관한(regarding) 우려(concerns)'가 자연스러우므로 정답은 (D) regarding이다. (A) excluding은 '연비를 제외하고'의 뜻이 되므로 오답이며 (B) during(~ 동안)은 기간명사와 함께 쓰여야 하므로 오답이다(ex. during the summer 여름 동안에). (C) following은 전치사일 때 after와 동의어로 사건명사와 함께 쓰이며(ex. following the meeting 회의 이후에), '연비 이후에'는 문맥상 어색하다.

번역 LPN 자동차 회사는 차량 연비에 관한 우려를 해결하기 위해 특별 보고서를 발표했다.

어휘 issue 발표하다, 공표하다 address 해결하다, 다루다 concern 우려 fuel efficiency 연료 효율, 연비 excluding ~을 제외하고 during ~ 동안 following ~ 이후에 regarding ~에 관한

124 부사 자리 _ 동사 수식

해설 빈칸 앞은 「help + 목적어 + 원형부정사」(~가 ~하는 것을 돕다)의 구조이다. think는 자동사와 타동사 두 가지로 쓰이며 자동사일 때에는 뒤에 부사가, 타동사일 때에는 뒤에 목적어가 오므로 일단 명사인 (C) creativity와 부사인 (D) creatively로 답이 좁혀진다. 문맥상 '사람들이 더 창의적으로 생각하도록 돕는다'가 적절하므로 부사인 (D) creatively가 정답이다.

번역 올해의 회사 단합대회는 더욱 독창적으로 사고하도록 돕는 기술을 중점적으로 다룰 것이다.

어휘 company retreat 회사 단합대회 focus on ~에 초점을 맞추다 creativity 창의성 creatively 독창적으로

125 동사 어휘

해설 빈칸 뒤에 나오는 목적어인 신청서(requests)와 어울리는 동사를 골라야 한다. '신청서를 제출하다'가 적절하므로 정답은 (B) submit (제출하다)이다. 신청서를 바르거나 적용할(apply) 수는 없고, 비울(vacate) 수도 없으며, 신청서에 반대하는(oppose) 것도 어색하므로 나머지는 오답이다.

번역 직원들은 정 씨에게 승인을 받기 위해 휴가신청서를 제출해야 한다.

어휘 request 신청(서) time off 휴식, 휴가 approval 승인, 허락 apply 바르다, 적용하다 submit 제출하다 vacate 비우다 oppose 반대하다

126 재귀대명사 _ 전치사의 목적어

해설 전치사 among과 절(접속사 + 주어 + 동사) 사이 빈칸은 전치사의 목적어 자리이다. 정답은 among과 함께 '자기들끼리'의 뜻이 되는 (A) themselves이다. 소유격 (C) their는 명사 없이 단독으로 쓰일 수 없으므로 오답이며, 전치사 뒤에는 주격이 쓰일 수 없으므로 (D) they도 오답이다. among 뒤에 소유격대명사인 (B) theirs가 쓰이면 '그들의 것끼리'가 되는데 문장에서 '그들의 것'이 무엇인지 언급되어 있지 않기 때문에 오답이다.

번역 이사진은 공식 투표를 하기 전에 자기들끼리 자유롭게 쟁점들을 논의할 수 있다.

어휘 board members 이사 take a vote 투표를 하다 formal 공식적인

127 부사 자리 _ 명사구 수식

해설 be동사와 '관사 + 명사' 사이에 들어갈 품사를 묻는 문제로, 명사구를 수식하는 부사인 (B) clearly(명백하게)가 정답이다. (A) clear가 동사로 쓰일 경우, 접속사 없이 동사가 두 개 올 수 없어 오답이며, 형용사라면 관사 앞에 위치할 수 없으므로 오답이다. (C) clearer 또한 형용사의 비교급으로 관사 앞에 위치할 수 없기 때문에 오답이다. (D) clearing은 명사로 '청소' 또는 '(숲속의) 빈터'의 의미로, 문맥상으로나 문법상 맞지 않으므로 오답이다.

번역 티켓 판매로 판단할 때 펜 지양의 영화감독 첫 시도는 명백하게 성공이었다.

어휘 attempt at ~에 대한 시도[노력] direct (영화를) 감독하다 clear 명확한; 치우다 clearly 명백하게

128 부사절 접속사

해설 빈칸은 두 개의 완전한 절을 연결하는 부사절 접속사 자리이다. 앞뒤 절의 내용이 상반되므로 '~이긴 하지만'의 뜻으로 쓰인 (A) While이 자연스럽다. (B) When은 문맥상 어색하므로 오답이다. 등위접속사인 (C) For와 (D) But은 문장을 연결할 때 맨 앞에 위치할 수 없으므로 오답이다.

번역 놀런 신용협동조합 주차장은 현재 일반인에게 개방되지만, 한 구역은 신용협동조합 직원용으로 따로 두고 있다.

어휘 credit union 신용협동조합 parking area 주차장 be open to + 명사 ~에게 개방되다 reserved for ~을 위해 따로 둔 while ~이긴 하지만, ~하는 동안

129 부사절 접속사

해설 빈칸은 완전한 문장과 문장을 연결하는 접속사 자리이다. 따라서 정답은 접속사인 (B) as soon as(~하자마자)로 '의사의 요청을 받는 즉시'로 해석된다. 전치사 (C) in regard to와 (D) in addition to는 뒤에 절이 올 수 없으므로 오답이다. (A) as well as는 동등비교의 형태로 '~만큼 잘'의 의미가 될 때도 있고(ex. I know as well as you do. 나도 너 못지않게 잘 알아.), 「A as well as B」의 형태로 쓰일 땐 상관접속사로 'B 뿐만 아니라 A도'의 뜻이므로 문맥상 어색하다.

번역 보조 약사는 의사의 요청을 받는 즉시 처방전을 확인하고 처리할 책임이 있다.

어휘 pharmacy technician 보조 약사 verify 확인하다 process 처리하다 prescription 처방전 physician 의사 A as well as B B뿐만 아니라 A도 as soon as ~하자마자 in regard to ~에 관하여 in addition to ~에 더하여

130 명사 어휘

해설 ensure(확실히 하다)의 목적어이면서 with new regulations와 어울리는 명사를 찾는 문제로, 정답은 (C) compliance(준수)이다. '새로운 규정에 대한 (A) activation(활성화), (D) indication(암시, 지적)'은 어색하며, (B) fulfillment는 의무나 직무 등의 '이행'이므로 오답이다. 동사로 바꿔서 생각해보면 규제는 준수하거나(comply with), 따르는 것이지(follow), 이행하거나 실현하는 것(fulfill)이 아니기 때문이다.

번역 모든 실험실 직원은 새로운 규정을 확실하게 준수하기 위해 임상 안전 워크숍에 참석해야 한다.

어휘 laboratory 실험실   personnel 직원들   clinical 임상의   ensure 보장하다   activation 활성화   fulfillment 이행   compliance with (법 등의) 준수   indication 암시, 지적

Part 6

131-134 보도 자료

리버풀 최대 소매 의류점인 먼로즈의 설립자이자 사장인 세실 먼로는 시의 새 지역 주민 회관 건설에 4000파운드를 131기부하겠다고 발표했다. 이 기금은 회사의 132매장에서 지난밤에 열린 파티의 티켓 판매를 통해 얻은 것이다. 먼로 씨는 내일 개관식 때 지역 주민 회관 측에 수표를 전달할 예정이다.

134지난 20년 133동안 먼로 씨는 자선 단체와 지역 봉사를 위한 기금 마련 행사를 수차례 조직한 바 있다. 지난밤 행사는 지금까지 연 행사 중에서 가장 성공적이었다.

어휘 founder 설립자   retail 소매(의)   clothier 의류상   community center 지역 주민회관, 시민회관   fund 기금   derive from ~에서 유래하다   opening ceremony 개관식   organize 준비[조직]하다   fund-raising 기금 마련의, 모금 운동의   charitable institution 자선 단체   community service 지역 봉사

131 동사 어형 _ 시제

해설 빈칸은 명사절 접속사가 이끄는 that절의 주어(he) 뒤 동사 자리이다. 세 번째 문장에 내일 수표를 전달할 예정이라는 내용이 보이므로 미래 시제인 (A) will donate가 정답이다. (B) donated는 과거시제이므로 오답이며 (C) might donate는 '기부할 수도 있다'는 뜻이 되는 미래에 대한 약한 추측이므로 오답이다. 현재분사 (D) donating은 단독으로 동사 자리에 쓰일 수 없으므로 오답이다.

132 명사 어휘

해설 첫 문장에서 먼로즈가 리버풀 최대 소매 의류점(retail clothier)이라고 명시했으므로 파티는 (D) store(매장)에서 개최가 되었다는 것이 가장 자연스럽다. 만약 먼로즈가 제조업체(manufacturer)라면 (C) factory(공장)도 답이 될 수 있겠지만 소매 의류점이라고 했으므로 오답이다.

133 전치사 어휘

해설 빈칸은 명사구 앞의 전치사 자리이다. 문맥상 기간 표현(the past twenty years) 앞에 쓸 수 있는 (B) Over(~ 동안에)가 정답이다. (A) Despite는 '지난 20년에도 불구하고'의 뜻이 되어 오답이며, (C) Between은 두 대상이나 시점 사이에 쓰여야 하므로 오답이며(ex. between the trees 나무 사이에, between 2 P.M. and 6 P.M. 2시와 6시 사이에), (D) Beneath는 '~ 아래에'의 뜻으로 오답이다(ex. beneath the same sky 같은 하늘 아래).

134 문맥에 맞는 문장 고르기

번역 (A) 개관식은 오전 10시에 시작할 것이다.
(B) 시민회관에서는 성인과 어린이를 위해 수업을 제공한다.
(C) 지난밤 행사는 지금까지 연 행사 중에서 가장 성공적이었다.
(D) 먼로 씨는 내년에 런던에 새 지사를 열 계획이다.

해설 앞 문장에서 '지난 20년 동안 자선 단체와 지역 봉사를 위한 기금 마련 행사를 수차례 조직한 바 있다(Over the past twenty years, Mr. Munrow has organized several fund-raising events for charitable institutions and community services)'고 했고, '그 중에서 지난밤 행사가 가장 성공적이었다'는 내용이 이어지는 것이 문맥상 자연스러우므로 정답은 (C)이다. (A)는 첫 단락 마지막에 들어가면 더 자연스러운 문장이며, (B)는 첫 단락 첫 문장 뒤에 들어가야 더 자연스럽기 때문에 오답이다. (D)는 전체 내용상 관련성이 적으므로 오답이다.

135-138 공고

WXO 라디오 50년이 되다!

2월 3일에 WXO 라디오가 50주년을 맞이합니다. 그야말로 흥미로운 135편성의 반세기였습니다. 수년 간 저희는 청취자들께 뉴스 특보, 생각에 잠기게 하는 이야기, 전 세계의 유행 음악들을 136제공해 왔습니다. 2월 3일 오후 5시에서 6시 30분까지 저희 8 스트리트 스튜디오에서 열리는 오픈 하우스 때 저희와 함께 축하하시도록 여러분을 초대하고자 합니다. 137돌아보시면서 무대 뒤의 마술을 확인하세요. 저희 디지털 오디오 장비 시연도 구경하세요. 좋아하는 방송 진행자를 만날 수도 있습니다. 오픈 하우스는 무료이지만 예약을 하셔야 합니다. 이 138특별한 날을 위해 저희와 함께해 주시기를 바랍니다.

어휘 celebrate 경축하다   anniversary 기념일   stimulating 자극하는, 고무적인, 흥미로운   breaking news 뉴스 특보   thought-provoking 생각을 불러일으키는   open house 오픈 하우스(기관 등에서 일반인을 초대해 돌아보게 하는 공개일)   behind-the-scenes 무대 뒤의   demonstration (사용법 등을 직접 보여주는) 설명   equipment 장비   registration 신청, 등록   required 필수인, 의무의   occasion (특정한) 때, (특별한) 행사

135 명사 어휘

해설 빈칸은 형용사(stimulating)의 수식을 받는 명사 자리로, 문맥상 라디오 방송국이 50주년을 맞이하는 것이므로 (C) programming(프로그램 편성)이 정답이다.

136 동사 어형 _ 시제

해설 주어 we 뒤의 동사 자리이며, 이 방송국이 지난 50년간 제공해 온 것이므로 정답은 현재완료시제인 (D) have offered이다. 복수주어와 수일치가 되지 않는 단수동사 (A) offers와, 동명사나 분사인

(B) offering은 오답이다. 앞으로 제공할 것이 아니므로 미래시제인
(C) will offer는 시제상 적합하지 않다.

137 문맥에 맞는 문장 고르기

번역 (A) 저희는 내년에 다른 지역 라디오 방송국과 합병할 계획입니다.
(B) 좋아하는 방송 진행자를 만날 수도 있습니다.
(C) 이번 행사는 저희 2월 일정 중 첫 번째 행사입니다.
(D) 이 방송국은 변함없이 저희 지역사회의 중요한 한 부분입니다.

해설 빈칸 앞의 두 문장에서 오픈 하우스에서 경험할 수 있는 것들, 즉 무대 뒤에서 일어나는 흥미로운 것들과 디지털 오디오 장비의 시연을 보는 것(Take a tour and see some of the behind-the-scenes magic. Watch a demonstration of our digital audio equipment)을 언급했으므로 '좋아하는 방송 진행자들을 만날 수도 있다'는 내용이 이어지는 것이 문맥상 자연스럽다. 따라서 정답은 (B)이다.

138 형용사 자리 _ 명사 수식

해설 빈칸은 전치사 for와 지시형용사 this 뒷자리이며, 뒤의 명사(occasion)를 수식하는 형용사 자리이다. 따라서 정답은 (A) special(특별한)이다. 동사 (B) specialize(전문으로 하다)와 부사 (C) especially(특히, 특별히), 명사 (D) specialization은 품사상 적합하지 않다.

139-142 기사

6월 8일 – 오늘 브랜턴 시의회는 KGRM 엔터프라이즈와의 계약을 승인했다. 계약에 근거해 KGRM은 뮬러 스트리트의 22에이커 땅을 **139개발하게 될 것이다**. 제안서상에는 부지에 사무실과 소매상점들을 짓게 되어 있다. 키스 베르클러 브랜턴 시장은 이 사업이 지역에 가져다 줄 **140경제적인** 기회를 환영한다고 말한다. "우리는 이 사업으로 700개의 정규 상근직이 창출되기를 기대합니다." 그는 말했다. **141"그렇게 여러 차례 미뤄지더니 마침내 승인이 돼서 기쁩니다."** 시에서는 사업이 추진되기를 열망하지만 이 같은 대형 영리 사업에는 흔히 지체가 따른다. **141**KGRM 케이티 코르닌 대변인은 사업 완료까지 5년이 걸릴 것으로 예상하면서, 차질이 발생할 수도 있다고 주의를 주었다. "우리가 의회에 최적 **142추정치**를 제공하기는 했지만, 혹시 발생할지 모를 모든 문제들을 예측한다는 건 불가능합니다." 코르닌 씨는 말했다.

어휘 approve 승인하다 agreement 계약, 합의 lot (특정 용도의) 땅, 부지 proposal 제안 call for ~을 요구하다 permanent 영구적인 full-time 상근직 postponement 연기, 미룸 spokesperson 대변인 caution 경고하다, 주의를 주다 setback 차질 best estimate 최적 추정치(선입견이 없고 변동 가능성을 최소화한 추정 수치) foresee 예견하다 arise 발생하다

139 동사 어형 _ 시제

해설 문장 중에 동사가 없으므로 빈칸은 동사 자리이며, 네 번째 문장에서 '이 사업이 가져다 줄(will bring) 기회'라고 언급했으므로 개발은 앞으로 일어날 일임을 알 수 있다. 따라서 정답은 미래시제인 (B) will develop이다. to부정사인 (A) to develop은 동사 자리에 단독으로 쓰일 수 없으므로 오답이다.

140 형용사 어휘

해설 빈칸은 명사(opportunities)를 수식하는 형용사 자리이다. 뒤에 온 문장에서 '이 사업으로 700개의 영구적인 상근직이 창출되기를 기대한다(We expect the project to create 700 permanent full-time jobs)'고 언급했으므로 이 사업이 가져다 줄 것은 '경제적인' 기회가 된다. 따라서 정답은 (A) economic(경제적인)이다. 이 사업이 가져다 줄 예측하지 못한(unforeseen), 자발적인(volunteer), 빈번한(frequent) 기회는 모두 문맥상 어색하므로 오답이다.

141 문맥에 맞는 문장 고르기

번역 (A) 시에서는 사업이 추진되기를 열망하지만 이 같은 대형 영리 사업에는 흔히 지체가 따른다.
(B) 하지만 근처의 세입자들이 공사장 소음에 대해 타당한 우려를 제기했다.
(C) 회사에 장기 계약을 승인하겠다는 시 공무원들의 약속이 있었지만, 이제 재고해야 할지도 모른다.
(D) 의회 의원들이 건축가들의 서로 다른 세 가지 제안을 놓고 투표할 것이다.

해설 앞에서 '그렇게 여러 차례 미뤄지더니 마침내 승인이 돼서 기쁘다(I am glad it was finally approved after so many postponements)'고 했으며, 빈칸 뒤에는 '사업 완료까지 5년이 걸릴 것으로 예상하면서, 차질이 발생할 수도 있다(the project will take five years to complete, yet cautions that setbacks may still occur)'는 KGRM 케이티 코르닌 대변인이 우려하는 내용이 왔다. 따라서 빈칸에는 대형 영리 사업에는 지체가 따르기 마련이라는 내용이 이어지는 것이 자연스러우므로, 정답은 (A)이다. 나머지는 모두 앞뒤의 내용상 관련성이 없다.

어휘 get underway 추진하다, 진행시키다 endeavor 노력, 시도 tenant 세입자 valid 타당한 grant 승인하다 long-term agreement 장기 계약 proposal 제안, 제안서 architect 건축가

142 명사 어휘

해설 빈칸은 최상급 형용사(best)의 수식을 받는 명사 자리이다. 앞 문장에서 '사업 완료까지 5년이 걸릴 것으로 예상한다(expects the project will take five years to complete)'고 했으므로, 이 회사는 의회에 5년이라는 추정치(estimate)를 제공했음을 알 수 있다. 따라서 정답은 (C) estimate이다. 최적 주장(argument), 배경(background), 조합(combination)을 제공했다는 것은 문맥상 어색하므로 오답이다.

143-146 이메일

발신: 고객 서비스부 〈custcare@arttodaymag.ca〉
수신: 카리나 바트 〈kbhat871@5mail.ca〉
날짜: 11월 5일
제목: 아트 투데이에 오신 걸 환영합니다
첨부: 양식

바트 씨께:

〈아트 투데이〉를 구독해 주셔서 감사합니다! ¹⁴³**이제 독자께서는 캐나다 서부지역 곳곳에서 열리는 흥미로운 미술 전시회, 콘서트, 경매, 축제 소식을 가장 빨리 아시게 될 겁니다.** ¹⁴⁴**첫 번째 호는 며칠 이내로 도착하고, 이어 매호가 월초에 우송됩니다. 한 주 이내에 잡지를 받지 못하면 즉시 연락 주십시오.** 구독권이 있으면 기사, 동영상, 기타 웹사이트상의 멀티미디어를 무제한 ¹⁴⁵이용할 수 있습니다. 가입자 번호와 비밀번호를 이용해 로그인만 하면 되는데, 이들은 동봉한 구독 신청서¹⁴⁶에서 확인하실 수 있습니다.

켄 스즈키
고객 담당자

어휘 subscribe to ~을 정기 구독하다 (cf. subscription 정기구독) auction 경매 issue (잡지 등의) 호 unlimited 무제한의 enclosed 동봉한 enrollment form 구독[등록·참가] 신청서

143 부사 어휘

해설 앞에서 〈아트 투데이〉를 구독해 주셔서 감사하다는 내용이 있으며, 구독을 하게 되는 그 시점부터 카리나 바트 씨가 그 잡지가 제공하는 흥미로운 소식들을 가장 빨리 알게 되는 것이므로 정답은 (A) Now (이제, 지금부터)이다. 나중에(Afterward), 그때(Then), 그 동안 (Meanwhile) 가장 빨리 알게 된다는 것은 문맥상 어색하므로 오답이다.

144 문맥에 맞는 문장 고르기

번역 (A) 구독 신청을 하시려면 영업시간 중에 서비스 데스크에 전화 주십시오.
(B) 한 주 이내에 잡지를 받지 못하면 즉시 연락 주십시오.
(C) 화가들이 초대를 받아 자신의 작품에 대한 설명을 합니다.
(D) 첫 번째 콘서트는 10월 초, 밴쿠버에서 열릴 예정입니다.

해설 앞에서 잡지 우송 일정을 언급하면서 첫 번째 호가 며칠 내로 도착할 것(Your first issue will arrive within the next few days, and then each issue will be sent at the beginning of the month)이라고 했으므로, 빈칸에는 잡지 배송과 관련된 내용이 이어지는 것이 문맥상 자연스럽다. 따라서 정답은 (B)이다. 첫 문장에서 이미 구독신청이 이루어 진 것을 알 수 있으므로 (A)는 오답이며, (C)와 (D)는 문맥상 관련성이 없으므로 오답이다.

어휘 description 설명, 묘사 take place 일어나다, 열리다

145 명사 자리 _ 직접목적어

해설 allow는 「allow+목적어(~을 허락하다, 가능하게 하다)」, 「allow+목적어+to부정사(…가 ~하는 것을 허락하다)」, 「allow+간접목적어+직접목적어(…에게 ~을 주다)」 등의 형태로 쓰인다. 여기서는 간접목적어인 you 뒤의 빈칸은 형용사 unlimited의 수식을 받는 직접목적어 자리이다. access는 불가산명사이므로 정답은 (D) access이다. (B) accesses는 명사가 아닌 3인칭 단수동사임을 주의한다. 동명사 (A) accessing은 형용사의 수식을 받을 수 없으며, 또한 타동사인 access에서 파생된 동명사 뒤에는 목적어가 와야 하므로 오답이다. (C) accessed는 과거동사이거나 과거분사이므로 품사상 적합하지 않다.

146 전치사 어휘

해설 빈칸은 명사구 앞의 전치사 자리이다. which는 목적격 관계대명사로 앞의 '가입자 번호와 비밀번호(your subscriber number and password)'를 지칭하며 이는 동봉한 구독신청서 '위에' 적혀 있는 것이므로 정답은 (C) on이다.

Part 7

147-148 공고

¹⁴⁷**테레사 팍이 세버린 법률 회사에 소속 변호사로 합류하게 되었음을 알려드리게 되어 기쁩니다.** 팍 씨는 네리델 대학 로스쿨을 우등생으로 졸업했으며, 그곳에서 저작권법과 상표법을 전공했습니다. 재학 중에는 대학의 법률 지원 사무소에서 직원으로 일하기도 했습니다. 지난여름에는 델마 앤드 어소시에이츠에서 인턴과정을 수료하기도 했는데요, 작가, 음악가, 기타 출판업계 전문가들이 고객으로 포함되어 있는 법률 회사입니다. 팍 씨는 매우 우수한 근무 기록을 보유하고 있으며 우리 팀의 귀중한 자산이 될 것입니다. ¹⁴⁸**이번 목요일 오후 3시 주회의실에서 저희와 함께 팍 씨가 우리 사무소에 오게 된 것을 환영해 주십시오.**

어휘 law firm (전문 변호사로 구성된) 법률 회사 associate attorney 소속 변호사 (로펌에 채용되어 일하지만 정식 파트너는 아닌 변호사) with (high) honors 우등생으로 copyright law 저작권법 trademark law 상표법 clerk 직원 legal aid office (가난한 사람들을 돕는) 법률 지원 사무소 internship 인턴사원 근무 client base 고객 저변[기반] professional 전문직 종사자 exceptional 매우 우수한, 특출한 asset 자산

147 추론 / 암시

번역 어디에 게시된 공고이겠는가?
(A) 법률 사무소
(B) 연예 기획사
(C) 녹음실
(D) 출판사

해설 첫 문장에서 테레사가 세버린 법률 회사에 합류하게 되었음을 알려드리게 되어 기쁘다고 했으므로 법률 사무소의 공고임을 알 수 있다. 따라서 정답은 (A)이다. 단락의 중간에 테레사가 지난 여름 인턴과정을 수료한 법률 회사의 고객 중에 '작가, 음악가, 출판업계 전문가들'이 언급된 것 때문에 나머지 선택지를 정답으로 혼동하지 않도록 주의한다.

148 세부 사항

번역 직원들에게 목요일에 무엇을 하라고 요청하는가?

(A) 뮤지컬 공연 관람
(B) 지역 봉사활동 모임에 참여하기
(C) 전문가 회의에 참석하기
(D) 새 직원 만나기

해설 목요일이 언급된 마지막 문장을 보면 테레사를 함께 환영해 달라(Please join us this Thursday at 3:00 P.M. in the main conference room to welcome her to our office)는 내용이 나오므로 정답은 (D)이다.

▶Paraphrasing 지문의 welcome her
→ 정답의 Meet a new staff member

149-150 공고

웨스트 애러건 주민들께 알려드립니다.

웨스트 애러건 사업장 목록이 너무 커져서 지역 소식지의 많은 부분을 차지합니다. 149그로 인해, 저희는 목록을 더 이상 종이에 인쇄할 수가 없어 대신 온라인으로 제공하려고 합니다.

목록은 아직 게시가 되지 않았습니다. 하지만 몇 주 이내에 www.westarragon.com에서 확인할 수 있습니다. 볼 수 있게 되면, 여러분은 정확한지 확실히 하기 위해 자신의 목록을 검토해 주시기 바랍니다. 150자신의 목록이 최신 정보가 아니거나 사용하지 않는 곳으로 링크되어 있을 경우, 필요한 수정을 할 수 있도록 제게 알려주시기 바랍니다.

감사합니다.
주디 랜스터
웨스트 애러건 근린 의회
555-0013

어휘 resident 주민 take up (자리를) 차지하다 sizable 상당한 크기의 portion 부분 post 게시하다 available 이용할 수 있는 review 검토하다 make sure (that) ~을 확실하게 하다 accurate 정확한 out of date (시간이 지나) 쓸모가 없는

149 세부 사항

번역 사업장 목록에 어떤 변화가 있을 것인가?

(A) 명단이 줄어들 것이다.
(B) 온라인상으로만 이용할 수 있게 된다.
(C) 다른 날짜에 배포될 것이다.
(D) 두 지역 이상을 포괄하게 될 것이다.

해설 첫 단락 두 번째 문장에 앞으로 목록을 종이에 인쇄하지 않고 대신 온라인에서 제공할 것(we will no longer be printing the directory on paper and will offer it online instead)이라는 내용으로 보아 정답은 (B)이다.

▶Paraphrasing 지문의 will offer it online instead
→ 정답의 will be available only online

150 세부 사항

번역 공고에 따르면, 독자들은 무엇 때문에 랜스터 씨에게 연락하겠는가?

(A) 수정을 요청하기 위해
(B) 접속 코드를 얻기 위해
(C) 소식지 구독 신청을 하기 위해
(D) 마감일 변경을 제안하기 위해

해설 두 번째 단락 마지막 문장에서 목록이 최신 정보가 아니거나 사용하지 않는 곳으로 링크되어 있을 경우 알려달라(if you find that your listing is out of date or has a link that does not work, please let me know)고 했으므로 랜스터 씨에게 연락(contact)할 이유는 수정을 요청하기 위한 것이므로 정답은 (A)이다.

▶Paraphrasing 지문의 let me know
→ 질문의 contact Ms. Lanster

151-153 안건

워크숍: 팀 빌딩
153 (A) (C) 4월 17일
오전 9시 15분 – 오후 4시 30분
1인당 40파운드

오전 9시 15분: 첫 번째 단계
151영세업체가 직면하고 있는 주요 문제들에 초점을 맞춘다. 개선이 필요한 각 부문은 물론, 152회사의 장·단기 목표를 확인한다.

오전 10시 45분: 유대감 조성
어떻게 하면 모든 수준의 직원들 사이에서 경쟁보다는 협동하는 분위기를 만들어낼 수 있는지 배운다.

오후 12시 15분: 점심시간
참가자들은 채소 샐러드를 곁들인 구운 닭고기 샌드위치, 또는 채소를 곁들인 파스타, 이렇게 153 (B)두 가지 무료 메인 요리 중에서 선택할 수 있다.

오후 1시 30분: 팀 활동
소 집단과 대 집단을 만들어 팀 빌딩 활동을 시험해 본다. 동료 참가자들과 협력해, 자신의 회사 직원들과 사용할 수 있는 아이디어를 얻어낸다.

오후 3시: 평가 기법
팀 빌딩 활동이 의도한 효과를 내는지 판단하는 방법을 배운다. 자신의 회사에서 일반 사무용 소프트웨어를 활용해 진전 상황을 추적하는 방식에 관해 정보를 얻는다.

어휘 | **team building** 팀 빌딩(팀원들의 능력을 향상시키기 위한 조직개발 기법) **face** 직면하다 **identify** 확인하다, 발견하다 **long-term** 장기간의 **short-term** 단기간의 **objective** 목표 **foster** 조성하다, 북돋우다 **fellowship** 유대감 **atmosphere** 분위기 **cooperation** 협동 **complimentary** 무료의 **entree** 앙트레, 메인 요리 **salad greens** 채소 샐러드 **experiment** 시험 삼아 하다 **method** 방식 **determine** 알아내다, 결정하다 **intended** 의도된 **tip** 정보, 조언 **track** 추적하다 **progress** 진행, 진전

151 추론 / 암시

번역 워크숍의 대상은 누구이겠는가?
(A) 경제 분야 기자
(B) 인사 관리 전문가
(C) 영세업체 소유주
(D) 작은 회사의 신입사원들

해설 일정표의 9시 15분 항목에 영세업체가 직면하고 있는 주요 문제들에 초점을 맞춘다(Focus on important issues that small businesses face)고 했으므로 정답은 (C)이다.

152 세부 사항

번역 목표를 확인하는 것은 어떤 과정에 포함되나?
(A) 첫 번째 단계
(B) 유대감 조성
(C) 팀 활동
(D) 평가 기법

해설 문제에서 목표를 확인하는 것(identifying goals)은 9시 15분 항목의 회사의 장·단기 목표를 확인한다(identify your company's long- and short-term objectives)에 나오므로 정답은 (A)이다.

153 사실 관계 확인

번역 워크숍에 관해 명시되지 않은 것은?
(A) 참가하려면 비용을 내야 한다.
(B) 식사가 포함된다.
(C) 당일 행사이다.
(D) 신제품 소프트웨어를 중점적으로 다룰 것이다.

해설 일정표의 도입부에 워크숍이 4월 17일 9시 15분부터 4시 30분까지(17 April / 9:15 A.M. to 4:30 P.M.) 있을 것이며 참가비가 1인당 40파운드(£40 per person)라고 명시되어 있으므로 (A)와 (C)는 사실이다. 12시 15분 일정에서 참가자들은 두 가지 무료 메인 요리 중에서 선택할 수 있다(Participants may choose between two complimentary entrees)고 했으므로 식사가 나온다는 것을 알 수 있어 (B)도 사실이다. 따라서 정답은 (D)이다.

154-157 기사

지역 소식

3월 31일, 월요일

고든 스트리트의 클라우드 극장이 이번 달 말에 문을 닫게 된다. 하지만 이 중요한 부동산이 오랫동안 닫혀 있을 것 같지는 않다. 건물은 레이크허스트 영화협회(LCS)에 매각되었다. LCS 상임이사 카틱 말러에 따르면, 협회는 건물을 일부 수리해 재개관할 계획이라고 한다. **154, 157 극장 모든 곳의 관람석, 스크린, 음향 장치가 대체될 것이라고 그는 설명했다. 매점 또한 이미 없앴다.**

"하지만," 말러 씨는 덧붙였다. "고전 영화를 계속해서 원래의 형식대로 상영하기 위해 클라우드 극장의 오래된 영사기들 중 하나는 보존할 겁니다."

지금까지 클라우드 극장은 주로 예술 영화, 독립 영화, 외국 영화를 상영해 왔다. 지금은 은퇴한 이전 소유주 유진 새틀러 씨는, 클라우드 극장을 예술 영화의 안식처로 만들려고 항상 노력했다. 그는 여러 해 동안 성공을 거두었지만, **155 최근 들어 티켓 판매가 줄어 매각할 때가 되었다고 판단했다.**

155"그것은 어려운 결정이었습니다." 새틀러 씨는 말했다. "극장에서 일하던 때가 그리울 거예요. LCS가 옛날 극장에 새 생명을 불어넣게 되어 기쁩니다."

새로운 주인 하에서, 극장은 계속해서 특별한 경우에 그 같은 예술적인 형태의 영화를 상영할 것이다. 가족들이나 아이들에게 호소력이 있는 주류 영화들도 더욱 많이 상영할 것이다.

협회는 7월 1일에 일반인에게 극장을 재개장할 계획이다. 아울러, 8월 첫째 주말에 시작해 10일간 계속되는 고전 영화제의 주최자 역할도 변함없이 하게 될 것이다. 축제는 한 가지를 제외하고 모든 것이 그대로 유지된다. **156예전에는 '고든 스트리트 영화제'라고 불렸지만 이제는 '레이크허스트 영화협회 영화제'로 알려지게 될 것이다.**

어휘 | **real estate** 부동산 **executive director** 상임이사 **update** 최신 상태로 변경하기 **reopen** 다시 문을 열다 **art house** 예술 영화(의) **seek to + 동사원형** ~하려고 애쓰다 **haven** 안식처, 피난처 **bring new life to** ~에 새 생명[활력]을 불어넣다 **ownership** 소유, 소유권 **occasion** 경우, 때, (특별한) 행사 **mainstream** 주류의, 대세를 따라가는 **host** 주최측 **formerly** 예전에

154 추론 / 암시

번역 클라우드 극장에 관해 암시된 것은?
(A) 고전 영화를 주로 상영할 것이다.
(B) 조만간 새로운 장비를 설치할 것이다.
(C) 입장권 가격이 인상될 것이다.
(D) 예정된 변화를 고객들이 마음에 들어 하지 않는다.

해설 첫 번째 단락 마지막 문장에서 관람석, 스크린, 음향 장치가 대체될 것(the seats, screens, and sound systems will be replaced in all of the theaters)이라고 했으므로 정답은 (B)이다. 다섯 번째 단락에서 예술적인 형태의 영화들을 특별한 경우에 상영할 것이지

만 주류 영화들을 더 많이 상영할 것(the theater will continue to show those artistic types of movies on special occasions. It will also show more mainstream movies)이라고 했으므로 (A)는 오답이다. 입장권 가격이나 변화에 대한 고객들의 반응은 전혀 언급되어 있지 않으므로 (C)와 (D)도 오답이다.

> **Paraphrasing** 지문의 the seats, screens, and sound systems will be replaced
> → 정답의 will ~ have new equipment installed

155 세부 사항

번역 기사에 따르면 새틀러 씨에게 무엇이 힘들었나?
(A) 적절한 장비 확보하기
(B) 은퇴 후 지낼 장소 고르기
(C) 극장을 팔겠다고 결정하기
(D) 극장을 인수할 사람 찾기

해설 지문에서 새틀러 씨를 빠르게 찾고, 어떤 것이 어렵고 힘든지에 대한 내용을 주변에서 찾아본다. 네 번째 단락 첫 문장에서 hard(어려운)가 있으므로 This(이것)가 지칭하는 것을 찾아본다. 바로 앞 문장에서 보면 '극장 매각 시기가 되었다고 판단했다'고 했으므로 정답은 (C)이다.

156 세부 사항

번역 무엇의 이름이 바뀌었나?
(A) 영화관
(B) 이사직
(C) 영화제
(D) 레이크허스트 스트리트

해설 마지막 단락의 마지막 문장에서 예전에는 '고든 스트리트 영화제'라고 불렸지만 이제는 '레이크허스트 영화협회 영화제'로 알려지게 될 것이다(Formerly called the Gordon Street Film Festival, it will now be known as the Lakehurst Cinema Society Film Festival)라고 했으므로 정답은 (C)이다. 영화관의 이름은 클라우드 극장으로 유지되고, 거리명은 고든이므로 (A)와 (D)는 오답이며, (B)는 전혀 언급된 바 없다.

157 문장 삽입

번역 [1], [2], [3], [4]로 표시된 자리 중 다음 문장이 들어가기에 가장 적절한 곳은?

"매점 또한 이미 없앴다."

(A) [1]
(B) [2]
(C) [3]
(D) [4]

해설 매점 '또한(also)' 이미 없앴다고 했으므로 앞 문장에서도 무언가 극장의 시설 중에 없애거나 변화를 준 내용이 있어야 한다. 따라서 정답은 (A)이다.

158-159 안내 책자 페이지

> **벤처 솔루션즈**
>
> 저희 회사 고객으로서 귀하는
> • 최첨단 기술을 이용할 수 있습니다.
> • 사용하는 것만 비용을 지불해 하드웨어와 소프트웨어 비용이 절감됩니다.
> • 간편하게, 선불식으로, 지속적으로 청구서를 받아볼 수 있습니다.
>
> 저희는 이런 것을 제공합니다.
> • ¹⁵⁸고객의 요구에 맞춘 소프트웨어 제작, ¹⁵⁹현장 하드웨어 정기 점검 (1년 계약 필수)
> • 애플리케이션과 데이터베이스 관리 및 정기 업그레이드
> • 저장, 백업, 데이터 복구
> • 신속한 문제 해결을 위한 24시간 가동 서비스 센터
> • 저희 회사 전용의 벤처 원격 감시(VRM) 시스템 이용
>
> 어휘 corporate 회사, 법인 gain access to ~에 접근하다 cutting-edge 최첨단의 expense 비용 streamlined 효율적인, 간편한 up-front 선불의 ongoing 계속 진행중인 billing 청구서 발부 customized 개인의 필요에 맞춘 maintenance 유지, 보수 on-site 현장의 contract 계약 storage 저장 around-the-clock 24시간 내내 resolution 해결 issue 문제 exclusive 독점적인, 전용의

158 세부 사항

번역 벤처 솔루션즈가 제공하는 서비스는?
(A) 법률 자문
(B) 사무 회계
(C) 빌딩 관리
(D) 소프트웨어 개발

해설 벤처 솔루션즈에 의해 제공되는 서비스를 묻는 문제로, 두 번째 단락 첫 번째 항복 고객의 요구에 맞춘 소프트웨어 제작 및 현장 하드웨어 정기 점검(customized software production and regular maintenance of on-site hardware)을 제공한다는 내용으로 보아 정답은 (D)임을 알 수 있다.

> **Paraphrasing** 지문의 software production
> → 정답의 Software development

159 사실 관계 확인

번역 컴퓨터 장비의 지속적인 관리에 관해 언급된 것은?
(A) 최소 1년간의 구매 계약을 해야 한다.
(B) 오래된 컴퓨터 시스템을 위해 권장한다.
(C) 외부 컨설턴트들이 수행한다.
(D) 신규 고객들은 이용할 수 없다.

해설 ongoing care(지속적인 관리)에 대한 언급은 본문 두 번째 단락의 첫 번째 항목 현장 하드웨어 정기 점검 (1년 계약 필수)(regular maintenance of on-site hardware (requires one-year contract))에서 최소 1년간의 구매계약이 필요함을 알 수 있다. 따라서 정답은 (A)이며, 나머지는 언급된 바가 없어 오답이다.

▶Paraphrasing	지문의 regular maintenance → 질문의 ongoing care 지문의 requires one-year contract → 정답의 must be purchased for a minimum of one year

160-162 구인 광고

http://www.youronlinejobfinder.com

여러분의 온라인 잡 파인더

최선의 결과를 위해!

¹⁶⁰다른 회사들은 영업 사원들에게, 연락 받으리라 기대하지도 않는 잠재 고객들에게 수도 없이 전화를 하라고 요구합니다. AJQ 보험에서는 고객들이 보험이 필요해 우리에게 전화를 겁니다! 저희 영업 사원들은 관심 있는 장래의 보험 가입자들에게 걸려 오는 전화만 받습니다. 이 직책은 수당을 위해 판매를 해야만 하는 부담이 없습니다.

후한 시급을 받으면서 저희 영업 훈련을 받으세요. ¹⁶¹자격 있는 보험 전문가가 되기 위해 시험을 치르세요. 성공하면 유급 직책을 제안 받을 수 있습니다.

급여를 제안할 때는 교육과 경력을 고려할 것입니다. 대학 과정이 도움이 되지만, 의욕적인 고졸자 또한 고려 대상입니다. 저희는 하루 24시간, 매일 고객과 함께하기 때문에, 선택하실 수 있도록 여러 교대근무 시간을 제공하며, 늦은 밤이나 이른 아침 근무는 급여를 10% 추가 지급합니다.

아래 "지금 지원하기"를 클릭해 youronlinejobfinder.com의 이 기회를 활용하세요. 사용하는 이메일 주소와 전화번호까지 있어야 절차가 완료됩니다. 적당한 지원자는 전화나 이메일로 연락을 받게 됩니다. 지원 절차와 관련해 궁금한 점이 있으면 409-555-0123번으로 전화 주십시오. ¹⁶²지원하시기 전에 저희 웹사이트 AJQinsurance.com을 방문해 회사에 대해 알아보시기를 권합니다.

[지금 지원하기]

어휘 salespeople 영업 사원 countless 셀 수 없이 많은 potential 잠재적인, (~이 될) 가능성이 있는 contact 연락을 하다 insurance 보험, 보험업 associate (긴밀하게 협조해 일하는) 동료 inbound (어떤 장소로) 들어오는 policyholder 보험 가입자 free from ~이 없는, ~로부터 자유로운 pressure 압박(감), 부담 on commission 수당[수수료]을 받고 generous 관대한, 후한 hourly rate 시간당 급료 licensed 허가 받은, 자격증을 소지한 salaried 봉급을 받는 motivated 동기 부여가 된, 의욕적인 shift 교대 근무 시간[조] additional 추가의 take advantage of ~을 이용하다 complete 완료하다 application 지원, 신청 familiar with ~와 친숙한, ~을 잘 아는

160 사실 관계 확인

번역 직무의 일부로 언급된 업무는?

(A) 판매 수수료 목표를 달성하기
(B) 잠재 고객의 전화 받기
(C) 일반적이지 않은 근무 시간에만 일하기
(D) 회사에 대해 잘 알지 못하는 사람들에게 전화하기

해설 구인광고는 주로 [회사소개-업무내용-(급여 등의 혜택)-자격요건-지원방법, 기한]의 형태로 쓰이며, 이 지문에서는 첫 단락 전체가 힌트가 된다. 다른 회사가 잠재 고객들에게 수도 없이 전화를 하도록 요구하는 반면 AJQ 보험은 걸려오는 전화만 받는다(Other companies ask their salespeople to make countless calls to potential customers ~ Our insurance sales associates take only inbound sales calls)로 보아 정답은 (B)이며, (D)는 오답이다. 첫 단락 마지막 문장에서 수당을 위해 판매를 해야만 하는 부담이 없다(These positions are free from the pressure of selling on commission)고 했으므로 (A)도 오답이 된다. 세 번째 단락 세 번째 문장에서 선택하실 수 있도록 여러 교대근무 시간을 제공한다(we offer many shifts to choose from)고 했으므로 (C)도 오답이다.

어휘 unconventional 틀에 박히지 않은, 색다른, 자유로운

▶Paraphrasing	지문의 take only inbound sales calls → 정답의 Receiving calls

161 세부 사항

번역 광고에 따르면 유급 직책을 얻기 위해 필요한 것은?

(A) 판매 경험
(B) 학사 학위
(C) 고용주의 추천서
(D) 보험업 면허

해설 두 번째 단락에서 자격 있는 보험 전문가가 되기 위해 시험을 치고, 성공하면 유급 직책을 제공 받는다(Take the exam to become a licensed insurance professional. If you succeed, you may be offered a salaried position)고 했으므로 정답은 (D)이다. 세 번째 단락의 첫 문장에서 판매 경험은 급여를 제안할 때 단지 고려되는 사항(We will consider education and experience in the salary offer)이며, 두 번째 문장에서 고졸자들도 급여 받는 직책에 고려된다(motivated high school graduates will also be considered)고 했으므로 (A)와 (B)는 오답이다. 추천서를 요구한다는 내용은 보이지 않으므로 (C)도 오답이다.

162 세부 사항

번역 광고에 따르면 지원자가 AJQ 웹사이트를 방문할 이유는?

(A) AJQ 보험에 관해 알기 위해
(B) 보험 영업직에 지원하기 위해
(C) 절차에 관해 문의하기 위해
(D) 지원 진행 상황을 확인하기 위해

해설 마지막 단락 마지막 문장에서 지원하기 전에 저희 웹사이트 AJQinsurance.com을 방문해 회사에 대해 알아보기를 권한다(We recommend that you become familiar with the company before applying by visiting our Web site at AJQinsurance.com)고 했으므로 정답은 (A)이다. 마지막 단락 첫 문장에서 지

원하기 위해서는 이 웹페이지에서 "지금 지원하기"를 클릭하라(Please click "Apply Now" below to take advantage of this opportunity with youronlinejobfinder.com)고 했으므로 (B)는 오답이며, 마지막 단락 중간에서 지원 절차에 관한 문의에 관해선 전화를 하라(Call 409-555-0123 if you have any questions about the application process)고 했으므로 (C)도 오답이다.

> **Paraphrasing** 지문의 become familiar with the company
> → 정답의 learn about AJQ Insurance

163-166 기사

변함없는 책 사랑

2월 29일 – 164 (B)파인 힐 주립대학에서 20년간 러시아 문학을 가르쳐 온 163알프레드 칼슨은, 파인힐 및 그 주변에서, 시의 가장 오래된 서점인 '보물 상자'의 소유자로 가장 잘 알려져 있을 것이다. 이 서점은 두 가지 독특한 특징을 가지고 있다: 희귀 서적을 전문으로 하며, 토요일에만 영업을 한다는 것이다. 당연히 칼슨의 사업에서 매장 영업이 차지하는 부분은 몇 퍼센트 되지 않는다. 서점 수입의 대부분은 대학, 박물관, 개인 소장가들의 전화 및 온라인 주문에서 발생한다.

163일요일에 보물 상자는 60주년을 맞이한다. "제 어머니 윌리사가 오래전 여기서 두 블록 떨어진 그린 에지 거리에 서점을 열었을 때, 서점이 60년 후에도 일반 대중을 위해 봉사할 거라는 생각은 하지 못하셨을 겁니다." 칼슨 씨는 이렇게 말했다. 서점에는 아직도 옛 간판이 현관에 걸려 있다. 실내는 항상 그랬듯 짝이 맞지 않는 테이블과 의자들이 놓여 있는, 거실 같은 분위기를 165간직하고 있다. 164 (D)서점 한 구역에는 칼슨 가의 변치 않는 열정인 야구 서적이 가득 꽂혀 있다. 금요일 저녁이면 서점은 격식 없는 사교 클럽으로 변한다. 당연히 멤버들은 희귀 서적, 문학, 야구 이야기를 주로 나눈다.

163이번 달 말에 칼슨 씨는 또 한 번의 이정표를 맞이하게 된다: 164 (A)교수직에서 은퇴하는 것이다. 하지만 166그의 은퇴가 보물 상자의 영업시간 연장을 의미하지는 않는다. 서점은 변함없이 한 주에 한 번 문을 연다. "저는 다른 직업에 더 많은 시간을 쓰기 위해 한 직업에서 은퇴하는 건 아닙니다." 칼슨 씨는 말했다. "그보다, 더 이상 수업 준비를 하거나 학생들의 리포트 성적을 매기지 않아도 된다는 건 곧, 나의 자녀와 손주들에게 더 많은 시간을 할애할 수 있다는 걸 의미합니다."

어휘 long-lasting 오래 지속되는 feature 특징 specialize in ~을 전문으로 하다 rare 드문 evidently 명백하게 walk-in (가게·병원 등에 예약이 없이) 직접 찾아오는 make up (부분으로) 차지하다 bulk 대부분 revenue 수입, 세입 generate 발생시키다 place an order 주문을 하다 collector 수집가 the public 일반 대중 anniversary 기념일 display 내보이다 doorway 현관, 출입구 interior 실내 retain 간직하다 atmosphere 분위기 mismatched 서로 어울리지 않는, 짝이 맞지 않는 abiding 변치 않는 passion 열정, 열정적인 취미 informal 격식에 얽매이지 않는 milestone 획기적인 사건, 이정표 retire 은퇴하다 extended (기간이) 연장된 business hour 영업시간 grade 성적[등급]을 매기다 dedicate 바치다, 전념하다

163 주제 / 목적

번역 기사를 쓴 이유는 무엇이겠는가?
(A) 새 독서회 회원을 모으기 위해
(B) 독특한 품목을 판매함으로써 얻는 이익을 강조하기 위해
(C) 지역 비즈니스 유명인이 성취한 것을 축하하기 위해
(D) 기존 영업점의 장소 이전을 알리기 위해

해설 첫 단락에서 대학 교수이자 '보물 상자'라는 서점의 소유자인 알프레드 칼슨을 소개(Both in and around Pine Hill, Alfred Carlson, who has been teaching Russian literature at Pine Hill State University for twenty years, is probably best known as the owner of The Treasure Box, the town's oldest bookstore) 하며, 두 번째 단락에서 보물 상자가 60주년을 맞는다고 했고, 세 번째 단락에서 칼슨 씨가 교수직에서 은퇴할 것이라고 했으므로 정답은 (C)이다.

164 추론 / 암시

번역 칼슨 씨에 관해 암시되지 않은 것은?
(A) 머지않아 교육자로서의 경력을 마칠 것이다.
(B) 러시아 작가들이 저술한 작품을 연구한다.
(C) 파인 힐에서 거의 10년간 살았다.
(D) 다른 사람들과 야구 이야기 나누기를 즐긴다.

해설 첫 단락 첫 문장에서 러시아 문학을 가르치는 교수(has been teaching Russian literature at Pine Hill State University)이므로 (B)를 추론해 볼 수 있으며, 두 번째 단락에서 그가 만든 사교 클럽 멤버들과 야구 이야기를 즐기고 있음(On Friday nights the store becomes an informal social club. Not surprisingly, members tend to enjoy conversation about rare books, literature, and baseball)을 알 수 있어 (D)도 사실이다. 마지막 단락 첫 문장에서 곧 교수직을 은퇴할 것(Later this month Mr. Carlson will mark another milestone: he will be retiring from his teaching position)이라고 했으므로 (A)도 암시되어 있다. 파인 힐에서의 거주기간은 암시된 바가 없으므로 정답은 (C)이다.

165 동의어 찾기

번역 두 번째 문단 아홉 번째 줄에 나오는 "retains"와 의미상 가장 가까운 것은?
(A) 기여하다
(B) 일치하다
(C) 기억하다
(D) 지니고 있다

해설 retain은 '(계속) 유지하다, 보유하다'라는 뜻을 가지고 있다. 여기에서는 실내가 거실 같은 분위기를 60년 전 어머니가 오픈 했던 상태 '그대로 유지하고 있다'의 의미가 적절하다. 따라서 정답은 (D) keeps이다.

166 사실 관계 확인

번역 보물 상자에 관해 언급된 것은?

(A) 아동 도서 전용 구역을 추가할 예정이다.
(B) 현재의 영업 시간을 유지할 것이다.
(C) 올해 매출이 늘어날 것으로 보인다.
(D) 이달 말에 간판을 바꿀 것이다.

해설 마지막 단락 두 번째 문장에서 은퇴 이후에도 서점의 영업시간이 연장되지는 않을 것(His retirement does not mean, however, that The Treasure Box will see extended business hours; it will continue to be open once a week)이라고 했으므로 정답은 (B)이며, 나머지는 모두 언급된 바가 없어 오답이다.

167-168 문자 메시지

> 로지프 볼코프 [오전 11:04]
> 메드라노 씨, 변경된 계약서를 이메일로 보냈어요. 받으셨는지요?
>
> 루시아 메드라노 [오전 11:06]
> 네, 지금 막 왔어요. ¹⁶⁷수정해 줘서 고맙습니다.
>
> 로지프 볼코프 [오전 11:07]
> 아 네. ¹⁶⁷저도 수정 사항에 관해 주의를 일깨워줘서 고맙습니다. 이제 계약서에 채택된 글에 대해 125유로가 아닌 175유로씩 받는다고 명시돼 있습니다.
>
> 루시아 메드라노 [오전 11:08]
> 완벽합니다. 이제 훑어보고, 서명해서 다시 보내겠습니다.
>
> 로지프 볼코프 [오전 11:10]
> 좋습니다. ¹⁶⁸저희는 항상 잡지에 실을 좋은 자료를 찾고 있습니다. 귀하가 제출한 원고를 받기를 고대하고 있습니다.

어휘 revise 수정하다 contract 계약서 bring to one's attention ~의 관심[주의]을 끌다 contract 계약(서) state 진술하다, 언급하다 accepted 인정된, 채택된 look over ~을 훑어보다 material 자료, 소재 submission 제출, 제출된 것 look forward to -ing ~을 고대하다

167 의도 파악

번역 오전 11시 7분에 볼코프 씨가 "아 네"라고 쓸 때, 그 의도는 무엇인가?

(A) 이메일 받은 것을 이미 알고 있었다.
(B) 서명한 계약서를 받았다.
(C) 문제에 대한 해결책이 명백하다고 생각한다.
(D) 요청 사항을 이행하게 되어 기쁘다.

해설 오전 11시 6분과 11시 7분의 대화를 통해 메드라노 씨가 계약서에서 원고료 수정에 감사를 표했고(Thanks for making those changes), 볼코프 씨의 답변(Of course. Thanks for bringing them to my attention)으로 보아 그것을 이행해 준 것을 알 수 있다. 메드라노 씨의 감사 표시에 대한 대답이기 때문에 정답은 (D)이다.

168 추론 / 암시

번역 메드라노 씨는 누구이겠는가?

(A) 작가
(B) 변호사
(C) 재정 고문
(D) 인사부장

해설 오전 11시 10분 대화에서 볼코프 씨는 잡지사 직원임을 알 수 있고 제출한 원고를 받기를 고대하고 있다(I look forward to receiving our submissions)고 했으므로 정답은 (A)이다.

169-171 이메일

> 수신: 메르세데스 살리나스 〈msalinas@fithealthplanning.bm〉
> 발신: 레오너드 카우덴 〈lcowden@srhealthcenter.bm〉
> 제목: 버뮤다 건강한 삶 컨퍼런스
> 날짜: 4월 16일
>
> 살리나스 씨께,
>
> ¹⁶⁹5월 12일에 열리는 제2회 연례 버뮤다 건강한 삶 컨퍼런스에 연사로 참여하는 데 동의해 주셔서 정말 기쁩니다. 막바지에 초청했다는 것 잘 알고 있고, ¹⁷⁰기꺼이 카라 브랜스턴을 대신해 주신 점 진심으로 감사 드립니다. 영양사로서 귀하의 전문지식은 저희 참가자들에게 높은 평가를 받을 것입니다. ¹⁷⁰채식 식사 준비에 관한 브랜스턴 씨의 작년 강연에 많은 사람들이 참석한 것이 그것을 잘 보여줍니다. 올해는 건강한 식사에 대한 귀하의 독특한 접근방식에 틀림없이 큰 관심을 보일 것입니다.
>
> 귀하의 책을 판매하고 싶으시다면, 전시물을 설치할 시간 여유가 있도록 미리 책을 보내주십시오. ¹⁷¹아울러, 프레젠테이션을 위해 리모컨이 딸린 프로젝터를 이용할 필요가 있는지도 꼭 알려주십시오. 시각 장비를 준비해 드리는 것은 전혀 문제가 되지 않습니다. 마지막으로, 저희 컨퍼런스 프로그램에 넣을 수 있게 가능한 빨리 귀하의 간단한 약력을 보내주실 수 있을까요? 다시 한 번 감사드립니다.
>
> 레오너드 카우덴

어휘 speaker 연사 annual 매년의 last minute 막바지의, 막판의 appreciate 감사하다 willingness 기꺼이 함 step in for ~을 대신해 개입하다 expertise 전문지식 dietitian 영양사 value 가치를 평가하다, 소중하게 여기다 participant 참가자 attendance 출석, 참석 session (회의·교육 등의) 한 회 vegetarian 채식주의자 preparation 준비 reflect 반영하다, 보여주다 be sure to + 동사원형 반드시 ~하다 approach 접근 방식 copy (책의) 한 권 ship 발송하다 in advance 미리 set up 설치하다 access 접근, 이용 remote 리모컨(= remote control) biographical profile 약력 개요 inclusion 포함

169 주제 / 목적

번역 카우덴 씨가 이메일을 보낸 이유는 무엇이겠는가?

(A) 살리나스 씨를 행사에 초청하기 위해
(B) 제안을 수락한 데 대해 살리나스 씨에게 감사하기 위해
(C) 살리나스 씨에게 추천을 요청하기 위해
(D) 한 세션의 일정 조정을 제안하기 위해

해설 첫 단락 첫 머리에서 컨퍼런스에 연사로 참여하는 데 동의해 주셔서 정말 기쁘다(I'm excited that you have agreed to be one of the speakers at our second annual Bermuda Healthy Living Conference on 12 May)고 했으므로 정답은 (B)이다. (A)는 이미 살리나스 씨가 초청된 상태이며 그 초청에 수락했기 때문에 오답이며, (C)와 (D)는 언급된 것이 없다.

170 추론 / 암시

번역 브랜스턴 씨에 관해 암시된 것은?

(A) 작년에 컨퍼런스에서 강연했다.
(B) 영양에 관해 인기 있는 책을 저술했다.
(C) 살리나스 씨의 동료이다.
(D) 영양사가 되려고 공부하고 있다.

해설 브랜스턴 씨의 이름은 첫 단락 중간 두 군데에서 보인다. 브랜스턴 씨의 강연을 살리나스 씨가 대신할 것(I truly appreciate your willingness to step in for Cara Branston)이며, 작년 브랜스턴 씨의 강연에 많은 사람들이 참석했다(The strong attendance at Ms. Branston's session last year)는 것을 알 수 있으므로 정답은 (A)이다. 두 번째 단락 첫 문장에서 살리나스 씨가 책을 출간한 것은 알 수 있지만 브랜스턴 씨에 대해서는 알 수가 없고, 브랜스턴 씨가 살리나스 씨의 동료라는 힌트도 보이지 않으므로 (B)와 (C)는 오답이다.

171 문장 삽입

번역 [1], [2], [3], [4]로 표시된 자리 중 다음 문장이 들어가기에 가장 적절한 곳은?

"시각 장비를 준비해 드리는 것은 전혀 문제가 되지 않습니다."

(A) [1]
(B) [2]
(C) [3]
(D) [4]

해설 문장 중에 visual equipment(시각 장비)가 있기 때문에 리모컨이 딸린 프로젝터를 이용할 필요가 있는지를 알려달라는 내용 뒤에 오는 것이 적합하다. 따라서 정답은 (D)이다.

172-175 문자 메시지

다이안 울리히 | 7월 11일 10:25
제이크, 주문 번호 #9829-2는 벌써 나갔나요? **173**안 나갔으면, 고객이 #645A 품목을 추가해 달라고 요청했어요.

제이크 홀리스 | 7월 11일 10:28
172특별 맞춤한 은반지죠? 조각공이 고객의 개별적인 메시지를 추가하는 데 보통 최소 3일이 필요해요.

다이안 울리히 | 7월 11일 10:29
173조금이라도 빨리 받을 수는 없나요? 고객이 가능한 빨리 원해요.

제이크 홀리스 | 7월 11일 10:31
세공 부서 사람한테 확인해 볼게요.

174제이크 홀리스 | 7월 11일 10:33
킴, 반지 좀 빨리 해 줄 수 있을까요? 품목 번호 #645A, 주문 번호 #9829-2예요.

킴 오델 | 7월 11일 10:34
얼마나 급하게 필요한데요? **175**내일이면 될까요?

다이안 울리히 | 7월 11일 10:35
네, 그 정도면 되겠네요. 두 분 도와주셔서 감사합니다!

어휘 customized 개인의 요구에 맞춘(= personalized) engraver (글자나 무늬를) 새기는 사람, 조각공   a minimum of 최소 ~의   do a rush job 서둘러 일하다[처리하다]

172 세부 사항

번역 상점에서 어떤 종류의 제품을 판매하나?

(A) 책
(B) 보석
(C) 꽃
(D) 가전제품

해설 10시 28분 대화 '특별 맞춤한 은반지죠?(That's a customized silver ring, right?)'로 보아 보석류의 제품을 취급하는 상점이므로 정답은 (B)이다.

173 세부 사항

번역 고객이 원하는 것은 무엇인가?

(A) 주문 변경
(B) 배달 주소 변경
(C) 환불 받기
(D) 다른 운송 방식 선택

해설 customer(고객)이 언급된 부분은 10시 25분과 10시 29분의 대화에서이며, 고객은 기존 주문에다 특별 맞춤한 은반지를 추가하고 싶어하며(the customer has asked us to add item #645A), 주문한 물품을 빨리 받고자 함(Can you get it any sooner? The customer needs it as soon as possible)을 알 수 있다. 따라서 정답은 (A)이다.

174 세부 사항

번역 홀리스 씨가 오델 씨에게 연락한 이유는?

(A) 일부 작업이 평소보다 빨리 완성될 수 있는지 물어보기 위해
(B) 주문품이 언제 발송되는지 알아보기 위해
(C) 회의가 언제 열리는지 알아보기 위해
(D) 앞선 메시지에 실수가 있었다고 주의를 주기 위해

해설 홀리스 씨가 오델 씨에게 질문을 하는 10시 33분의 대화 킴, 반지 좀 빨리 해 줄 수 있을까요?(Kim, can you do a rush job on a ring)를 확인해 보면 정답이 (A)임을 알 수 있다.

175 의도 파악

번역 10시 35분에 울리히 씨가 "그 정도면 되겠네요"라고 쓸 때, 그 의도는 무엇인가?

(A) 누군가와 취업 면접을 할 계획이다.
(B) 장비가 제대로 작동해서 기쁘다.
(C) 내일 물건에 새김 작업이 되면 고객이 만족할 것이다.
(D) 오늘 안으로 카탈로그에 들어갈 새 품목 몇 개가 선정될 것이다.

해설 10시 34분에 오델 씨가 내일이면 되겠냐(Is tomorrow OK)고 물어본 것에 대한 답이므로, 내일 반지 새김이 완성된다면 주문 물품을 빨리 받고자 한 고객이 만족할 것이므로 정답은 (C)이다.

176-180 이메일 + 이메일

수신: j.wickler@seed-delight.net
발신: bartosz@ashersfarmingdigest.com
날짜: 9월 22일
제목: 애셔즈 파밍 다이제스트

비클러 씨께,

176한정된 기간 동안 〈애셔즈 파밍 다이제스트〉에서는 저희 잡지에 한 번도 광고를 싣지 않은 회사를 대상으로 광고비를 할인해 드립니다. 〈애셔즈 파밍 다이제스트〉를 통해 광고를 하면 인쇄 지면과 온라인으로 3만 명 이상의 농업 전문가라는 목표 독자에게 다가갈 수 있습니다. 이 특별한 기회를 이용해 귀하의 고객 기반을 확장해 보세요!

최초로 이용하는 광고주를 위한 현재의 특가는, 10월 15일까지 유효하며, 아래 개요가 나와 있습니다. 177이들 총천연색 광고 중 하나를 예약하거나, 저희 디자이너 중 하나에게 개별 광고 제작을 시키거나, 178더 자세한 정보를 원할 경우, 이 이메일로 회신하거나 603-555-0103, 내선 27번으로 전화 주십시오. 광고 명세표는 www.ashersfarmingdigest.com/ads에서 확인하실 수 있습니다.

패키지	판형	가격(월별)
1	전면 인쇄 광고 1개와 6인치×1인치 웹사이트 광고	675달러
2	180 1/2면 인쇄 광고 1개와 4인치×5인치 웹사이트 광고	525달러
3	1/2면 인쇄 광고 1개와 3인치×3인치 웹사이트 광고	475달러
4	1/4면 인쇄 광고 1개와 3인치×3인치 웹사이트 광고	400달러

178고시아 바르토츠
마케팅 코디네이터
애셔즈 파밍 다이제스트

어휘 discounted 할인된 pricing 가격 책정 targeted 목표가 되는, 표적이 되는 audience 청중, 시청자, 독자 agriculture 농업 professional 전문직 종사자 customer base 고객 기반 offer 특별 할인가 first-time 처음으로 하는 advertiser 광고주 valid 유효한 outline 대략적으로 서술하다 reserve 예약하다 full-color 총천연색의 custom 주문 제작한(= custom-made) specification 명세, 자세한 설명

수신: bartosz@ashersfarmingdigest.com
발신: j.wickler@seed-delight.net
날짜: 9월 29일
제목: Re: 애셔즈 파밍 다이제스트

안녕하세요 바르토츠 씨,

179이메일 받았고 〈애셔즈 파밍 다이제스트〉에 광고를 싣는 데 관심이 있습니다. 하지만 우선, 온라인 광고에 관해 분명히 하고 싶은 것이 좀 있습니다. 귀사 웹사이트에서 명세표를 검토했는데 아직 광고 위치에 대해 잘 모르겠습니다. 1804인치×5인치 광고가 정확하게 웹사이트 어디에 실립니까?

답변 듣는 즉시 광고를 전자 파일로 결제 정보와 함께 보낼 수 있습니다.

감사합니다.

제임스 비클러
사장, 시드 딜라이트 사

어휘 place an advertisement 광고를 싣다 clarification 설명, 명확하게 함 uncertain 확신하지 못하는 location 위치 payment detail 결제 정보

176 주제 / 목적

번역 바르토츠 씨가 비클러 씨에게 이메일을 보낸 이유는?

(A) 출판물 발행을 알기 위해
(B) 새 농산품을 광고하기 위해
(C) 특별 판촉 행사를 알리기 위해
(D) 정기 구독 할인을 제공하기 위해

해설 지문이 둘 다 이메일이므로 수신인과 발신인을 정확하게 확인해야 한다. 바르토츠 씨가 보낸 이메일은 첫 번째 이메일이며, 첫 단락의 첫 문장에서 신규 광고 고객에게 특가를 제공한다는 것을 홍보(For a limited time, Asher's Farming Digest is offering discounted pricing on advertisements to companies that have not yet advertised in our magazine)하고 있으므로 정답은 (C)이다. 신규 광고에 대해 할인을 해주는 것이며 잡지의 정기 구독 할인이 아니기 때문에 (D)는 오답이다.

어휘 launch 출시, 발행 agricultural 농업의

177 추론 / 암시

번역 〈애셔즈 파잉 다이제스트〉에 관해 암시된 것은?

(A) 최근에 독자 수가 늘었다.
(B) 특별 호를 발행할 예정이다.
(C) 광고비를 올렸다.
(D) 총천연색 잡지를 출판한다.

해설 첫 번째 이메일 두 번째 단락, 두 번째 문장에 full-color advertisements(총천연색 광고)가 언급되었으므로 정답은 (D)이다. 첫 단락에 독자 수가 3만명이라고 언급되어 있지만 최근에 그 수가 늘었는지는 알 수가 없어서 (A)는 오답이며 (B)와 (C)도 언급된 것이 없어서 오답이다.

178 사실 관계 확인

번역 바르토츠 씨에 관해 언급된 것은?

(A) 그래픽 디자이너이다.
(B) 전에 비클러 씨와 일한 적이 있다.
(C) 추가적인 도움을 줄 수 있다.
(D) 10월에는 사무실에 없을 것이다.

해설 첫 번째 이메일 두 번째 단락 중간에 자세한 정보를 원할 경우, 이 이메일로 회신하거나 전화 달라(To ~ request more information, please reply to this e-mail or call me)고 했으므로 정답은 (C)이다. 첫 번째 이메일에서 바르토츠 씨의 이름이 언급된 하단을 보면 그래픽 디자이너가 아니라는 것을 알 수 있으므로 (A)는 오답이다. 첫 번째 이메일 첫 단락에서 신규 광고 고객에 대한 혜택을 홍보하고 있으므로 (B)도 역시 오답이다. October(10월)는 첫 번째 이메일 두 번째 단락에서 특가 혜택의 기한으로 언급된 것 외에는 없으므로 (D)도 오답이다.

179 동의어 찾기

번역 두 번째 이메일 첫 번째 문단 첫 번째 줄에 나오는 "placing"과 의미상 가장 가까운 것은?

(A) 고용하는 것
(B) 싣는 것
(C) 할당하는 것
(D) 계산하는 것

해설 place an advertisement는 '광고를 싣다'의 뜻이며 put an advertisement와 같은 뜻이 된다. 따라서 정답은 (B) putting이다.

180 연계

번역 비클러 씨는 어떤 패키지를 원하겠는가?

(A) 패키지 1
(B) 패키지 2
(C) 패키지 3
(D) 패키지 4

해설 두 번째 이메일 첫 단락 마지막 문장에서 4인치×5인치 온라인 광고에 대해 질문(Where exactly would the 4"×5" advertisement appear on your Web site)하고 있고, 첫 번째 이메일의 표에서 4인치×5인치는 패키지2임을 알 수 있다. 그러므로 비클러 씨가 원하는 것은 패키지 2이므로, 정답은 (B)이다.

181-185 이메일 + 이메일

수신: j.bonsky@kwipt.net
발신: u.akpan@fraskerdigitalmarketing.com
날짜: 7월 9일, 수요일
제목: 프레스커 디지털 마케팅 기술 문서 작성

본스키 씨께,

프레스커 디지털 마케팅에 지원해 주셔서 다시 한 번 감사드립니다. **181월요일에 말씀 잘 나눴고 귀하를 저희 기술 문서 작성 팀에 합류하도록 초대하게 되어 매우 흥분됩니다.** 아시겠지만, 귀하의 업무에는 사용 설명서, 설치 매뉴얼, 회보, 기타 저희 기술 분야 고객들을 위한 문서 등을 작성하는 일이 수반됩니다. 귀하가 가진 정보 기술 분야의 든든한 배경은 큰 자산이 될 것입니다. 고객들 제품의 기술적인 세부사항을 이해하고 이 정보를 명확하고 간결하게 분명히 설명할 수 있느냐가 아주 중요하기 때문입니다.

185귀하의 업무는 8월, 뉴욕 주 올버니 본사에서 열리는 실무 연수와 함께 시작됩니다. 새 팀 사람들, 특히나 귀하처럼 뉴욕에 거주하지 않는 사람들이 가능한 많이 참여할 수 있는 시간대를 찾고자 합니다. **182이 이메일로 가능한 빨리 회신 주셔서 8월 중 어떤 주말이 가장 좋은지 알려 주십시오.**

이것은 계약직이며, 처음 연수를 제외하고 업무는 원격으로, 선택하신 시간에 하시면 됩니다. **183의논한 바와 같이, 귀하가 받기로 선택한 각 임무의 복잡한 정도에 따라 페이지당 급료를 받게 되실 겁니다. 184저희 인사부 수장인 알 챌머스 씨가 귀하가 작성해야 할 모든 필요 서류와 함께 곧 연락할 것입니다.**

함께 일하기를 고대합니다!

우와나 아크팬
프레스커 디지털 마케팅

어휘 technical writing 기술 문서 작성 thrilled 매우 신나는, 흥분한 entail 수반하다 user guide 사용 설명서 installation manual 설치 매뉴얼 newsletter 소식지, 회보 document 서류 information technology 정보 기술 (= IT) asset 자산 crucial 중대한, 결정적인 detail 세부사항 articulate 분명히 표현[설명]하다 succinctly 간결하게 in-person 직접 참여하는[해보는] training session 교육[연수] 기간 respond to ~에 응답하다 contract position 계약직 aside from ~는 제외하고 initial 최초의 remotely 멀리서 whichever ~한 어떤 것이든 rate 요금, 급료 complexity 복잡성 assignment 과제, 임무 human resources 인사부 be in touch with ~와 연락하다[연락하고 지내다] fill out (서류 등을) 작성하다

수신: 비공개 수신자
발신: u.akpan@fraskerdigitalmarketing.com
날짜: 7월 10일 목요일
제목: FDM 연수

기술 문서 작성 팀 여러분께,

185여러분의 응답에 근거해, 8월 16-17일이 대다수에게 가장 적절하다고 판단했습니다. 연수는 토요일 오전에 시작해서 일요일 오후까지 계속

된다는 점 유의해 주십시오. 연수 지역 밖에 거주하시는 분은 누구든 금요일에 도착했으면 합니다. 그때 여러분이 원하신다면 그 지역의 저희 저자들과 저녁 식사를 나눌 수 있도록 주선하겠습니다. 모든 여행 경비는 프레스커 디지털 마케팅에서 지불할 것입니다. 이와 관련해 자세한 내용이 뒤따르겠지만, 우선 달력에 적을 수 있도록 일정을 알려드리고 싶었습니다.

우와나 아크팬
프레스커 디지털 마케팅

> 어휘 undisclosed 비공개의 recipient 수신자 determine 결정하다 arrange 주선하다, 준비하다 local 지역의 travel expense 여행 경비 for now 우선은 inform A of B A에게 B를 알리다

181 주제 / 목적

번역 아크팬 씨가 본스키 씨에게 이메일을 쓴 이유는?
(A) 일자리를 주기 위해
(B) 기술적인 도움을 주기 위해
(C) 글쓰기 워크숍을 홍보하기 위해
(D) 급여를 협상하기 위해

해설 본스키 씨에게만 쓴 것은 첫 번째 이메일이며, 첫 단락 두 번째 문장에서 기술 문서 작성 팀에 합류하도록 초대하게 되어 매우 기쁘다(are thrilled to invite you to join our technical writing team)고 했으므로 정답은 (A)이다.

▶ Paraphrasing 지문의 invite you to join our technical writing team → 정답의 offer her a position

182 세부 사항

번역 본스키 씨에게 어떤 정보를 제공하라고 요청하는가?
(A) 학력 사항
(B) 연수 가능한 시간
(C) 현 고객 명단
(D) 요약된 업무 경력

해설 본스키 씨에게 요청하는 것을 묻는 문제이므로 첫 번째 이메일을 확인한다. 두 번째 단락 마지막 문장에서 이메일로 가능한 한 빨리 8월 중 어떤 주말이 가장 좋은지 알려 달라(Please respond to this e-mail as soon as possible and let me know which weekend in August you prefer)고 했으므로 정답은 (B)이다.

어휘 educational background 학력 availability 이용 가능한 것 current 현재의

183 사실 관계 확인

번역 기술 문서 작성 팀 구성원에 관해 명시된 것은?
(A) 유동적인 급여를 받는다.
(B) 전에 모두 함께 일한 적이 있다.
(C) 같은 지역에서 일한다.
(D) 자신의 여행 경비를 직접 지불한다.

해설 첫 번째 이메일 세 번째 단락 두 번째 문장에서 페이지 당 급료를 받게 될 것(you will receive a page rate that depends on the complexity of each assignment you choose to accept)이라고 언급하므로 정답은 (A)이다. 두 번째 단락 첫 문장에서 연수가 뉴욕에서 있을 거지만, 세 번째 단락 첫 문장에서 처음 연수를 제외하고는 원격으로 일하게 된다고 했으므로 (C)는 오답이다. 두 번째 이메일의 네 번째 문장에 모든 여행 경비를 회사가 부담할 것이라고 말했으므로 (D)도 오답이다.

어휘 variable 일정하지 않은, 유동적인 location 위치, 장소, 지역 expense 비용, 경비

184 세부 사항

번역 챌머스 씨가 본스키 씨에게 연락을 할 이유는?
(A) 회사의 정책에 관해 분명히 하기 위해
(B) 여행 준비를 하기 위해
(C) 취업 서류를 교부하기 위해
(D) 소프트웨어 요건을 설명하기 위해

해설 챌머스 씨가 언급된 부분은 첫 번째 이메일 마지막 단락의 마지막 문장 외에는 없다. 챌머스 씨가 필요한 서류와 함께 곧 연락할 것(Al Chalmers, our head of human resources, will be in touch soon with all the necessary documents)이라고 했으므로 정답은 (C)이다.

어휘 clarify 분명히 하다 issue 교부하다, 발행하다 paperwork 서류 (작업)

185 연계

번역 본스키 씨는 8월 15일에 무엇을 하겠는가?
(A) 문서 작성 과제물을 제출한다.
(B) 올버니로 이동한다.
(C) 연수에 참여한다.
(D) 챌머스 씨와 만난다.

해설 두 번째 이메일에서 8월 16-17일이 연수 기간이며 주말임을 알 수 있다. 그렇다면 8월 15일은 금요일이며, 연수 지역 밖에 거주하시는 분은 누구든 금요일에 도착했으면 한다(We expect anyone who lives outside the area to arrive on Friday)고 했고, 첫 번째 이메일에서 연수는 올버니에서 있을 것(in-person training session at our headquarters in Albany, New York)이라고 언급했으므로 정답은 (B)이다.

186-190 광고 + 이메일 + 웹사이트 의견

> **제니의 스타 투어즈**
> ★ ★ ★ ★ ★
> 스코틀랜드 에든버러
>
> 봄이 온 것을 경축하기 위해 제니의 스타 투어즈에서 작년 투어보다 10% 저렴한 비용으로 패키지를 제공합니다. ¹⁸⁸이 특별 가격은 5월 15일 또는 그 이전에 예약하는 여행에 적용됩니다. ¹⁸⁶저희 봄철 투어가 매주 열리기는 하지만 마감되기 전에 서둘러 예약하세요! 저희 일반 패키지 상품들을 맛보기로 보여 드립니다:

- **글래스고와 인버네스**: 4일간의 투어로, 영국에서 가장 분주한 항구 도시 중 하나에서 시작합니다. 무대 연극을 즐기고 국내 최고의 현대 미술을 감상하세요. 그런 다음 인버네스로 가서 최첨단 비즈니스와 고대의 성, 요새, 숲들이 빚어내는 대비를 체험하세요.
- **애버딘과 스카이 섬**: 애버딘 시는 여러 산업 중에서도 특히 에너지, 조선, 어업을 자랑합니다. 4일에 걸친 이 투어에서는 애버딘의 공원과 정원들을 거닐고, 미술관을 방문하고, 애버딘의 대학들 주변의 수많은 카페와 서점을 들르게 됩니다. 투어는 스카이로 이어지는데, 서늘하고 평화로우며, 때로는 안개가 자욱한, 작은 마을들이 곳곳에 흩어져 있는 북부의 섬입니다.
- **더블린**: 에메랄드 섬으로 달려가 아일랜드 전체를 탐험합니다. 3일짜리와 5일짜리 투어가 여러분을 벨파스트, 도네갈, 블라니 성 등지로 안내합니다.

187특별 단체의 요구에 맞춰 투어 소요 시간과 명소의 유형을 조정할 수 있습니다.

어휘 offer 제공하다; 특별 할인가 fill up 가득 차다, 마감되다 bustling 부산한, 북적거리는 seaport 항구 도시 live theatre 무대 연극 modern art 현대 미술 contrast 대조, 대비 fort 요새 boast 자랑하다 shipbuilding 조선 stroll 한가롭게 걷다 check out 가보다, 둘러보다 numerous 수많은 proceed to ~으로 나아가다 misty 안개 낀 dotted with ~가 점점이 흩어져 있는 take a hop 투어 오르다 Emerald Isle 에메랄드 섬(아일랜드를 가리키는 시적인 이름) customize 개별 기호에 맞추어 하다[제작하다] attraction 명소

발신: noreply@bookings.janneysstar.com
수신: ebryant127@telserver.com
188날짜: 4월 8일
제목: 예약 확인

브라이언트 씨께,

제니의 스타 투어즈를 선택해 주셔서 감사합니다. 1인 승객 예약이 확정되었습니다:

188, 190투어 이름: 애버딘과 스카이 섬
에든버러 출발 날짜 및 시간 — 5월 19일, 월요일 오전 9시
에든버러로 돌아가기 — 5월 22일, 목요일 오후 7시
고객 카드로 청구됨: 184파운드

저희 고객 관리부 코디네이터가 여행일 이전에 고객께서 우려하실 수 있는 모든 사항을 기꺼이 처리해 드립니다. 궁금한 점이 있으면 tours@janneysstar.com으로 이메일 또는 +44 (0) 134 236 0155번으로 전화주십시오.

어휘 confirm 확인하다, 확정하다 customer relations 고객 관리 address (문제를) 다루다, 고심하다 concern 우려, 근심 enquiry 문의 사항

참가자 의견

저는 사진작가인데, 이 투어에서 보는 경치와 장소들은 정말 최고입니다. 이 회사는 고객을 어떻게 189대해야 하는지 잘 알고 있고, 저도 더 많은 모험을 즐기러 다시 돌아가고 싶습니다. 190저희 가이드인 딤프나 머리는 박식하면서 에너지가 넘쳤습니다. 우리가 방문한 도시의 토박이로 그곳의 전통과 문화를 정말 잘 알고 있는 게 그대로 보였습니다. 가이드의 흥미로운 이야기를 통해 도시 역사를 많이 배웠습니다.

게시자: 에반 브라이언트

어휘 second to none 누구에게도 뒤지지 않는 treat 대하다, 취급하다 knowledgeable 아는 것이 많은 energetic 활동적인 native ~출생인 사람 exhibit (특징을) 드러내다 charming 매력적인, 기분 좋은 familiarity 친숙함, 잘 알고 있음

186 추론 / 암시

번역 제니의 스타 투어즈에 관해 암시된 것은?
(A) 최근에 새 사무소들을 열었다.
(B) 회사 확장을 계획한다.
(C) 수요에 맞춰 새로운 투어들을 만들었다.
(D) 한 달에 몇 차례로 투어 일정을 잡고 있다.

해설 여행사에 관해 묻고 있으므로 광고를 확인해 본다. 첫 단락 세 번째 문장에서 봄철 투어가 매주 열린다(Our Spring tours are offered every week)고 했으므로 정답은 (D)이다.

▶▶Paraphrasing 지문의 Our Spring tours are offered every week → 정답의 It schedules its tours several times a month.

187 세부 사항

번역 광고에 따르면 제니의 스타 투어즈는 고객에게 무엇을 제공할 수 있나?
(A) 화가 및 배우들과의 토론
(B) 단골 고객을 위한 할인 가격
(C) 단체 투어 최대 인원 보장
(D) 단체의 선호도에 맞춘 여행 주선

해설 광고의 첫 단락에서 특별 가격은 5월 15일 또는 그 이전에 예약하는 모든 여행에 적용(This offer applies to travel reservations made on or before 15 May)되는 것이지 단골 고객을 위한 것이 아니므로 (B)는 오답이다. 두 번째 단락에서 연극과 현대 미술이 언급되지만 화가, 배우들과 직접 만나지는 않으므로 (A)도 오답이다. 인원에 대해서는 언급된 바가 없으므로 (C)는 오답이며, 하단에 특별 단체의 요구에 투어를 맞춰줄 수 있다(We can customize tours for special groups by tour length and type of attractions)고 했으므로 정답은 (D)이다.

▶▶Paraphrasing 지문의 customize tours → 정답의 Travel arrangements based on a group's preferences

188 연계

번역 브라이언트 씨의 여행에 관해 암시된 것은?

(A) 끝마치는 데 5일이 걸린다.
(B) 할인가로 구매했다.
(C) 미술관 입장료는 포함되지 않을 것이다.
(D) 특별히 역사가들을 위해 기획되었다.

해설 브라이언트 씨가 언급된 이메일을 먼저 확인해 보면 그의 애버딘과 스카이 섬으로의 투어 시작일이 5월 19일이지만, 예약은 4월 8일 시점으로 확정되었음을 알 수 있다. 광고에서 특별 가격은 5월 15일 또는 그 이전에 예약하는 여행에 적용된다(This offer applies to travel reservation made on or before 15 May)고 했으므로 브라이언트 씨는 할인가를 적용받았다. 따라서 정답은 (B)이다. 광고 세 번째 단락에서 4일간의 여행임을 알 수 있고, 중간에 미술관을 방문한다고 했으므로 (A)와 (C)는 오답이며, (D)는 전혀 언급된 것이 없어서 오답이다.

189 동의어 찾기

번역 웹사이트 반응 첫 번째 문단 두 번째 줄에 나오는 "treat"와 의미상 가장 가까운 것은?

(A) 응대하다
(B) 지불하다
(C) 개발하다
(D) 향상시키다

해설 동사 treat는 사람이 목적어일 때 '대하다, 대접하다, 치료하다' 등의 뜻이 된다. 지문에서 고객을 어떻게 대해야 하는지 안다는 말은 고객들에게 어떻게 '응대해야' 하는지를 안다는 의미로 바꾸어 볼 수 있으므로 정답은 (A)이다.

190 연계

번역 머리 씨에 관해 명시된 것은?

(A) 애버딘 출신이다.
(B) 새로 교육 받은 가이드이다.
(C) 여러 개 언어를 구사한다.
(D) 지역 대학에서 공부한다.

해설 머리 씨는 마지막 지문인 참가자 의견에서 한 번 언급된 가이드이다. 그 지문 중간에서 방문한 도시의 토박이(a native of the city we visited)라고 했고 이메일에서 브라이언트 씨가 방문한 곳이 애버딘과 스카이 섬(Tour name: Aberdeen and Isle of Skye)인 것을 확인할 수 있으므로 정답은 (A)이다.

191-195 일정표 + 이메일 + 의견

아프리카 상공회의소
6차 연례 학술 토론회
반 라벤스와지 컨벤션 센터
케이프타운, 남아프리카공화국
8월 9일 토요일

잠정 일정표	
시간	장소
오전 9시-오전 9시 30분	ACIC 회장 스토리 담부사의 환영 인사 및 개회사 리드우드 연회장
	맹그로브 실 / 월로모어 실
오전 10시-오전 11시 30분	191맛, 질감, 영양가 향상시키기-메리어스 밴 린 / 안전과 품질을 위한 우수 품질 기준 마련-샤민 필레이
오후 1시-오후 2시 30분	다시 찾아가는 전통 보존 기술: 191통조림화와 절임-페제킬 아구 / 생산 시설용 자동화 장비 구입하기-아바니시 굽타
오후 3시-오후 4시 30분	191상하기 쉬운 생산물의 냉장 및 저장을 위한 혁신-앤자 하스브로크 / 193제품 발송을 위한 포장 전략-타보 케카나

- 발표자는 세드릭 몰라와(cmolawa@acic.org.za)에게 7월 3일까지 필요한 변동 사항을 통지해야 합니다. 일정표 최종안은 7월 10일까지 저희 웹사이트 www.acic.org.za/schedule에 게시될 것입니다.
- 192발표자는 행사에 신청을 해야 합니다. 저희 웹사이트 "신청" 탭을 선택해서 신청서를 작성해 주십시오. 반드시 "발표자"라고 붙어 있는 박스에 표시해야 합니다. 195또한 직원을 뽑으려고 계획 중인 사람들은 웹사이트의 "경력 센터" 탭 아래에 있는 "고용주 신청서"를 작성해야 합니다.
- 버틴 스위츠에 제한된 수의 객실이 아직 남아 있으며 할인가로 이용할 수 있습니다. 생각해 보시고 즉시 예약 바랍니다.

어휘 tentative 잠정적인 opening remarks 개회사 enhance (가치를) 높이다, 향상시키다 flavor 맛, 향미 texture 질감 nutritional value 영양가 standard of excellence 우수 품질 기준 preservation 보존 revisit 다시 찾다 canning 통조림화 pickling 절이기 automated 자동화된 production facility 생산 시설[공장] refrigeration 냉동, 냉장 storage 저장, 보관 perishable (식품이) 잘 상하는 packaging 포장 strategy 전략 shipping 운송 presenter 발표자 notify A of B A에게 B를 통지하다 post 게시하다 register 등록하다, 신청하다 recruit 모집하다 personnel 인원, 직원 discounted rate 할인가 promptly 즉시

발신: 앤자 하스브로크 〈ahaasbroek5@mnpind.co.za〉
수신: 세드릭 몰라와 〈cmolawa@acic.org.za〉
날짜: 6월 24일 목요일 오후 1시 50분
제목: 일정 변경 요청

몰라와 씨께:

193어찌 할 수 없는 상황으로 제 동료 타보 케카나가 발표를 할 수 없게 되었습니다. 제가 그를 대신해 달라는 요청을 받았는데요. 그런데 가장 최근의 회의 일정표 초안을 보고 케카나에게 할당된 시간이 제 시간과 겹친다는 걸 알게 되었습니다. 이 난처한 상황을 해결할 수 있도록 친절하게 도움을 주십시오. 감사합니다.

앤자 하스브로크

어휘 circumstance 상황 beyond one's control 통제할 수 없는 take over 대신하다, 넘겨받다 draft 원안 time slot 시간대 assign 할당하다 conflict (일정이) 겹치다

https://www.acic.org.za

| 프로그램 | 신청 | 협찬 | **의견** |

최근 ACIC 학술 토론회에서 저는 자동화 기계를 구입할 때의 번거로움에 관해 발표했습니다. 제 강의에 많은 사람이 참석했을 뿐만 아니라, 이어지는 질의응답 시간에는 제가 너무 복잡하지 않을까 염려되어 발표 때 일부러 빼놓았던 자료를 다루지 않을 수 없었습니다. 명백하게, 청중들은 제가 예상했던 것보다 훨씬 더 훌륭했습니다. 게다가, 195저는 채용담당자의 194자격으로 회사의 중요한 자리에 들어갈 십여 명의 후보자들과 면접도 했습니다. ACIC 학술 토론회와 함께 한 제 첫 체험은 정말 만족스러웠고 다음 회를 고대하고 있습니다.

— 아바니시 굽타

어휘 intricacy 복잡함, 번거로움 well attended 참석자가 많은 subsequent 그 다음의, 이어지는 be compelled to + 동사원형 ~하지 않을 수 없다 deliberately 의도적으로, 신중하게 omit 빠뜨리다 fear 두려워하다 complicated 복잡한 competent 능력 있는 anticipate 예상하다, 기대하다 in one's capacity as ~로서의 자격으로 recruiter 사원 모집자 candidate 후보자 critical 아주 중요한 initial 처음의 utterly 전적으로 gratifying 만족스러운, 흐뭇한 edition (음악회·행사 등 제공되는) 한 회

191 세부 사항

번역 회의의 초점은 어떤 산업인가?

(A) 재활용
(B) 식품
(C) 자동차
(D) 의류

해설 일정표의 중간 부분에서 각 발표자들이 다룰 주제들을 빠르게 확인해 보면 Flavor(맛), Nutritional Value(영양가), Canning and Pickling(통조림화와 절임), Perishable(상하기 쉬운) 등이 보이므로 정답은 (B) Food이다.

192 세부 사항

번역 일정표에 따르면 발표자들은 무엇을 해야 하는가?

(A) 신청서 상에서 발표를 할 것이라는 점을 분명히 한다.
(B) 자료가 어디로 송부되기를 원하는지 밝힌다.
(C) 7월 10일까지 호텔 숙소를 예약한다.
(D) 버튼 스위치에 할인 코드를 요청한다.

해설 문제에서 '일정표에 따르면(According to the schedule)'이라 했으므로 첫 번째 일정표 지문에서 답을 찾으면 된다. 아래 부분의 추가 정보를 확인해 보면 발표자는 행사에 신청을 해야 하며, 신청서를 작성할 때 반드시 "발표자"라고 붙어 있는 박스에 표시해야 한다(Presenters MUST register for the event. ~ Be sure to mark the box labeled, "Presenter")고 했으므로 정답이 (A)임을 알 수 있다. 7월 10일은 일정표 최종안이 올라가게 될 기한이므로 (C)는 오답이며, (B)와 (D)도 언급된 것이 없어서 오답이다.

193 연계

번역 하스브로크 씨는 무엇을 해 달라고 요청받았나?

(A) 몰라와 씨와의 만남 주선
(B) 발표 초안 제출
(C) 운송을 위한 상품 준비 방식 토의
(D) 케카나 씨를 위해서 했던 여행 준비 취소

해설 하스브로크 씨는 이메일에서 처음 등장하므로 이메일을 먼저 확인한다. 첫 줄에 타보 케카나가 불가피하게 발표를 할 수 없게 되었고, 하스브로크 씨가 그를 대신해 달라는 요청을 받았다(Thabo Kekana, is unable to give his presentation)고 나와 있다. 일정표를 보면 타보 케카나가 다룰 주제가 '제품 발송을 위한 포장 전략(Packaging Strategies for Product Shipping)'임을 확인하면 정답은 (C)임을 알 수 있다.

▶▶**Paraphrasing** 지문의 Packaging ~ for Product Shipping → 정답의 preparing goods for transport

194 동의어 찾기

번역 의견란 첫 번째 문단 다섯 번째 줄에 나오는 "capacity"와 의미상 가장 가까운 것은?

(A) 역할
(B) 시간
(C) 능력
(D) 경험

해설 명사 capacity는 '용량, 능력, 지위, 자격, (공장 등의) 생산 능력' 등의 뜻이 있다. '채용담당자의 자격으로'라는 의미가 자연스러우므로 정답은 자격, 역할을 의미하는 (A) role이다.

195 연계

번역 굽타 씨에 관해 무엇이 사실이겠는가?

(A) 최근에 제조 공장을 열었다.
(B) 등록할 때 "고용주 신청서"를 작성했다.
(C) 지난번 회의보다 최근 ACIC 회의가 마음에 들었다.
(D) 자신의 주제가 이해하기 쉽다고 생각했다.

해설 굽타 씨의 이름은 첫 지문인 일정표와 세 번째 지문인 의견란에 나온다. 첫 번째 지문에서 채용 계획이 있는 사람들은 고용주 신청서를 작성해야 한다(those planning to recruit personnel should complete an Employer Application)고 했고, 세 번째 지문에서 굽타 씨 자신을 채용자(in my capacity as a recruiter)라고 언급했으므로 (B)가 정답임을 알 수 있다. 세 번째 지문에서 너무 복잡할까 봐 일부러 빼놓았던 자료를 다뤘다(I was compelled to cover material that I had deliberately omitted from the presentation, fearing it would be too complicated)고 했으므로 (D)는 오답이다. 또한 마지막 문장에서 'ACIC 학술 토론회와 함께 한 제 첫 체험은(This initial experience with the ACIC symposium)'이라 했으므로 (C)도 오답이다. 굽타 씨가 최근에 공장을 열었는지 알 수 없으므로 (A) 역시 오답이다.

어휘 manufacturing plant 제조 공장 previous 이전의, 과거의

> **Paraphrasing** 지문의 complete an Employer Application
> → 정답의 filled out an Employer Application

196-200 기사 + 신문 사설 + 이메일

코르도바(5월 6일) – 코르도바 시 고위 공무원들은 유서 깊은 도시의 랜드마크로 개선이 절실하게 필요한 로웰 스트리트 다리를 어떻게 해야 할지에 관해 예비 토론을 시작했다. 비용이 많이 드는 복구공사를 고려 중이기는 하지만 몇 가지 요인 때문에 허무는 쪽으로 결론이 날 공산이 더 크다.

"힘든 결정이고 우린 성급하게 결정할 생각은 없습니다." **197 (C)** 도시 계획 설계자인 콜린 반웰이 말했다. "현재까지는, 다리를 교체하는 게 재정적으로 가장 타당해 보입니다."

하지만 비용이 유일한 고려 대상은 아니다. 구조 공학자 스티브 파첸코에 따르면, 차량 흐름 또한 중요한 요인이다. "**196** 49번 하이웨이가 머지않아 2차선에서 4차선으로 넓어질 겁니다. 그러면, 로웰 스트리트 다리는 더 이상 늘어난 차량을 수용하지 못할 거예요." 그는 말했다. "제가 보기에는, 더 넓고 현대적인 다리가 꼭 필요합니다."

200 의견과 생각을 공유하고자 하는 주민들을 위해, 시의회에서는 다음 주 목요일 오전 11시에 헬먼 광장에서 시민 의견 수렴회를 열 예정입니다.

어휘 official 고위 공무원 preliminary 예비의 in need of ~가 필요한 dire 심각한, 엄청난 costly 비용이 많이 드는 restoration 복구 demolition 폭파, 파괴 likely ~할 가능성이 있는 outcome 결과 intend to + 동사원형 ~할 의도이다 hastily 성급하게 planner 도시 계획 설계자 make sense 이치에 맞다, 타당하다 financial 재정적인 consideration 고려 사항 structural engineer 구조 공학자 traffic flow 교통[차량]의 흐름 broaden 넓히다 accommodate 수용하다 inevitable 불가피한 resident 주민 public input 시민 의견[조언] session (특정 활동이 이루어지는) 기간, 회기

편집자에게 보내는 편지

197 (D) 5월 7일 – 로웰 스트리트 다리에 관한 어제 기사를 보고 편지를 씁니다. **197 (A)** 이 다리는 코르도바 문화적 정체성의 소중한 일부이며, 이 다리를 원래대로 보존하는 것이 시에 가장 큰 이득입니다. 문화유산 관광 산업이 매년 시에 가져다주는 엄청난 양의 수입을 고려하면, 이 역사적인 랜드마크 복구에 들어가는 단기 비용은 경제적으로 가치가 있다고 주장하고 싶습니다.

197 (A) — 마리아 칸투, 코르도바 보존 협회(CPS) 회원

어휘 in response to ~에 대한 응답으로 invaluable 귀중한 intact 손상되지 않은, 원래대로의 be in one's best interest ~에게 최대의 이익이다 tremendous 엄청난 worthwhile 가치 있는

수신: members@cordovaps.org
발신: leo_contreras@cordovaps.org
날짜: 5월 19일
제목: 로웰 스트리트 다리 최근 소식

CPS 회원 여러분께,

199 축하합니다! 시의회 행사에 시민들이 대거 참여한 덕분에, 그리고 시의회 의원들에게 **198** 수없이 많은 전화를 건 끝에, 로웰 스트리트 다리는 결국 허물어지지 않을 것 같습니다! <코르도바 타임즈>는 오늘 시에서 이스트사이드 문화구역으로 다리를 이전할 계획이라는 내용의 기사를 발표했습니다. 이곳에서 다리는 자동차가 아닌 보행자들을 위해 쓰일 것입니다.

199, 200 이 같은 결정은 분명 지난 목요일 여러분 각자가 의견을 발표해 준 것에도 일부 기인합니다.

다시 한 번 감사드립니다.
레오 콘트레라스, 코르도바 보존 협회 지역사회 조직자

어휘 presence 참석, 존재 countless 셀 수 없이 많은 state 언급하다 relocate 이전하다 foot traffic 걸어 다니는 사람들, 보행자들 motor vehicle 자동차 due to ~ 때문에 voice (말로) 나타내다

196 사실 관계 확인

번역 기사에서 코르도바 시에 관해 명시된 것은?
(A) 투어를 제공하기 시작할 계획이다.
(B) 예산을 확대할 것이다.
(C) 머지않아 도로 확장 사업을 시작할 것이다.
(D) 새로운 교통 법규를 시행 중이다.

해설 문제에서 in the article(기사에서)라고 명시했으므로 기사에서 답을 찾도록 한다. 세 번째 단락 세 번째 문장에서 49번 하이웨이가 머지않아 2차선에서 4차선으로 넓어질 것(Highway 49 will soon be broadened from two lanes to four)이라고 했으므로 정답은 (C)이다.

197 연계

번역 칸투 씨에 관해 암시되지 않은 것은?
(A) 도시의 랜드마크를 소중히 여긴다.
(B) 파첸코 씨와 함께 일했다.
(C) 반웰 씨와 의견이 다르다.
(D) 5월 6일자 신문 기사를 읽었다.

해설 칸투 씨의 이름이 언급된 두 번째 지문을 우선적으로 확인한다. 칸투 씨는 코르도바 보존 협회 회원(Maria Cantu, member of the Cordova Preservation Society)이며, 문화적 정체성의 일부로 다리를 보존하고 싶어 하므로(This bridge is an invaluable part of Cordova's cultural identity and it is in the city's interest to keep it intact) (A)는 오답이다. 또한 이 편지가 5월 7일에 작성되었으며 어제 기사를 보고 편지를 쓰는 것(May 7 – I'm writing in response to yesterday's article)이라고 했으므로 (D)도 오답이

다. 기사문 두 번째 단락에서는 반웰 씨가 다리를 교체하는 것이 현재까지는 재정적으로 가장 타당해 보인다(So far, it seems that replacing the bridge makes the most financial sense)고 했으므로 칸투 씨와 의견이 다름을 알 수 있어 (C)도 오답이다. 파첸코 씨와 함께 일한 적이 있는지는 전혀 추론할 수 없으므로 정답은 (B)이다.

198 동의어 찾기

번역 이메일 첫 번째 문단 두 번째 줄에 나오는 "countless"와 의미상 가장 가까운 것은?

(A) 수많은
(B) 기록되지 않은
(C) 대수롭지 않은
(D) 등록된

해설 형용사 countless는 '셀 수 없이 많은'이며 동의어는 (A) numerous (수많은)이다.

199 세부 사항

번역 콘트레라스 씨가 CPS 회원들에게 축하하는 이유는?

(A) 그들이 새로운 지도자를 선출했다.
(B) 그들이 신문 기사에 등장했다.
(C) 그들이 시의 결정에 영향력을 미쳤다.
(D) 그들이 도시로부터 추가 재원을 확보했다.

해설 콘트레라스 씨가 언급된 지문은 마지막 지문인 이메일이다. 첫 단락에서 시의회 행사에 시민들이 대거 참여하고, 그리고 시의회 의원들에게 수많은 전화를 한 덕분에, 로웰 스트리트 다리는 절대 허물어지지 않을 것 같다(Thanks to our strong community presence at the city council event, and after countless phone calls to city council members, it looks like Lowell Street Bridge will not be demolished after all!)고 했으며, 두 번째 단락에서 이 같은 결정이 일부분은 회원들이 의견을 발표한 것 때문(This decision is surely due in part to the fact that each of you voiced your opinions)이라고 했으므로 정답은 (C)이다.

200 연계

번역 CPS 회원들에 관해 암시된 것은?

(A) 구조물을 수리하는 데 도움을 주었다.
(B) 목요일마다 정기적으로 모인다.
(C) 일부는 헬먼 광장에서 발표를 했다.
(D) 일부는 이스트사이드 문화구역에 거주한다.

해설 5월 6일자 기사문의 마지막 문장에서 의견과 생각을 공유하고자 하는 주민들을 위해, 시의회에서는 다음 주 목요일 오전 11시에 헬먼 광장에서 시민 의견 수렴회를 열 예정(For residents who want to share their opinions and ideas, the city council will be holding a public input session at Helman Square next Thursday)이라고 했고, 5월 19일자 이메일에서 이 같은 결정은 분명 지난 목요일 여러분 각자가 의견을 발표해 준 것에도 일부 기인한다(This decision is surely due in part to the fact that each of you voiced your opinions last Thursday)고 했으므로 정답은 (C)이다. 회원들이 다리 보존에 기여했지만 구조물을 수리하는 데 도움을 주었는지는 알 수 없어 (A)는 오답이다. 회원들이 목요일마다 모이는지도 알 수 없으므로 (B)도 오답이다. (D)는 전혀 유추할 수 없으므로 오답이다.

TEST 2

101 (B)	102 (D)	103 (C)	104 (D)	105 (A)
106 (D)	107 (C)	108 (C)	109 (A)	110 (B)
111 (D)	112 (A)	113 (B)	114 (C)	115 (A)
116 (D)	117 (A)	118 (C)	119 (A)	120 (B)
121 (A)	122 (C)	123 (C)	124 (C)	125 (A)
126 (C)	127 (D)	128 (B)	129 (A)	130 (D)
131 (A)	132 (C)	133 (C)	134 (B)	135 (B)
136 (C)	137 (B)	138 (C)	139 (A)	140 (D)
141 (B)	142 (A)	143 (C)	144 (A)	145 (D)
146 (C)	147 (B)	148 (B)	149 (B)	150 (D)
151 (D)	152 (C)	153 (A)	154 (D)	155 (B)
156 (A)	157 (B)	158 (C)	159 (D)	160 (B)
161 (A)	162 (B)	163 (C)	164 (D)	165 (C)
166 (D)	167 (B)	168 (D)	169 (D)	170 (C)
171 (C)	172 (D)	173 (B)	174 (D)	175 (B)
176 (A)	177 (B)	178 (A)	179 (A)	180 (D)
181 (D)	182 (B)	183 (B)	184 (D)	185 (C)
186 (B)	187 (A)	188 (D)	189 (D)	190 (B)
191 (A)	192 (C)	193 (B)	194 (A)	195 (D)
196 (C)	197 (A)	198 (A)	199 (B)	200 (D)

PART 5

101 주어 _ 수일치

해설 빈칸은 travel과 함께 동사 앞에서 주어 역할을 하는 명사 자리이다. 복합명사로 쓸 수 있는 (A) document와 (B) documents 중에서 뒤에 복수의 인칭대명사 they가 가리키는 명사가 와야 하므로 복수명사인 (B) documents가 정답이다. (C) documented와 (D) documenting은 분사로 the travel을 뒤에서 수식한다면 각각 '기록된 여행이 처리될 것이다', '기록하는 여행이 처리될 것이다'가 되어 문맥상으로도 어색하다.

번역 여행 서류는 접수되는 대로 처리될 것이다.

어휘 process 처리하다 document 서류

102 to부정사

해설 change 뒤에 목적어(your seating assignment)가 있으므로 change는 명사가 아닌 동사로 쓰였다. 따라서 정답은 동사원형 바로 앞에 올 수 있는 to부정사의 (D) To이다. to부정사가 쉼표 앞에 쓰이게 되면 부사적 용법으로 '~하기 위해'로 해석된다. 나머지 보기는 전부 전치사로 동사 앞에 쓰일 수 없으므로 오답이다.

번역 배정된 좌석을 바꾸려면 저희 웹사이트 예약 페이지를 방문하세요.

어휘 seating 좌석, 자리 assignment 배정 reservation 예약

103 인칭대명사의 격 _ 소유격

해설 빈칸은 명사(bicycle)를 수식하는 자리이므로 인칭대명사 중 소유격 (C) his가 정답이다. 나머지 인칭대명사는 모두 대명사로 쓰여 명사를 수식할 수 없으므로 오답이다.

번역 솜차이 은행의 은행장은 비가 올 때를 제외하고 매일 직장에 자전거를 타고 다닌다.

어휘 president (업체·은행 등의) 장, 회장

104 부사 어휘

해설 '참가 신청을 하지 않은 직원들은 즉시 신청을 해야 한다'가 문맥상 자연스러우므로 정답은 (D) immediately이다. 신청을 면밀하게, 밀접하게(closely) 할 수는 없으며, 이전에(formerly) 하거나, 거의(nearly) 한다는 것은 부자연스러우므로 오답이다. 참고로 문장 중의 부사 so는 '(이미 언급된 것을 다시 가리켜) 그렇게'라는 뜻이며, 여기서 do so는 신청하는 것을 의미한다.

번역 다음 주에 열리는 보험 우수 포럼 참가 신청을 하지 않은 직원들은 즉시 해야 한다.

어휘 agent 대리인, 직원 register 등록하다, 신청하다 closely 면밀하게, 밀접하게 formerly 이전에 nearly 거의 immediately 즉시

105 형용사 자리 _ 명사 수식

해설 빈칸은 명사(methods)를 수식하는 형용사 자리이다. 따라서 정답은 형용사인 (A) different이다. 부사 (B) differently는 명사를 수식할 수 없으므로 오답이며, 명사 (C) difference와 (D) differences는 methods와 함께 복합명사로 쓰이지 않으므로 오답이다.

번역 마토스 부동산은 저평가된 부동산을 알아보는 두 가지 다른 방식을 개발했다.

어휘 method 방법 identify 알아보다, 구별하다 undervalued (가치·가격이) 너무 낮게 평가된 property 부동산, 건물

106 명사 어휘

해설 실험실복과 보안경을 착용하는 것은 모든 실험실 작업자들에게 요구되는 것(a requirement)이므로 정답은 (D) requirement이다. 착용하는 것이 (A) training(교육), (B) fulfillment(이행, 완수), (C) specialization(특화, 전문화)일 수는 없으므로 오답이다. 참고로 training은 -ing형 명사로 불가산명사이므로 부정관사 a 뒤에 쓰일 수 없다.

번역 모든 실험실 작업자들에게는 실험실복과 보안경 착용이 요구된다.

어휘 wear 착용하다 lab coat 실험실복[가운] safety goggles 보안경 laboratory 실험실 training 교육 fulfillment 이행, 완수 specialization 특화, 전문화 requirement 요구되는 것, 필요한 것

107 동사 어휘

해설 that절의 동사가 should가 생략된 동사의 원형 형태이므로 빈칸은 주장, 명령, 제안, 요구를 의미하는 동사가 들어가야 한다. 따라서 정답은 (C) recommends이다. 주장, 명령, 제안, 요구를 의미하는 동사 뒤에 나오는 that절에서는 should가 생략될 수 있어 동사원형이 바로 나올 수 있다. 「주어+ask/request/recommend/suggest/insist/order that+주어 (should) 동사원형」의 형태로 숙지해 둔다.

번역 제조사는 최적의 성능을 위해 필터를 월 최소 한 차례씩 청소할 것을 권장한다.

어휘 manufacturer 제조사 filter 필터 optimal 최적의, 최상의 performance 성능, 수행 능력 remember 기억하다 recognize 인정하다 recommend 권장하다 register 등록하다

108 부사 자리 _ 동사 수식

해설 명사인 the door opening 앞에 쓰인 measure는 '측정하다'의 뜻으로 쓰인 3형식 동사이다. 따라서 「타동사+목적어」 뒤의 빈칸은 부사 자리이므로 정답은 (C) carefully이다. (A) careful과 (B) caring은 형용사로 오답이며 (D) cares는 명사/동사로 쓰일 때 모두 문맥상, 문법상으로 어색하므로 오답이다.

번역 데이글 철문을 선택하기 전에 문이 들어갈 자리 면적을 신경 써서 측정하세요.

어휘 steel door 철문 measure (치수를) 재다 door opening (벽에 뚫린) 문이 들어갈 자리 careful 주의 깊은, 세심한 caring 배려하는, 보살피는 care 보살핌, 돌봄

109 접속사 자리

해설 빈칸 앞뒤에 should contact와 expect라는 두 개의 동사가 보이므로 빈칸은 절과 절을 하나로 연결하는 접속사 자리이다. 따라서 정답은 (A) if이다. 나머지 선택지는 모두 부사인데 (D) then(그 다음에)은 접속사인 than이나 that과 특히 혼동하기 쉬우므로 주의한다.

번역 옥패러 직원들은 하루 결근해야 할 경우 오전 10시까지 상사에게 연락해야 한다.

어휘 contact 연락하다 supervisor 상사, 관리자 miss 놓치다, 결근하다 then 그때, 그 다음에, 그럼

110 명사 자리 _ 동사의 목적어

해설 빈칸은 동사(has requested)의 목적어 역할을 하는 명사 자리이므로, 정답은 명사 (B) comparison이다. 참고로 형용사인 (A) comparable은 be comparable (in 가격/품질/크기/가치) to+명사(~면에서 ~와 비슷하다)의 형태로 자주 출제된다.

번역 이사는 단기 및 장기 임대 계약의 비용을 비교하라고 요청했다.

어휘 director 이사, 중역 short-term 단기의 long-term 장기의 rental agreement 임대 계약 comparison 비교

111 비교급 관용표현

해설 빈칸 앞 more than과 어울리는 관용표현을 묻는 문제이다. more than enough(충분하고도 남는, 너무 많은)가 적절하므로, 정답은 (D) enough이다. 참고로 비교급과 함께 쓰이는 than 뒤에는 주로 비교 대상이나 expected/predicted/anticipated 등이 쓰인다. (ex. Martin arrived earlier than me / I did / expected / usual. 마틴은 나보다 / 내가 도착한 것보다 / 예상했던 것보다 / 평상시보다 일찍 도착했다.)

번역 레이크스뷰 케이터링의 이 씨는 전채 요리 5접시면 50인 손님에게 충분하고도 남는다고 말한다.

어휘 catering 음식 조달업 tray 접시, 음식 appetizer 전채(식욕 촉진을 위해 제일 처음에 먹는 음식) more than enough 충분하고도 남는

112 동사 자리

해설 조동사(will) 뒤에는 동사원형이 나와야 하므로 정답은 동사원형 (A) transport이다. no longer는 '더 이상 ~ 아닌'이라는 뜻으로, 되는 부사이다.

번역 캐나다의 팬 철도회사는 더 이상 화물을 미국으로 수송하지 않을 것이다.

어휘 corporation 법인, 회사 freight 화물 transport 수송하다

113 형용사 자리 _ 명사 수식

해설 빈칸은 명사(results)를 수식하는 형용사 자리이므로 정답은 (B) exceptional이다. 동사를 수식하는 부사는 보통 동사 앞이나 문장 맨 뒤에 오므로 부사 (A) exceptionally는 오답이다. 명사 (C) exception과 (D) exceptions는 results와 함께 복합명사로 쓰이기에 어색하므로 오답이다.

번역 전문가들에 따르면 플래시 맥시 식기 세척용 세제가 지속적으로 매우 우수한 성과를 내고 있다.

어휘 expert 전문가 dishwashing detergent 식기 세척용 세제 consistently 지속적으로 deliver (결과를) 내놓다 exceptionally 이례적으로, 특별히 exceptional 이례적인, 매우 훌륭한 exception 예외

114 명사 어휘

해설 사원증을 찾아갈 때 보여줘야(show)하는 것은 고용된 상태라는 증거(proof)이므로 정답은 (C) proof이다. (A) process(절차), (B) analysis(분석), (D) basis(근거, 기반)을 보여준다는 것은 의미가 어색하기 때문에 오답이다.

번역 사원증을 찾아갈 때 직원들은 에크메키 협회 직원임을 입증해야 한다.

어휘 pick up (물건을) 찾아가다 identification badges 신분확인용 배지, 사원증 employment 취업, 고용 proof 증명, 증거 (서류)

115 부사 자리 _ 동사 수식

해설 빈칸은 현재진행형 동사인 is seeking 사이에서 동사를 수식하는 부사 자리이다. 따라서 정답은 (A) actively(적극적으로)이다. (B) activity(행동, 활동)는 명사, (C) active(활동적인)는 형용사, (D) activate(활성화하다)는 동사이므로 품사상 적합하지 않다.

번역 헤이즐턴 음악홀이 수리 중이기 때문에 록시 쾨니그는 여름 콘서트를 위한 새 연주장을 적극적으로 찾고 있다.

어휘 seek 찾다, 구하다   venue (행사를 위한) 장소   renovate 수리하다   actively 적극적으로

116 전치사 자리

해설 빈칸 앞에 완전한 문장이 있고 빈칸 뒤에 명사가 보이므로 빈칸은 전치사 자리이다. 따라서 정답은 (D) along with(~와 함께)이다. (B) in addition(게다가, 또한)은 부사로 오답이지만, 뒤에 to를 붙이면 in addition to(~에 더하여)가 되어 전치사가 되므로 정답이 될 수 있다. (A) too(너무, ~도 또한)와 (C) moreover(게다가, 또한)도 부사이므로 품사상 적합하지 않다.

번역 장래 세입자는 신청서와 더불어 최소 2개의 추천서를 제공해야 한다.

어휘 prospective 장래의   tenant 세입자   reference 추천서, 추천인   application 신청서   along with ~와 더불어

117 형용사 어휘

해설 빈칸은 be동사 뒤에서 주어를 수식하는 보어 자리이다. 문맥상 '컴퓨터 시스템에 관한 그녀의 지식은 방대하다'가 자연스러우므로 정답은 (A) extensive이다. 지식이 영리하거나(clever), 고려되거나(considered), 열망할(eager) 수는 없으므로 나머지는 오답이다. 참고로 「be eager to + 동사원형(몹시 ~하고 싶어하다)」는 관용 표현으로 알아두자.

번역 몰린스키 씨는 기술 지원 분야에 경험이 거의 없지만 컴퓨터 시스템에 관한 지식은 방대하다.

어휘 technical support 기술 지원   extensive 광범위한

118 명사 어휘

해설 문맥상 '여러 중요한 직책들 사이에서의 책임 분담(division)을 보여준다'가 자연스러우므로 정답은 (C) division이다. sales division에서와 같이 division을 '부서'의 뜻으로만 생각하지 않도록 주의한다. 순서도가 책임의 지원(support), 주의·집중(attention), 글·성명·명세서(statement)를 보여줄 수는 없으므로 나머지는 오답이다.

번역 첨부한 순서도를 참고해 주십시오. 여러 중요한 직책들 사이에서 책임 분담이 어떻게 되는지 보여줍니다.

어휘 refer to ~을 참고하다   attached 첨부한   flowchart 흐름도, 순서도   describe 서술하다   responsibility 책임, 업무   leadership position 요직, 중요한 직책

119 to부정사

해설 동사 strive는 to부정사를 목적어로 취한다. 따라서 정답은 (A) to enhance이다. 'strive + to부정사(~하려고 분투하다)'를 통으로 기억해 두자. (B) enhances와 (C) is enhancing은 동사라서 오답이며, (D) enhanced는 과거동사로 보면 오답이며, 과거분사라면 뒤의 명사 communication을 수식하게 되고 이때 자동사 strives 뒤에 명사인 enhanced communication(강화된 의사소통)이 목적어로 쓰일 수 없기 때문에 오답이다.

번역 훌륭한 프로젝트 관리자는 틈이 있을 때마다 부서간 커뮤니케이션을 확대하려고 노력한다.

어휘 strive to + 동사원형 ~하려고 분투하다   department 부서   enhance 강화하다

120 부사 어휘

해설 빈칸 앞의 not과 어울려 '반드시 ~는 아닌'의 부분 부정을 나타내는 어휘가 적절하다. 따라서 (B) necessarily가 정답이다. 추가로 not all은 '모두 ~는 아닌', not always는 '항상 ~는 아닌'으로 알아둔다. 참고로 접속사 although 뒤에 주어와 be동사가 생략되었고, 원래의 문장 구조는 Same-day appointments can usually be scheduled, although they are not necessarily with your usual doctor.이다.

번역 당일 진료 예약은, 꼭 귀하가 늘 진료를 받던 의사는 아닐지라도, 대개 시간을 잡을 수가 있습니다.

어휘 appointment (업무·진료 등의) 약속   schedule 일정을 잡다   not necessarily 반드시 ~한 것은 아닌   usual 평상시의, 늘 하던 대로의

121 동사 어휘

해설 빈칸 뒤에 '거래처를 넓히는 데 도움이 됐다'라는 긍정적인 내용이 있으므로 빈칸에는 공로를 인정하거나 칭찬하는 내용이 적절하다. 따라서 '~에 공로가 있다'를 의미하는 'be credited with'를 만드는 (A) credited가 정답이다. (C) agreed(동의하다)와 (D) relied(의지하다)는 문맥상 어색하므로 오답이다. (B) scored는 '점수를 매기다'라는 의미의 동사로 목적어 자리에 사람이 쓰이지 않으므로 수동태일 때 주어가 사람일 수 없다. 따라서 (B) scored도 오답이다.

번역 비에이라 씨는 스타카티 문구가 거래처를 넓히는 데 도움이 된 몇 가지 변화를 도입한 것으로 인정받는다.

어휘 be credited with ~에 공로가 있다   introduce 도입하다, 시작하다   business 사업, 거래(처)

122 전치사 자리

해설 빈칸은 자동사 standing과 명사(Dr. Dervishi) 사이의 전치사 자리이다. '더비시 박사 맞은편에'가 문맥상 자연스러우므로 정답은 (C) opposite이다. (A) from(~로 부터)은 문맥상 어색하며, (B) reverse(뒤집다; 반대, 뒷면; 반대의)와 (D) distant(먼, 떨어져 있는)는 형용사이므로 오답이다.

번역 사진에서 탕 회장은 더비시 박사 맞은편에 서 있는 것을 볼 수 있다.

어휘 opposite ~의 맞은편에; 반대의; 반대

123 형용사 자리 _ 주격 보어

해설 빈칸은 2형식 동사 is의 보어 자리이다. 따라서 정답은 형용사인 (C) accessible이다. 참고로 부사 easily가 보어인 형용사 accessible을 수식하고 있다.

번역 벤틀러 사의 새 위치는 승용차나 버스로 쉽게 접근할 수 있다.

어휘 location 위치   access 접근; 접근하다   accessibly 접근하기 쉽게   accessible 접근 가능한   accessibility 접근하기 쉬움

124 관계대명사 _ 소유격

해설 빈칸 앞뒤에 will affect와 is라는 두 개의 동사가 보이므로 빈칸은 문장을 연결할 수 있는 접속사 자리이다. 빈칸 뒤가 명사로 시작하며 한정사만 없는 완전한 절이 온 것으로 보아 정답은 소유격 관계대명사 (C) whose이다. (B) which는 주격 관계대명사 또는 목적격 관계대명사로 쓰이므로 뒤에 주어가 없거나 목적어가 없는 불완전한 절이 와야 하는데 energy consumption is high(에너지 소비가 높다)는 완전한 절이므로 오답이다. (A) its와 (D) more는 접속사 역할을 할 수 없으므로 오답이다.

번역 에너지 가격 상승은 주로 에너지 소비가 많은 업체에 영향을 미칠 것이다.

어휘 rise (가격의) 상승   mostly 주로   affect 영향을 미치다   consumption 소비

125 동사 어휘

해설 빈칸 뒤에 기한 내 공사 완료를 의미하는 내용이 있으므로 '확언하다, 장담하다'는 뜻의 동사 어휘가 어울린다. 따라서 정답은 (A) assured이다. 동사 assure는 「assure+대상+(that) 주어+동사」의 구조로 쓰이며 '~에게 ~에 대해 확인하다'의 뜻으로 쓰인다. (B) arranged는 명사나 「to+동사원형」을 목적어로 취해서 '~을/~하도록 준비하다'로 쓰이며 (C) disclosed는 명사를 목적어로 취해서 '~을 밝히다, 공개하다'로 쓰인다. (D) committed는 '범하다, 저지르다'의 의미로 어색하므로 오답이다.

번역 시 공무원들은 하몬 가 업주들에게 도로 보수가 48시간 내에 끝날 거라고 확언했다.

어휘 official 관리, 공무원   complete 완성하다   assure 확언하다, 확약하다

126 형용사 어휘

해설 빈칸 앞 nominations가 '임명 추천'이라는 의미이므로 문맥상 '공석에 대한 임명 추천'이 자연스럽다. 따라서 정답은 '비어 있는'을 의미하는 (C) vacant이다. (A) approaching(다가오는), (B) adjustable(조절 가능한), (D) united(연합된) 자리에 대한 임명 추천은 어색하므로 나머지는 오답이다.

번역 지터먼 홀딩스 이사회의 공석에 대한 임명 추천은 금요일까지 해야 한다.

어휘 nomination 지명, 추천, 임명   Board of Trustees 이사회   submit 제출하다, 제안하다   approaching 다가오는   adjustable 조절 가능한   vacant (일자리가) 비어 있는   united 연합된

127 조동사 관용표현

해설 과거부사인 last Monday(지난 월요일)가 있으므로 (A) can attend(참석할 수 있다)와 (C) should attend(참석해야 한다)는 시제상 오답이다. 뒤에 '일정이 겹쳤다'는 내용이 보이므로 '참석할 수도 있었지만 일정이 겹쳐 못했다'라는 뜻이 되어야 하므로 정답은 (D) would have attended이다. (B) must have attended는 '참석했음에 틀림없다'를 의미하므로 오답이다.

번역 우리 부서는 지난 월요일에 정책 회의에 참석할 수도 있었지만, 일정이 겹쳤다.

어휘 policy meeting 정책 회의   scheduling conflict 일정상의 혼란, 일정이 겹침   would have p.p. ~했을 텐데   attend 참석하다

128 전치사 어휘

해설 명사 앞 전치사를 묻는 문제로 문맥상 (B) Given(~을 고려해 볼 때)이 정답이다. (A) Since는 전치사일 때 '~ 이래로'의 뜻으로 오답이며, (C) Among은 뒤에 복수명사가 쓰여야 하므로 오답이다. (D) Upon은 명사 또는 동명사와 함께 '~하자마자, ~시점에'의 뜻으로 쓰이므로 오답이다(ex. upon receipt 받자마자).

번역 시의회에서 지도력이 미치는 파장을 고려할 때 메이시 스탠튼은 다음 주 시장 선거에서 승리할 것 같다.

어휘 effectiveness 효과, 유효성   leadership 지도력   town council 시의회   mayoral election 시장 선거   given ~을 고려할 때

129 명사 어휘

해설 「the+형용사+___+to부정사」의 구조이므로 빈칸은 명사 자리이다. 따라서 정답은 명사 (A) initiative(주도적임, 계획)이다. (B) initiating은 동명사나 현재분사로 쓰이며 the 뒤에 동명사가 쓰일 수 없으므로 오답이다. 참고로 동명사가 아닌 -ing형 명사는 the 뒤에 쓰일 수 있으므로 주의한다. (ex. the training(교육), the opening(공석)) (C) initiation(창시, 입문)과 (D) initiator(창시자)는 문맥상 어색하므로 오답이다.

번역 바너 사의 기록적인 수익은 운영 효율성을 찾아내는 최근의 주도성에서 기인했다.

어휘 record 기록적인   profit 수익, 이윤   result from ~에서 기인하다   identify 알아보다, 발견하다   operating efficiency 운영 효율성   initiative 주도적임, 진취성, 결단력, 계획   initiation 창시, 입문   initiator 창시자

130 접속사 어휘

해설 빈칸 앞뒤에 tend와 is라는 두 개의 동사가 보이므로 빈칸은 접속사 자리이며, 선택지가 모두 접속사이므로 해석을 통해 정답을 찾도록 한다. 앞의 절은 '고객들은 여전히 구인 광고에 짧은 공지를 싣는 경향이 있다', 뒤의 절은 '더 이상 강제적인 자수 제한이 없다'라는 의미이므로 정답은 (D) even though(비록 ~일지라도)이다. (A) as if(마치 ~인 것처럼), (B) so that(~하기 위해), (C) in case(~일 경우에 대비해서)의 의미는 적합하지 않다.

번역 더 이상 강제적인 자수 제한이 없음에도 불구하고 고객들은 여전히 구인 광고에 짧은 공지를 싣는 경향이 있다.

어휘 place a notice 공지[게시]하다 classified section 구인[구직] 광고 mandated 법에 정해진, 강제성이 있는 word limit 자수 제한 as if 마치 ~인 것처럼 so that ~하기 위해 in case ~일 경우에 대비해서 even though ~이긴 하지만, 비록 ~일지라도

Part 6

131-134 이메일

수신: 도미니크 캄피온 〈campion571@email.co.uk〉
발신: 고객 서비스부 〈cust-serv@takada.co.jp〉
날짜: 11월 2일, 금요일 오후 9시 49분
제목: 웹사이트 문의

캄피온 씨께:

BX2000 소형 카메라 사용 설명서에 관해 저희 웹사이트에 최근 의견을 주셔서 감사합니다. **132**휴대전화에 사진을 업로드하는 데 대한 설명이 혼란스러울 수도 있다는 **131**점은 저희도 동의합니다. 다른 소비자들에게도 비슷한 의견을 받았습니다. **132, 133**그리하여 저희 문서팀에서 그 부분을 수정해 카메라에서 사진들을 전송하는 데 필요한 케이블과 소프트웨어의 종류를 명확하게 했습니다. 귀하는 설명서의 **134**수정된 버전을 저희 웹사이트 "제품 정보" 부분에서 찾아볼 수 있습니다. 또는 원하신다면 저희가 인쇄 버전을 우편으로 보내드릴 수도 있습니다. 배송은 대개 1-2주 소요됩니다.

마도카 카네미츠
고객 서비스 담당
타카다 카메라 사

어휘 instruction manual 사용 설명서 miniature camera 소형 카메라 potentially 잠재적으로, 어쩌면 confusing 혼란스러운 documentation 기록, 문서화 revise 수정하다, 변경하다 clarify 분명하게 하다 transfer 전송하다 delivery 배달, 배송

131 명사절 접속사

해설 한 문장에 agree와 are 두 개의 동사가 있으므로 빈칸은 접속사 자리이며, agree의 목적어인 명사절 접속사 문제이다. 명사절 접속사 (A) that과 (C) what 중에 명사절 접속사 that 뒤에는 완전한 절, 명사절 접속사 what 뒤에는 불완전한 절이 오는데 빈칸 뒤에 완전한 절이 왔으므로 정답은 (A) that이다. 전치사인 (B) on과 (D) of는 오답이다.

132 문맥에 맞는 문장 고르기

번역 (A) BX2000 카메라는 저희 회사에서 가장 잘 팔리는 모델 중 하나입니다.
(B) 사용 설명서는 저희 웹사이트에서 다운로드 받을 수 있습니다.
(C) 다른 소비자들에게도 비슷한 의견을 받았습니다.
(D) 저희는 팀에 합류할 재능 있는 직원들을 항상 찾고 있습니다.

해설 빈칸 앞 문장에서 휴대전화에 사진을 업로드하는 데 대한 설명이 혼란스러울 수 있다는 점에 동의한다(We agree with you that the instructions for uploading pictures to a mobile phone are potentially confusing)고 했고, 뒷문장에서 문서팀에서 그 혼란되는 부분을 수정했다(Our documentation team has therefore revised the section)고 말하고 있다. 캄피온 씨뿐만 아니라 다른 소비자들에게서도 비슷한(similar) 의견을 받았기 때문에 수정을 결정했을 것이므로 빈칸에는 다른 소비자들의 피드백에 대한 내용이 이어지는 것이 문맥상 자연스럽다. 따라서 정답은 (C)이다.

133 부사 어휘

해설 빈칸은 앞뒤 문장을 자연스럽게 이어줄 접속부사 자리이다. 앞에서 설명이 혼란스러울 수 있다는 의견을 캄피온 씨와 다른 소비자들에게서 받은 것이 원인이 되어 그 부분을 수정한 것이므로, 원인과 결과를 연결하는 접속부사 (C) therefore(그리하여, 따라서)가 정답이다. (A) instead(그 대신에), (B) likewise(마찬가지로), (D) nevertheless(그럼에도 불구하고)는 문맥상 적절치 않다.

134 형용사 어휘

해설 타카다 카메라 사가 매뉴얼에서 혼란스러운 부분을 수정했으므로, 의견을 제시한 캄피온 씨에게 수정된 버전을 어디서 찾아볼 수 있는지에 대해 알려줘야 한다. 따라서 정답은 (B) updated(수정된, 최신의)이다. (A) original(원래의), (C) absolute(절대적인), (D) focused(집중적인) 버전은 모두 문맥상 어색하므로 오답이다.

135-138 이메일

수신: saul_ortega@jmail.net
발신: k_morris@tknmanufacturing.com
날짜: 10월 18일
제목: 공장 관리직

오르테가 씨,

귀하는 두 번째 면접에 공식적으로 초대받았습니다. 이번에는, 제가 상위 지원자들만 만나 관리자 직책으로 누가 가장 **135**적합한지 결정할 예정입니다. 귀하는 우리가 찾고 있는 **136**자질을 많이 가지고 계실 거라고 생각합니다.

이 취업 기회에 여전히 관심이 있으리라 믿으며, **137**그러시다면, 다음 주 화요일 오후 1시 약속이 괜찮으신지요? **138**귀하라면 어떻게 저희 공장에서 품질 저하 없이 생산을 증대시킬지를 설명하는 제안서를 준비해 주십시오. 효율적인 업무 현장에 대한 귀하의 식견을 듣기를 고대합니다.

카렌 모리스
TKN 제조
202-555-0127 내선번호 23

어휘 officially 공식적으로 candidate 지원자, 후보자 determine 결정하다 possess 소유하다 proposal 제안, 제안서

135 형용사 자리 _ 주격 보어

해설 빈칸은 관계대명사절의 2형식 동사(is) 뒤의 보어 자리로 정답은 형용사 (B) suitable(적합한)이다. 동사로 '적합하다', 명사로 '정장'의 뜻이 되는 (C) suit와 (D) suits는 오답이며, (A) suiting은 타동사인 suit에서 파생된 현재분사로 본다면 뒤에 목적어가 있어야 하므로 오답이다.

136 명사 어휘

해설 두 번째 면접에 참석하도록 제안하는 이메일이므로 '우리가 찾고 있는 (관리자로서의) 자질(qualities)을 많이 가지고 계실 거라 생각한다'가 문맥상 자연스러우므로 정답은 (C) qualities(자질)이다. 우리가 찾고 있는 (A) agreements(합의, 계약), (B) performances(성과, 성능, 공연), (D) promotions(승진, 판촉, 촉진)를 가지고 있다는 것은 문맥상 어색하므로 오답이다.

어휘 quality 자질, 품질

137 부사 어휘

해설 빈칸에는 앞뒤의 문장을 자연스럽게 이어줄 부사가 필요하다. 빈칸 앞 문장에서 이 취업 기회에 여전히 관심이 있으리라 믿고 있다(I trust that you remain interested in this job opportunity)고 했으며, 뒤 문장에서 구체적인 면접 일시(a 1:00 P.M. appointment next Tuesday)를 언급하고 있으므로 정답은 (B) If so(만약 그렇다면)이다. (A) Despite that(그것에도 불구하고), (C) However(그러나), (D) For example(예를 들어)은 문맥상 어울리지 않으므로 오답이다.

138 문맥에 맞는 문장 고르기

번역 (A) 기쁜 마음으로 취업 추천서를 써드릴 수 있습니다.
(B) 제 조수가 귀하에게 새로운 업무를 교육시켜 줄 것입니다.
(C) 효율적인 업무 현장에 대한 귀하의 식견을 듣기를 고대합니다.
(D) 귀하의 새 제품 아이디어가 특별히 유익했습니다.

해설 앞 문장에서 '품질 저하 없이 생산을 증대시킬지를 설명하는 제안서를 준비해 달라(Please prepare a proposal that explains how you would increase)'고 했으므로, 문맥상 공장 관리직에 지원하는 오르테가 씨의 전문적 지식을 높이 평가하면서 곧 있을 2차 면접에 대한 기대를 나타내는 내용이 이어지는 것이 자연스럽다. 따라서 정답은 (C)이다.

어휘 reference 추천서, 보증서 duty 업무, 임무 vision (미래에 대한) 기대, 식견 efficient 효율적인 informative 유익한

139-142 광고

안경을 쓰요? 오늘 컬러 솔루션즈에 연락하세요!

6월에 컬러 솔루션즈는 옵토메트리카 21을 대신해 소비자 연구를 시행할 예정입니다. 이를 위해 21세에서 65세까지의 안경 착용자를 139찾고 있습니다. 141참가자들은 연구 시작 140시점에 2년이 되지 않은 처방전을 가지고 있어야 합니다. 저희가 확인을 위해 서류를 요청하게 될 것입니다.

관심 있는 분들은 cullersolutions.com/eyeglass_study에서 간단한 설문을 작성해 주시기 바랍니다. 자격이 있는 지원자는 저희 직원의 연락을 받게 될 겁니다. 연구가 끝나는 대로 각 참가자는 100달러 상당의 상품권을 142받게 됩니다.

어휘 conduct (연구·실험 등을) 행하다 on behalf of ~을 대신[대표]해서 eyeglass wearer 안경 착용자 prescription 처방(안경사가 적당한 렌즈를 위해 시력 교정 사항을 명시한 것) fill out 작성하다 survey 설문 (조사) qualified 자격이 있는 applicant 신청자 upon ~하자마자(= on) completion 완성 gift card 상품권 valued at 가격이 ~에 상당하는

139 동사 어휘

해설 앞 문장에서 소비자 연구를 시행할 것(will be conducting a consumer study)이라 했으므로, 연구 대상이 될 안경 착용자들을 '찾고 있다(are seeking)'가 자연스럽기 때문에 정답은 (A) seeking이다. 안경 착용자들을 보증하거나, 보험들 수는 없고(insuring), 승진시키거나, 판촉할 수도 없으며(promoting), 보여준다(showing)는 것도 어색하기 때문에 나머지는 모두 오답이다.

140 전치사 어휘

해설 '연구 시작 시점에 2년이 되지 않은 처방전을 가지고 있어야 합니다'가 자연스러우므로 정답은 시점과 함께 쓰이는 전치사 (D) at이다. at은 특히 'the start[end] of the week[month] (그 주[달] 말[초])에'처럼 the start, the end와 함께 쓰인다. 연구 시작을 제외하고(except for), 연구 시작으로서(as), 연구 시작 때문에(because of)는 모두 문맥상 어색하므로 오답이다.

141 문맥에 맞는 문장 고르기

번역 (A) 저희는 할인된 안경테를 주문할 권리를 가지고 있습니다.
(B) 저희가 확인을 위해 서류를 요청하게 될 것입니다.
(C) 저희가 꾸러미에 서류 한 부를 동봉할 것입니다.
(D) 저희는 귀하가 즉시 처방 비용을 지불할 것을 요청합니다.

해설 앞에서 연구 대상자의 조건으로 2년이 되지 않은 처방전(a prescription that is less than two years old at the start of the study)을 언급했으므로, 빈칸에는 정확한 연구 결과를 위해 그에 대한 확인 작업에 대한 내용이 이어지는 것이 문맥상 자연스럽다. 따라서 정답은 (B)이다.

어휘 reserve the right 권리를 갖다[보유하다] eyeglass frame 안경테 confirmation 확인 enclose 동봉하다, 첨부하다 packet 꾸러미, 패킷

142 동사 자리 _ 시제

해설 빈칸은 주어(each participant) 뒤의 동사 자리이다. 동사 (A) will receive와 (B) had received 중에 연구가 끝나는 시점은 미래이므로 정답은 미래시제인 (A) will receive이다. 동사가 아닌 (C) to receive와 (D) to be received는 오답이다.

143-146 기사

서니빌 데일리 타임스

지역 소식

(5월 5일) – 월요일 의회 회의에 이어 탐 비엘 시장은 시 운송업 종사자가 되려는 사람들을 위한 교육 프로그램을 도입하겠다고 발표했다. 기자회견 자리에서 시장은 운전사와 정비공에 대한 현재의 ¹⁴³수요를 언급했다. ¹⁴⁴특히, 시장은 이처럼 급박한 충원 필요성을 촉발한 요인으로 직원들의 은퇴 급증을 지적했다. 이 발표는 대다수 시 직원들의 동의를 ¹⁴⁵얻었다. ¹⁴⁶하지만 넬슨 지구 의원인 로라 오초아는 이에 반대했다. 그녀는 이미 숙련되어 있는 근로자들을 모집하기를 원하고 있다.

어휘 aspiring 장차 ~가 되려는 transportation 운송, 교통 press conference 기자회견 mechanic 정비공 wave 급증 trigger 촉발하다 staffing 직원 채용 meet with approval 동의[승인]를 얻다 representative 대표(자), 대의원, 국회의원 unconvinced 납득하지[찬성하지] 않는

143 명사 어휘

해설 장래의 시 운송업 종사자들을 위한 새로운 교육 프로그램의 도입을 발표하면서 시장이 언급한 것은 운전사들과 정비공들에 대한 '수요[요구]'이다. 뒷문장에서 '이처럼 급박한 충원 필요성(these urgent staffing needs)'이라 했고, these는 지시형용사로 앞에서 언급한 것을 지칭하므로, 정답은 needs(요구)와 동의어가 되는 (C) demand(요구, 수요)이다. (A) settlement(합의, 해결), (B) reduction(감소, 할인), (D) difficulty(어려움)는 문맥상 적합하지 않다.

144 부사 어휘

해설 앞 문장에서 '시장은 운전사와 정비공에 대한 현재의 수요를 언급했다(he noted the current demand for both drivers and mechanics)'고 했고, 뒤 문장에서는 '시장은 이처럼 급박한 충원 필요성을 촉발한 요인으로 직원들의 은퇴 급증을 지적했다(he pointed to a wave of employee retirements as having triggered these urgent staffing needs)'고 했다. 현재의 수요가 어떤 원인에 의한 것인지를 구체적으로 언급했으므로 정답은 (A) Specifically(특히, 구체적으로)이다. (B) Undoubtedly(의심할 여지없이), (C) Regardless(개의치 않고), (D) Besides(게다가)는 앞 뒤 문맥상 어색하다.

145 동사 자리 _ 시제

해설 빈칸은 주어(The announcement) 뒤의 동사 자리이며 과거에 발생한 일이므로 정답은 (D) was met이다. 동사가 아닌 to부정사인 (B) to meet은 오답이며, 동사 (A) will be meeting과 (C) had been meeting은 시제가 맞지 않아 오답이다.

146 문맥에 맞는 문장 고르기

번역 (A) 그녀는 불만에 대응해 승차권 가격을 내릴 것을 기대한다.
(B) 그녀는 운전면허 시험이 더 철저해야 한다고 생각한다.
(C) 그녀는 이미 숙련되어 있는 근로자들을 모집하기를 원하고 있다.
(D) 그녀는 도시 버스 교체를 시작하는 게 너무 이르다고 느낀다.

해설 빈칸 앞에 시 운송업 종사자가 되고자 하는 사람들을 위한 교육프로그램을 도입하는 것에 대해 대다수 시 직원들이 동의했는데 로라 오초아는 납득하지 못했다는 내용이 왔으므로, 빈칸에는 반대하는 이유에 대한 내용이 이어지는 것이 문맥상 자연스럽다. 따라서 그녀는 (신규 교육보다) 이미 숙련되어 있는 근로자들을 모집하기를 원한다는 (C)가 정답이다.

어휘 in response to ~에 대응하여 complaint 불만 thorough 철저한 recruit 모집하다 skilled 숙련된

Part 7

147-148 문자 메시지

발신: 아마르 하디, 555-0174
수신: 웬디 소렌슨
9월 19일, 월요일, 오전 10시 48분

웬디, 내 컴퓨터 배터리가 거의 다 됐는데. 전원 코드를 사무실에 놔두고 왔어요. ¹⁴⁷다음 영업 고객한테 전화해서 내가 30분 정도 늦는다고 얘기해 줄 수 있을까요? ¹⁴⁸코드 가지러 지금 사무실로 운전해서 돌아가요.

어휘 dead (배터리가) 다 닳은 power cord 전원 코드

147 주제 / 목적

번역 하디 씨가 소렌슨 씨에게 문자 메시지를 보낸 이유는?
(A) 자신의 전원 코드를 찾았는지 물어보기 위해
(B) 고객에게 연락해 달라고 요청하기 위해
(C) 기기를 재충전하라고 알려주기 위해
(D) 영업 약속 장소를 확인하기 위해

해설 메시지의 중반부에서 고객에게 전화해서 30분 정도 늦는다고 말해달라(Could you call my next sales client and tell her I'll be about 30 minutes late)고 했으므로 정답은 (B)이다.

▶▶Paraphrasing 지문의 call my next sales client
→ 정답의 contact a customer

148 추론 / 암시

번역 하디 씨는 다음에 무엇을 하겠는가?
(A) 컴퓨터를 찾는다
(B) 사무실로 돌아온다
(C) 전원 코드를 구입한다
(D) 기술 지원 팀에 전화한다

해설 메시지를 보낸 사람이 하디 씨이므로 지문의 주체를 하디 씨로 봐야 한다. 마지막 문장에서 코드를 가지러 사무실로 돌아간다(Driving back to the office to get the cord now)고 했으므로 정답은 (B)이다.

▶▶Paraphrasing 지문의 Driving back to the office
→ 정답의 Return to his office

149-150 기사

시내 주변 소식

149브라이트 스카이 카페 주인 마르타 패딜라는 오크 스트리트 422번지에 두 번째 레스토랑을 위한 임차 계약을 했다. 케이드 극장에 인접한 이 건물은, 전에 핼든 은행 지점이 있던 곳이다. 티에라 비스트로라고 불릴, 패딜라 씨의 새 업소는 6월 5일에 서비스를 시작한다. 하지만 초기에는 식당을 저녁 시간에만 열 예정이다. 150이 아이디어는, 점심 서비스를 추가하기 전에, 특히 극장 관객들 중에서 단골을 끌어들이기 위한 것이다. 패딜라 씨의 성공한 본 음식점, 브라이트 스카이 카페는 세컨드 스트리트, 윈 파머스 마켓 버스 정거장 근처에 위치한다. 총주방장 아만도 루카가 두 곳 모두 감독할 예정이다.

어휘 lease 임대차 계약 adjacent to ~에 인접한 formerly 예전에 house (장기적으로) 장소를 제공하다 venture 모험적인 사업[업체] bistro 작은 음식점, 비스트로 following 지지자들, 추종자들, 팬 theatergoer 극장에 (자주) 가는 사람 eatery 음식점 executive chef 총주방장 oversee 감독하다, 관리하다

149 주제 / 목적

번역 기사의 목적은 무엇인가?
(A) 성공한 부동산 판매인 소개
(B) 새 업체 개업 알리기
(C) 레스토랑 이전 보도
(D) 소유주 변경 발표

해설 기사의 첫 문장에서 브라이트 스카이 카페 주인 마르타 패딜라는 오크 스트리트 422번지에 두 번째 레스토랑을 위한 임차 계약을 했다(Bright Sky Café owner Marta Padilla has signed a lease for a second restaurant at 422 Oak Street)고 했으므로 정답은 (B)이다. 마르타 패딜라는 임차 계약을 한 것이며, 부동산 판매인이 아니기 때문에 (A)는 오답이다. 또한 두 번째 음식점이라고 했으며, 이전을 한 것이 아니므로 (C)도 오답이다. 마지막 문장의 아만도 루카는 총주방장의 이름이며 소유주가 변경된 것이 아니므로 (D)도 오답이다.

150 사실 관계 확인

번역 티에라 비스트로에 관해 명시된 것은?
(A) 6월 5일부터 점심을 제공할 예정이다.
(B) 대중 교통 노선 근처에 위치한다.
(C) 패딜라 씨의 첫 번째 레스토랑이다.
(D) 극장 고객들을 손님으로 받으리라 예상된다.

해설 중반부에서 이 아이디어는 점심 서비스를 추가하기 전에 극장 관객들 중에서 단골을 확보하고자 함(The idea is to attract a following, especially among theatergoers, before adding a lunch service)이라고 했으므로 정답은 (D)이다. 첫 문장에서 티에라 비스트로가 패딜라 씨의 두 번째 레스토랑임을 확인했으므로 (C)는 오답. 지문의 중간에 6월 5일에 개점을 하지만 우선 저녁시간에만 문을 열 것이라 했으므로 (A)도 역시 오답이다. 지문의 아래 쪽에 버스정류장과 가까운 것은 브라이트 스카이 카페임이 언급되었으므로 (B)도 오답이다.

151-153 메모

수신: 가스턴 건축 사 전 직원
발신: 아치 웬트워스, 선임 파트너
주제: 전 직원 회의
날짜: 3월 20일

전 직원에게,

1513월 27일 다음 주 월요일 203호에서 열리는 전 직원 회의 때는 특별한 손님을 모실 예정입니다. 베라 파블로비치는 코펜하겐에 있는 뇌르고르-홀름 회사의 선임 건축가로, 그곳에서 지난 4년간 일했습니다. 그녀는 스톡홀름의 이베르센 빌딩은 물론 코펜하겐의 룬 하우스 설계를 주도했습니다. 두 빌딩은 매끈하면서도 독창적인 디자인으로 국제적인 상을 수상했습니다. 유럽에서 명성을 얻기 전에 파블로비치 씨는 뉴욕 시 엘리슨-그랜트 건축가 그룹에서 8년을 보냈습니다. 152제가 그녀와 공동으로 몇 가지 프로젝트를 진행할 기회를 얻었던 것도 엘리슨-그랜트에서였습니다. 153파블로비치 씨는 다음 주에 이곳 에든버러에 머물 것이고, 우리 회의에서 국제적으로 찬사를 받은 자신의 디자인 프로젝트 몇 건에 대해 이야기해주기로 동의했습니다. 모든 직원은 반드시 참여해 주시기 바랍니다.

어휘 architect 건축가 sleek (모양이) 매끈한 innovative 독창적인 make a name 명성을 얻다 collaborate with ~와 협동하다[공동 작업하다] acclaimed 찬사를 받은 urge 강력히 권고하다

151 주제 / 목적

번역 메모는 무엇에 관해 말하고 있나?
(A) 지사를 열기 위한 계획
(B) 새 직원 고용
(C) 프로젝트 제안
(D) 한 건축가의 업적

해설 첫 문장에서 전 직원 회의에 특별 손님을 모시게 될 것(Next Monday, 27 March, we will have a special guest at our all-staff meeting in room 203)이라고 했으며, 그 다음 문장에서부터 베라 파블로비치 씨의 경력과 수상내역 등을 언급(Vera Pavlovich is a senior architect at the Nørgaard-Holm Firm in Copenhagen, where she has worked for the past four years)했으므로 정답은 (D)이다.

152 사실 관계 확인

번역 웬트워스 씨는 파블로비치 씨에 관해 무엇을 명시하는가?

(A) 자사 프로젝트 중 하나를 위해 디자인 작업을 할 것이다.
(B) 파블로비치 씨가 자신의 회사를 열 계획이다.
(C) 파블로비치 씨는 자신의 예전 동료이다.
(D) 파블로비치 씨는 새 도시로 옮기는 중이다.

해설 지문의 중간 부분에서 웬트워스 씨가 파블로비치 씨와 엘리슨-그랜트 건축가 그룹에서 그녀와 몇 가지 프로젝트를 공동으로 진행했다(It was at Ellison-Grant that I had the chance to collaborate with her on several projects)고 했으므로 정답은 (C)이다. 파블로비치 씨가 에든버러에 오는 이유는 연설을 하기 위함이며, 엔트워스 씨 회사의 프로젝트를 맡는 것은 아니므로 (A)는 오답이며, 방문이지 이주를 하는 것은 아니므로 (D)도 역시 오답이다. 그녀가 자신의 회사를 열 계획이라는 것은 언급된 바가 없으므로 (B)도 오답이다.

153 세부 사항

번역 가스턴 건축 사는 어디에 위치하는가?

(A) 에든버러
(B) 뉴욕 시
(C) 스톡홀름
(D) 코펜하겐

해설 선택지의 도시명이 지문에 모두 나와 있으므로 하나씩 확인해 본다. 지문 후반부에서 파블로비치 씨는 다음 주에 이곳 에든버러에 머물 것(Ms. Pavlovich will be here in Edinburgh next week)이라고 했으므로 정답은 (A)이다.

154-155 문자 메시지

아서 첸 오후 5:49
¹⁵⁴조금 전에 엘리너가 당신한테 판매 수치와 함께 이메일을 보냈어요. 언제 답을 받을 수 있을지 궁금해 하고 있어요.

디에고 몬테스 오후 5:50
저 지금 자리에 없어요. 수치가 예상보다 낮아서 걱정하는 거 같아요?

아서 첸 오후 5:50
아마도요.

디에고 몬테스 오후 5:51
¹⁵⁴난 병 충전기 확인해 보라고 불려 나왔어요. 기계가 제대로 작동을 안 해요.

아서 첸 오후 5:52
기술자를 불러야 할까요?

디에고 몬테스 오후 5:54
내가 처리해 볼게요. ¹⁵⁵목요일 오후로 전화회의를 준비해 주시는 게 어떨까요? 팀에서 보고서를 논의해야 할 거예요.

아서 첸 오후 5:54
그러죠.

어휘 sales figures 판매 수치 bottling machine 병 충전기(병에 액체를 채워 넣는 기계) call away 불러내다 act up (기계 등이) 제대로 작동하지 않다 handle 처리하다 arrange (모임·행사 등을) 준비하다 conference call 전화회의

154 의도 파악

번역 오후 5시 50분에 몬테스 씨가 "저 지금 자리에 없어요"라고 쓸 때, 그 의도는 무엇인가?

(A) 퇴근했다.
(B) 약속에 못 나갈 것이다.
(C) 첸 씨의 사무실을 방문하는 중이다.
(D) 엘리너에게 답해 줄 수 없다.

해설 5시 49분 메시지에서 엘리너가 판매 수치와 함께 이메일을 보냈고 답을 기다린다고 했다. 그리고 몬테스 씨가 지금 자리에 없는 이유는 5시 51분 메시지의 병 충전기 확인해 보라고 불려 나왔다(I got called away to check the bottling machine)라는 말에서 드러난다. 따라서 몬테스 씨는 외근 중이어서 이메일을 확인하지 못했고 답을 할 수 없으므로 (D)가 정답이다.

155 세부 사항

번역 첸 씨는 어떤 일을 해 달라고 요청 받나?

(A) 서류 검토
(B) 회의 일정 잡기
(C) 여행 계획 확정
(D) 장비 수리

해설 첸 씨에 대한 요청은 5시 54분 메시지 중 'Why don't you(~하는 게 어때요?)'로 시작하는 권유 문장에 나타나 있다. 목요일 오후로 전화회의를 준비해 달라(Why don't you arrange a conference call for Thursday afternoon)고 했으므로 정답은 (B)이다.

▶Paraphrasing 지문의 arrange a conference call
→ 정답의 Schedule a meeting

156-158 편지

칼몬트 미술관
테너 로드 254번지
해밀턴 HM 12
www.calmont.org.bm

12월 19일

레지 사이어 씨
네빌 레인 16번지
패짓 PG 05
버뮤다

사이어 씨께:

칼몬트 미술관 회원으로서 귀하는 머지 않아 '회원 감사의 달' 할인 혜택을 이용하실 수 있습니다. ¹⁵⁸1월 1일부터 31일까지, 회원들은 기념

품점 모든 상품에 대해 20% 추가 할인을 받을 수 있습니다. ^{156, 158}회원들은 또한 카페에서 식사를 하면서 무료로 커피나 차를 제공받게 됩니다. ¹⁵⁸게다가, 1월 31일까지 처음으로 회원이 되시는 분들은 회비 10%를 할인해 드립니다. 그러므로 친구들에게 온라인에 접속해 등록할 수 있도록 장려해 주십시오.

1월은 또 다른 이유로 미술관을 방문하기 아주 좋은 때입니다. ^{157, 158}1월 한 달간 금요일마다, 현대 버뮤다 화가들의 조각과 회화가 전시되는 곳인 이전에 폐쇄되어 있던 3층 갤러리가 오후 9시까지 모든 입장객에게 개방됩니다. 이들 갤러리에서 엄선된 미술품의 사진을 저희 웹사이트에서 보실 수 있습니다.

다음 달에 여러분을 만날 수 있기를 바랍니다.

일리아나 쿠퍼
회원 서비스 책임자

어휘 take advantage of ~을 이용하다 saving 감액 complimentary 무료의 first-time 처음으로 하는 membership fee 회비 encourage 장려하다 sign up 등록하다 previously 예전에 feature (영화·전시 등에) 등장시키다 contemporary 현대의 select 엄선된 artwork 미술품

156 사실 관계 확인

번역 칼몬트 미술관 건물에 관해 사실인 것은?

(A) 레스토랑이 있다.
(B) 한 달간 문을 닫을 것이다.
(C) 사진을 전시한다.
(D) 미술 강좌를 위한 스튜디오가 있다.

해설 첫 단락에서 회원들은 또한 카페에서 식사를 하면서 무료로 커피나 차를 제공받게 된다(Members will also be offered a complimentary cup of coffee or tea with their meal in the café)고 했으므로 정답은 (A)이다. 두 번째에서 폐쇄되어 있던 (closed) 3층 갤러리가 1월에 금요일마다 개관될 것이라 했고, 미술관을 닫을 것이라는 내용은 없으므로 (B)는 오답이다. 두 번째 단락 마지막 문장에서 미술품의 사진은 웹사이트에 게시된 것이지, 칼몬트 미술관 건물에 전시된 것이 아니므로 (C)도 역시 오답이며, 미술 강좌를 언급한 부분이 없으므로 (D)도 오답이다.

157 세부 사항

번역 편지에 따르면 금요일에는 무엇이 다를 것인가?

(A) 미술관 입장이 무료이다.
(B) 갤러리를 추가로 연다.
(C) 기념품점 영업시간이 연장될 것이다.
(D) 버뮤다 작가의 미술품을 판매할 것이다.

해설 지문 두 번째 단락에 있는 Every Friday에 주목한다. 닫혀 있던(closed) 3층 갤러리가 1월에 금요일마다 개관될 것(Every Friday of the month, the previously closed third-floor galleries, which feature sculptures and paintings by contemporary Bermudian artists, will be open to all visitors until 9:00 P.M.)이라고 했으므로 정답은 (B)이다.

▶▶ **Paraphrasing**   지문의 Every Friday → 질문의 on Fridays

158 문장 삽입

번역 [1], [2], [3], [4]로 표시된 자리 중 다음 문장이 들어가기에 가장 적절한 곳은?

"1월은 또 다른 이유로 미술관을 방문하기 아주 좋은 때입니다."

(A) [1]
(B) [2]
(C) [3]
(D) [4]

해설 첫 단락에서는 '회원감사의 달'인 1월에 이용할 수 있는 여러 할인 혜택을 언급했다. 두 번째 단락에서는 1월 매주 금요일에 3층 갤러리가 한시적으로 열리게 될 것을 알리고 있으며, 이 특별 전시가 할인 혜택과 더불어 1월을 미술관을 방문하기 좋은 때로 만드는 또 다른 이유 (another reason)이므로 정답은 (C)이다. (B) [2]는 멤버십 가입을 위해 미술관을 방문(visit)하는 것이 아니라, 온라인으로 등록이 가능하므로 오답이다.

159-160 이메일

수신: 모아나 딕슨 〈mdixon@jeminatoys.com.au〉
발신: 소현 안 〈sahn@jeminatoys.co.kr〉
제목: 제미나 완구의 기념일
날짜: 6월 20일
첨부: 시작 행사

딕슨 부사장께,

¹⁵⁹한국에서 열리는 제미나 완구 50주년 기념행사를 위해 관심을 끌 만한 몇 가지 행사와 이런저런 광고들이 준비되어 있습니다. 시작 연회는 8월 2일 서울의 그랜드 하퍼 호텔에서 열릴 예정입니다. 귀빈으로 저희와 함께해 주실지 귀하의 결정을 꼭 듣고 싶습니다. 첨부된 초대장이 보이실 겁니다.

¹⁵⁹일련의 창립 기념 매장 판매를 위해 올해 남은 기간 동안 정기적으로 발표될 광고를 계획했습니다. 이들 각각에 앞서 보도자료도 내보낼 계획입니다. ¹⁶⁰최종 결정이 되면 완성된 일정표를 드리겠습니다.

소현 안
한국 마케팅 이사, 제미나 완구

어휘 kickoff (행사·활동의) 시작 celebration 축하, 기념행사 high-profile 대단히 주목 받는 in place 준비된 banquet 연회 eager 열망하는 guest of honour 주빈 arrange 준비하다, 계획하다 in-store 매장 내의 anniversary 기념일 launch 시작하다, 출시하다 periodically 정기적으로 remainder 나머지 press release 보도자료 complete 완전한, 완벽한 finalize 완료하다, 최종 결정하다

159 주제 / 목적

번역 이메일의 목적은 무엇인가?

(A) 할인 제품에 대한 문의
(B) 호텔 예약 확정
(C) 만찬 참가 동의
(D) 홍보 계획 보고

해설 한국 지사의 마케팅 이사인 안소현 씨가 딕슨 부사장에게 보내는 이 메일이다. 첫 단락에서 50주년 기념행사를 위해 몇 가지 행사와 광고가 준비되어 있다(Several high-profile events and a mix of advertisements are now in place for Jemina Toys' celebration of fifty years in Korea)고 했고, 두 번째 단락에서 일련의 창립 기념 매장 판매를 위해 올해 남은 기간 동안 정기적으로 발표될 광고를 계획했고 이들 각각에 앞서 보도자료도 내보낼 계획(We just arranged advertising for a series of in-store anniversary sales that will launch periodically over the remainder of the year. We'll also be sending out press releases before each of these)이라고 했다. 따라서 기념행사 홍보에 관해 이야기하고 있으므로 정답은 (D)이다.

160 세부 사항

번역 안 씨는 후에 무엇을 보내겠다고 약속하나?
(A) 수정된 초대장
(B) 향후 행사 목록
(C) 여행 일정표
(D) 최근의 매출 보고서

해설 제미나 완구의 50주년을 기념하는 여러 행사와 그 홍보 계획을 보고하면서 두 번째 단락 마지막 문장에서 최종 결정이 되면 완성된 일정표를 주겠다(I'll provide you with a complete schedule once it is finalized)고 했으므로 정답은 (B)이다.

161-164 기사

롱 라이드 더 길어질까?

글: 셀마 곤잘레스

월요일에, **161현재 롱 라이드 오토바이를 생산하고 있는 제조업체인 치엔 모터스가**, 신제품 플래시 JX 모델 출시가 지연된다고 발표했다. 업계 경쟁사들은 이 소식에 놀랍다는 반응이다. 그리고 롱 라이드 오토바이 팬들은 온라인에 한꺼번에 접속해 치엔 모터스가 많은 기대를 받은 3월 첫 공개를 취소한 것에 대해 불만을 표시했다.

플래시 JX에, 가솔린과 전력 둘 다 사용하는, 하이브리드 시스템을 갖추게 한다는 결정이 문제인 것으로 보인다. **162 (A), (D)치엔 모터스는 지금의 시제품이 과도한 크기와 무게 때문에 거부당했다**는 것을 시인한다. 이 같은 동력 장치 설계라면 계획했던 것보다 오토바이 차체가 더 커야 했을 것이다. **162 (C)이들은 또한 파워 출력의 부족에 대해서도 우려했다**.

디자인상의 어려움 외에, **163롱 라이드 공장은 이전 모델을 생산하기 위한 설비를 갖추고 있기 때문에 플래시 JX 하이브리드 생산을 위한 준비가 되어 있지 않다**. 새로운 장비도 구입해야 하고, 조립 작업장도 재배치해야만 할 것이다.

164지난해 치엔 모터스는 롱 라이드를 파산 위기에서 구하기 위해 발 벗고 나선 후 열혈 팬들에게 널리 찬사를 받았다. 12개월 사이 너무나도 큰 변화가 있었다. 이제 그들은 이 잠재 고객들의 호의를 되찾아야 할 것이다.

어휘 motorcycle 오토바이 competitor 경쟁자 en masse 집단으로 frustration 좌절감, 불만 anticipated 기대되는 roll-out (신제품의) 첫 공개 equip A with B A에 B(장비)를 갖춰주다 be to blame (잘못의) 책임이 있다 admit 인정하다 prototype 시제품 excessive 지나친 power system 동력 장치 output 출력, 산출 에너지 challenge 도전, 시험대 previous 이전의 assembly 조립 floor 작업장 reconfigure (시스템·기기 등을) 재배열[재설정]하다 enthusiast 열렬한 팬 step in 나서다, 개입하다 go out of business 파산하다, 폐업하다

161 사실 관계 확인

번역 치엔 모터스에 관해 명시된 것은?
(A) 롱 라이드 오토바이 브랜드를 소유하고 있다.
(B) 한 모델을 할인 가격으로 판매할 계획이다.
(C) 본사를 이전할 계획이다.
(D) 3월에 신제품 오토바이를 내놓을 것이다.

해설 첫 단락에서 현재 롱 라이드 오토바이를 생산하고 있는 제조업체인 치엔 모터스가(Chien Motors, the manufacturer now producing Long Ride motorcycles)라고 했으므로 정답은 (A)이다. (B)와 (C)에 대해선 언급된 바가 없어서 오답이다. 첫 단락 마지막 문장에서 치엔 모터스가 많은 기대를 받은 3월 첫 공개를 취소했다(canceling March's much-anticipated roll-out)고 했으므로 (D) 또한 오답이다.

162 사실 관계 확인

번역 동력 장치의 문제점으로 언급되지 않은 것은?
(A) 너무 무겁다.
(B) 너무 비싸다.
(C) 너무 약하다.
(D) 너무 크다.

해설 두 번째 단락 전체에서 동력 장치의 문제점을 언급하고 있다. 두 번째 문장에 과도한 크기와 무게(excessive size and weight)가 언급되어 있으므로 (A), (D)가 사실임을, 마지막 문장에 파워 출력의 부족(its lack of power output)이 언급되어 있으므로 (C)가 사실임을 알 수 있다. 따라서 정답은 (B)이다.

▶▶Paraphrasing 지문의 excessive size and weight
→ 보기의 too large/too heavy
지문의 its lack of power output
→ 보기의 too weak

163 세부 사항

번역 공장을 개조하는 이유는 무엇인가?
(A) 새로운 규제를 준수하지 않는다.
(B) 10년 넘게 개선하지 않았다.
(C) 이전 모델들을 제작하기 위해 세워졌다.
(D) 두 모델을 동시에 생산하기에는 너무 좁다.

해설 문제의 factory(공장)가 언급된 세 번째 단락을 확인한다. 첫 번째 문장에서 롱 라이드 공장은 이전 모델을 생산하기 위한 설비를 갖추고 있기 때문에 플래시 JX 하이브리드 생산을 위한 준비가 되어 있지 않다(the Long Ride factory, having been equipped to produce previous models, is not ready for production of the Flash JX hybrid)고 했으므로 정답은 (C)이다.

▶▶Paraphrasing 지문의 to produce previous models
→ 정답의 to make older models

164 문장 삽입

번역 [1], [2], [3], [4]로 표시된 자리 중 다음 문장이 들어가기에 가장 적절한 곳은?

"이제 그들은 이 잠재 고객들의 호의를 되찾아야 할 것이다."

(A) [1]
(B) [2]
(C) [3]
(D) [4]

해설 'these potential customers(이 잠재 고객들)'에서 지시형용사인 these(이)가 가리키는 것이 앞에 있어야 한다. 네 번째 단락에서 지난해 치엔 모터스는 롱 라이드를 파산 위기에서 구하기 위해 발 벗고 나선 후 열혈 팬들에게 널리 찬사를 받았다(Last year, Chien Motors was widely praised by motorcycle enthusiasts after it stepped in to save Long Ride from going out of business)고 했으므로, '열혈 팬들'이 바로 '잠재 고객들'이며, 치엔 모터스는 신제품 플래시 JX 모델 출시를 서둘러서 그들의 호의를 되찾아야 하므로 정답은 (D)이다.

165-168 문자 메시지

데이비드 파울즈 [오후 4:26]
강 씨, 165내일 일기예보에서 폭풍우가 온다니 167당신 호텔 새 부속 건물의 지붕 공사를 잠시 중단해야 되겠어요.

수 강 [오후 4:27]
하루 종일 일을 안 한단 소린가요?

데이비드 파울즈 [오후 4:27]
못하죠. 내 인부들은 토니 울먼 팀이 옛날 건물 내 지지용 들보 수리하는 걸 도와줄 수 있어요.

수 강 [오후 4:28]
그거 수리하는 데 얼마나 걸리나요?

데이비드 파울즈 [오후 4:28]
확인해 볼게요.

데이비드 파울즈 [오후 4:29]
토니, 일 끝마치려면 얼마나 남았어요?

토니 울먼 [오후 4:31]
166오늘 아침까지만 해도 모든 게 문제 없었는데, 구조 설계자가 변동 사항을 들고 들렀어요. 다음 며칠간 늦게까지 일하게 생겼어요.

데이비드 파울즈 [오후 4:32]
내 팀이 내일 도와주면 어떨 거 같아요?

토니 울먼 [오후 4:33]
좋죠! 그러면 하루면 끝낼 수 있을 거예요.

수 강 [오후 4:35]
그럼 당신네 인부들이 옛날 건물에 접근할 수만 있으면 되는 건가요?

데이비드 파울즈 [오후 4:36]
내일엔, 그렇죠. 167,168옛 건물 앞에 그 사람들 차를 놔둬도 괜찮을까요?

수 강 [오후 4:38]
167물론이죠. 주 출입구 옆에 충분한 자리가 있을 거예요. 그들에게 잔디 위로는 차를 끌고 가지 말라고 상기시켜 주시겠어요?

어휘 wing 부속 건물 put on hold 보류하다 crew (함께 일하는) 팀, 조 beam 들보, 보 structural engineer 구조 공학자, 구조 설계자(도로·교량·빌딩 등 대형 구조물을 다루는 엔지니어) update 변경 사항 remind 상기시키다

165 세부 사항

번역 파울즈 씨는 무엇이 내일 일을 방해할 것이라고 암시하는가?

(A) 고장 난 장비
(B) 늦어지는 배송
(C) 궂은 날씨
(D) 인력 부족

해설 파울즈 씨의 대화 중 tomorrow(내일)가 언급된 것은 4시 26분 대화이다. 내일 일기예보에서 폭풍우가 온다니 당신 호텔 새 부속 건물의 지붕 공사를 잠시 중단해야 되겠다(tomorrow's forecast is calling for storms, so the roof work on your hotel's new wing will have to be put on hold)고 했으므로 정답은 (C)이다.

166 의도 파악

번역 오후 4시 31분에 울먼 씨가 "다음 며칠간 늦게까지 일하게 생겼어요"라고 쓸 때, 그 의도는 무엇인가?

(A) 그의 작업 팀은 제시간에 출근하지 않고 있다.
(B) 그의 작업 팀 계획은 금요일에 일찍 떠나는 것이다.
(C) 다른 작업 현장 두 곳에서 그의 작업 팀이 필요하다.
(D) 그의 작업 팀 일이 더욱 어려워졌다.

해설 바로 앞 문장에서 오늘 아침까지만 해도 모든 게 문제없었는데, 구조 설계자가 변동 사항을 들고 들렀다(Things were looking OK until this morning when the structural engineer came by with some updates)면서 다음 며칠간 늦게까지 일하게 생겼다(We'll be working late the next few days)고 했으므로 그의 작업 팀 일에 변동 사항이 생겼고 그로 인해 야근을 해야 한다는 것을 알 수 있다. 따라서 정답은 (D)이다.

167 추론 / 암시

번역 강 씨는 누구이겠는가?

(A) 조경 설계사
(B) 호텔 매니저
(C) 교통 코디네이터
(D) 지붕 자재 공급자

해설 파울즈 씨가 강 씨에게 하는 4시 26분 대화에서 your hotel(당신 호텔)이라고 했으므로 강 씨는 호텔 관계자임을 알 수 있다. 또한 파울즈 씨가 4시 36분 대화에서 주차 문제에 대한 강 씨의 허락을 구하고 있고, 4시 38분 대화에서 강 씨가 허락을 하면서 잔디 위에 주차하지 않도록 해달라는 주의를 주고 있으므로 강 씨는 호텔 매니저이다. 따라서 정답은 (B)이다.

168 세부 사항

번역 파울즈 씨가 물어본 주제 중 하나는?

(A) 그들이 이용하기 가장 좋은 출입구
(B) 옛 건물로 가는 길
(C) 새 부속 건물의 도면
(D) 주차 공간 이용 가능성

해설 파울즈 씨의 질문들을 중심으로 빠르게 확인해 보면 파울즈 씨의 4시 36분 대화에서 옛 건물 앞에 그 사람들 차를 놔둬도 괜찮은지(Would it be OK for them to leave their cars in front of the old building?)를 물었으므로, 정답은 (D)이다.

169-171 광고

님블런

귀사에 필요한 정보를 찾으세요.

169님블런은 쉽고 효율적이며 가격 부담 없이 설문지를 작성하게끔 설계된, 든든한 차세대 도구입니다. 사용하기 쉬운 저희 웹 기반 소프트웨어는 설문 조사를 설계하고 진행하면서 자동으로 결과를 추적, 분석할 수 있게 해 줍니다.

170요청하신 대로, 저희는 만들었습니다. 님블런은 귀하가 요구하는 모든 특징을 포함하도록 설계했습니다.

- 설문 설계 과정에서 **171 (A)각 단계를 일일이 안내해 주는 쉬운 절차**
- OX에서 오픈 텍스트에 이르는 방대한 목록의 질문 형태. 그리고 각각을 어떻게, 언제 사용하는지에 관한 조언
- 품질에 대한 기본적인 반응을 모으기 위해 고안된 **171 (B)검증된 표본 설문 모음**
- **171 (D)설문을 배포하기 위한 빠르고 쉬운 수많은 방법**(이메일, 소셜 미디어 등)
- 실시간으로 볼 수 있는 요약 글 및 수준 높은 보고서

www.nimblearn.com에서 더 많은 것을 알아보세요.

어휘 robust 튼튼한, 탄탄한   affordable 가격이 적절한   intuitive 직관에 의한, (시스템·소프트웨어 등이) 사용하기 쉬운   administer 집행하다, 운영하다   track 추적하다   true/false OX의   library 수집품   proven 시험된, 검증된   loads of 수많은   distribute 배부하다   advanced 고급의, 상급의

169 추론 / 암시

번역 기업에서 님블런을 어떻게 이용하겠는가?

(A) 시장 조사를 수행하는 데
(B) 소프트웨어 프로그램을 개발하는 데
(C) 화려한 광고를 디자인하는 데
(D) 연말 재무 보고서를 작성하는 데

해설 첫 단락 첫 문장에서 님블런은 쉽고 효율적이며 가격 부담 없이 설문지를 작성하게끔 설계된, 든든한 차세대 도구(Nimblearn is a robust, next-generation tool designed to make creating surveys easy, effective, and affordable)라고 했으며, 설문지는 시장 조사를 위한 수단이 될 수 있으므로 정답은 (A)이다.

170 추론 / 암시

번역 님블런을 개발한 회사에 관해 암시된 것은?

(A) 컴퓨터 공학자가 설립했다.
(B) 웹사이트에 고객 의견을 게시한다.
(C) 고품질 제품을 생산한다는 평을 듣고 있다.
(D) 제품을 개발하는 데 고객의 반응을 활용했다.

해설 두 번째 단락 첫 문장에서 요청하는 대로 만들었다(You asked for it, we created it)고 한 다음 귀하가 요구하는 모든 특징을 포함하도록(to include all the features you requested) 설계했다고 했으므로 정답은 (D)이다.

171 사실 관계 확인

번역 님블런의 특징으로 언급되지 않은 것은?

(A) 단계별 사용 설명서
(B) 표본 설문
(C) 읽기 쉬운 도표와 그래프
(D) 간편한 배포를 위한 제안

해설 두 번째 단락에 다섯 개의 포인트로 님블런의 특징이 언급되어 있다. '각 단계를 일일이 안내해 주는 쉬운 절차(A simple process ~ that guides you every step of the way)'는 (A)로, '검증된 표본 설문 모음(A library of proven sample questions)'은 (B)로, '설문을 배포하기 위한 빠르고 쉬운 수많은 방법(quick and easy ways to distribute your surveys)'은 (D)로 각각 패러프레이징 되었다. '읽기 쉬운 도표와 그래프'는 님블런의 특징으로 명시되어 있지 않으므로 정답은 (C)이다.

172-175 공지

프렌디스 국립공원 관리국 (PNPA)

프렌디스 국립공원은 본토 연안 지역과 프렌디스 섬을 아우릅니다. **172하지만, 이번 여름에는 섬에 접근하는 데 있어 추가적인 규제가 시행될 예정임을 유의해 주십시오. 173공식 투어에 속하지 않고는 공원 방문객들이 프렌디스 섬에 발을 디디는 게 금지될 것입니다.** 이 규칙은 개인 배를 이용해 단독으로 섬을 방문하고자 하는 개개인에게도 적용됩니다. 그 같은 개인은 물에서 섬을 바라보거나 연안에 배를 댈 수 있습니다. 하지만 섬에 착륙할 수는 없습니다.

섬 방문객을 위한 PNPA의 공식 보트 투어가 1년 내내 매일 제공되며, 오전 8시에 시작해서 2시간 간격으로 출발합니다. **174 (C)** 12월에서 3월까지 여름철을 제외하고 마지막 투어는 오후 4시에 출발하며 여름철에는 오후 6시까지로 시간이 연장됩니다. 예약하시려면 08 9776 5992번으로 전화 주십시오. **173** 공식 투어에는 짧은 섬 방문이 포함되는데, 그곳에서 여러분은 권한 있는 수행원 자격의 PNPA 공원 관리원과 함께 새들이 둥지를 트는 구역을 돌아볼 수 있습니다.

요금 및 예약

- **174 (A)** 투어 참가 인원은 18명으로 제한됩니다. 단체가 15인 미만일 경우에는 저희는 다른 방문객을 그 투어에 포함시킬 수 있는 권한이 있습니다.
- 입장권은 12세 이상인 경우는 1인당 20달러, 12세 미만의 어린이는 10달러입니다.
- **174 (B)** 단체 예약을 유지하려면 1인당 5달러의 보증금을 내셔야 하며 이 금액은 환불되지 않습니다. 지불하신 보증금은 단체 입장료로 이전됩니다. **175** 일행이 지정된 시간에 도착하지 않을 경우, 다음 투어에 지장을 주는 것을 막기 위해 저희는 필요에 따라 여행을 단축시킬 수 있는 권한을 가집니다. 일정 변경은 고려할 수 없습니다.

어휘 mainland (섬을 제외한) 본토 restriction 규제 be in force (법률 등이) 시행되다 prohibit A from -ing A가 ~하는 것을 금하다 set foot on ~에 발을 들여놓다 independently 단독으로 watercraft 배, 배 타는 기술 anchor 정박하다 offshore 연안에 make landfall 착륙하다 time interval 시간 간격 extend 연장하다 bird-nesting (취미로) 새 둥지를 찾아다니는 park ranger 공원 관리원 authorized 권한을 부여 받는 escort 수행원, 보호자 cap (인원을) 제한하다 reserve the right to + 동사원형 ~할 권한을 보유하다 nonrefundable 환불이 안 되는 deposit 보증금 be credited to ~로 입금되다[금액이 넘어가다] admission fee 입장료 party 단체, 일행 specified 명시된, 지정된 interfere with ~을 방해하다 subsequent 다음의 rescheduling 일정 변경

172 주제 / 목적

번역 공지에서 발표된 것은?

(A) 추가 서비스
(B) 새로운 관광 시설
(C) 최근의 정책 변경
(D) 수정된 요금 체계

해설 첫 단락 두 번째 문장에서 이번 여름에 '추가적인 규제가 시행될 예정 (the additional restrictions will be in force)'이라고 했으므로 정답은 (C)이다.

173 사실 관계 확인

번역 프렌디스 섬 방문에 관해 명시된 것은?

(A) 방문객들은 야생동물을 방해하지 말라는 주의를 받는다.
(B) 도보로 투어를 하려면 방문객들은 가이드를 동반해야 한다.
(C) 방문객들은 섬 근처에서 수영하도록 허락되지 않는다.
(D) 배에서 섬을 보려면 방문객들은 공식 투어에 합류해야 한다.

해설 첫 번째 단락에서 공식 투어에 속하지 않고는 공원 방문자들이 프렌디스 섬에 발을 디디는 게 금지될 것(Unless they are members of an official tour, visitors to the park will be prohibited from setting foot on Prendis Island)이라고 했고, 두 번째 단락 마지막 문장에서 공식 투어에는 짧은 섬 방문이 포함되는데, 그곳에서 여러분은 권한 있는 수행원 자격의 PNPA 공원 관리원과 함께 새들이 둥지를 트는 구역을 돌아볼 수 있다(The official tour includes a brief visit to the island itself, where you can view bird-nesting areas with a PNPA park ranger as your authorized escort)고 했다. 따라서 섬을 방문하려면 공식 투어에 속해야 하며 공식 투어에는 수행원이 따라오므로 정답은 (B)이다. 섬에 내리지 않고 배에서 섬을 볼 수는 있다고 했으므로 (D)는 오답이다.

174 사실 관계 확인

번역 PNPA 투어에 관해 언급되지 않은 것은?

(A) 수용 인원이 제한되어 있다.
(B) 선금 지불이 필요할 수 있다.
(C) 투어 시간이 계절별로 다르다.
(D) 야간 투어도 일정을 잡을 수 있다.

해설 세 번째 단락인 '요금과 예약'에서 첫 번째 항목에서 투어 참가 인원이 18명으로 제한된다(Tours are capped at 18 participants)고 했으므로 (A)는 오답이다. 세 번째 항목에서는 1인당 5달러의 환불되지 않는 보증금을 내야 한다(A nonrefundable deposit of $5 per person is required)고 했으므로 (B)도 오답이다. 두 번째 단락에서 마지막 투어는 오후 4시에 출발하며 여름철에는 오후 6시까지로 시간이 연장된다(The final tour leaves at 4 P.M., except for the summer months of December through March, when this is extended to 6 P.M.)고 했으므로 (C)도 오답이며, 야간 투어가 가능하다는 내용은 보이지 않으므로 정답은 (D)이다.

175 세부 사항

번역 공지에 따르면 예정된 투어에 단체가 늦게 도착할 경우 어떤 일이 발생할 수 있는가?

(A) 투어가 취소될 수 있다.
(B) 투어 소요시간이 2시간보다 짧을 수 있다.
(C) 비용이 추가될 수 있다.
(D) 다른 날짜로 옮길 수 있다.

해설 세 번째 단락 마지막 항목에서 일행이 지정된 시간에 도착하지 않을 경우, 다음 투어에 지장을 주는 것을 막기 위해 필요에 따라 여행을 단축시킬 수 있다(If your party does not arrive at the specified time, we reserve the right to shorten the trip as necessary in order to avoid interfering with subsequent tours)고 했으므로 정답은 (B)이다. 세 번째 단락 마지막 문장에서 일정변경은 불가능함을 언급했으므로 (D)는 오답이다.

▶▶ **Paraphrasing** 지문의 **does not arrive at the specified time** → 질문의 **arrives late**

176-180 웹페이지 + 고객 후기

티켓 스택에 오신 걸 환영합니다

| 후기 | **홈** | 행사 | 주문하기 |

티켓 스택 – 필요한 모든 티켓을 온라인으로!

티켓 스택은 콘서트, 스포츠 행사, 회의 등 수많은 행사를 위한 티켓을 인쇄해 왔습니다. 어떤 행사든 가리지 않고 완벽한 티켓을 디자인할 수 있도록 저희가 도와 드릴 수 있습니다.

1단계: 티켓을 만든다
카테고리를 정해 저희 매력적인 견본 디자인 모음을 둘러보세요. 그런 각 견본의 텍스트를 손쉽게 변경해 여러분의 행사 정보를 담을 수 있습니다. 색체 조합, 서체, 이미지, 기타 디자인 요소들을 좀 더 자유롭게 통제하고 싶으면, 티켓 스택 디자인 애플리케이션을 다운 받으면 됩니다. **¹⁷⁶이 무료 소프트웨어로 고객은 표준 견본에서 벗어나 티켓의 모양을 자유롭게 변경할 수 있습니다.**

2단계: 수량을 선택한다
티켓 스택으로, 최소 50장에서 필요한 만큼까지 티켓을 주문할 수 있습니다. 주문을 많이 할수록 가격이 내려갑니다!

수량	장당 가격
50 – 500장	30센트
501 – 1,000장	20센트
¹⁷⁸1,001 – 2,500장	10센트
2,501장 이상	8센트

3단계: 보이지 않는 확인 스탬프를 추가한다
¹⁷⁷장당 2센트를 추가하면, 티켓 뒷면에 블랙라이트 아래에서만 보이는 자외선 잉크가 인쇄되도록 선택할 수 있습니다. 이 기능은 티켓이 진품임을 보장해 줍니다.

4단계: 주문한다
주문은 일반적으로 처리하는 데 영업일로 3일이 걸리지만, 대량 주문의 경우는 더 오래 걸릴 수도 있습니다. 반드시 행사일보다 한참 전에 주문하시기 바랍니다.

어휘 browse 둘러보다, 훑어보다 template 견본 modify 변경하다 color scheme 색체 조합 font 서체, 폰트 feature 특징 appearance 모습, 모양 invisible 보이지 않는 verification 확인, 조회 choose to + 동사원형 ~하기로 결정하다 have A + 과거분사 A가 ~되게 하다 ultraviolet 자외선(의) black light 블랙라이트, 가시광선 근처에 있는 자외선 ensure 보장하다 authenticity 진짜임 business day (주말과 공휴일을 제외한) 영업일 process 처리하다 well in advance 한참 전에

티켓 스택에 오신 걸 환영합니다

| **후기** | 홈 | 행사 | 주문하기 |

★★★★★ 티켓 스택을 알게 되어 정말 감사합니다!

저는 독립 지역 극장인 둘리 시어터에서 일합니다. **¹⁷⁸저희는 최근에 티켓 스택에서 티켓 2,500장을 주문했습니다.** 보이지 않는 확인 스탬프로 안전장치를 하는 건 안 하기로 결정했지만, 디자인에 더욱 융통성을 갖고 극장 로고도 넣을 수 있도록 무료 소프트웨어를 다운로드 했습니다.

티켓이 멋지게 나왔습니다! 많은 고객들이 새로운 디자인 때문에 우리한테 찬사를 보냈고, 게다가 **¹⁸⁰우리는 신속한 배달에 특히 만족했습니다!** 이와 대조적으로, 작년에는 **¹⁷⁹이곳 올버니에 사무소가 있는 작은 회사에서 티켓을 주문했었는데**, 서비스가 실망스러웠습니다. 그 주문은 도착하기까지 4주가 걸렸습니다. 올해에는, 티켓 스택이 반대편 지역에 있음에도 불구하고, 티켓을 영업일 기준으로 단 5일 만에 받았습니다!

– 네드 콜리어

어휘 independent 독립적인(재정·운영을 직접 하는, 정부 기금을 받지 않는) decide against -ing ~하지 않기로 결정하다 secure 안전을 보장하다 flexibility 유연성, 융통성 patron 고객 compliment 칭찬하다 prompt 즉각적인, 신속한 by contrast 그와 대조적으로 based ~에 근거지[사무소]를 둔

176 세부 사항

번역 웹 페이지에 따르면 사용자가 무료 소프트웨어를 가지고 무엇을 할 수 있나?
(A) 필요에 맞게 디자인 변경
(B) 참석자 확정
(C) 웹사이트 업데이트
(D) 고객 정보 확인

해설 키워드인 free software를 첫 지문에서 빨리 찾아본다. 두 번째 단락 마지막 문장에서 이 무료 소프트웨어로 고객은 표준 견본에서 벗어나 티켓의 모양을 자유롭게 변경할 수 있다(This free software gives customers the freedom to go beyond the standard templates and modify the appearance of their tickets)고 했으므로 정답은 (A)이다.

177 사실 관계 확인

번역 티켓 스택에 관해 웹 페이지에 언급된 것은?
(A) 다양한 티켓 크기를 제공한다.
(B) 선택적인 보안 기능을 제공한다.
(C) 독특한 넘버링 시스템을 이용한다.
(D) 매장이 여러 군데 있다.

해설 Step3에서 장당 2센트를 추가하면, 티켓 뒷면에 자외선 잉크가 인쇄되도록 선택해 티켓이 진품임을 판별할 수 있다(For an additional 2 cents per item, you can choose ~ authenticity of your tickets)고 했으므로 정답은 (B)이다.

178 연계

번역 콜리어 씨에 관해 명시된 것은?
(A) 티켓 한 장당 10센트를 지불했다.
(B) 속달 주문을 신청했다.
(C) 표준 견본을 선택했다.
(D) 신청한 것보다 많은 티켓을 받았다.

해설 콜리어 씨의 이름은 '고객 의견'에서 보이므로 우선 두 번째 지문을 먼저 확인한다. 2500장의 티켓을 주문했고, (장당 2센트의 추가비용이 드는) 보이지 않는 확인 스탬프는 선택하지 않았다(We recently ordered 2,500 tickets from Ticket Stack. We decided against securing the tickets with the invisible verification against securing the tickets with the invisible verification stamp)고 했다. 그리고 첫 지문의 가격표에서 2,500장은 장당 10센트에 해당하므로 정답은 (A)이다. 두 번째 지문에서 5일내에 받았다고 했고, 첫 지문 Step 4에서 주문처리 기간이 보통 3일 정도라고 했으므로 (B)는 오답이다. 두 번째 지문 중간에 디자인을 수정하고 로고를 넣기 위해서 무료 소프트웨어를 다운로드 했다고 했으므로 (C)도 오답이며, (D)는 언급된 것이 없으므로 오답이다.

179 추론 / 암시

번역 듈리 시어터에 관해 암시된 것은?

(A) 올버니에 위치한다.
(B) 로고를 변경할 계획이다.
(C) 최근에 티켓 가격을 인하했다.
(D) 고객에게 티켓을 직접 우송한다.

해설 듈리 시어터(Dewley Theater)는 '고객 의견'에서 보이므로 두 번째 지문을 먼저 확인한다. 끝에서 세 번째 문장에 'here in Albany(여기 올버니에)'라고 했으므로 정답은 (A)이며 나머지 선택지들은 언급된 내용이 없어 오답이다.

180 세부 사항

번역 후기에 따르면 콜리어 씨가 다른 회사보다 티켓 스택을 선호하는 이유는?

(A) 가격이 더 저렴하다.
(B) 해외로 배송한다.
(C) 고품질 장비를 사용한다.
(D) 주문을 더 빨리 처리한다.

해설 두 번째 지문에서 작년에 주문했던 회사보다 배송이 빨랐던 것이 특히 만족스러웠다(we were especially pleased with the prompt delivery! ~ we received our tickets within just five business days)고 했으므로 정답은 (D)이다.

181-185 이메일 + 사업 계획서

수신: 안나 브라운 〈abrowne@firstprospect.com〉
발신: 스테파니아 플로로스 〈s.floros@soleassortment.com〉
날짜: 12월 22일
제목: 사업 계획
첨부: 플로로스 수정안

브라운 씨께,

새 사업을 위한 재정 지원을 ¹⁸²받도록 도와 주셔서 감사합니다. ¹⁸¹귀하의 의견을 검토해서 그에 맞춰 제 사업 계획안을 수정했습니다. ¹⁸³제안하신 대로, 예상되는 고객층을 밝히는 부분을 추가했습니다. 수정된 안은 첨부되어 있습니다. 이것으로 제 대출 신청에 필요한 서류는 끝이라고 믿습니다. 더 궁금하신 점이 있으면 주저 없이 제게 연락 주십시오.

제 신청에 대한 공식 승인을 받기를 고대합니다.

스테파니아 플로로스

어휘 secure (힘들게) 얻어 내다, 따내다 funding 재정 지원 accordingly 그에 따라서 identify 확인하다, 밝히다 revised 변경된 complete 완료하다 paperwork 서류 loan application 대출 신청 hesitate 망설이다

수정된 사업 계획서: 솔 어소트먼트

섹션 1. 목적

롤리 거리는 음식점, 상점, 유흥가로 활기를 띠는 구역이 되었습니다. 제가 운영하는 업체 솔 어소트먼트는 현재 있는 옷 가게들과 백화점 사이의 아주 중대한 격차를 메워 줄 것입니다. ¹⁸⁴솔 어소트먼트는 여성 신발과 액세서리를 중점 취급할 예정입니다. 저희는 편안한, 고객 중심의 환경에서 고품질의 신발을 적절한 가격으로 제공하는 데 전념하고 있습니다.

¹⁸³**섹션 2. 목표 시장**

솔 어소트먼트는 인근 지역에서 일하는 여성들을 모실 것입니다. 걸어서 갈 만한 거리에 많은 사무실 빌딩이 있기 때문에, 목표 시장에 속한 고객들은 한낮에 틈이 나거나 업무가 끝난 후 상점을 빈번하게 오갈 가능성이 있습니다. 주말 고객은 쇼핑, 식사, 유흥을 위해 이 지역으로 나오는 사람들입니다.

섹션 3. 예상되는 일정표

개장은 5월 10일로 예정되어 있습니다. 일정표 상 단계별 예상되는 마감일은 다음과 같습니다.
2월 25일   임대차 계약서에 서명하고 영업 허가서를 얻는다.
3월 31일   공간을 수리하고 진열 설비를 한다.
4월 30일   취업 공지를 게시하고, 면접을 완료해 직원을 뽑는다.
5월 7일   물품을 가져다 놓고 개장을 준비한다.

섹션 4. 재무 정보

¹⁸⁵예상 지출과 수익에 관한 세부 사항은 첨부된 예상치 별지를 보십시오.

어휘 vibrant 활기찬 eatery 작은 음식점 entertainment venue 여흥을 즐기는 장소, 유흥가 fill a gap 격차[틈]를 메우다 apparel 의류 be committed to ~에 헌신[전념]하다 footwear 신발 affordable 가격이 적절한 surrounding area 인근 지역 serve (상품·서비스를) 제공하다 within walking distance 걸어서 갈 만한 거리에 frequent 자주 다니다 mid-day 한낮 break 휴식, 틈 timeline 시간표 grand opening 개장 anticipated 예상되는 lease 임대차 계약서 load (짐을 가득) 싣다, 채우다 inventory 물품, 재고 financial 재정의, 재무의 projection 예상 expenditure 지출

181 주제 / 목적

번역 이메일의 목적은 무엇인가?

(A) 최근 승진에 감사하기 위해
(B) 허가를 얻는 방식을 가르쳐 주기 위해
(C) 새 사업주에게 조언하기 위해
(D) 특정 제안에 응답하기 위해

해설 이메일에서 브라운 씨의 의견을 검토해 그에 맞춰 사업 계획안을 변경했다(I have reviewed your feedback and changed my business plan accordingly)고 했으므로, 정답은 (D)이다.

182 동의어 찾기

번역 이메일 첫 번째 문단 첫 번째 줄에 나오는 "secure"와 의미상 가장 가까운 것은?
(A) 보호하다
(B) 획득하다
(C) 구하다
(D) 매다

해설 동사 secure는 '(힘들게) 얻어내다, 확보하다, (단단히) 고정시키다, (안전하게) 지키다' 등의 뜻이 있다. 이 문장에서는 '재정 지원을 얻어내다, 확보하다'의 뜻이므로 정답은 (B) obtain이다.

183 연계

번역 사업 계획서의 어떤 섹션이 추가되었나?
(A) 섹션 1
(B) 섹션 2
(C) 섹션 3
(D) 섹션 4

해설 이메일에서 예상되는 고객층을 밝히는 부분을 추가했다(I have added a section that identifies our anticipated customer population)고 했고, 사업계획서를 보면 섹션 2에서 목표 시장(Target Market)을 밝히면서, 솔 어소트먼트는 인근 지역에서 일하는 여성들을 모실 것(Sole Assortment will serve women who work in the surrounding area)이라고 예상 고객층을 밝히고 있다. 따라서 정답은 (B)이다.

▶▶Paraphrasing 이메일의 anticipated customer population → 사업 계획서의 Target Market

184 세부 사항

번역 플로로스 씨는 어떤 사업을 시작할 계획인가?
(A) 고급 레스토랑
(B) 직업소개소
(C) 미용실
(D) 신발 가게

해설 플로로스 씨가 창업할 매장명인 '솔 어소트먼트'가 들어간 문장을 빨리 확인해 본다. 사업계획서의 첫 단락 세 번째 문장에서 여성 신발과 액세서리를 중점적으로 취급할 예정(Sole Assortment will focus on women's shoes and accessories)이라고 했으므로 정답은 (D)이다.

185 세부 사항

번역 사업 계획서에 따르면 어떤 정보가 별도로 제출되었나?
(A) 추천서
(B) 계약된 공급자들의 이름
(C) 예상 비용에 관한 세부사항
(D) 재고 품목 목록

해설 사업 계획서의 섹션 4에서 예상 지출과 수익에 관한 세부 사항은 첨부된 예상치 별지를 보라(See attached projection sheet for details about anticipated expenditures and profits)고 하면서 '첨부된 예상치 별지'라고 했으므로 그것은 사업 계획서와는 별도로 (separately) 만들어진 서류임을 알 수 있다. 따라서 정답은 (C)이다.

▶▶Paraphrasing 지문의 anticipated expenditures → 정답의 estimated costs

186-190 웹페이지 + 이메일 + 양식

https://www.centralcraftofficefurnishings.com/

| 사진 갤러리 | 홈 | 돌아보기 | 주문서 | 연락처 |

센트럴 크래프트 사무 가구

저희 웹사이트에 오신 것을 환영합니다! 품목별 재고를 돌아보시고 세련되면서도 생산적인 일터를 상상해 보세요. 저희는 이스턴 케이프에서 30년이 넘게 가구를 공급해 왔습니다. 그리고 여러분의 사무실을 눈에 띄게 해줄 저희 고품질 가구들을 믿으셔도 됩니다.

저희는 항상 다음과 같은 거래를 제공합니다:
- 187처음 이용하는 구매자에게는 발송 제경비 무료
- 186학교 및 비영리 단체 할인 (정보 요구)

어휘 browse 돌아보다 office furnishing 사무용 가구 inventory 재고 serve (상품·서비스를) 공급하다 set A apart A를 다르게 보이게 하다 shipping 운송 handling 취급 first-time 처음 이용하는 nonprofit 비영리의 organization 단체, 조직

187발신: 데이비드 로우 [dlouw@marketstreetlegal.co.za]
187수신: 음포 마시고 [mmashigo@marketstreetlegal.co.za]
날짜: 5월 12일
제목: 사무용 가구 최근 소식

안녕하세요, 음포 씨,

조사를 마쳤는데 저는 우리 사무실 수리로 책상 및 기타 가구를 들이는 데 187센트럴 크래프트 사무 가구로 결정하면 어떨까 합니다. 그곳에서 구입한 적은 한 번도 없지만, 사람들이 극찬하며 추천해 주었습니다.

189주 작업 공간에는 좀 더 큰 책상 타입을 골라야 할 것 같고 (12개 책상), 거기에 맞는 서류 정리장과 책장이 필요합니다. 위층에서 일하는 보조 직원과 인턴들을 위해서는 더 단순한 책상 스타일을 권합니다.

이 제안을 승인하신다면, ¹⁸⁸우리 직원 대다수가 블룸폰테인에서 열리는 회의에 가 있는 동안 물건들이 배달될 수 있도록 빨리 주문하고 싶습니다. 안타깝게도 옛 가구들을 치워버리고 새 품목들이 도착하기를 기다려야 하므로 우리 업무 공간은 매우 어질러져 있을 것입니다.

제가 위에서 간단히 설명한 계획에 대해 어떻게 생각하시는지 알려주십시오.

데이비드

어휘 renovation 수리 reference 언급 glowing 극찬하는 recommendation 추천 matching 어울리는 filing cabinet 서류 정리장, 서류 캐비닛 place an order 주문하다 messy 지저분한, 어질러진 outline 개요를 설명하다

주문 코드: Y6183W
¹⁸⁷연락 담당: 데이비드 로우, (041) 961-5072
배달 주소: 마켓 스트리트 리걸, 마켓 스트리트 56번지, 유텐헤이그 6229
배달 시간대: 6월 2-4일, 오전 9시 - 오후 5시

수량	제품 ID	설명
¹⁸⁹12점	HBD3113	¹⁸⁹해밀턴 사무용 책상
12점	TAF1275	안전 보관 서류 정리장; 무광 회색
4점	BB2820	책벌레 책꽂이; 무광 회색
6점	FD4218	¹⁸⁹형태 변경이 가능한 책상

주의: 수요 문제로 포트엘리자베스 매장에는 제품 BB2820 재고가 없습니다. ¹⁸⁹그 물건들은 저희 생산 현장에서 직접 귀하의 사무실로 배달됩니다. 그러므로 포트엘리자베스가 아닌 케이프타운에서 유텐헤이그로 운송됩니다. 이로 인해 운송이 하루 이틀 지연될 수 있습니다. 모든 주문품이 같은 날에 배달되도록 전력을 기울이겠습니다.

어휘 delivery window 배달 시간대 tuck away 찾기 힘든 안전한 곳에 보관하다 matte 무광의 bookworm bookshelf 책벌레 책꽂이(지렁이 모양으로 구불구불하게 생긴 책꽂이) flexible 유동적인 out of ~가 다 떨어진 make every effort 온갖 노력을 기울이다

186 사실 관계 확인

번역 센트럴 크래프트 사무 가구에 대해 명시된 것은?
(A) 무료 실내 디자인 서비스를 제공한다.
(B) 교육 기관에는 특가로 판매한다.
(C) 최근 제품 목록을 확장했다.
(D) 막 지사를 열었다.

해설 첫 지문인 웹 페이지의 마지막 문장에서 학교 및 비영리 단체에 대한 할인(Discounts to schools and nonprofit organizations)을 명시했으므로 정답은 (B)이다. 나머지 선택지는 언급된 것이 없어 오답이다.

▶Paraphrasing 지문의 schools
→ 정답의 educational institutions

187 연계

번역 마켓 스트리트 리걸의 가구 주문에 관해 무엇이 사실이겠는가?
(A) 무료로 배달될 것이다.
(B) 단종된 품목을 포함하고 있다.
(C) 6월에 배송되기에는 너무 늦게 주문이 되었다.
(D) 인턴사원들이 고른 스타일을 포함하고 있다.

해설 두 번째 지문 이메일에서 보낸 이와 받는 이의 주소로 보아 마켓 스트리트 리걸의 직원들이 주고받는 이메일임을 알 수 있다. 이메일에서 센트럴 크래프트 사무 가구로 결정하고 싶다(would like to suggest that we go with Central Craft Office Furnishings)고 했고, 세 번째 지문인 주문서 양식을 보면 연락 담당이 데이비드 로우로 마켓 스트리트 리걸에서 주문이 이루어진 것을 알 수 있다. 또한 이메일에서 센트럴 크래프트 사무 가구점에서 구입한 적이 한 번도 없다(Though we've never purchased from them before)고 했고, 센트럴 크래프트 사무 가구 웹 페이지에서 처음 이용하는 구매자들에게 발송 제경비를 무료로 제공한다(Free shipping and handling for first-time buyers)고 했으므로 정답은 (A)이다. 세 번째 지문의 Note(주의)에서 책꽂이의 재고가 없는 것이지 생산 중지가 된 것은 아님을 알 수 있으므로 (B)는 오답이며, 표 위의 배달 시간대에 6월 2일에서 4일이라고 명시되어 있음을 볼 때 (C)도 오답이다. (D)는 명시된 것이 없어서 오답이다.

어휘 at no charge 무료로 discontinue 중단하다, 그만두다

▶Paraphrasing 지문의 Free shipping and handling
→ will be delivered at no charge

188 세부 사항

번역 로우 씨가 특정 시간대로 배달 일정을 잡고자 하는 이유는 무엇이겠는가?
(A) 추가 할인을 받을 것이다.
(B) 중요한 회의를 위해 가구가 필요하다.
(C) 전에 쓰던 가구를 처분할 추가 시간이 필요하다.
(D) 동료들에게 끼치는 불편을 최소화하고 싶다.

해설 로우 씨가 보낸 이메일인 두 번째 지문을 보면, 세 번째 단락 첫 문장에서 우리 직원 대부분이 블룸폰테인에서 열리는 회의에 가 있는 동안 물건들이 배달될 수 있도록 빨리 주문하고 싶다(I'm hoping to place the order quickly so that the items would be delivered while most of our staff are away at the conference in Bloemfontein)고 했으므로 정답은 (D)이다.

어휘 discard 버리다, 폐기하다 minimize 최소화하다 inconvenience 불편

189 연계

번역 마켓 스트리트 리걸의 위층에는 어떤 가구 제품이 놓이겠는가?
(A) 해밀턴 사무용 책상
(B) 안전 보관 서류 정리장
(C) 책벌레 책꽂이
(D) 형태 변경이 가능한 책상

해설 키워드인 upstairs(위층)가 보이는 이메일의 두 번째 단락을 확인해 본다. 이메일에서 주 작업 공간에는 좀 더 큰 책상 타입이 (12개 책상) 필요하고(I think we should choose a larger desk type for our main work area (twelve desks), 위층에서 일하는 보조 직원과 인턴들을 위해서는 더 단순한 책상 스타일을 권한다(For the support staff and interns who work upstairs, I suggest a simpler desk style)고 했다. 세 번째 지문 주문서 양식을 보면 12점 주문한 것은 해밀턴 사무용 책상이므로, 위층에서 일하는 보조 직원과 인턴들을 위한 책상은 '형태 변경이 가능한 책상(Flexible Desk)'임을 알 수 있다. 따라서 정답은 (D)이다.

190 세부 사항

번역 서식에 따르면 가구는 어디서 만드나?

(A) 유텐헤이그
(B) 케이프타운
(C) 블룸폰테인
(D) 포트엘리자베스

해설 서식의 Note(주의)에서 책꽂이의 재고 부족으로 생산 현장에서 직접 사무실로 배달된다(Those items will be delivered to your office directly from our manufacturing site)고 하면서 포트엘리자베스가 아닌 케이프타운에서 유텐헤이그로 운송된다(they will be shipped into Uitenhage from Cape Town rather than from Port Elizabeth)고 했다. 따라서 생산 현장은 케이프타운이므로 정답은 (B)이다. 포트엘리자베스는 매장이 있는 장소이며 유텐헤이그는 마켓 스트리트 리걸이 있는 곳, 블룸폰테인은 회의 장소이다.

191-195 이메일 + 메뉴 + 평가 카드

발신: 제트로 리 〈jli@plumroom.com〉
수신: 베티나 바르가스 〈bvargas@plumroom.com〉
날짜: 9월 19일, 월요일
제목: 메뉴 시식

안녕 베티나,

1914주만 있으면 보노 씨가 이리 온다는 게 믿어지지가 않아요! 그의 평가가 시 신문에 실릴 테니까, 반드시 우리가 고른 것들이 더 플럼 룸의 최고 모습을 반영할 수 있게 합시다. 그에게 제공할 메뉴에 대해 조언을 얻기 위해, 다음 주 토요일에 특별 메뉴 시식 행사를 열기로 결정했어요.

메뉴 시식 때 내놓을 수 있는 것에 관해 몇 가지 제안이 있어요. 정말 제 맛을 고수하는, 고기가 안 들어간 **192**푸짐하고 맛있는 메인 메뉴를 준비하는 게 어때요? 그렇게 하면 우리의 채식 친화적인 음식들을 강조할 수가 있어요. 쪄낸 조개 요리도 좋은 선택인 거 같아요. **195**하지만 우리가 정식 메뉴로 소개할 예정인 새 특선 피자를 제공했으면 하고 강력히 주장합니다. 물론 벽돌 화덕 공사가 그때까지 완료된다는 걸 전제로 하는 겁니다. **193**아울러, 우리 과일 디저트 중 최소한 가지는 낼 수도 있다고 생각해요. 항상 인기가 있으니까요. 하지만 메뉴 선택을 최종 결정하는 데 있어서 책임 셰프인 당신을 전적으로 신뢰합니다.

마지막으로, 우리 메뉴를 시식하는 고객들에게 여기 있는 동안 주방을 돌아볼 수 있는 기회를 주고 싶어요. 어떻게 생각하는지, 그리고 준비하는 최선의 방법은 무엇인지 알려주세요.

고맙습니다.

제트로 리

어휘 publish 공표하다, 발표하다 be sure that 반드시 ~하게 하다 input 조언 hearty (음식이) 푸짐하고 만족스러운 meatless 고기가 안 들어간 entrée 메인 메뉴 hold one's own (반대나 공격에도 불구하고) 자신을 지켜내다 offering 제공된 것 steamed 찐 shellfish 조개류, 갑각류 insist on -ing ~할 것을 주장하다 assume 당연하게 여기다, 상정하다 confidence 신뢰 finalize 완결하다, 최종 결정하다 patron 고객

더 플럼 룸 **193**시식 메뉴
10월 1일, 토요일

훈제 연어 카나페
버터 소스에 구운 광어
레몬 토마토소스를 곁들인 가지 스테이크
찐 홍합과 코코넛 수프에 담근 새우
흰콩과 살짝 데친 야채를 곁들인 토스카나식 치킨 구이
설탕에 절인 아몬드를 얹은 **193**복숭아 케이크

어휘 baked (오븐 등에) 구운 roasted (고기 등을) 불 가까이에서 구운 wilted 살짝 데친 glazed (설탕을 입혀) 윤기가 나는

시식 평가 카드

이름: 엘리안 오드

더 플럼 룸에서 시식한 경험을 평가해 주세요.

194 (C)가지 요리가 부드러우면서 달콤해서 기분 좋게 놀랐지만 소스는 내 입맛에 좀 시었어요. **194 (A)**반면에 광어는 기대를 훨씬 뛰어넘었습니다. **194 (D)**토스카나식 치킨은 연하기는 했지만, 전체적으로 별 맛이 없었어요. **194 (B)**케이크에 관해서는, 약간 많이 익은 것 같기는 하지만 상당히 맛있었어요. 저는 주방의 효율적인 설계가 아주 인상 깊었습니다. 새 벽돌 화덕 피자가 선보이면 꼭 맛보기를 고대합니다. **195**오늘 피자를 내놓을 수 없었던 게 참 아쉬웠어요.

어휘 acidic 매우 신 halibut 광어 exceed 넘어서다 tender (고기가) 연한 fairly 상당히 overcook 너무 오래 익히다 impressed 감명을 받은 shame 유감, 아쉬운 일

191 세부 사항

번역 메뉴 시식의 목적은 무엇인가?

(A) 레스토랑 비평가의 방문을 준비하기 위해
(B) 요리 대회에 출전할 요리를 선택하기 위해
(C) 취업 지원한 요리사를 평가하기 위해
(D) 일일 메뉴에 추가할 품목을 결정하기 위해

해설 첫 지문 이메일의 제목이 메뉴 시식(Menu Tasting)이며, 첫 단락에서 그에게 제공할 메뉴에 대해 조언을 얻기 위해, 다음 주 토요일에 특별 메뉴 시식 행사를 열기로 결정했다(To get input on the menu we'll be serving him, I've decided we should hold a special menu-tasting event on Saturday of next week)고 했다. 여기서 그는 첫 문장에 언급된 보노(Bonneau) 씨인데 두 번째 문장에서 그의 평가가 신문에 실린다(his review will be published in the city newspaper)고 했으므로 보노 씨가 유명한 비평가임을 유추해 볼 수 있다. 따라서 정답은 (A)이다.

192 동의어 찾기

번역 이메일 두 번째 문단 두 번째 줄에 나오는 "hearty"와 의미상 가장 가까운 것은?

(A) 진실한
(B) 넘치는
(C) 만족스러운
(D) 독창적인

해설 메인 메뉴(entrée)가 'hearty'하다는 것은 푸짐하면서 만족스럽다(large and satisfying)는 뜻이므로 정답은 (C)이다. (B) abundant는 '양이나 수가 풍부한, 넘치도록 많은'의 의미로, 'abundant food (많은 음식)'으로 쓰일 수는 있지만 하나의 메인 메뉴(an entrée)를 수식하기에는 어색하므로 오답이다.

193 연계

번역 시식 메뉴에 관해 사실인 것은?

(A) 무료로 제공되던 음식이 들어 있다.
(B) 리 씨가 제안한 디저트를 포함한다.
(C) 레스토랑 주방에서 고객들에게 제공되었다.
(D) 주말마다 이용할 수 있다.

해설 키워드인 the tasting menu(시식 메뉴)는 두 번째 지문의 제목으로 보이지만 그 지문에 힌트가 없으므로 선택지를 하나씩 나머지 두 지문에서 확인한다. 이메일 두 번째 단락 아래에서 리 씨가 인기가 많은 과일 디저트를 제안(I think we could serve at least one of our fruit desserts—they are always popular)했으며, 두 번째 지문인 메뉴에 복숭아 케이크(Peach cake)가 있으므로 정답은 (B)이다. (A), (C), (D)는 언급된 것이 없으므로 오답이다.

194 세부 사항

번역 오드 씨가 가장 마음에 든 메뉴는 무엇이겠는가?

(A) 광어
(B) 케이크
(C) 가지
(D) 닭요리

해설 오드 씨가 작성한 시식 평가 카드에서 언급된 네 가지 메뉴 중에 단점에 대한 언급 없이 칭찬만 한 메뉴는 광어(halibut)이므로 정답은 (A)이다.

195 연계

번역 벽돌 화덕에 관해 암시된 것은?

(A) 주방에 놓기에는 너무 크다.
(B) 수리를 해야 한다.
(C) 안전 검사를 통과하지 못했다.
(D) 아직 설치 중이다.

해설 the brick oven(벽돌 화덕)은 첫 지문인 이메일과 마지막 지문인 시식 평가 카드에서 보인다. 이메일의 두 번째 단락에서 시식 행사 전에 벽돌 화덕 공사가 완료되면 새 특선 피자를 제공하자고 제안(I do insist, however, on offering the new specialty pizzas we're planning to introduce on our regular menu. That is, of course, assuming construction on the brick oven is completed by then)했고, 시식 평가 카드의 하단부에서 오늘 벽돌 화덕 피자가 제공되지 않아서 아쉬웠다(it's a shame you weren't able to offer them today)고 했으므로 공사가 아직 완료되지 않았음을 유추해 볼 수 있다. 따라서 정답은 (D)이다.

196-200 이메일 + 전단지 + 문자 메시지

수신: 인턴사원들
발신: 하산 아시프
제목: 연사 시리즈
날짜: 2월 11일

학생 여러분,

좋은 소식입니다! 타츠오 노무라가 올봄 우리 연사 시리즈에 참여하기로 동의했습니다. **200학생 인턴 직무의 한 부분으로** 여러분은 3월 25-27일에 이곳 대학에 그의 숙소를 마련해야 하고, 노무라 씨가 사례비를 받을 수 있도록 필요한 서류를 준비해 승인 받아야 합니다. 그의 발표를 위해서 방도 하나 마련해 주세요. **196가장 많은 사람을 수용할 수 있기 때문에 나는 맥카네니 강당을 추천합니다.** 하지만 비즈니스 빌딩에 있는 어떤 프레젠테이션 방도 괜찮을 것 같습니다.

아울러, 노무라 씨가 초안을 주면, 여러분이 전단을 디자인해서 **200건물 곳곳 늘 하던 자리들에 게시해야 합니다.** 별 **197문제없이** 여러분 넷이 이 일을 잘 분담할 수 있을 거라고 믿어요. 고맙습니다!

아시프 박사

교수, 던 경영대학원

어휘 internship 인턴직 arrange (행사 등을) 준비하나, 마련하다 lodging 임시 숙소 paperwork 서류, 서류 작업 approve 승인하다 honorarium 사례비 auditorium 강당 accommodate 수용하다 abstract 개요, 초안 flyer (광고·안내용) 전단 post 게시하다 issue (해결해야 할) 문제

던 경영대학원

연사 시리즈 제공:

타츠오 노무라 씨
부사장, 교토 금융 그룹, 일본

대안적인 금융 파트너 관계 개발에 관해
3월 26일, 오후 5시 30분
196트로스달 룸

지난 몇 년간, 여러 금융기관들이 위험을 줄이기 위해 대출을 제한해 왔습니다. 하지만 이 같은 관행은 불리한 시장 상황을 만드는 데 기여하고 있습니다. 어떻게 하면 은행들이 위험을 최소화하면서 기업가들에게 적절한 재정 조달 기회를 제공할 수 있을까요? 인기를 얻고 있는 한 가지

가능한 해결책은 대안 금융입니다. 저는 대안 금융에 관한 개요를 소개하고, 교토 금융 그룹과 던 경영대학 연구원들이 합동으로 수집한 설득력 있는 자료를 공유하고, ¹⁹⁸이 세계적인 금융 혁신이 우리 업계를 어떻게 회생시킬 수 있을지 토론하고자 합니다.

> **어휘** financial institution 금융기관 restrict 제한하다 lending 대출 practice 관행 contribute to ~에 기여하다, ~의 원인이 되다 unfavorable 불리한 minimize 최소화하다 entrepreneur 기업가 alternative 대안의 overview 개요 compelling 설득력 있는, 눈을 뗄 수 없는 jointly 공동으로 researcher 연구원, 조사원 revive 회복[회생]시키다

> ¹⁹⁹발신: 데니스 카터
> ²⁰⁰수신: 미아 레예스
> 수신일: 3월 12일, 오후 6시
>
> 미아, 지금 미디어룸에서 당신이 디자인한 전단을 인쇄하려던 참인데 ¹⁹⁹실수를 발견했어요. 노무라 씨의 약력이 어떤 일인지 전단에서 삭제됐어요! 즉시 수정해서 나한테 다시 보내줄래요? 미디어룸이 30분 있으면 닫는데, ²⁰⁰아시프 박사가 전단이 늦어도 오늘 저녁에 게시돼야 한다고 강조했어요.

> **어휘** about to + 동사원형 막 ~하려던 참인 bio 약력 somehow 왜 그런지 delete 삭제하다 stress 강조하다 at the latest 늦어도

196 연계

번역 트로스달 룸에 관해 암시된 것은?
(A) 비즈니스 빌딩에 위치하지 않는다.
(B) 연사 시리즈의 모든 행사가 열리는 곳이다.
(C) 맥카네니 강당보다 작다.
(D) 3월 27일에 이용할 수 있다.

해설 키워드인 the Trosdal Room(트로스달 룸)은 두 번째 지문인 전단에서 보이며 강연이 있을 장소인데 그 지문만으론 힌트가 없으므로 선택지를 하나씩 나머지 두 지문과 확인해본다. 첫 지문인 이메일의 첫 번째 단락 하단에서 가장 많은 사람을 수용할 수 있는 맥카네니 강당을 추천하지만(I recommend McAneny Auditorium since it can accommodate the most people) 비즈니스 빌딩에 있는 어떤 프레젠테이션 방도 괜찮을 것 같다(any of the presentation rooms in the business building would be fine)고 했으므로 선택된 트로스달 룸은 맥카네니 강당보다는 작다는 것을 알 수 있다. 따라서 정답은 (C)이며, (A)는 오답이다.

197 동의어 찾기

번역 이메일 두 번째 문단 세 번째 줄에 나오는 "issues"와 의미상 가장 가까운 것은?

(A) 갈등
(B) 정기 간행물
(C) 배부
(D) 공지

해설 인턴 네 사람이 이런저런 강연 준비를 하면서 별다른 'issues(문제)' 없이 일을 분담한다는 것은 의견 충돌이나 갈등이 없는 상황을 의미하므로 (A) conflicts(갈등)가 정답이다.

198 세부 사항

번역 노무라 씨의 발표는 무엇에 관한 것인가?
(A) 은행업의 새 추세
(B) 금융 분야의 취업 기회
(C) 독특한 자료 수집 방식
(D) 노련한 기업가들의 특징

해설 노무라 씨의 발표를 공지하는 두 번째 지문인 전단을 확인한다. 마지막 문장에서 이 세계적인 금융 혁신이 우리 업계를 어떻게 회생시킬 수 있을지 토론하고자 한다(discuss how this global banking innovation can revive our industry)고 했으므로 정답은 (A)이다.

> ▶▶Paraphrasing 지문의 this global banking innovation → 정답의 A new trend in banking

199 세부 사항

번역 카터 씨는 어떤 문제를 언급하는가?
(A) 이름 철자가 틀렸다.
(B) 전단지에서 정보가 빠져 있다.
(C) 전단지가 제 시간에 게시되지 않을 것이다.
(D) 발표를 위해 마련한 방이 닫혀 있다.

해설 카터 씨는 마지막 지문인 문자메시지의 발신자이다. 세 번째 줄에서 실수를 발견했다(I've noticed an error)고 하면서 전단에서 노무라 씨의 약력이 빠져있다(Mr. Nomura's bio was somehow deleted from the flyer)고 말했으므로 정답은 (B)이다.

200 연계

번역 레예스 씨는 누구이겠는가?
(A) 미디어룸 기술자
(B) 노무라 씨의 수석 비서
(C) 연사 시리즈의 발표자
(D) 던 경영대학원 학생

해설 레예스 씨는 마지막 지문인 문자메시지의 수신자이다. 메시지의 하단부에서 레예스 씨와 카터 씨가 아시프 박사로부터 전단을 게시하라는 요청을 받았음(Dr. Asif stressed that the flyers must be posted this evening at the latest)을 알 수 있다. 이메일의 첫 단락에서 아시프 박사가 학생 인턴 직무의 한 부분(As part of your student internship responsibilities)이라고 했고, 두 번째 단락에서는 전단을 게시하라는 요청을 하고(post it in the usual locations throughout the building) 있으므로 레예스 씨는 학생 인턴임을 알 수 있다. 따라서 정답은 (D)이다.

TEST 3

101 (B)	102 (A)	103 (A)	104 (A)	105 (B)
106 (C)	107 (D)	108 (D)	109 (D)	110 (C)
111 (B)	112 (B)	113 (A)	114 (C)	115 (A)
116 (B)	117 (C)	118 (C)	119 (A)	120 (C)
121 (A)	122 (D)	123 (C)	124 (B)	125 (A)
126 (C)	127 (B)	128 (D)	129 (D)	130 (C)
131 (C)	132 (D)	133 (C)	134 (B)	135 (A)
136 (D)	137 (D)	138 (A)	139 (D)	140 (A)
141 (B)	142 (D)	143 (B)	144 (C)	145 (A)
146 (C)	147 (C)	148 (B)	149 (A)	150 (C)
151 (A)	152 (C)	153 (C)	154 (B)	155 (D)
156 (B)	157 (C)	158 (C)	159 (A)	160 (C)
161 (C)	162 (C)	163 (D)	164 (C)	165 (C)
166 (D)	167 (D)	168 (B)	169 (A)	170 (D)
171 (C)	172 (A)	173 (B)	174 (B)	175 (C)
176 (D)	177 (C)	178 (A)	179 (A)	180 (B)
181 (B)	182 (C)	183 (A)	184 (C)	185 (B)
186 (B)	187 (A)	188 (D)	189 (A)	190 (B)
191 (D)	192 (B)	193 (C)	194 (A)	195 (D)
196 (A)	197 (D)	198 (A)	199 (C)	200 (D)

PART 5

101 부사 자리 _ 과거분사 수식

해설 빈칸은 뒤의 과거분사(stocked)를 수식하는 부사 자리이므로, 정답은 (B) fully이다. 원급 (A) full, 비교급 (C) fuller, 최상급 (D) fullest는 모두 형용사로, 품사상 적합하지 않다.

번역 명절용품 매장의 모든 선반에는 물건이 가득 구비되어 있어야 한다.

어휘 shelf 선반(*pl.* shelves) holiday merchandise 명절용품 section 매장, 섹션, 코너 remain stocked 물건이 채워져[구비되어] 있다

102 명사 자리 _ 주어

해설 빈칸은 뒤에 나오는 동사(is included)의 주어 역할을 하는 명사 자리로, 뒤의 전치사구(to the exercise room)의 수식을 받는다. 따라서 정답은 명사 (A) Access이다. 동명사 (C) Accessing은 뒤에 전치사(to) 없이 바로 목적어(the exercise room)를 취하고, 과거분사 (B) Accessed와 형용사 (D) Accessible은 품사상 적합하지 않다.

번역 베이랜드 호텔에 머무는 동안 체력단련실을 이용할 수 있다.

어휘 exercise room 체력단련실, 운동실 include 포함하다 stay 체류, 방문 access 입장(하다), 이용(하다), 접근(하다) accessible 접근[이용]할 수 있는

103 인칭대명사의 격 _ 주격

해설 빈칸은 명사절 접속사(that)가 이끄는 명사절 내 동사(will supervise)의 주어 자리이다. 따라서 정답은 주격 인칭대명사 (A) he이다.

번역 오켈로 씨의 승진은 그가 더 큰 팀을 관리하게 된다는 뜻이다.

어휘 promotion 승진 supervise 관리[감독]하다

104 동사 어휘

해설 빈칸 뒤의 명사(payroll service providers)를 목적어로 취하면서, 앞의 동사(will be)와 함께 미래진행시제를 이루는 현재분사 자리이다. 문맥상 '급여 서비스 제공자들을 교체할 예정이다'라는 의미가 자연스러우므로, 정답은 (A) changing(변경하다, 교체하다)이다. (B) attending(참석하다), (C) holding(개최하다), (D) turning(방향을 바꾸다, 돌다, 뒤집다)은 문맥상 적합하지 않다.

번역 주니퍼 월드와이드 사는 1월 1일에 급여 서비스 제공자들을 교체할 예정이다.

어휘 payroll service 급여 (업무 대행) 서비스 provider 제공자 change 바꾸다, 교체하다 attend 참석하다 hold 개최하다 turn 돌리다

105 전치사 어휘

해설 빈칸 뒤에 명사구(the city's historic waterfront)가 나오므로 빈칸은 전치사 자리이다. 문맥상 '시의 역사적인 해안 지역을 따라'라는 의미가 자연스러우므로, 정답은 (B) along이다. (A) between(~ 사이에) 뒤에는 복수명사 나오고, 부사 (D) apart는 주로 전치사(from)와 짝을 이루어(apart from) '~ 이외에, 게다가'라는 의미로 쓰인다.

번역 발레타 방문객 센터는 시의 역사적인 해안 지역을 따라 매일 배를 운행한다.

어휘 visitor centre 방문객 센터, 관광 안내소 offer 제공하다 daily 매일의 boat ride 배 타기, 뱃놀이 historic 역사적으로 중요한 waterfront (해변, 강가, 호숫가 등) 해안 지역, 물가 apart 따로, 떨어져서

106 대명사

해설 빈칸은 앞에 이미 언급한 tennis shoe를 의미하는 대명사 자리이다. 따라서 the, this 등의 한정사와 함께 특정 또는 비특정 사람이나 사물을 대신하는 대명사인 (C) one이 정답이다.

번역 울트로라 액션의 티-프로 테니스화는 현재 시중에서 가장 가벼운 테니스화이다.

어휘 lightest 가장 가벼운 on the market 시중[시장]에 나와 있는 right now 현재, 지금

107 to부정사 _ to + 동사원형

해설 빈칸 뒤의 명사(good deals)를 목적어로 취하면서, 앞의 to와 함께 to부정사구를 만들 수 있는 동사원형 자리이므로, 정답은 동사원형 (D) negotiate이다. '~할 수 있다(be able to+동사원형)'라는 관용적인 표현으로 묶어서 기억하자. 참고로 빈칸 앞에 to가 있을 경우, to가 전치사의 to인지, to부정사의 to인지를 구별하는 것이 중요하다. 동명사 (A) negotiating은 전치사 to 뒤에 나올 수 있으므로 오답이다.

번역 듀럼 비스킷 사는 도매업체들과 협상해 저렴한 가격으로 거래할 수 있다.

어휘 be able to부정사 ~할 수 있다 good deal 저렴하고 괜찮은 물건 wholesale supplier 도매업체, 도매상 negotiate 협상하다

108 형용사 어휘

해설 빈칸은 뒤의 복수 명사(opportunities)를 수식하는 형용사 자리이므로, 정답은 (D) many이다. (A) plenty는 of와 함께 짝을 이루어 복수명사와 셀 수 없는 명사를 한정 수식할 수 있다. (B) each는 단수명사를 한정 수식하고, 부사 (C) very는 품사상 적합하지 않다.

번역 라자니 마케팅에는 승진 기회들이 많다.

어휘 opportunity 기회 professional advancement 승진, 직업상의 입신 plenty 많음, 다량, 풍부

109 전치사 자리

해설 빈칸 뒤의 명사(emergency repairs)를 목적어로 취하는 전치사 자리이다. 문맥상 '긴급 수리 때문에 금지될 것이다'라는 의미가 자연스러우므로, 정답은 (D) because of(~ 때문에)이다. 부사절 접속사 (A) so that(~ 하기 위해) 뒤에는 완전한 절이, (C) in order to(~ 하기 위해) 뒤에는 동사원형이 나와야 하고, 접속부사 (B) as a result(결과로)는 목적어를 취할 수 없다.

번역 수도관 긴급 수리 때문에 앞으로 며칠 동안 다하크노 스트리트에 주차가 금지될 것이다.

어휘 parking 주차 prohibit 금지하다 emergency repair 긴급 수리 water line 수도관 as a result 그 결과로 in order to + 동사원형 ~하기 위해 because of ~ 때문에

110 명사 자리 _ 동사의 목적어

해설 빈칸은 앞에 있는 동사(must obtain)의 목적어 자리이므로, 정답은 목적어 역할을 할 수 있는 명사 (C) referral이다. 동명사 (A) referring은 부정관사 a 뒤에 올 수 없고, 동사의 과거형/과거분사 (B) referred와 동사원형 (D) refer는 품사상 적합하지 않다.

번역 교육을 신청하는 회계사들은 반드시 상사의 추천을 받아야 한다.

어휘 accountant 회계사 apply for ~에 지원하다, ~을 신청하다 training 교육, 훈련 obtain 지니다, 보유하다 referral 추천(서) supervisor 상사 refer 위탁하다, 조회하다

111 부사 어휘

해설 빈칸 뒤의 부사절 접속사(after)가 이끄는 부사절을 강조하는 부사 자리이다. 문맥상 '감사관들이 실험실을 시찰하고 나서야만'이라는 의미가 자연스러우므로, 정답은 (B) only이다. 접속사 (A) when은 품사상 적합하지 않고, 부사 (C) still(여전히, 그럼에도)과 (D) most(가장)는 문맥상 적합하지 않다.

번역 평가보고서는 감사관들이 실험실을 시찰하고 나서야 완료될 것이다.

어휘 evaluation report 평가보고서 complete 완료[완성]하다, 빠짐없이 기입하다 auditor 감사(관) inspect 조사하다, 시찰하다 laboratory 실험실 only after ~하고 나서야

112 형용사 자리 _ 주격 보어

해설 가주어(it)-진주어(to부정사) 구문으로, 빈칸은 진주어(to hire another administrative assistant by June 1)를 보충 설명하는 형용사 자리이다. 현재분사 (A) necessitating(필요로 하고 있는)과 형용사 (B) necessary(필수적인, 필요한) 중에서 문맥상 '6월 1일까지 업무 비서를 한 명 더 채용할 필요가 있다'라는 의미가 자연스러우므로, 정답은 (B) necessary이다. 부사 (C) necessarily와 명사 (D) necessities는 품사상 적합하지 않다.

번역 최근에 우리가 확장한 점을 감안하여 6월 1일까지 업무 비서를 한 명 더 채용할 필요가 있을 것이다.

어휘 in light of ~을 고려[감안]하여, ~에 비추어 recent 최근의 expansion 확장 hire 채용[고용]하다 administrative assistant 업무 비서 necessitate 필요하게 만들다 necessarily 반드시, 꼭 necessities 필수품

113 전치사 어휘

해설 빈칸 뒤의 명사(further notice)를 목적어로 취하면서, 앞의 동사(will be postponed)를 수식하는 전치사 자리이다. 문맥상 '추후 공지가 있을 때까지 연기될 것이다'라는 의미가 자연스러우므로, 정답은 (A) until이다. '추후 공지가 있을 때까지(until further notice)'라는 관용적인 표현으로 묶어서 기억하자.

번역 등록이 저조한 탓에 7월 2일로 예정된 통신 워크숍이 추후 공지가 있을 때까지 연기될 것이다.

어휘 due to ~ 탓에, ~ 때문에 registration 등록 communications 통신 scheduled for ~로 예정된 postpone 연기하다 until further notice 추후 공지가 있을 때까지

114 부사 자리 _ 형용사 수식

해설 빈칸은 형용사(optimistic)를 수식하는 부사 자리이다. 부사 (C) fairly(꽤, 상당히)와 형용사/부사 (D) fair(공정한/공정하게) 중 문맥상 '꽤 낙관적인'이라는 의미가 자연스러우므로, 정답은 (C) fairly이다. 명사 (A) fairness와 최상급 형용사 (B) fairest는 품사상 적합하지 않다.

번역 소프트웨어 베타 버전에 대한 초기 반응을 보면 우리는 향후 제품 판매를 꽤 낙관할 수 있다.

어휘 initial 초기의, 최초의 response to ~에 대한 반응 beta version 베타 버전[판], 시험판 allow + 사람(목적어) + to부정사 누가 ~하도록 허락하다 optimistic about ~에 낙관적인 product sales 제품 판매

115 명사 어휘

해설 빈칸 앞의 a, 뒤의 of와 짝을 이루어 뒤에 나오는 명사(expertise)를 가장 잘 수식하는 명사를 선택해야 한다. 문맥상 '풍부한 전문성'이라는 의미가 자연스러우므로, 정답은 (A) wealth(풍부, 부)이다. 'a wealth of(풍부한)'이라는 관용적인 표현으로 묶어서 기억하자. (B) height(높이), (C) labor(노동), (D) fame(명성)은 문맥상 적합하지 않다.

번역 오르베일 스쿨의 경영 멘토들은 다양한 업계에서 풍부한 전문성을 갖춘 퇴직 임원들이다.

어휘 business mentor 사업 멘토 retired 퇴직[은퇴]한 executive 임원, 중역, 이사 a wealth of 풍부한 expertise 전문성, 전문지식 a wide range of 광범위한, 다양한 industry 산업, 업계 height 높이 labor 노동 fame 명성

116 형용사 자리 _ 명사 수식

해설 빈칸은 전치사(in)의 목적어(line)를 수식하는 형용사 자리이다. 과거분사 (B) updated와 현재분사 (D) updating 중 문맥상 '새로워진 제품군'이라는 수동의 의미가 자연스러우므로, 정답은 과거분사 (B) updated이다. 현재분사 (D) updating은 능동의 의미를 나타내고, 동사/명사 (A) update와 (C) updates는 품사상 적합하지 않다.

번역 저희의 새로워진 소형 냉장고 제품군에 관심을 가져 주셔서 감사합니다.

어휘 interest 관심 line 제품군 compact refrigerator 소형 냉장고 update 갱신하다, 최신 정보를 알려주다; 갱신, 최신 정보 updated 새로워진

117 부사절 접속사

해설 빈칸 뒤의 완전한 절(the deadline for submitting slogans has passed)을 이끌면서 앞의 완전한 절을 수식하는 부사절 접속사 자리로, 정답은 부사절 접속사 (C) now that(~이기 때문에)이다. 명사절 접속사 (A) how는 명사절을 이끌고, 명사절/부사절 접속사 (D) whether는 문맥상 적절하지 않다. 부정의 의미를 나타내는 (B) nor 뒤에는 주어와 동사가 도치되어 나온다.

번역 표어 제출 시한이 지났으므로 심사위원들은 출품작들을 심사해도 됩니다.

어휘 judge 심사위원 review 심사하다 entry 응모작, 출품작 deadline 마감 시한 submit 제출하다 slogan 표어, 슬로건 pass 지나다 now that ~이기 때문에

118 동사 자리

해설 빈칸은 주어(Antonio Kosler) 뒤의 동사 자리이므로, 정답은 (C) analyzes이다. 명사 (A) analysis와 (B) analyzer는 품사상 적합하지 않고, 동명사/현재분사 (D) analyzing은 동사 자리에 단독으로 올 수 없다.

번역 앤토니오 코슬러는 일일 라디오 프로그램인 〈트레이드 비즈〉에서 전 세계의 경제 뉴스를 분석해준다.

어휘 daily 매일 하는 radio show 라디오 방송[프로그램] from all over the globe 세계 곳곳에서 온 analysis 분석 analyzer 분석기 analyze 분석하다

119 전치사 자리

해설 빈칸은 뒤의 명사(editorial staff)를 목적어로 취하면서 앞의 명사(changes)와도 어울려 쓰이는 전치사 자리로, 정답은 전치사 (A) in이다. 부사 (B) again과 (D) ultimately, 명사 (C) positions는 품사상 적합하지 않다.

번역 〈더 뉴 라고스 리포터〉 지를 인수했다고 편집진에 변화가 생기지는 않을 것이다.

어휘 purchase 매입, 인수 lead to ~로 이어지다[이끌다] editorial staff 편집진 position 직위 ultimately 궁극적으로, 결국

120 부사 자리 _ 형용사 수식

해설 빈칸은 뒤에 나오는 형용사(short)를 수식하는 부자 자리이다. 따라서 정답은 부사 (C) surprisingly이다. 동사의 과거형/과거분사 (A) surprised, 동사/명사 (B) surprise, 현재분사 (D) surprising은 품사상 적합하지 않다.

번역 경영학 강좌를 하나 더 신설하자는 레지널드 레이크 교수의 제안이 놀랄 정도로 짧은 시일에 승인되었다.

어휘 proposal 제안(서) additional 추가적인, 더 business management 경영학, 경영 관리 approve 승인하다, 허락하다 in a short time 단시일에

121 형용사 어휘

해설 빈칸은 동사원형(be) 뒤에 나오는 형용사 자리로 뒤의 전치사구(of all the museum's operations)와의 쓰임을 고려한다. 문맥상 '박물관 업무의 모든 것을 알고 있다'라는 의미가 자연스러우므로, 정답은 (A) aware(알고 있는)이다. (B) current(현재의), (C) serious(심각한), (D) alert(경계하는)는 문맥상 적합하지 않다. 'be aware of/that(~을 알고 있다)'라는 관용적인 표현으로 묶어서 기억하자.

번역 캐리델 과학박물관 이사들은 박물관 운영에 관한 모든 것을 알고 있어야 한다.

어휘 science museum 과학(박물)관 trustee 이사 be expected to + 동사원형 ~할 것으로 기대[예상]되다 be aware of ~을 알다 operation 운영, 사업, 업무 current 현재의 serious 진지한, 심각한 alert 경계하는, 기민한

122 명사 자리 _ 주어

해설 빈칸 앞의 명사(tourism)와 짝을 이루어 주어 역할을 하는 명사 자리로, 정답은 명사 (D) economy이다. 형용사 (A) economical과 (B) economic, 동사 (C) economize는 품사상 적합하지 않다.

번역 공항이 완공되어 호노카이 섬의 관광 경기가 획기적으로 개선되었다.

어휘 | completion 완성, 완공 tourism economy 관광 경기 improve 개선되다, 나아지다 dramatically 극적으로, 획기적으로 economical 검소한, 절약하는, 경제적인 economic 경제의 economize 절약[절감]하다

123 동사 어휘

해설 | 빈칸 앞의 명사절 접속사(that)가 이끄는 명사절 내의 동사 자리로, 뒤의 목적어(the number of dinner guests)와 의미가 가장 잘 통하는 동사를 선택해야 한다. 문맥상 '만찬 손님의 인원수를 구체적으로 명시하다'라는 의미가 자연스러우므로, 정답은 (C) specify(구체적으로 명시하다, 명확히 말하다)이다. (A) personify(의인화하다), (B) magnify(확대하다, 과장하다), (D) testify(증언하다, 증명하다)는 문맥상 적합하지 않다.

번역 | 브록스 비스트로가 우리에게 월요일까지 만찬 손님의 인원수를 구체적으로 알려 달라고 요청했다.

어휘 | request 요청[부탁]하다 dinner guest 만찬[저녁식사] 손님 personify 의인화하다 magnify 확대하다 specify 구체적으로 명시하다 testify 증언[증명]하다

124 전치사 어휘

해설 | 빈칸은 뒤의 목적어(the fashion world)를 취하는 전치사 자리이다. 문맥상 '패션계 전반에 잘 알려진'이라는 의미가 자연스러우므로, 정답은 (B) throughout(~ 전반에 걸쳐, ~ 기간 내내)이다. 전치사 (A) toward(~을 향해)와 (C) regarding(~에 관해), 부사/전치사 (D) aboard(탑승하여)는 문맥상 적합하지 않다.

번역 | 도이 섬유 사는 패션계에서 젊은 여성용 의류의 유행을 선도하는 것으로 유명하다.

어휘 | textile 섬유 well-known 잘 알려진 the fashion world 패션계 trendsetter 트렌드세터(유행을 선도하는 사람이나 기업) toward ~을 향해, ~쪽으로 throughout ~ 전반에 걸쳐 regarding ~에 관해 aboard 탑승[승선]하여

125 명사 어휘

해설 | 빈칸 뒤의 명사(form)와 짝을 이루어 앞에 있는 동사원형(complete)의 목적어 역할을 하는 명사 자리로, 앞에서 문장 전체를 수식하고 있는 to부정사 구문(To sign up for any class at Routen Academy)과 의미가 가장 잘 통하는 명사를 선택해야 한다. 문맥상 '루튼 아카데미의 강좌에 등록하려면, 온라인 등록양식을 작성하라'라는 의미가 자연스러우므로, 정답은 (A) enrollment(등록)이다. (B) inventory(재고, 재고물품), (C) complaint(불평, 불만), (D) solicitation(간청)은 문맥상 적합하지 않다.

번역 | 루튼 아카데미의 강좌에 등록하려면 www.routenacademy.edu에서 온라인 등록 양식을 작성하기만 하면 된다.

어휘 | sign up for ~에 등록[신청]하다 complete a form 양식을 작성하다 enrollment 등록, 입학 inventory 재고, 물품 목록 complaint 불평 solicitation 간청, 권유

126 형용사 자리 _ 명사 수식

해설 | 빈칸은 명사(director of marketing)를 수식하는 형용사 자리이다. 과거분사 (C) appointed와 현재분사 (D) appointing 중 문맥상 '새로 임명된 마케팅 부장'이라는 수동의 의미가 자연스러우므로, 정답은 과거분사 (C) appointed이다. 현재분사 (D) appointing은 능동의 의미를 나타내고, 동사 (A) appoint와 (B) appoints는 품사상 적합하지 않다.

번역 | 새로 임명된 마케팅 부장을 콜라나 산업 직원들에게 소개하기 위해 환영 행사가 열릴 것이다.

어휘 | reception 환영 행사[연회] introduce A to B A를 B에게 소개하다 director of marketing 마케팅 부장[이사] employee 직원 appointed 임명된

127 동사 자리

해설 | 빈칸은 앞에 있는 단수주어(Adidion Labs)와 어울리는 단수동사를 찾는 문제이므로, 정답은 단수동사 (B) is seeking이다. 동명사/현재분사 (A) seeking은 동사 자리에 단독으로 들어갈 수 없고, 복수동사 (C) are sought와 (D) have been sought는 주어와 수가 일치하지 않는다.

번역 | 어디디언 연구소는 복리위원회의 공석 두 자리를 채우기 위해 기꺼이 도전할 직원을 찾고 있다.

어휘 | fill 채우다 vacant position 공석 benefits committee 복리위원회 employee 직원 be ready for ~할 준비가 되다, 기꺼이 ~하다 challenge 도전 seek 찾다, 구하다

128 부사 어휘

해설 | 빈칸 뒤의 형용사(successful)를 수식하는 부사 자리이다. 문맥상 '현저하게 성공적'이라는 의미가 자연스러우므로, 정답은 (D) markedly(현저하게, 두드러지게)이다. (A) haltingly(머뭇거리며), (B) intimately(친밀히, 상세하게), (C) permissibly(허용되어)는 문맥상 적합하지 않다.

번역 | 그 주문 조회 소프트웨어는 업무 소요 시간을 크게 단축시켜 현저하게 성공을 거둬왔다.

어휘 | track an order 주문을 추적[조회]하다 successful 성공적인 decrease 줄이다, 감소시키다 time spend on ~에 사용된 시간 task 업무 haltingly 머뭇거리며, 주저하며 intimately 친밀하게, 스스럼없이 permissibly 허용되어, 무방하게 markedly 현저하게, 뚜렷이, 두드러지게

129 관계대명사

해설 | 빈칸은 뒤의 동사(are)의 주어 역할과 앞에 있는 완전한 절과 뒤의 절을 연결하는 접속사 역할을 동시에 해야 한다. 또한 앞에 있는 완전한 절의 동사(has had)의 목적어(a surplus of volunteers)를 보충 설명하는 자리로, 정답은 목적격 관계대명사를 포함한 (D) most of whom이다. 목적격 관계대명사(whom)는 앞의 전치사(of)와 함께 동사(are)의 주어 역할을 하는 부정대명사(most)를 수식한다. 참고로 관계대명사절은 and most of them(= a surplus of volunteers) are students로도 나타낼 수 있다. 접속사 (A) inasmuch as(~이므로, ~인 점을 고려하면) 뒤에는 완전한 절이 나오고, (B) the reason being과 (C) because of them 뒤에는 동사가 올 수 없다.

번역 최근 지역사회 스포츠 프로그램에 자원봉사자가 넘치는데, 그중 대다수가 학생이다.

어휘 lately 최근에 community sports program 지역사회 스포츠 프로그램 have a surplus of ~이 넘치다, 남아돌다, 과잉이다 volunteer 자원봉사자 inasmuch as ~이므로, ~인 점을 고려하면

130 형용사 어휘

해설 빈칸 앞의 명사절 접속사(how)의 수식을 받는 형용사 자리로, 뒤에 나오는 동사(was)의 주어(your recent stay at the Copper Mine Inn)를 보충 설명한다. 문맥상 '최근 카퍼 마인 인에서 투숙하신 경험이 얼마나 즐거웠는지'라는 의미가 자연스러우므로, 정답은 (C) enjoyable(즐거운)이다. (A) knowledgeable(박식한), (B) considerable(상당한), (D) available(이용 가능한, 시간이 있는)은 문맥상 적합하지 않다.

번역 최근 카퍼 마인 인에서 투숙하신 경험이 얼마나 즐거웠는지 첨부된 설문지를 사용해 저희에게 알려주십시오.

어휘 attached 첨부된 survey 설문(지), 설문조사 recent 최근의 stay 방문, 체재[체류], 머무름 knowledgeable 박식한 considerable 상당한, 많은 enjoyable 즐거운 available 이용[입수]할 수 있는, 만날 수 있는

PART 6

131-134 이메일

수신: jaredkho@pharmacon.com.au
발신: angelazucker@umedvic.edu.au
날짜: 6월 22일
제목: 고맙습니다!

고 박사님께,

어제 저희 연구실을 ¹³¹찾아 주셔서 감사합니다. 늘 그렇듯, 박사님의 전문성이 ¹³²진가를 발휘했습니다. 저희 기술진은 특히 박사님께서 최신 영상 시스템을 시연해 주신 것뿐 아니라, 연구실 환경에서 기술 발전 배후에 있는 원리들을 전반적으로 논할 수 있어서 유익했습니다.

향후 몇 개월에 걸쳐 저는 기술자를 몇 명 더 채용할 예정입니다. ¹³³,¹³⁴박사님께서 10월에 시간을 내어 또 한 번 모임을 이끌어 주실 수 있을까요? 그래 주실 수 있다면 새로운 직원들에게 큰 도움이 될 것입니다. 자세한 이야기를 나눌 수 있게 저에게 알려주시기 바랍니다.

앤젤라 저커

어휘 laboratory 연구실, 실험실 as always 늘 그렇듯 expertise 전문성, 전문지식 benefit from ~의 혜택[덕]을 보다 demonstration 시연 updated 최신의, 새로운, 갱신된 imaging system 영상 시스템 A as well as B B는 물론 A도 general 전반적인, 일반적인 principle 원리, 원칙 technological advance 기술 발전[진보] in the lab setting 연구실[실험실] 환경에서 hire 고용[채용]하다 technician 기술자 available 시간을 낼 수 있는 session 모임, 시간 discuss the details 자세한 얘기를 나누다, 세부사항을 논의하다

131 동사 어휘

해설 빈칸은 명사(our laboratory)를 목적어로 취하면서 앞의 전치사(for)의 목적어 역할을 하는 동명사 자리이다. 보기가 모두 동명사이므로, 문맥을 통해 해결해야 한다. 뒤에 나오는 문장 '저희 기술진은 특히 박사님께서 최신 영상 시스템을 시연해 주셔서 유익했습니다(Our technicians especially benefited from your demonstration of the updated imaging systems)'를 통해 방문에 대한 감사 표시임을 알 수 있으므로, 정답은 (C) visiting(방문하다)이다. (A) calling(전화하다), (B) opening(열다), (D) staffing(직원으로 일하다)은 문맥상 적합하지 않다.

132 동사 어형_태와 시제

해설 빈칸은 주어(your expertise) 뒤의 동사 자리이다. 문맥상 '전문지식은 인정받는다'라는 수동의 의미가 자연스러우며, 앞 문장의 과거시간을 나타내는 부사(yesterday)와 뒤에 나오는 문장의 과거시제 동사(benefited)를 통해 과거임을 알 수 있으므로, 정답은 과거시제 동사 (D) was appreciated이다. 현재시제 동사 (A) appreciates와 현재진행시제 동사 (C) is appreciating은 능동의 의미를 나타내므로 적합하지 않다.

어휘 appreciate 진가를 알아보다[인정하다], 감상하다, 감사하다

133 인칭대명사의 격_주격

해설 빈칸은 의문문의 조동사(Would)와 동사원형(be) 사이의 주어 자리이다. 뒤에 나오는 문장 '자세한 이야기를 나눌 수 있게 저에게 알려주시기 바랍니다(Please let me know so we can discuss the details)'를 통해 이메일의 수신인(Dr. Kho)에게 요청한다는 것을 알 수 있으므로, 정답은 주격 인칭대명사 (C) you이다.

134 문맥에 맞는 문장 고르기

번역 (A) 지원자들 중 다수가 매우 전도유망해 보입니다.
(B) 그래 주실 수 있다면 새로운 직원들에게 큰 도움이 될 것입니다.
(C) 박사님의 조언으로 공정이 빨라질 것입니다.
(D) 이 기술자들은 엄격한 규정을 준수합니다.

해설 빈칸 앞 문장 '박사님께서 10월에 시간을 내어 또 한 번 모임을 이끌어 주실 수 있을까요?(Would you be available to lead another session in October)'에서 모임을 이끌어 달라는 요청을 하고 있다. 따라서 빈칸에는 요청을 수락하면(If so) 좋을 것 같다는 내용이 이어지는 것이 문맥상 자연스러우므로, 정답은 (B)이다.

어휘 candidate 지원자, 후보자 promising 전도유망한 input 조언, 의견 process 공정 adhere to ~를 고수[준수]하다 strict 엄격한 regulation 규정, 규제

135-138 기사

브렌튼 (3월 22일) – 어제 브렌튼 철도가 연방교통국으로부터 3700만 달러의 지원금을 받았다. 이 135**자금** 덕분에 커크 밸리에 짓기로 한 역사를 지금부터 시작할 수 있다. 136**철도망 확장은 해당 지역사회의 주민 다수에게 분명 희소식이다.** 이 건설사업으로 해당 역에 약 75개의 정규직 일자리가 생길 것이다. 136**자동차 운전자들 역시 이 지원금을 반긴다.** 에드거 시멘탈은 커크 밸리 역 예정지 부근에 사는 137**사람**인데 이렇게 말한다. "나 같은 통근자들에게 정말 다행스런 일이죠. 꾸준히 악화되는 도로교통을 한 138**동안** 견뎌야만 했으니까요. 역이 개통되는 즉시 매일 승용차 대신 열차를 타고 출근할 생각을 하니 기대가 됩니다."

어휘 grant 지원금, 보조금 | Federal Transit Agency 연방교통국 | thanks to ~ 덕분에 | construction 건설, 공사 | proposed 제안된 | train terminal 역사 | expansion 확장, 확대 | rail system 철도망 | community 지역사회 | be pleased about ~에 기뻐하다, 만족하다 | planned 계획된 | what a relief 정말 다행이다[안심이다] | commuter 통근자 | endure 참다, 견디다 | steadily 꾸준히 | worsening 악화되는, 나빠지는 | for some time 오랫동안, 한동안 | anticipate 기대하다 | instead of ~ 대신에 | as soon as ~하자마자

135 명사 어휘

해설 빈칸은 전치사(Thanks to)의 목적어 역할을 하는 명사 자리로, 보기가 모두 명사이므로 문맥을 통해 알맞은 어휘를 고르도록 한다. 앞 문장 '어제 브렌튼 철도가 연방교통국으로부터 3700만 달러의 지원금을 받았다(Yesterday, Brenton Railway won a $37 million grant from the Federal Transit Agency)'를 통해 뒤에 나오는 문장은 지원금으로 인한 결과를 나타내는 문장임을 알 수 있으므로, 정답은 지원금(grant)을 의미하는 (A) funding(자금, 자금제공)이다. (B) policy(정책), (C) design(도안, 디자인), (D) strategy(전략)는 문맥상 적합하지 않다.

어휘 funding 자금(지원) | policy 정책 | strategy 전략

136 문맥에 맞는 문장 고르기

번역 (A) 운전자들이 더 이상 터미널에 승용차를 주차하지 못하게 될 것이다.
(B) 공사가 무기한 연기되었음을 공무원들이 확인해주었다.
(C) 하지만 열차 1개월 정기권의 가격이 오를 것으로 예상된다.
(D) 이 건설사업으로 해당 역에 약 75개의 정규직 일자리가 생길 것이다.

해설 빈칸 앞 문장 '철도망 확장은 해당 지역사회의 주민 다수에게 분명 희소식이다(The expansion of the rail system is certainly good news for many in the community)'에서 주민 다수에게 희소식이라고 언급하고 있고, 빈칸 뒤 '자동차 운전자들 역시 이 지원금을 반긴다(Drivers, too, are pleased about the grant)'에서 혜택의 대상을 하나 더(too) 나타내고 있다. 따라서 빈칸에는 혜택에 대해 언급하는 것이 문맥상 자연스러우므로, 정답은 (D)이다.

어휘 rider 운전자 | official 공무원 | confirm 확인하다 | postpone 연기하다 | indefinitely 무기한 | train pass 열차 정기권 | be expected to + 동사원형 ~할 것으로 예상되다 | project 건설사업, 프로젝트 | permanent job 정규직 일자리

137 관계대명사_주격

해설 빈칸은 주어가 없는 불완전한 절(lives near the planned Kirk Valley Station)을 이끌면서, 앞의 사람 명사(Edgar Simental)를 보충 설명하는 형용사절 접속사 자리로, 정답은 주격 관계대명사 (D) who이다. 부사 (A) likewise(마찬가지로, 게다가), (C) then(그러고 나서, 그때)는 절을 이끌 수 없고, 부정대명사 (B) another는 앞에 접속사가 필요하다.

138 전치사 어휘

해설 빈칸은 명사(some time)를 목적어로 취하는 전치사 자리이다. 문맥상 '꾸준히 악화되는 도로교통을 한동안 견뎠다'라는 의미가 자연스러우므로, 정답은 (A) for이다.

139-142 이메일

수신: 조세핀 블럼 [jblum@serenelakerestaurant.net]
발신: 찰리 티머 [ctimmer@serenelakerestaurant.net]
제목: 탁월한 평가
날짜: 4월 2일

조세핀 씨께,

다른 경영자들과 나는 〈가제트 데일리 프레스〉지와 〈다운타우너〉 모두에 실린 최근의 아주 훌륭한 평가 기사를 읽고 뿌듯했습니다. 우리는 시린 레이크 식당에 대한 귀하의 공헌이 139**특출하다**는 데 의견을 같이합니다. 그리하여 우리는 기쁜 마음으로 4월 8일 지급될 귀하의 다음번 주급에 상여금을 함께 140**주기로** 했습니다.

141**또한** 5월 1일부로 귀하의 급여를 10% 인상할 예정입니다. 142**귀하가 12월에 총주방장으로 일을 시작한 이후 우리 식당의 매출이 두 배 이상 늘었습니다.** 지역 잡지들에서 우리의 순위도 크게 올랐습니다. 142이런 긍정적인 추세는 귀하의 눈부신 성과와 직접 관련이 있습니다.

시린 레이크 식당의 경영진으로서 대단히 감사합니다.

찰리

어휘 manager 경영자, 관리자 | be pleased to + 동사원형 ~해서 기쁘다 | glowing review 극찬, 아주 훌륭한 평가[후기] | both A and B A와 B 둘 다 | contribution to ~에 대한 공헌[기여] | withdrawn 내성적인 | matched 어울리는, 필적하는 | affordable 가격이 알맞은, 저렴한 | exceptional 매우 뛰어난, 이례적인 | weekly paycheck 주급 | raise 인상하다, 올리다 | effective ~부로 시행되는[발효되는] | executive chef 총주방장 | sales 매출 | more than double 두 배 이상 늘다 | positive 긍정적인 | trend 추세 | be directly linked to ~와 직접 관련이 있다 | stellar 눈부신 | performance 성과, 실적, 수행 | management team 경영진

139 형용사 어휘

해설 빈칸은 명사절(that절) 내의 주어(your contributions to Serene Lake Restaurant)를 보충 설명하는 형용사 자리이다. 문맥상 '시린 레이크 식당에 대한 귀하의 공헌이 특출하다'라는 의미가 자연스러우므로, 정답은 (D) exceptional(특출한, 이례적인)이다. (A) withdrawn (철수된, 철회된, 내성적인), (B) matched(어울리는, 비등한), (C) affordable(가격이 적당한, 감당할 수 있는)은 문맥상 적합하지 않다.

140 to부정사 _ 부사적 용법

해설 빈칸은 간접목적어(you)와 직접목적어(a bonus)를 취하면서, 부사처럼 앞의 형용사(happy)를 수식하는 자리이므로, 정답은 to부정사 (A) to award이다. 절 (C) it awarded는 앞에 접속사가 필요하고, 또한 동사(awarded)의 주어는 문맥상 앞에 있는 인칭대명사(we)이므로 적합하지 않다. 형용사절 (D) that awards는 앞에 명사가 나와야 한다.

어휘 award 수여하다, 주다

141 부사 어휘

해설 빈칸은 앞뒤 문장을 자연스럽게 이어줄 접속부사 자리이다. 앞에서 '우리는 기쁜 마음으로 4월 8일 지급될 귀하의 다음 번 주급에 상여금을 함께 주기로 했습니다(we are happy to award you a bonus that will be paid with your next weekly paycheck on April 8)'라는 상여금 혜택을, 뒤에는 '5월 1일부로 귀하의 급여를 10% 인상할 예정입니다(we are raising your salary by 10 percent, effective May 1)'라는 급여인상 혜택을 언급하고 있으므로, 정답은 첨가·부가의 의미를 나타내는 접속부사 (B) In addition(또한, 덧붙여)이다. (A) For example(예를 들어), (C) Nevertheless(그럼에도 불구하고), (D) On the other hand(다른 한편으로, 반면에)는 문맥상 적합하지 않다.

142 문맥에 맞는 문장 고르기

번역 (A) 가능한 한 빨리 부지배인이 채용될 것입니다.
(B) 식당이 다음 달부터 주말에 늦게까지 영업하게 될 것입니다.
(C) 귀하가 올해 봉급을 인상 받은 유일한 직원입니다.
(D) 지역 잡지들에서 우리의 순위도 크게 올랐습니다.

해설 빈칸 뒤에 나오는 문장 '이런 긍정적인 추세는 귀하의 눈부신 성과와 직접 관련이 있습니다(These positive trends are directly linked to your stellar performance)'를 통해 빈칸에는 긍정적인 추세(These positive trends)의 구체적인 예를 언급하는 것이 문맥상 자연스러우므로, 정답은 (D)이다. 또한 빈칸 앞 문장 '귀하가 12월에 총주방장으로 일을 시작한 이후 우리 식당의 매출이 두 배 이상 늘었습니다(Since you began as Executive Chef in December, our sales have more than doubled)'에서도 긍정적인 추세의 예를 열거하고 있다.

어휘 assistant manager 부지배인   receive a raise 봉급을 인상 받다   rating 순위, 등급   local magazine 지역 잡지   significantly 크게, 상당히

143-146 기사

> **교육 박람회**
>
> (7월 9일) – ¹⁴³해마다 열리는 국제 고등교육 박람회가 7월 7일 토요일에 3년 연속 자카르타를 찾았다. 박람회에는 전 세계에서 수백 개의 기관들이 참가했다. 평소처럼 ¹⁴³미국 및 호주 대학들의 참여 비중이 ¹⁴⁴높았다. ¹⁴⁵게다가 ¹⁴³유럽 및 아시아 대학들의 참여가 해마다 늘고 있다고 참관자들이 말했다. 또한 올해에는 과거보다 더 많은 대학원생이 ¹⁴⁶행사에 참가했다는 사실도 눈에 띄었다.

어휘 fair 박람회   annual 연례의, 해마다의   higher education 고등교육   for the third consecutive year 3년 연속으로   as usual 평소처럼   be heavily represented 참여 비중이 높다   observer 참관자, 관찰자   participation 참여   increase 늘다, 증가하다   year by year 해마다   noticeable 눈에 띄는, 주목할 만한   fact 사실   graduate student 대학원생   attend 참석[출석]하다

143 문맥에 맞는 문장 고르기

번역 (A) 교원 연수회도 같은 호텔에서 열렸다.
(B) 박람회에는 전 세계에서 수백 개의 기관들이 참가했다.
(C) 현지 학생단체들이 저녁 여흥을 준비했다.
(D) 박람회 자원봉사자들은 등록비가 면제되었다.

해설 빈칸 앞 문장 '해마다 열리는 국제 고등교육 박람회가 7월 7일 토요일에 3년 연속 자카르타를 찾았다(The annual International Higher Education Fair came to Jakarta for the third consecutive year on Saturday, 7 July)'를 통해 박람회가 열린다는 것을 알 수 있고, 뒤에 나오는 '미국 및 호주 대학들(American and Australian universities)'과 '유럽 및 아시아 대학들(European and Asian universities)'에서 박람회 참가자들의 출신 나라 또는 대륙을 구체적으로 나열하고 있다. 따라서 빈칸에는 전세계에서 박람회에 참석하고 있다는 내용이 이어지는 것이 문맥상 자연스러우므로, 정답은 (B)이다.

어휘 teachers' conference 교원 연수회, 교원 회의   feature ~을 특징으로 하다, ~을 크게 다루다   institution 기관   local 현지의, 지역의   student organization 학생단체   arrange 마련하다, 주선하다   entertainment 여흥, 오락거리   registration fee 등록비   waive 포기하다, 탕감하다   volunteer 자원 봉사하다

144 부사 자리 _ 과거분사 수식

해설 빈칸은 동사(was)와 과거분사(represented) 사이에서, 과거분사(represented)를 수식하는 부사 자리이므로, 정답은 (B) heavily이다. 형용사 원급 (A) heavy와 비교급 (C) heavier, 명사 (D) heaviness는 품사상 적합하지 않다.

145 부사 어휘

해설 빈칸은 앞뒤 문장을 자연스럽게 이어줄 접속부사 자리이다. 앞 문장은 '평소처럼 미국 및 호주 대학들의 참여 비중이 높았다(As usual, American and Australian universities were heavily represented)'라는 대다수 참가자의 출신 나라를, 뒤에는 '유럽 및 아시아 대학들의 참여가 해마다 늘고 있다(participation from

European and Asian universities has been increasing year by year)'면서 참여가 늘고 있는 다른 대륙을 추가로 언급하고 있으므로, 정답은 추가적인 내용을 연결하는 접속부사 (A) Moreover(게다가, 더욱이)이다.

어휘 rather 오히려   instead 대신에

146 명사 어휘

해설 빈칸은 동사(attended)의 목적어 역할을 하는 명사 자리이다. 문장 앞에 있는 '또한(Also)'을 통해 박람회 참석자에 대해 추가 설명하는 문장임을 알 수 있으므로, 박람회(fair)와 유사한 의미의 단어를 선택해야 한다. 따라서 정답은 (C) event(행사)이다. (A) class(수업), (B) demonstration(시연, 증명), (D) ceremony(의식, 식)는 문맥상 적합하지 않다.

PART 7

147-148 공지

NBS

147 전국탐조협회(NBS)가 9월에 웰스포인트에 지부를 개설합니다. 지부 모임은 매월 둘째 화요일 오후 7시 30분에 카터 스트리트 1600번지에 있는 휘튼 다이너에서 있습니다. 누구나 환영합니다.

대중교통을 이용해 모임에 오실 계획이라면, 롱뷰 스트리트와 웨지워스 스트리트가 만나는 모퉁이에서 두 블록 떨어진 정류장에 44번 버스가 섭니다. 승용차로 오실 계획이라면, 오후 6시 이후에는 두 도로 모두 주차가 무료입니다.

흥미진진한 한 해를 계획해 놓았으니 여러분이 저희와 함께하실 수 있기를 소망합니다. 148 월별 연사 명단을 보시려면 인터넷으로 저희 웹사이트 www.nbswellspoint.org를 방문해 주시기 바랍니다.

어휘 birdwatcher 조류 관찰자   society 협회   local chapter 지부   diner 식당   public transportation 대중교통   travel 이동하다, 여행하다   parking 주차   free 무료의, 공짜의   join 함께하다, 합류하다   monthly 매월의   speaker 연사

147 추론 / 암시

번역 이 공지는 어디에 게시되어 있겠는가?
(A) 주차장 옆에
(B) 조류 관련 도서에
(C) 지역 주민회관에
(D) 버스 시간표에

해설 첫 번째 단락에서 전국탐조협회(NBS)가 9월에 웰스포인트에 지부를 개설하며, 지부 모임은 매월 둘째 화요일 오후 7시 30분에 카터 스트리트 1600번지에 있는 휘튼 다이너에서 있는데 누구나 환영한다(The National Birdwatchers Society(NBS) is opening a local chapter in Wellspoint in September. The group will meet on the second Tuesday of every month at the Wheaton Diner, 1600 Carter Street, at 7:30 P.M. Everyone is welcome)고 했다. 따라서 지역에서 열리는 모임을 홍보하는 공지라고 유추할 수 있으므로, 정답은 (C)이다.

어휘 community center 지역 주민회관

148 세부 사항

번역 공지에 따르면, 웹사이트에서 얻을 수 있는 것은?
(A) 등록 양식
(B) 모임에 관한 몇몇 세부사항
(C) 새로운 야생동물 동영상
(D) 회비 정보

해설 세 번째 단락 두 번째 문장에서 월별 연사 명단을 보려면 웹사이트를 방문하라(For a list of monthly speakers, visit us online at www.nbswellspoint.org)고 했다. 따라서 세부적인 연사 명단을 웹사이트에 게시하고 있음을 확인할 수 있으므로, 정답은 (B)이다.

어휘 registration form 등록 양식   detail 세부사항   wildlife 야생동물   membership fee 회비

▶▶Paraphrasing 지문의 a list of monthly speakers
→ 정답의 Some meeting details

149-150 송장

리걸 호텔
해스킷 애비뉴 2979번지
애리조나 주 피닉스 85023

날짜: 3월 20일
송장 번호: 816

청구지:
마리아 페럴
하월스 유한책임회사
노스 프런트 스트리트 324번지
애리조나 주 피닉스 85086

하월스 유한책임회사가 4월 28일에 개최할 일일 회의 송장

항목	요금	합계
149(D) 벌룻 룸 회의 공간 (손님 100명) 시청각 장비 대여	하루 350달러	350달러
149(B) 무선 마이크 3개	개당 90달러	270달러
프로젝터 1대	대당 150달러	150달러
영사막 1개	개당 80달러	80달러
149(C) 조식	인당 10달러	1,000달러
149(C) 중식 2,000달러		인당 20달러
소계		3,850달러
세금		319.55달러
총계		4,169.55달러*

150 *목록에 포함된 모든 서비스를 예약하시려면 이 금액을 4월 1일까지 보내주시기 바랍니다.

| 어휘 | invoice 송장 bill 청구서(를 보내다) LLC 유한책임회사(= limited liability company) one-day conference 일일 회의 item 항목, 품목 rate 요율, 요금 audiovisual equipment 시청각 장비 rental 대여 wireless microphone 무선 마이크 projection screen 영사막 unit 단위, ~개, ~대 subtotal 소계 tax 세금 amount 금액, 액수 reserve 예약하다 listed 기재된, 목록에 포함된 |

149 사실 관계 확인

| 번역 | 총 행사비에 포함되지 않은 것은? |

(A) 호텔 숙박
(B) 마이크
(C) 참가자들의 식사
(D) 회의실 대관

| 해설 | 송장의 항목(Item) 중 무선 마이크 3개(3 wireless microphones)를 통해 (B)가, 조식/중식(Breakfast/Lunch)을 통해 (C)가, 벌롯 룸/회의 공간(Berlot Room/Conference space)을 통해 (D)가 행사비에 포함된다는 것을 확인할 수 있으므로, 정답은 언급되지 않은 (A)이다. |

| 어휘 | overnight 하룻밤의 participant 참가자 |

▶▶ Paraphrasing 지문의 Breakfast/Lunch → 보기의 Meals

150 세부 사항

| 번역 | 페럴 씨가 요청 받은 것은 무엇인가? |

(A) 예약 확인
(B) 시청각 장비 반환
(C) 대금 지불
(D) 식사 메뉴 선택

| 해설 | 마지막 주의 부분(*)에서 목록에 포함된 모든 서비스를 예약하려면 이 금액을 4월 1일까지 보내달라(Please send this amount by April 1 to reserve all listed services)고 했다. 따라서 페럴 씨가 지불을 요청 받았음을 알 수 있으므로, 정답은 (C)이다. |

| 어휘 | confirm 확인하다 reservation 예약 return 반납[반환]하다 select 고르다, 선택하다 |

▶▶ Paraphrasing 지문의 send this amount → 정답의 Make a payment

151-152 온라인 채팅

| 파멜라 카터 [오후 3시 44분] |
| 안녕하세요, 오스왈도. 이스트 포스 스트리트에 있는 건물의 사진들을 봤나요? |

| 오스왈도 메드라노 [오후 3시 45분] |
| 네, 봤어요. 151우리의 디자이너와 편집자 다수가 원격근무를 한다는 점을 감안하면 그 공간이 정말로 전부 필요할까요? |

| 파멜라 카터 [오후 3시 47분] |
| 그렇긴 하지만 우리가 성장해 가면서 더 많은 사람이 현장에서 일하게 될 거예요. |

| 오스왈도 메드라노 [오후 3시 48분] |
| 하지만 당분간은 그렇지 않을 걸요. |

| 파멜라 카터 [오후 3시 50분] |
| 152즉각적인 필요와 장기적인 필요를 모두 고려해야 해요. 그 건물은 직원을 늘릴 수 있는 여지가 많아요. |

| 오스왈도 메드라노 [오후 3시 52분] |
| 맞아요. 우리의 필요가 바뀔지도 모르니까요. 특히 더 많은 저자들과 계약을 맺기 시작하면 말이죠. |

| 어휘 | property 부동산, 건물, 토지 given that ~을 감안[고려]하면 editor 편집자 work remotely 원격 근무하다 on site 현장에서 for a while 한동안, 당분간 immediate 즉각적인 long-term 장기적인 offer ample room to + 동사원형 ~할 여지가 많다[충분하다] allow for ~에 대비하다, ~을 참작하다 staff expansion 직원 증가 requirement 요건, 필요 sign a contract with ~와 계약하다 |

151 추론 / 암시

| 번역 | 사람들은 어떤 업종에 근무하겠는가? |

(A) 출판사
(B) 이사업체
(C) 부동산중개소
(D) 지역 인테리어 디자인 회사

| 해설 | 메드라노 씨는 오후 3시 45분 메시지에서 디자이너와 편집자 다수가 원격근무를 한다는 점을 감안하면 그 공간이 정말로 전부 필요한지(Given that many of our designers and editors are working remotely, is all that space really necessary)를 묻고 있다. 따라서 출판업에 종사한다고 유추할 수 있으므로, 정답은 (A)이다. |

| 어휘 | publishing company 출판사 real estate agency 부동산중개소 local 지역의, 현지의 |

152 의도 파악

| 번역 | 오후 3시 52분에 메드라노 씨가 "맞아요"라고 쓸 때, 그 의도는 무엇인가? |

(A) 다른 공간을 임대해야 한다.
(B) 새로운 공간은 너무 비쌀 것이다.
(C) 건물이 장차 그들의 필요에 적합할지도 모른다.
(D) 건물은 구조 개선이 필요하다.

| 해설 | 카터 씨는 오후 3시 50분 메시지에서 즉각적인 필요와 장기적인 필요를 모두 고려해야 한다면서 직원을 늘릴 수 있는 여지가 많다(We should consider both our immediate and long-term needs. The building offers ample room to allow for staff expansion)고 했다. 앞으로의 직원 변화를 감안해 건물을 선택해야 한다는 다른 의견을 제시하고 있다. 이에 대해 메드라노 씨가 '맞아요(That's true)'라며 동의를 표하고 있으므로, 정답은 (C)이다. |

어휘 alternative 대안적인, 다른   rent 임대하다   suit 적합하다, 알맞다   structural improvements 구조 개선

153-155 이메일

수신: 시어도어 업튼
발신: 이디스 하위
제목: 펠리그린 임대차 계약서, 그로브 스트리트 259번지 주택
날짜: 5월 4일

테드:

방금 존 펠리그린의 전화를 받았어요. **153그의 말에 따르면, 당신이 오늘 아침 그에게 이메일로 보낸 임대차 계약서의 수치가 4월 24일에 그가 받은 최초 견적을 반영한 것이지, 154그 다음 4월 29일에 만나서 합의한 협상 수치를 반영한 게 아니라고 하는군요.**

펠리그린 씨는 이번 주말인 5월 7-8일에 그 집으로 이사할 계획을 세웠고, 임대차 서류가 제대로 되어 있는지 이사 준비를 마치기 전에 확인하고 싶어 해요. 그는 역시 그로브 스트리트에 있는 또 다른 집을 제안 받았는데, 오늘 퇴근 시간까지 우리와 계약을 종결짓지 못하면 그 집을 임대하겠다고 했어요.

내가 출타 중이라 이 긴급한 문제를 당신에게 맡길게요. **155즉시 펠리그린 씨에게 연락하고, 바로잡은 계약서를 그에게 이메일로 보내주세요.** 이 문제에 관한 모든 서신을 내게도 참조로 보내주세요.

고마워요.

이디스

어휘 figure 수치, 계산   rental agreement 임대차 계약(서)   reflect 반영하다   quote 견적(가)   negotiated 협상된   agree upon ~에 합의하다   subsequent 그 다음의, 후속의   property 부동산, 토지, 건물   make sure 확인하다   paperwork 서류 작업   in place 제대로 된, 적절한   finalize 마무리하다, 종결짓다   moving arrangement 이사 준비   office hours 근무 시간   out of town 출타 중인   leave ~ in someone's hands ~을 …에게 처리하도록 맡기다   urgent 긴급한, 급박한   contact 접촉하다, 연락하다   corrected 바로잡은, 수정된   copy 참조로 보내다   correspondence 서신   regarding ~에 관한

153 주제 / 목적

번역 이메일을 쓴 이유는 무엇인가?
(A) 예산안 사본을 공유하려고
(B) 동료를 소개하려고
(C) 문제를 보고하려고
(D) 계약을 협상하려고

해설 첫 번째 단락에서 업튼 씨가 오늘 아침 펠리그린 씨에게 이메일로 보낸 임대차 계약서의 계산이 4월 24일에 받은 최초 견적을 반영한 것이지, 그 다음 4월 29일에 만나서 합의한 협상 수치를 반영한 게 아니라고(the figures in the rental agreement you e-mailed him this morning reflect the first quote he was given on April 24, not the negotiated figures agreed upon in the subsequent meeting on April 29) 했다. 따라서 견적서를 잘못 보낸 걸 알리기 위해 쓴 이메일임을 알 수 있으므로, 정답은 (C)이다.

어휘 budget 예산(안)   colleague 동료   report 보고하다   negotiate 협상[교섭]하다

154 세부 사항

번역 계약서는 언제 수정되었는가?
(A) 4월 24일
(B) 4월 29일
(C) 5월 7일
(D) 5월 8일

해설 첫 번째 단락에서 4월 29일에 만나서 협상 수치를 합의했다(the negotiated figures agreed upon in the subsequent meeting on April 29)고 했다. 따라서 계약서를 4월 29일에 수정했음을 알 수 있으므로, 정답은 (B)이다.

어휘 modify 수정하다

155 세부 사항

번역 하위 씨는 업튼 씨가 무엇을 해주기를 바라는가?
(A) 회의 날짜 잡기
(B) 또 다른 부동산 보기
(C) 잠재 고객 방문하기
(D) 문서 발송하기

해설 세 번째 단락 두 번째 문장에서 하위 씨는 업튼 씨에게 계약서를 펠리그린 씨에게 보내라고 요청(Please contact Mr. Pelligrine immediately and e-mail him a corrected agreement)하고 있으므로, 정답은 (D)이다. 참고로 이메일에서 수신인(Theodore Upton)은 주로 인칭대명사 You로 나타난다.

어휘 schedule 날짜[일정]를 잡다   potential client 잠재 고객   document 문서

▶Paraphrasing 지문의 e-mail him a corrected agreement → 정답의 Send a document

156-157 뉴스 기사

애들레이드(2월 2일) - 최근 보도에 따르면, 올해 이 지역의 아이스크림 판매가 20% 가까이 하락했다고 한다. 특히 올여름 유난히 더운 날씨를 감안할 때, 판매 감소는 많은 사람을 놀라게 했다. **156지역 판매업자들은 우유의 도매가 상승을 지적했으며, 그것 때문에 자신들도 가격을 크게 올렸다는 것이다.**

157매출 감소를 만회하기 위해 많은 아이스크림 가게가 유제품이 들어가지 않은 대체 디저트를 취급하고 있다. 예컨대, 웰링턴에 있는 지오다노스 디저트 숍은 과일 빙과를 팔기 시작했다. 분석가들에 따르면, 아이스크림이 특화된 시장이기 때문에 광고 확대와 고객 할인 같은 종래의 전략이 다른 업계만큼 효과적이지 않다고 한다.

어휘   according to ~에 따르면   recent 최근의   report 보도, 보고   region 지역   fall 하락하다, 떨어지다   decrease 감소(하다)   given ~을 고려[감안]하면   remarkably 유난히, 현저하게, 매우   vendor 판매자, 판매업체   wholesale price 도매가   significantly 많이, 상당히   offset 상쇄[벌충]하다   stock 취급하다, 비축하다   alternative 대안적인   contain 함유하다   dairy 유제품   fruit ice 과일 빙과   analyst 분석가   specialized 특화된   traditional 전통적인, 재래의   strategy 전략   advertising 광고   customer discount 고객 할인   effective 효과적인

156 세부 사항

번역   기사에 따르면, 아이스크림 매출이 감소한 이유는?
(A) 소비자들의 식생활이 바뀌어서
(B) 생산 비용이 더 많이 들어서
(C) 지역민 다수가 이사를 가서
(D) 최근의 기상 상태가 이례적이라서

해설   첫 번째 단락의 마지막 문장에서 지역 판매업자들은 우유의 도매가 상승을 지적했다면서 그것 때문에 가격을 크게 올렸다(Local vendors pointed to an increase in the wholesale price of milk, which has caused their own prices to rise significantly)고 했다. 따라서 우유 도매가 인상에 따른 아이스크림 가격 인상으로 인해 매출이 줄었음을 알 수 있으므로, 정답은 (B)이다.

어휘   consumer 소비자   diet 식생활

▸▸Paraphrasing   지문의 an increase in the wholesale price of milk
→ 정답의 Production costs are higher.

157 세부 사항

번역   판매업체들은 추세에 어떻게 반응하고 있는가?
(A) 영업시간을 늘린다
(B) 광고에 더 많은 돈을 쓴다
(C) 고객들에게 할인을 제공한다
(D) 다른 제품들을 판다

해설   두 번째 단락의 첫 번째 문장에서 매출 감소를 만회하기 위해 많은 아이스크림 가게가 유제품이 들어가지 않은 대체 디저트를 취급하고 있다(To offset the decrease in sales, many ice cream stores are stocking alternative desserts that do not contain dairy)고 했다. 따라서 대체 제품을 판매하는 것으로 아이스크림 판매 감소에 대응하고 있다는 것을 알 수 있으므로, 정답은 (D)이다.

어휘   expand 확대[확장]하다   hours of operation 영업시간   product 제품

▸▸Paraphrasing   지문의 the decrease in sales → 질문의 trend
지문의 stocking alternative desserts
→ 정답의 selling different products

158-161 온라인 채팅

타마라 엘킨드 / 오후 3시 32분
158오늘 오후 일찍 가상 판매회의에 참석해 주셔서 감사합니다. 더 질문 하실 게 있나요?

주디스 메서 / 오후 3시 35분
조지와 저는 새로운 영업구역 지도가 기존 고객에게 어떻게 영향을 미치는지 잘 모르겠어요. 신규 지역은 신규 고객에게만 적용되는 건가요?

타마라 엘킨드 / 오후 3시 37분
아뇨, 신규 지역은 신규 및 기존 고객 모두에게 적용되는 거예요.

주디스 메서 / 오후 3시 38분
그렇다면 제가 더 이상 제 스위스 고객인 NNC 시스템즈로부터 의뢰를 받지 못하게 된다는 건가요?

타마라 엘킨드 / 오후 3시 39분
맞아요. 스위스 남부에 속한 기존 고객이 모두 조지에게 가는 거예요.

조지 허츠 / 오후 3시 41분
159, 160하지만 주디스가 NNC 시스템즈를 계속 관리하는 데 제가 동의하면 어떻게 되죠?

타마라 엘킨드 / 오후 3시 42분
NNC 시스템즈는 큰 고객이에요.

조지 허츠 / 오후 3시 44분
네, **159**그렇지만 저는 생산적인 관계에 끼어들고 싶지 않아요. 제게는 이 고객 하나가 그렇게 중요하진 않아요.

타마라 엘킨드 / 오후 3시 45분
나는 그게 꼭 방해가 된다고 보지는 않아요. **161**하지만 당신 뜻이 그렇다면, 조지, 사장님이 승인하면 예외로 할 수 있을지도 몰라요.

주디스 메서 / 오후 3시 47분
제가 해당 고객에게 말하면 어떨까요?

타마라 엘킨드 / 오후 3시 48분
내 생각에 그건 적절하지 않은 것 같아요.

주디스 메서 오후 3시 49분
알았습니다.

조지 허츠 / 오후 3시 49분
좋아요. **161**우리는 당신이 다시 연락하기를 기다릴게요.

어휘   virtual 가상의   sales meeting 판매회의   be unclear about ~을 잘 모르다   sales territory 영업구역   affect 영향을 주다   existing 기존의   customer 고객, 손님   apply to ~에 적용되다   no longer 더 이상 ~ 않다   commission 의뢰, 주문, 수수료   productive 생산적인   client 고객, 의뢰인   interrupt 방해하다, 끼어들다   president 사장   if you are willing 당신 뜻이라면, 당신이 원한다면   make an exception 예외로 하다   appropriate 적절한

158 추론 / 암시

번역 엘킨드 씨는 누구이겠는가?
(A) 회사 사장
(B) 영업부장
(C) 여행사 직원
(D) 인사 담당자

해설 엘킨드 씨의 오후 3시 32분 메시지에서 오늘 오후 일찍 가상 판매회의에 참석해 주셔서 감사하다(Thanks for attending the virtual sales meeting earlier this afternoon)고 했으므로 영업 부서 소속임을 유추할 수 있다. 따라서 정답은 (B)이다.

어휘 sales manager 영업부장

159 추론 / 암시

번역 메서 씨에 대해 암시된 것은?
(A) NNC 시스템즈와 좋은 관계를 유지하고 있다.
(B) 스위스 사무소로 전보 발령이 날 것이다.
(C) 자신에게 할당된 신규 구역을 마음에 들어 한다.
(D) 판매회의에 참석하지 않았다.

해설 허츠 씨는 오후 3시 41분 메시지에서 주디스가 NNC 시스템즈를 관리하는 데 자신이 동의하면 어떻게 되는지(But what if I agree to let Judith keep NNC Systems) 물었으며, 오후 3시 44분 메시지에서 생산적인 관계에 끼어들고 싶지 않다(but I'd rather not interrupt a productive relationship)고 했다. 따라서 메서 씨가 관리자로써 NNC 시스템즈와 생산적인 관계를 유지해왔음을 유추할 수 있으므로, 정답은 (A)이다.

어휘 be transferred to ~로 전보 발령이 나다   assigned to ~에게 할당된

▶▶ Paraphrasing 지문의 a productive relationship
→ 정답의 a good relationship

160 의도 파악

번역 오후 3시 42분에 엘킨드 씨가 "NNC 시스템즈는 큰 고객이에요"라고 쓸 때, 그 의도는 무엇인가?
(A) 허츠 씨가 NNC 시스템즈의 필요를 채울 수 있을지 의심스럽다.
(B) 허츠 씨가 잘못 알고 있는 것 같다.
(C) 허츠 씨가 스위스를 방문해주면 좋겠다.
(D) 허츠 씨의 제안이 놀랍다.

해설 허츠 씨는 오후 3시 41분 메시지에서 주디스가 NNC 시스템즈를 계속 관리하는 데 자신이 동의하면 어떻게 되는지(But what if I agree to let Judith keep NNC Systems) 물었고, 허츠 씨는 NNC 시스템즈의 관리를 허츠 씨가 아니라 기존의 관리자인 메서 씨가 계속 맡는 것이 좋겠다는 의견을 밝히고 있다. 이에 대해 엘킨드 씨가 NNC 시스템즈는 큰 고객(NNC Systems is a big client)이라면서 허츠 씨의 의견이 의외라는 반응을 보이고 있다. 따라서 정답은 (D)이다.

어휘 doubt 의심하다   misinformed 잘못 알고 있는

161 추론 / 암시

번역 다음에 무슨 일이 일어나겠는가?
(A) 메서 씨가 새로운 영업구역 지도를 검토할 것이다.
(B) 메서 씨가 고객과 이야기할 것이다.
(C) 엘킨드 씨가 회사 사장에게 연락할 것이다.
(D) 허츠 씨가 NNC 시스템즈의 일자리 제안을 받아들일 것이다.

해설 엘킨드 씨의 오후 3시 45분 메시지에서 허츠 씨의 뜻이 그렇다면, 사장님이 승인하면 예외로 할 수도 있다(However, if you are willing, Georg, I might be able to make an exception if our president approves it)고 했으며 허츠 씨의 마지막 메시지에서 다시 연락하기를 기다리겠다(We'll wait to hear back from you)고 했다. 따라서 엘킨드 씨가 NNC 시스템즈의 관리에 대해 사장에게 문의할 것이라고 유추할 수 있으므로, 정답은 (C)이다.

어휘 contact 연락[접촉]하다   accept a job offer 일자리 제안을 받아들이다

162-165 이메일

수신: 로베르토 레예스 〈rreyes@hamwellrc.co.bb〉
발신: 신시아 잰슨 〈cjensen@baobablandscaping.co.bb〉
제목: 정보
날짜: 5월 14일
첨부: BLS1

레예스 씨께:

162제가 4월 22일에 전달해드린 바오밥 랜드스케이핑의 서비스 제안서에 관해 확인 차 연락드립니다. 저희 회사는 바바도스에서 가장 뛰어난 업체 중 하나이며, 저희가 만족을 드리는 고객으로 귀하를 모시고 싶습니다. 저희 고객으로는 귀사와 같은 지역 사업체들이 많으며, 그중에는 호텔, 식당, 은행도 있습니다. **162**최초 제안서를 못 보셨을 경우에 대비해 여기 다시 첨부해 드립니다.

163, 164, 165제안서는 귀하께서 문의하신 서비스, 즉 햄웰 테니스 코트 주변의 땅을 일주일에 한 번씩 관리하는 작업에 기초한 것입니다. 또한 저희는 귀하의 필요를 끊임없이 재평가해서 한 달에 한 번씩 귀하께 권고사항들을 알려드릴 것입니다. 혹시 수목 교체 같은 더 광범위한 작업을 원하시면 추가 비용이 적용됩니다.

회신을 기다리겠습니다. 저희 회사가 가까운 장래에 귀하께 도움이 될 기회를 얻기를 소망합니다.

신시아 잰슨

어휘 follow up on ~을 계속 확인하다, 후속 조치하다   landscaping 조경   proposal 제안(서)   forward 전달하다   include 포함하다   in case 만약 ~인 경우에는   overlook 못 보고 지나치다   original 원래의, 최초의   attach 첨부하다   be based on ~에 근거하다   inquire about ~에 관해 문의하다   namely 이른바, ~와 같은   maintenance 유지, 관리   extensive 광범위한   replace 교체하다   additional fee 추가 비용[요금]   apply 적용되다   look forward to -ing ~하기를 고대하다   have the opportunity to + 동사원형 ~할 기회를 얻다   be of service to ~에게 도움이 되다   in the near future 가까운 장래[미래]에

162 주제 / 목적

번역 이메일의 목적은 무엇인가?
(A) 약속을 요청하기 위해
(B) 요금 변동을 설명하기 위해
(C) 이전 견적서를 다시 보내기 위해
(D) 수정된 제안서를 제출하기 위해

해설 첫 번째 단락 첫 번째 문장에서 4월 22일에 전달한 바오밥 랜드스케이핑의 서비스 제안서에 관해 확인 차 연락한다(I am following up on the Baobab Landscaping service proposal I forwarded on 22 April)고 했으며, 마지막 문장에서 최초 제안서를 못 봤을 경우에 대비해 여기 다시 첨부한다(In case you overlooked the original proposal, I am attaching it again here)고 했다. 따라서 이전에 보낸 제안서에 대한 후속조치로서 이메일에 다시 첨부해 보내고 있음을 알 수 있으므로, 정답은 (C)이다.

어휘 appointment 약속, 예약   rate 요금, 요율   estimate 견적(서)
submit 제출하다   revised 수정[개정]된

▸▸Paraphrasing 지문의 the original proposal
→ 정답의 a previous estimate
지문의 attaching ~ again → 정답의 To resend

163 사실 관계 확인

번역 이메일에 언급된 것은?
(A) 레예스 씨는 만족한 고객이다.
(B) 바오밥 랜드스케이핑은 신규업체이다.
(C) 잰슨 씨는 레예스 씨와 직접 만났다.
(D) 레예스 씨가 잰슨 씨에게 어떤 정보를 요청했다.

해설 두 번째 단락 첫 번째 문장에서 제안서는 문의한 서비스, 즉 햄웰 테니스 코트 주변의 땅을 일주일에 한 번씩 관리하는 작업에 기초한 것(The proposal is based on the service you inquired about, namely the maintenance of the grounds around Hamwell Tennis Courts once a week)이라고 했다. 따라서 레예스 씨가 이전에 문의한 적이 있다는 것을 알 수 있으므로, 정답은 (D)이다.

어휘 in person 직접, 몸소, 실물로

▸▸Paraphrasing 지문의 inquired about
→ 정답의 requested some information

164 추론 / 암시

번역 레예스 씨는 어떤 업종에서 일하겠는가?
(A) 호텔
(B) 테니스 시설
(C) 식당
(D) 지역 은행

해설 두 번째 단락 첫 번째 문장에서 제안서는 문의한 서비스, 즉 햄웰 테니스 코트 주변의 땅을 일주일에 한 번씩 관리하는 작업에 기초한 것(The proposal is based on the service you inquired about, namely the maintenance of the grounds around Hamwell Tennis Courts once a week)이라고 했으므로, 레예스 씨는 테니스 시설과 관련된 일에 종사한다고 유추할 수 있다. 따라서 정답은 (B)이다.

165 문장 삽입

번역 [1], [2], [3], [4]로 표시된 자리 중 다음 문장이 들어가기에 가장 적절한 곳은?

"또한 저희는 귀하의 필요를 끊임없이 재평가해서 한 달에 한 번씩 귀하께 권고사항들을 알려드릴 것입니다."

(A) [1]
(B) [2]
(C) [3]
(D) [4]

해설 삽입 문장에서 귀하의 필요를 끊임없이 재평가해서 한 달에 한 번씩 권고사항들을 알려줄 것(Also, we would reassess your needs continually and communicate recommendations to you once a month)이라는 의미로, 앞에서도 젠슨 씨가 레예스 씨에게 제공하는 서비스를 나열하고 있음을 알 수 있다. [3]번 앞 문장에서 제안서는 문의한 서비스, 즉 햄웰 테니스 코트 주변의 땅을 일주일에 한 번씩 관리하는 작업에 기초한 것(The proposal is based on the service you inquired about, namely the maintenance of the grounds around Hamwell Tennis Courts once a week)이라면서 일주일에 한 번씩 제공하는 관리 서비스를 언급하고 있다. 또 [3] 뒤에서는 수목 교체 같은 더 광범위 작업(more extensive work)을 언급하고 있으므로, 정답은 (C)이다.

어휘 reassess 재평가하다, 다시 헤아리다   communicate 알리다, 소통하다   recommendation 권고(사항), 추천

166-168 기사

> **맷 앨처리의 대담한 도약**
>
> [167]글: 에리카 퀘이드, 〈배저 디스패치〉
>
> 밀워키(1월 12일) – 맷 앨처리는 〈엘리너를 찾아서〉를 비롯한 수십 편의 영화에 음악을 작곡했고, 그 덕에 시네아츠 최우수 오리지널 음악상을 수상했다. 최근에 그는 실루엣 게이밍 시스템즈(SGS)가 제작한 비디오 게임 "파이널 챈스"에 상당한 작곡 실력을 제공했다. SGS는 현재 10년째 쌍방향 오락물을 만들고 있다.
>
> [166]앨처리 씨는 가끔씩 영화음악 작업을 함께 해오던 챈드라 빅스비 씨가 주최한 사교행사에서 SGS의 해리스 잰슨 전무를 소개 받았다. 이에 잰슨 씨는 앨처리 씨에게 "파이널 챈스"의 음악을 작곡해 달라고 요청했다.
>
> 전화 인터뷰에서 앨처리 씨는 "파이널 챈스"의 그래픽과 애니메이션이 "무척 인상 깊었다"고 말했다. "영화를 보는 느낌이어서 망설이지 않고 프로젝트에 협력하기로 했죠." 이 유명 작곡가는 털어놓았다. 더 나아가 비디오 게임의 배경 음악을 작곡하는 일은 영화음악을 작곡하는 일과 사실상 같다는 말도 했다.
>
> "나는 게임에서 묘사된 다양한 장면들의 분위기에 어울리는 음악을 만들기만 하면 되었어요." 그는 덧붙였다.
>
> [167, 168]잰슨 씨는 같은 인터뷰에서 "파이널 챈스"의 사전주문이 현재 20만 개라서 자신은 3월 20일 출시 예정인 이 최신 SGS 제품이 성공작이 될 것을 의심하지 않는다고 말했다.

어휘 adventurous 모험적인, 대담한 leap 도약 dozens of 수십 개의 including ~을 포함하여[비롯하여] earn 얻다, 받다, 벌다 lend (도움 등을) 주다, 제공하다 considerable 상당한 compose 작곡하다 interactive entertainment 쌍방향 오락 introduce 소개하다 managing director (경우에 따라) 전무, 상무, 사장 social event 사교행사 on occasion 때때로, 가끔 collaborate with ~와 협력[협업]하다 film score 영화음악 proceed to + 동사원형 이어서[계속해서] ~하다 invite (정식으로) 요청하다 impressed 감동을 받은, 인상 깊게 여기는 hesitate 망설이다, 주저하다 renowned 유명한 remark 말하다, 언급하다 score 배경 음악, 악보 virtually 사실상 identical to ~와 똑같은 match 어울리다, 알맞다 as for ~에 관해서는, ~의 경우에는 pre-order 사전주문, 선주문 currently 현재 have no doubt that ~을 의심하지 않다 scheduled to + 동사원형 ~하기로 예정된 release 출시하다 a success 성공작

166 세부 사항

번역 빅스비 씨는 누구인가?
(A) 영화사 임원
(B) 비디오 게임 개발자
(C) 영화감독
(D) 작곡가

해설 두 번째 단락 첫 번째 문장에서 앨처리 씨는 가끔씩 영화음악 작업을 함께 해오던 챈드라 빅스비 씨가 주최한 사교행사에서 SGS의 해리 잰슨 전무를 소개 받았다(Mr. Alcheri was introduced to the managing director of SGS, Harry Jansson, at a social event hosted by Ms. Chandra Bixby, who, on occasion, has collaborated with Mr. Alcheri in composing film scores)고 했다. 따라서 빅스비 씨가 영화음악 작업을 한다는 것을 알 수 있으므로, 정답은 (D)이다.

▶▶Paraphrasing 지문의 composing film scores → 정답의 A music composer

167 추론 / 암시

번역 잰슨 씨에 관해 사실인 것은?
(A) 10년 전에 SGS의 전무가 되었다.
(B) 빅스비 씨의 사교행사 계획을 거들었다.
(C) 전에 앨처리 씨와 일한 적이 있다.
(D) 최근에 퀘이드 씨와 이야기를 나누었다.

해설 마지막 단락에서 잰슨 씨는 같은 인터뷰에서 "파이널 챈스"의 사전주문이 현재 20만 개라서 자신은 3월 20일 출시 예정인 이 최신 SGS 제품이 성공작이 될 것을 의심하지 않는다고 말했다(As for Mr. Jansson, he said in the same interview that with pre-orders for *Final Chance* standing currently at 200,000 copies, he has no doubt that the latest SGS product, scheduled to be released on March 20, will be a success)고 했다. 따라서 기사 작성자인 퀘이드 씨와 인터뷰를 했다고 유추할 수 있으므로, 정답은 (D)이다.

168 사실 관계 확인

번역 "파이널 챈스"에 관해 명시된 것은?
(A) 개발하는 데 1년이 걸렸다.
(B) 3월에 구입할 수 있을 것이다.
(C) 20만 개로 한정될 것이다.
(D) 영화 〈엘리너를 찾아서〉가 원작이다.

해설 마지막 단락에서 잰슨 씨는 같은 인터뷰에서 "파이널 챈스"의 사전주문이 현재 20만 개라서 자신은 3월 20일 출시 예정인 이 최신 SGS 제품이 성공작이 될 것을 의심하지 않는다고 말했다(As for Mr. Jansson, he said in the same interview that with pre-orders for *Final Chance* standing currently at 200,000 copies, he has no doubt that the latest SGS product, scheduled to be released on March 20, will be a success)고 했다. 따라서 "파이널 챈스"는 3월 20일에 출시될 예정임을 알 수 있으므로, 정답은 (B)이다.

▶▶Paraphrasing 지문의 scheduled to be released on March 20 → 정답의 will be available in March

169-171 안내 책자

틸트 솔라

169 자택을 태양광 에너지로 전환할 생각이신가요? 틸트 솔라와 함께 네 단계만 거치시면 됩니다!

1. 주택 상담 신청
저희의 노련한 에너지 평가사들이 태양광 에너지로 전면 전환 또는 부분 전환 중 어느 것이 귀하에게 최선인지 판단하도록 도와드릴 것입니다. **170 (A)** 저희 평가사들은 귀하의 에너지 사용과 귀하가 사는 **170 (B)** 지역에 비치는 햇빛의 양, **170 (C)** 지붕의 크기와 각도를 분석해 드립니다.

2. 설계 승인
일단 평가사들이 필요한 태양광 패널의 수를 결정하면, 저희의 전문 디자이너들이 귀하의 집에 가장 에너지 효율이 좋은 시스템을 만들어 드립니다. 또한 귀하가 가장 가성비가 좋은 요금제를 고르도록 도와드릴 것입니다. 다른 업체들과 달리 틸트 솔라는 다양한 융자 방식을 제공합니다.

3. 설치 날짜 지정
저희의 공인 설치기사들이 귀하가 편리한 시간에 시스템을 설치할 것입니다. 설치는 지붕의 크기와 각도에 따라 다르지만 대개 하루면 끝입니다. 일단 시스템을 설치하고 나면 5년에 한 번씩만 서비스를 받으면 됩니다. 정비 계획들이 마련되어 있습니다.

4. 에너지 요금 절약 시작!
새로운 시스템이 작동하자마자 매월 에너지 요금이 절약되기 시작할 것입니다. 이렇게 쉽습니다! 틸트 솔라 시스템은 즉시 태양에서 에너지를 모으기 시작할 것입니다. 이 에너지를 전등과 가전제품, 전자기기 등등의 동력으로 사용하실 수 있습니다. **171** 초기 비용이 높다고 포기하지 마십시오. 3-4년 안에 시스템이 본전을 뽑을 만큼 많은 돈을 절약하시게 될 것입니다!

> **어휘** solar energy 태양 에너지 convert 전환하다, 바꾸다 home consultation 주택 상담 experienced 노련한, 경험 많은 evaluator 평가하는 사람 determine 결정하다, 판단하다 partial conversion 부분 전환 analyze 분석하다 energy usage 에너지 사용 angle 각도 approve 승인하다 solar panel 태양광 패널 expert 전문적인; 전문가 energy-efficient 에너지 효율이 좋은 cost-effective 가성비가 좋은 payment plan 요금제 various 다양한 financing option 융자 방식[옵션] certified 인증 받은, 공인된 install 설치하다 at one's convenience 편할 때, 편한 시간에 typically 대개, 전형적으로 complete 완료하다, 완성하다 depending on ~에 따라 once every ~ years ~년에 한 번씩 maintenance 유지, 관리, 정비 available 이용할 수 있는, 구할 수 있는 as soon as ~하자마자 operate 작동하다 save 절약하다 energy bill 에너지 요금 청구서 collect 모으다, 수집하다 power 전력을 공급하다 household appliances 가전제품 electronic device 전자기기 discouraged 의욕을 잃은, 낙심한, 실망한 at the outset 초기에, 처음에 pay for itself 본전을 뽑다

169 주제 / 목적

번역 이 안내 책자의 목적은 무엇인가?

(A) 회사 제품을 광고하려고
(B) 주택 건설 동향을 논하려고
(C) 서로 다른 두 가지 에너지 형태를 비교하려고
(D) 시스템 작동법을 단계별로 제시하려고

해설 첫 번째 단락에서 자택을 태양광 에너지로 전환할 생각이 있다면 틸트 솔라와 함께 네 단계만 거치면 된다!(Thinking of converting your home to solar energy? With Tilt Solar you can do it in just four simple steps)고 했다. 따라서 태양광 에너지를 광고하는 내용이라는 것을 알 수 있으므로, 정답은 (A)이다.

어휘 advertise 광고하다 trend 동향, 추세

170 사실 관계 확인

번역 주택 상담을 하는 동안 평가 대상이 아닌 것은?

(A) 가정에서 쓰는 에너지의 양
(B) 지역에 비치는 햇빛의 양
(C) 태양광 패널을 설치할 수 있는 공간
(D) 패널의 기대 유효 수명

해설 첫 번째 주택 상담 신청(Set up a home consultation) 단계에서 평가사들이 귀하의 에너지 사용과 귀하가 사는 지역에 비치는 햇빛의 양, 지붕의 크기와 각도를 분석해 준다(Our evaluators will analyze your energy usage, the amount of sunlight your area receives, and the size and angle of your roof)고 했다. 따라서 보기의 (A), (B), (C)가 평가 대상임을 확인할 수 있으므로, 정답은 (D)이다.

어휘 expected useful life 기대 유효 수명

> **Paraphrasing** 지문의 your energy usage → 보기의 The amount of energy used in the home
> 지문의 the amount of sunlight your area receives → 보기의 The amount of sunlight received locally
> 지문의 the size and angle of your roof → 보기의 The space available for solar panels

171 세부사항

번역 안내 책자가 시스템의 단점으로 드는 한 가지는?

(A) 모든 지붕에 적합하지는 않다.
(B) 정비를 자주 해야 한다.
(C) 초기 투자비가 많이 든다.
(D) 햇빛이 적은 곳에서는 작동하지 않는다.

해설 마지막 에너지 요금 절약 시작!(Start saving money on your energy bills!) 단계에서 초기 비용이 높다고 포기하지 말라(Don't be discouraged by the high price at the outset)고 했으므로 초기 설치 비용이 크다는 것을 알 수 있다. 따라서 정답은 (C)이다.

어휘 fit 적합하다, 어울리다 frequent 잦은 initial investment 초기 투자

> **Paraphrasing** 지문의 the high price at the outset → 정답의 a large initial investment

172-175 기사

> **확장으로 들뜬 론즈데일**
>
> 9월 20일 — 파소 테크 주식회사가 지난주 신규 확장 프로젝트의 첫 단계를 마무리했다. [172]고화질 컴퓨터 모니터와 프로젝터에 사용되는 부품을 생산하는 선두업체 중 하나인 파소 테크는 향후 4년에 걸쳐 건설될 신규 공장 세 곳 중 하나를 완공한 것이다. [173]이 첫 공장은 호주 론즈데일에 건설되었는데, 이 회사에서 가장 큰 공장이며 궁극적으로 회사 연간 생산량의 55%를 책임지게 될 것이다.
>
> 새로운 공장은 현지 주민들의 일자리를 늘려왔다. 1000명이 넘는 건설 노동자가 채용되어 이 대규모 공장과 주변 건물들을 짓는 데 일조했다.
>
> 파소 테크의 고로 하시모토 사장은 이렇게 말했다. "이것은 우리 회사에 중요한 시도였습니다. 이 건설 프로젝트를 시작할 때 우리는 돈과 자원 그리고 인력이 많이 들어갈 것이라는 사실을 깨달았죠. 우리 프로젝트가 현지 노동력에 끼친 영향을 확인하고 마음이 흐뭇했습니다. [175]우리는 시설 관리실을 확장하려 현지 주민들을 채용했을 뿐 아니라 정규 급여 대상자 명단에 많은 근로자를 추가했습니다. [174]우리는 일본에서도 똑같이 할 수 있기를 바랍니다. 곧 도쿄에서 건축을 시작할 계획입니다." 회사 본사는 현재 일본 오사카에 있다.
>
> 추가되는 공장들은 브라질과 남아프리카공화국을 포함해 파소 테크의 다른 부지 몇 군데에 건설될 것이다. 나머지 공장들은 론즈데일 지점만큼 크지는 않겠지만 여전히 추가 자원과 노동력이 필요할 것이다.

어휘　expansion 확장, 확대　corporation 주식회사
complete 완료[완성]하다　phase 단계, 국면　element 부품
high-definition 고화질, 고해상도　construction 건설, 건축
sizable 꽤 큰, 큰 규모의　eventually 궁극적으로, 최종적으로, 결국
be responsible for ~을 책임지다　output 생산(량)　increase
증가　local resident 지역[현지] 주민　hire 채용[고용]하다
massive 거대한, 아주 큰　state 말하다　endeavor 노력, 시도
realize 깨닫다　resources 자원　staff 직원　not only A
but also B A뿐 아니라 B도　locals 현지인들　physical plant
(공장 시설을 수리하고 유지 보수하는) 시설 관리실　full-time
payroll 정규직 급여 대상자 명단　headquarters 본사, 본부
currently 현재　additional 추가[부가]적인　location 장소, 지점
remaining 남은, 나머지　require 필요하다, 요구하다　labor
노동력

172　사실 관계 확인

번역　파소 테크에 관해 사실인 것은?

(A) 모니터 부품을 제조한다.
(B) 최근에 다른 회사와 합병했다.
(C) 본사 건물을 수리하고 있다.
(D) 건설 장비를 판매한다.

해설　첫 번째 단락에서 고화질 컴퓨터 모니터와 프로젝터에 사용되는 부품을 생산하는 선두업체 중 하나인 파소 테크는 향후 4년에 걸쳐 건설될 신규 공장 세 곳 중 하나를 완공했다(Paso Tech, one of the leading producers of elements used in high-definition computer monitors and projectors, completed construction on one of three new factories to be built over the next four years)고 했다. 따라서 파소 테크가 컴퓨터 모니터와 프로젝터에 사용되는 부품을 생산한다는 것을 알 수 있으므로 정답은 (A)이다.

어휘　manufacture 제조하다　merge with ~와 합병하다
renovate 수리하다, 재단장하다　construction equipment 건설 장비

▸▸Paraphrasing　지문의 elements used in high-definition computer monitors → 정답의 monitor parts

173　사실 관계 확인

번역　론즈데일에 있는 파소 테크 공장에 관해 언급된 것은?

(A) 올해 건설된 두 번째 신규 공장이었다.
(B) 회사가 소유한 가장 큰 공장이다.
(C) 회사 생산량의 절반 이상을 생산한다.
(D) 짓는 데 3년 넘게 걸렸다.

해설　첫 번째 단락에서 이 첫 공장은 호주 론즈데일에 건설되었는데, 이 회사에서 가장 큰 공장이며 궁극적으로 회사의 연간 생산량의 55%를 책임지게 될 것(The first of the factories, built in Australia's Lonsdale, is the company's most sizable factory and will eventually be responsible for 55% of the company's output each year)이라고 했다. 따라서 회사에서 가장 큰 공장임을 알 수 있으므로, 정답은 (B)이다.

▸▸Paraphrasing　지문의 the company's most sizable factory → 정답의 the largest factory the company owns

174　세부 사항

번역　파소 테크의 다음 공장은 어디에 건설될 것인가?

(A) 호주
(B) 일본
(C) 브라질
(D) 남아프리카공화국

해설　세 번째 단락에서 일본에서도 똑같이 할 수 있기를 바란다면서 곧 도쿄에서 건축을 시작할 계획(We plan to begin building in Tokyo very soon)이라고 했다. 따라서 일본 도쿄에 곧 공장을 짓는다는 것을 알 수 있으므로, 정답은 (B)이다.

175　문장 삽입

번역　[1], [2], [3], [4]로 표시된 자리 중 다음 문장이 들어가기에 가장 적절한 곳은?

"우리 프로젝트가 현지 노동력에 끼친 영향을 확인하고 마음이 흐뭇했습니다."

(A) [1]
(B) [2]
(C) [3]
(D) [4]

해설　삽입 문장은 우리 프로젝트가 현지 노동력에 끼친 영향을 확인하고 마음이 흐뭇했다는 의미이므로 현지 노동력에 끼친 영향의 구체적인 사례를 언급한 내용 앞에 들어가는 것이 적절하다. 따라서 정답은 (C)이다.

176-180　편지 + 설문조사

보겔 홈 스토어

11월 22일

헬레나 아터미스 씨
오크로드 32번지, 5G 아파트
브리티시컬럼비아 주 밴쿠버, V6E 1B2

아터미스 씨께,

보겔 홈 스토어의 단골 고객이 되어 주셔서 감사합니다. 177저희가 살펴보니 고객님께서 최근에 보겔 신용카드로 물건을 구매하신 기록이 있습니다. 176저희는 고객들의 구매 이력에 관해 간단한 설문조사를 178실시하고 있습니다. 176동봉된 설문지를 작성해 주신다면 대단히 감사하겠습니다. 설문 작성은 5분 정도 걸립니다. 고객님의 편의를 위해 반송 주소가 적힌 선납 봉투를 드렸습니다. 17912월 7일 이전에 응답해주신 고객들은 첼셔 아트웍스의 한정판 그림 액자를 받으시게 됩니다. 작성하신 설문지를 해당 날짜 이후에 돌려주시는 분들은 다음 번에 15% 할인 구매하실 수 있는 할인권을 받으시게 됩니다.

고객님의 참여에 미리 감사드립니다.

라울 세리
고객 관리 담당자

어휘 loyal customer 단골 고객 make a purchase 구매[구입]하다 conduct 실시하다, 이행하다 brief 간단한, 짧은 patron 손님, 고객 buying experience 구매 이력 appreciative 감사하는 complete 기입하다, 완성하다 enclosed 동봉된 prepaid 선납[선불]의 addressed 주소가 적힌 for someone's convenience ~가 편하도록 respond 응답하다 limited edition 한정판 framed print 그림 액자 voucher 상품권, 할인권, 쿠폰 in advance 미리, 사전에 participation 참여, 참가 Customer Relations Manager 고객 관리 담당자[책임자]

보겔 홈 스토어

저희 설문에 응하심으로써 고객들이 가능한 최상의 쇼핑 경험을 하도록 저희를 도우실 수 있습니다.

이름: 헬레나 아터미스   **179**날짜: _12월 12일_

1. 응답 내용에 관해 더 여쭤 보기 위해 전화를 드려도 되겠습니까?
   ☐ 예 – 전화번호_____   ☑ 아니요

2. 보겔 홈 스토어에서 쇼핑하기 위해 어디를 이용하십니까?
   ☑ 매장   ☐ 웹사이트   ☐ 둘 다

귀하의 응답에 대해 설명해 주세요:
아파트 가까운 곳에 보겔 홈 스토어가 있고, 나는 제품을 사기 전에 눈으로 직접 확인하는 게 좋습니다.

3. 가장 최근에 보겔 홈 스토어를 방문했을 때 찾고 있는 물건을 발견하셨습니까?
   ☐ 예   ☑ 꼭 그렇지는 않다   ☐ 아니요

귀하의 응답에 대해 설명해 주세요:
180_수건(과 다른 가정용 제품들)을 아주 다양하게 구비하고 있지만, 내가 부엌에 쓰고 싶은 색상이 없었습니다. 매우 친절한 판매원이 내가 원하는 수건을 창고에서 출하할 수 있다고 했지만, 결국 그날 밤에 내가 살 수 있었던 다른 색상을 구입했습니다._

어휘 ensure 확실히 하다, 보장하다 further 더, 추가로 discuss 논의[상의]하다, 이야기하다 store location (지점) 매장 explain 설명하다 response 응답 in person 직접, 몸소 recent 최근의 have a great selection of ~을 많이[다양하게] 갖추고 있다 accommodating 친절한 sales assistant 점원, 판매원 ship 배송하다, 출하하다

176 주제 / 목적

번역 세리 씨가 아터미스 씨에게 편지를 보낸 이유는?
(A) 설문 결과를 보고하기 위해
(B) 환불 신청서를 제출하도록 요청하기 위해
(C) 그녀의 불만을 처리하기 위해
(D) 그녀의 의견을 나눠 달라고 요청하기 위해

해설 편지의 서두 부분에서 고객들의 구매 이력에 관해 간단한 설문조사를 실시하고 있다(We are conducting a brief survey about our patrons' buying experiences)면서 동봉된 설문지를 작성해 주면 대단히 감사하겠다(We would be most appreciative if you would complete the enclosed survey)고 했다. 따라서 고객의 의견 설문지 작성을 요청하기 위해 쓴 편지임을 알 수 있으므로, 정답은 (D)이다.

어휘 report 보고하다 refund form 환불 신청서 complaint 불만, 불평 feedback 의견

▶▶**Paraphrasing** 지문의 our patrons' buying experiences
→ 정답의 some feedback

177 사실 관계 확인

번역 보겔 홈 스토어에 관해 명시된 것은?
(A) 더 큰 창고를 짓고 있다.
(B) 고객 서비스 직원들을 채용하고 있다.
(C) 고객들에게 신용카드를 발급한다.
(D) 저가 상품을 취급한다.

해설 편지 두 번째 문장에서 고객님께서 최근에 보겔 신용카드로 물건을 구매하신 기록이 있다(Our records show that you recently made a purchase with your Vogel credit card)고 했다. 따라서 보겔 홈 스토어는 보겔 신용카드를 발급한다는 것을 알 수 있으므로, 정답은 (C)이다.

어휘 issue 발급하다 carry 취급하다, 팔다

178 동의어 찾기

번역 편지 첫 번째 문단 두 번째 줄에 나오는 "conducting"과 의미상 가장 가까운 것은?
(A) 실시하다
(B) 인가하다
(C) 행동하다
(D) 양도하다

해설 해당 문장은 '저희는 고객들의 구매 이력에 관해 간단한 설문조사를 실시하고 있습니다'라는 의미로 해석되는데, 여기서 conducting은 문맥상 '수행하다, 실시하다'라는 의미가 자연스러우므로, 정답은 (A) administering(집행하다, 실시하다, 운영하다)이다.

어휘 administer 집행하다, 실시하다 authorize 인가하다 behave 처신하다 transfer 옮기다, 이전[양도]하다

179 연계

번역 아터미스 씨는 보겔 홈 스토어로부터 무엇을 받겠는가?
(A) 할인 쿠폰
(B) 그림 액자
(C) 확인 전화
(D) 추가 수건 세트

해설 설문지의 '날짜: 12월 12일(Date: 12 December)'을 통해 아터미스 씨가 12월 12일에 설문지를 작성했음을 알 수 있다. 이메일 중반부에서 12월 7일 이전에 응답한 고객들은 첼셔 아트웍스의 한정판 그림 액자를 받게 되며, 해당 날짜 이후에 돌려주시는 분들은 다음 번에

15% 할인 구매하실 수 있는 할인권을 받게 된다(Customers who respond before 7 December will receive a limited edition framed print by Chelsea Artworks. Those who return a completed survey after that date will receive a voucher for 15 percent off of their next purchase)고 했다. 12월 7일 이후에 작성한 아터미스 씨는 15% 할인권을 받게 된다고 유추할 수 있으므로, 정답은 (A)이다.

▶▶ Paraphrasing 지문의 a voucher for 15 percent off
→ 정답의 A discount coupon

180 사실 관계 확인

번역 아터미스 씨가 보겔 홈 스토어에 관해 언급하는 것은?
(A) 온라인 매장을 열어야 한다.
(B) 물건이 매우 다양하다.
(C) 제품의 재고가 없는 경우가 많다.
(D) 판매원들이 도움이 되지 않는다.

해설 설문지 후반부의 '귀하의 응답에 대해 설명해 주세요(Please explain your response)' 부분을 보면 아터미스 씨는 수건(과 다른 가정용 제품들)을 아주 다양하게 구비하고 있다(You have a great selection of towels (and other home products))고 했다. 따라서 보겔 홈 스토어가 다양한 제품을 구비하고 있음을 알 수 있으므로, 정답은 (B)이다.

어휘 a wide variety of 아주 다양한   out of stock 재고가 없는

▶▶ Paraphrasing 지문의 a great selection of towels and other home products
→ 정답의 a wide variety of items

181-185 메모 + 일정표

트루브리지 컨트랙팅

수신: 트루브리지 컨트랙팅 전 직원
발신: 트루브리지 컨트랙팅 인수위원회
제목: 트루브리지 에스테펜
날짜: 10월 12일

181여러분도 알다시피, 트루브리지 컨트랙팅이 11월 21일에 에스테펜 빌더스와 정식으로 합병하게 됩니다. 우리는 이 합병이 양사 모두에게 이익이 될 것이라고 생각합니다. 182우리처럼 에스테펜도 상업 건축 전문이고, 이번 합병으로 성장일로에 있는 렉싱턴 시티 건축업계 일선에서 우리의 입지가 탄탄해질 것입니다. 또한 트루브리지 에스테펜의 탄생으로 우리는 파우스트 센터와 헐 스트리트 몰 확장 같이 더 복잡한 개발사업들을 맡을 수 있게 될 것입니다.

183각 부서 구성원들이 10월 20일 주간에 만나 합병에 따른 물류 관리의 몇몇 세부사항은 물론, 에스테펜 직원 113명을 효과적으로 수용할 수 있도록 트루브리지의 사무실들을 확장 수리하는 계획도 논의할 예정입니다. 184회의를 하면서 처리하고 싶은 질문이 있으면 부담 갖지 말고 의장에게 미리 이메일을 하시기 바랍니다.

회의마다 스탠 트루브리지와 잭 에스테펜이 모두 참석할 예정이니 알아두시기 바랍니다.

트루브리지 컨트랙팅 인수위원회

어휘 officially 공식[정식]으로   merge with ~와 합병하다   benefit 유익이 되다   specialize in ~을 전문으로 하다, 특화하다   commercial construction 상업 건축   solidify 탄탄하게 하다   forefront 일선   ever-growing 계속 성장하는   building trade 건축업   in addition 게다가, 또한   enable + 사람 + to + 동사원형 ~가 …할 수 있게 하다   take on ~을 맡다   complex 복잡한   such as ~ 같은   expansion 확장, 확대   discuss 논의하다, 이야기하다   logistical 물류 관리의, 업무 조직에 관한   merger 합병   expansion 확장, 확대   renovation 수리, 새 단장   effectively 효과적으로   accommodate 수용하다   employee 직원, 사원   address 처리하다, 해결하다   feel free to + 동사원형 부담 없이 ~하다   chairperson 의장   in advance 미리, 사전에   note 주의[주목]하다, 알아차리다   acquisitions committee 인수위원회

부서	일시	의장
총무	10월 20일 월요일 오전 9:00-11:00	재닌 우, 팀장 (트루브리지 컨트랙팅)/ 로날도 로모, 팀장 (에스테펜 빌더스)
185홍보*	10월 21일 화요일 오후 1:00-3:00	짐 호잇, 홍보부장 (트루브리지 컨트랙팅)
경영관리	10월 22일 수요일 오후 1:00-3:00	에일린 크로포드, 부사장(트루브리지 컨트랙팅)/ 래리 펠드, 부장 (에스테펜 빌더스)
디자인	10월 23일 목요일 오전 9:00-11:00	184로라 워드, 디자인팀장(트루브리지 컨트랙팅)/앤 사이크스, 크리에이티브 디렉터 (에스테펜 빌더스)

185*에스테펜 빌더스에는 홍보부가 없다. 이 회기 동안 현 트루브리지 홍보부 직원들이 새로 합병된 회사에서 담당할 역할에 관해 잭 에스테펜이 의견을 청취할 것이다.

어휘 administration (department) 총무부   public relations 홍보   management (department) (경영)관리부   office manager 팀장   vice president 부사장   general manager 부장   play a role 역할[구실]을 하다

181 주제 / 목적

번역 메모의 목적 한 가지는 무엇인가?
(A) 회사의 복리후생제도 변화를 알리는 것
(B) 합병의 중요성을 이야기하는 것
(C) 한 부서가 왜 생겼는지 설명하는 것
(D) 직원들에게 프로젝트 성공을 축하하는 것

해설 메모의 첫 번째 단락에서 트루브리지 컨트랙팅이 11월 21일에 에스테펜 빌더스와 정식으로 합병하게 된다면서 이 합병이 양사 모두에게 이익이 될 것이라고 생각한다(As you know, Trubridge

Contracting will officially merge with Estefen Builders on November 21. We feel that this merger will benefit both companies)고 했다. 따라서 합병의 이점을 알리기 위해 쓴 메모임을 알 수 있으므로, 정답은 (B)이다.

182 세부 사항

번역 메모에 따르면, 트루브리지 컨트랙팅의 전문 분야는?
(A) 건축 디자인
(B) 주거용 부동산 개발
(C) 상업 건축
(D) 부동산 관리

해설 메모의 첫 번째 단락에서 우리처럼 에스테펜도 상업 건축 전문(Like us, Estefen specializes in commercial construction)이라고 했다. 따라서 메모를 작성한 트루브리지 컨트랙팅은 에스테펜과 같이 상업 건축을 전문으로 한다는 것을 알 수 있으므로, 정답은 (C)이다. 참고로 메모에서 발신자가 속한 회사는 주로 인칭대명사 We로 나타난다.

어휘 architectural 건축의, 건축술의 residential 주거의, 주택의 property 부동산, 재산

183 추론 / 암시

번역 에스테펜 빌더스 직원들에 관해 암시된 것은?
(A) 사무실을 이전할 것이다.
(B) 일자리에 다시 지원해야 한다.
(C) 렉싱턴 시티 외곽에서 일한다.
(D) 회의 안건을 준비했다.

해설 메모의 두 번째 단락에서 각 부서 구성원들이 10월 20일 주간에 만나 합병에 따른 물류 관리의 몇몇 세부사항은 물론, 에스테펜 직원 113명을 효과적으로 수용할 수 있도록 트루브리지의 사무실들을 확장 수리하는 계획도 논의할 예정(Members of each department will meet during the week of October 20 to discuss some of the logistical details of the merger, as well as the planned expansion and renovation of the Trubridge offices so they can effectively accommodate Estefen's 113 employees)이라고 했다. 따라서 에스테펜 빌더스의 직원들이 트루브리지의 사무실로 옮긴다고 유추할 수 있으므로, 정답은 (A)이다.

어휘 relocate 이전하다, 옮기다 reapply 다시 지원[신청]하다 agenda 안건, 의제

▶▶Paraphrasing 지문의 accommodate Estefen's 113 employees → 정답의 They will relocate

184 연계

번역 워드 씨에 관해 명시된 것은?
(A) 월요일에 있을 부서 회의에 참석할 것이다.
(B) 트루브리지 컨트랙팅의 신입사원이다.
(C) 이메일로 받은 질문들에 답변할 것이다.
(D) 트루브리지 컨트랙팅 인수위원회의 위원이다.

해설 일정을 통해 워드 씨가 디자인(Design) 부서 회의의 의장(Meeting Chairpersons)임을 확인할 수 있다. 메모의 두 번째 단락에서 회의를 하면서 처리하고 싶은 질문이 있으면 부담 갖지 말고 의장에게 미리 이메일을 달라(If you have questions you would like to see addressed during the meetings, please feel free to e-mail the meeting chairpersons in advance)고 했다. 따라서 워드 씨는 의장으로써 질문이 있는 직원들의 이메일을 받는다는 것을 알 수 있으므로, 정답은 (C)이다.

▶▶Paraphrasing 지문의 e-mail the meeting chairpersons → 정답의 are sent to her by e-mail

185 세부 사항

번역 10월 21일 회의에서 일어날 일은?
(A) 크로포드 씨와 필드 씨가 의장을 맡을 것이다.
(B) 트루브리지 컨트랙팅 직원들이 새로운 직무에 관해 배울 것이다.
(C) 에스테펜 씨가 회의에 참석하는 유일한 에스테펜 빌더스 직원일 것이다.
(D) 트루브리지 씨는 참석하지 않을 것이다.

해설 일정 중 10월 21일 홍보(Public Relations) 부서 회의의 주의사항(*)에서 에스테펜 빌더스에는 홍보부가 없다면서 이 회기 동안 현 트루브리지 홍보부 직원들이 새로 합병된 회사에서 담당할 역할에 관해 잭 에스테펜이 의견을 청취할 것(Estefen Builders does not have a public relations department. During this meeting, Zack Estefen will hear about the role current Trubridge public relations employees will play in the newly merged company)이라고 했다. 따라서 홍보 부서 회의에 잭 에스테펜만 에스테펜 빌더스를 대표해 참석할 것임을 알 수 있으므로, 정답은 (C)이다.

186-190 공지 + 설명서 + 이메일

표적집단에 참여할 사람을 구합니다

웨스트우드 미켓 리서치가 5월 첫 수 농안 코 파크웨이 38번지 소재 리버그로브 호텔 대회의장에서 열리는 여행 관련 연구 모임에 참여할 22~65세의 성인을 모집합니다. 연구 참가자들은 일련의 광고 메시지를 듣고 사회자가 진행하는 토론에 참여하게 됩니다. **186 (C)**참가자들은 이 2시간짜리 모임에 대한 보상을 받게 됩니다. **186 (D)**관심 있으신 분은 204-555-0172번으로 웨스트우드에 전화해 '연구 89'를 언급해 주시기 바랍니다. 그러면 참가 자격이 있는지 확인하기 위해 간단한 설문 검사에 응해 달라는 안내 음성이 들릴 것입니다.

어휘 focus group 표적집단 recruit 모집하다 participate in ~에 참가[참여]하다 conference centre 대회의장 participant 참가자 advertising 광고 engage in ~을 하다 moderator 사회자 be compensated for ~을 보상 받다 session 회기, 모임 mention 언급하다 be directed to + 동사원형 ~하라고 안내[지시]받다 respond to ~에 응답하다 screening questionnaire 설문 검사 ensure 확인하다 be eligible to + 동사원형 ~할 자격이 있다

메리,

188리버그로브 호텔에서 트래블 렉스 사의 표적집단 모임 4개를 진행하겠다고 해줘서 고마워요. 아래에 일정표가 있습니다. 186 (A)이것은 여행 업계 웹사이트를 위한 연구라서, 우리가 업무나 여가를 위해 여행을 자주 하는 사람들을 187찾아내 주기를 고객이 원했어요. 188각 집단은 25명으로 구성될 것입니다.

연령	오후 5:00~7:00 모임 날짜
22-30세	5월 1일 월요일
31-44세	5월 2일 화요일
45-55세	5월 3일 수요일
56세 이상	5월 4일 목요일

집단별로 당신이 광고 대본 4개를 읽어주게 될 텐데, 광고마다 Travelrex.ca의 서로 다른 특징을 강조하고 있어요.

| 광고 1 – 항공요금 비교 구매 |
| 190광고 2 – 주요 여행지 |
| 광고 3 – 단체여행 할인 |
| 광고 4 – 자동차 렌트 요금 비교 |

189집단 상호작용을 녹화할 때 반드시 참가자들의 이름표가 보이도록 해주세요. 이렇게 해야 우리가 동영상을 다시 보고 고객을 위해 분석 작업을 할 때 참가자들의 이름을 언급할 수 있을 거예요. 질문이 있으면 내게 알려주세요.

크리스티나 발루발

어휘 facilitate 촉진하다, 진행하다 client 고객 locate (위치를) 찾아내다 either A or B A나 B 둘 중 하나 be composed of ~로 구성되다 script 대본 emphasize 강조하다 feature 특징, 사양 record 녹화[녹음]하다, 기록하다 group interaction 집단 상호작용 make sure 꼭 ~하다 participant 참가자 name tag 이름표 mention ~ by name ~의 이름을 언급하다[부르다] review 다시 보다, 재검토하다 compile 편찬하다, 기록하다 analysis 분석

수신: becky_feagan@travelrex.ca
발신: kbalubal@westwood.ca
날짜: 5월 15일
제목: 연구 89
첨부: 연구 89 결과

베키 귀하,

귀사가 요청한 표적시장들에 관한 연구를 완료했음을 알려드립니다. 190첨부파일에서 보시는 바와 같이, 메시지 하나가 네 집단 모두에서 가장 좋아하는 메시지로 두드러졌습니다. 이 메시지는 여행자들이 택하는 가장 일반적인 여행을 개괄적으로 보여줍니다. 언제 만날 시간이 되는지 알려주기 바랍니다. 함께 동영상을 보며 결과를 더 자세히 살펴볼 수 있습니다.

크리스티나 발루발
고객 서비스 관리자, 웨스트우드 마켓 리서치

어휘 complete 완료하다 research 연구 target market 표적시장 request 요청하다 attachment 첨부파일 stand out 두드러지다, 눈에 띄다 present 제시하다 overview 개관, 개괄 common 공통적인, 흔한, 평범한 available 시간을 낼 수 있는, 만날 수 있는 go over 자세히 살펴보다 in more detail 더 자세히

186 연계

번역 표적집단 참가자들에 관해 암시되지 않은 것은?

(A) 여행을 자주 했다.
(B) 웹사이트 디자이너들이다.
(C) 시간을 내준 대가로 돈을 받았다.
(D) 전화로 예비 질문에 답해야 했다.

해설 설명서의 '우리가 업무나 여가를 위해 여행을 자주 하는 사람들을 찾아내 주기를 고객이 원했다(the client wanted us to locate people who travel often, either for work or for leisure)'를 통해 (A)를, 공지의 참가자들은 이 2시간짜리 모임에 대한 보상을 받게 된다(Participants will be compensated for the two-hour session)를 통해 (C)를, 이어지는 웨스트우드에 전화해서 '연구 89'를 언급하면 간단한 설문 검사에 응해 달라는 안내 음성이 들릴 것이다(please call Westwood ~ and mention study 89. You will then be directed to respond to a brief screening questionnaire)를 통해 (D)를 유추할 수 있으므로, 정답은 (B)이다.

> **Paraphrasing** 지문의 travel often
> → 보기의 have traveled frequently
> 지문의 compensated for the two-hour session → 보기의 paid for their time
> 지문의 respond to a brief screening questionnaire
> → 보기의 answer preliminary questions

187 동의어 찾기

번역 설명서 첫 번째 문단 세 번째 줄에 나오는 "locate"와 의미상 가장 가까운 것은?

(A) 찾다
(B) 고정하다
(C) 알아차리다
(D) 묘사하다

해설 여행업계 웹사이트를 위한 연구라서, 우리가 업무나 여가를 위해 여행을 자주 하는 사람들을 찾아내 주기를 고객이 원했다(As this is a study for a travel industry Web site, the client wanted us to locate people who travel often, either for work or for leisure)라는 의미로 해석되는데, 여기서 locate는 문맥상 '찾다'라는 의미가 자연스러우므로, 정답은 (A) find(찾다, 발견하다)이다.

188 사실 관계 확인

번역 연구 89에 관해 명시된 것은?

(A) 출장자들만 포함되었다.
(B) 모든 것이 하루에 일어났다.
(C) 트래블 렉스 본사에서 진행되었다.
(D) 규모가 같은 네 집단으로 구성되었다.

해설 설명서의 첫 번째 단락 첫 문장에서 리버그로브 호텔에서 트래블 렉스 사의 표적집단 모임 4개를 진행하겠다고 해줘서 고맙다(Thanks for agreeing to facilitate four focus groups for Travel Rex at Rivergrove Hotel)고 했으며, 마지막 문장에서 각 집단은 25명으로 구성될 것(Each group will be composed of 25 people)이라고 했다. 연구 89(study 89)의 4개 표적집단의 구성 인원의 수가 같다는 것을 알 수 있으므로, 정답은 (D)이다.

어휘 business traveler 출장자 take place 일어나다 comprise 구성하다, 이루다 equal 동등한, 동일한

▶▶Paraphrasing 지문의 four focus groups ~ Each group will be composed of 25 people
→ 정답의 comprised four groups of equal size

189 세부 사항

번역 설명서에 따르면, 참가자들에게 이름표를 주는 이유는?

(A) 참가자들이 정확한 집단에 배정되도록
(B) 참가자들이 회의장 입장을 허용 받을 수 있도록
(C) 연구자들이 참가자들을 쉽게 알아볼 수 있도록
(D) 토론 분위기를 부드럽게 하려고

해설 설명서의 마지막 단락 동영상을 다시 보고 고객을 위해 분석 작업을 할 때 참가자들의 이름을 언급할 수 있도록 집단 상호작용을 녹화할 때 반드시 참가자들의 이름표가 보이도록 해달라(When recording the group interaction, make sure participants' name tags can be seen. This will allow us to mention participants by name when we review the video and compile our analysis for the client)고 했다. 따라서 이름표는 참가자의 이름을 확인하기 위한 수단임을 알 수 있으므로, 정답은 (C)이다.

어휘 assign 배정[할당]하다 correct 정확한, 옳은 identify 식별하다, 알아보다 environment 환경, 분위기

▶▶Paraphrasing 지문의 make sure participants' name tags can be seen … allow us mention participants by name
→ 정답의 could easily identify them

190 연계

번역 연구 결과에 따르면, 가장 인기 있는 광고는 무엇이었는가?

(A) 광고 1
(B) 광고 2
(C) 광고 3
(D) 광고 4

해설 이메일에서 첨부파일에서 보시는 바와 같이, 메시지 하나가 네 집단 모두에서 가장 좋아하는 메시지로 두드러졌다면서 이 메시지는 여행자들이 택하는 가장 일반적인 여행을 개괄적으로 보여준다(As you can see from the attachment, one message stood out as the most well liked among all four groups. This message presents overviews of the most common journeys travelers take)고 했으므로, 여행자들은 가장 평범한 여행 광고를 좋아했다는 것을 알 수 있다. 설명서의 광고 설명 표를 참고로, '주요 여행지(Major travel destinations)'에 관한 광고를 여행자들이 가장 좋아했다는 것을 알 수 있으므로, 정답은 (B)이다.

191-195 웹페이지 + 이메일 + 편지

http://www.magob.org.bs

| 전시회 | 교육 프로그램 | 입장권 | 회원 |

바하마 현대미술 갤러리
전시 일정

날짜	전시회 제목	설명
5월 7일 – 10월 5일	달과 조수	[191]카리브해 연안국 출신 몇몇을 포함한 국제 미술가들의 회화와 사진을 모은 이 특출한 컬렉션은 달과 바다가 오랜 세월 동안 인류에게 행사해온 힘을 보여준다.
5월 28일 – 10월 5일	예술로서의 가구	우리는 가구가 기능적이라고 생각하는 경향이 있지만, 가구 또한 예술일 수 있다. 이 전시회에는 [191]유럽 전역에서 온 다양하고 독특한 고가구와 현대가구가 있다.
7월 3일 – 12월 18일	춤: 예술 속의 움직임	이 전시회는 조각, 회화, 사진, 영상 기록을 통해 [191]알바니아부터 잠비아, 그 중간에 있는 다른 나라들에 이르기까지 춤 양식을 보여준다.
7월 24일 – 8월 22일	버트 월터스 사진전	이 전시회는 [191]전 세계의 가족들을 찍은 특이한 사진들을 모아 놓았다.
7월 3일 – 12월 18일	춤: 예술 속의 움직임	이 전시회는 조각, 회화, 사진, 영상 기록을 통해 [191]알바니아부터 잠비아, 그 중간에 있는 다른 나라들에 이르기까지 춤 양식을 보여준다.
7월 24일 – 8월 22일	버트 월터스 사진전	이 전시회는 [191]전 세계의 가족들을 찍은 특이한 사진들을 모아 놓았다.

입장권에 관한 정보를 얻으시려면 입장권 페이지를 방문하시거나 cdeleon@magob.org.bs로 이메일을 보내주세요. [192]회원에게는 모든 전시회의 무료 입장권 2장을 드립니다. 회원 페이지를 방문하셔서 회원이 되는 방법을 알아보세요!

어휘 exhibition 전시(회) tide 조수, 조류 exceptional 예외적인, 특출한 painting 회화, 채색화 demonstrate 보여주다, 시연하다 hold the power over ~를 지배하다, 장악하다 humanity 인류 tend to + 동사원형 ~하는 경향이 있다 functional 기능적인 feature ~을 특징으로 하다, 주로 다루다 a variety of 다양한 unique 독특한 antique 골동품인, 옛날의 contemporary 동시대의, 현대의 movement 움직임, 동작, 운동 sculpture 조각, 조형물 a host of 많은 extraordinary 특이한 complimentary 무료의

발신: 멜라니 니콜스 〈mnichols@inet.com.bs〉
수신: 칼레이 디 리언 〈cdeleon@magob.org.bs〉
제목: 입장권
날짜: 5월 1일

안녕하세요.

192제가 이번 시즌 전시회용 무료 입장권을 방금 받았습니다. **193**"춤: 예술 속의 움직임" 입장권을 두 장 더 구하고 싶습니다. 제 생각에 귀하가 제 신용카드 정보를 보관하고 있는 것 같으니, 제 카드로 요금을 청구하시고 추가 입장권을 우편으로 보내주실 수 있을까요? 저는 또한 "예술로서의 가구" 전시회를 볼 생각에 아주 들떠 있습니다. 갤러리에서 올해 이렇게 멋진 전시회들을 개최해 주셔서 고맙습니다.

멜라니 니콜스

어휘 complimentary 무료의 have ~ on file ~을 보관하다 charge 요금을 청구하다 mail 우편으로 보내다 magnificent 멋진, 훌륭한

5월 3일

멜라니 니콜스
사서함 N-123
나소, N.P.

니콜스 씨께,

바하마 현대미술 갤러리를 계속 애용해 주셔서 감사합니다. **193**귀하가 보고 싶어 하던 전시회가 취소되어 다시 한 번 사과 드립니다. 우리가 통화한 대로, 제가 대체 전시회인 "아메리카 대륙의 토착문화들" 입장권을 두 장 더 동봉했습니다. **194**이 전시는 역시 같은 날짜인 7월 3일부터 12월 18일까지 열리는 순회 전시회입니다. **195**끝 번호가 3389인 귀하의 제이팩스 신용카드로 24달러가 청구되었습니다.

칼레이 디 리언
바하마 현대미술 갤러리

동봉

어휘 patronage 후원, 애용 apologize 사과하다 cancel 취소하다 per ~에 따라 enclose 동봉하다 replacement 대체(물) indigenous 토착민의 traveling exhibition 이동전시회 charge 청구하다, 신용카드로 사다 enclosure 동봉(한 물건)

191 세부 사항

번역 웹페이지에 따르면, 모든 전시회의 공통점은 무엇인가?
(A) 사진을 포함한다.
(B) 실황 공연을 포함한다.
(C) 카리브해 출신 미술가들의 작품을 전시한다.
(D) 다양한 나라에서 온 작품들을 전시한다.

해설 웹페이지 전시 일정의 설명(Description) 중 'from Caribbean nations(카리브해 연안국 출신)', 'from across Europe(유럽 전역에서 온)', 'from Albania to Zambia and a host of other countries in between(알바니아부터 잠비아, 그 중간에 있는 다른 나라들에 이르기까지)', 'from around the world(전 세계의)'를 통해 세계 각지에서 작품들이 왔다는 것을 알 수 있으므로, 정답은 (D)이다.

192 연계

번역 니콜스 씨에 관해 명시된 것은?
(A) 환불을 요구하고 있다.
(B) 미술관 회원이다.
(C) 현대 미술가이다.
(D) 전시회들을 이미 보았다.

해설 니콜스 씨가 쓴 이메일의 첫 번째 문장에서 이번 시즌 전시회용 무료 입장권을 방금 받았다(I just received my complimentary tickets for this season's exhibitions)고 했으며 웹페이지 하단에서 회원에게는 모든 전시회의 무료 입장권 2장을 준다(Members receive two complimentary tickets to all exhibitions)고 했다. 따라서 니콜스 씨가 미술관 회원임을 알 수 있으므로, 정답은 (B)이다.

193 연계

번역 어떤 전시가 취소되었는가?
(A) 달과 조수
(B) 예술로서의 가구
(C) 춤: 예술 속의 움직임
(D) 버트 월터스 사진전

해설 디 리언 씨가 니콜스 씨에게 쓴 편지에서 니콜스 씨가 보고 싶어 하던 전시회가 취소되어 다시 한 번 사과한다(I apologize again that the exhibition you wanted to see has been canceled)고 했으므로 니콜스 씨가 보기 원했던 전시회가 취소되었음을 알 수 있다. 니콜스 씨가 쓴 이메일에서 "춤: 예술 속의 움직임" 입장권을 두 장 더 구하고 싶다(I would like to get two more tickets to "Dance: Movement in Art")고 했다. 따라서 니콜스 씨가 보기 원했던 전시회를 확인할 수 있으므로, 정답은 (C)이다.

194 동의어 찾기

번역 편지 첫 번째 문단 다섯 번째 줄에 나오는 "run"과 의미상 가장 가까운 것은?
(A) 보이다
(B) 관리하다
(C) 움직이다
(D) 덮이다

해설 해당 문장은 '이 전시는 역시 같은 날짜인 7월 3일부터 12월 18일까지 열리는 순회 전시회입니다(which is a traveling exhibition that will also run for the same dates, 3 July-18 December)'라는 의미로 해석되는데, 여기서 run은 문맥상 '계속되다, 이어지다'라는 의미가 자연스러우므로, 정답은 (A) be shown(보이다, 전시되다)이다.

195 세부 사항

번역 편지에 따르면, 디 리언 씨는 니콜스 씨를 위해 무슨 일을 했는가?
(A) 앞으로 있을 행사의 목록을 우편으로 보냈다
(B) 한 전시회의 날짜를 변경했다
(C) 예약을 확인했다
(D) 신용카드로 요금을 청구했다

해설 디 리언 씨가 니콜스 씨에게 쓴 편지에서 끝 번호가 3389인 귀하의 제이팩스 신용카드로 24달러가 청구되었다(Your JPax credit card ending in 3389 has been charged $24)고 했다. 따라서 니콜스 씨의 신용카드로 요금을 청구했다는 것을 알 수 있으므로, 정답은 (D)이다.

196-200 이메일 + 첨부 문서 + 이메일

수신: 나타샤 보르조바; 로사나 트루히요; 마커스 폴릿
발신: 톰 아냐티
날짜: 6월 12일, 오전 7:54
제목: 사무 공간
첨부: 부동산

모두 안녕하세요.

198지난 월요일 모태너 그릴에서 있었던 업무 오찬은 매우 즐거웠습니다. 저는 사일런 컨설턴츠의 동료 직원으로서 첫 번째 지점을 개설하기 위해 에드먼턴으로 가는 팀의 일원이 된 것이 무척 기쁩니다. 196회의에서 저는 첫 고객들을 확보하고 목표를 달성하는 데 정보기술을 가장 잘 활용할 수 있는 방안을 에드먼턴에 있는 여러 회사에 빨리 조언하고 싶어 하는 열정을 우리가 공유하고 있다고 느꼈습니다.

이상적인 사무 공간의 종류에 관해 생각을 나눠줘서 고맙습니다. 제가 morbushrealty.ca 사이트를 검색해서 우리의 기본 기준과 예산에 맞는 스위트룸을 찾아 모두가 살펴볼 수 있게 가능성 있는 곳들을 짧은 목록으로 만들어봤습니다. 첨부된 문서를 보시고 의견 주세요.

톰 아냐티, 사일런 컨설턴츠

어휘 thoroughly 철저히, 매우 work luncheon 업무 오찬 fellow 동료 be thrilled to + 동사원형 ~해서 매우 기쁘다 headed to ~로 가는[향하는] branch 지점 sense 감지하다, 느끼다 shared 공유된 eagerness 열망, 열의 land 획득하다, 구하다 information technology 정보기술 achieve one's goal 목표를 달성하다 appreciate 감사하다 ideal 이상적인 search 검색하다 suite 스위트룸(몇 개의 방이 연결되어 있는 공간) criterion 기준 (*pl.* criteria) budget 예산 come up with a list 목록을 만들다 possibility 가능성(이 있는 것) look over 훑어보다, 살펴보다 respond 응답[응대]하다 comment 의견, 논평

록 폴스 불르바드 2185번지
유동 인구가 많고 개발이 잘 된 에드먼턴 교외에 있는 개방형 사무/소매 공간. 록 폴스 불르바드를 따라 시야가 트여 있어 회사 간판이 잘 보임. 에너지 효율이 매우 높은 난방 시스템 덕에 매년 겨울 수백 달러씩 요금 절약 가능. 월세: 1000달러

트리멕 웨이 12440번지
1층에 있는 사무용 스위트룸. 세련된 가구 완비. 지붕과 보안문이 있는 구내 주차 공간. 시내에서 20분 거리에 있고, 시의 주요 철도에 속한 역과 인접한 랜든 리서치 파크에 위치. 197조깅족에게 인기 많은 산책로가 있는 마빈 파크가 인근에 있음. 사용하기 편한 젠트론 전화 시스템 설치. 월세: 950달러

오피스 파크 드라이브 5123번지
독채 단층 건물. 명품 가구 구비. 길 건너 안전한 도시 주차와 사전 협의에 따른 세입자 주차 할인. 개인의 요건에 맞춰 조정할 수 있는 초고속 인터넷 제공. 도심에서 서쪽, 17번가 상업지구에 위치. 월세: 875달러

200크로톤 애비뉴 9982번지
4층에 있는 사무용 스위트룸. 보안 접근 제어기를 갖춘 지붕 있는 주차 전용 건물. 200에드먼턴의 중심업무지구 안에 위치. 사용이 가능한 컬러 복사기/스캐너/프린터/팩스 장내 구비. 최신식 화상회의실과 초고속 무선 인터넷. 월세: 1000달러

어휘 concept 개념, 생각 retail 소매 suburban area 교외 지역 pedestrian traffic 사람의 왕래 have high visibility 눈에 잘 띄다 energy-efficient 에너지 효율이 좋은 monthly lease 월세 elegantly 품격 있게, 우아하게 furnished 가구가 갖춰진 covered parking 지붕이 있는 주차 공간 on-site parking 구내의, 현장의 security gate 보안문 located at ~에 위치한 adjacent to ~과 인접한, 가까운 trail 오솔길, 둘레길, 산책로 popular with ~에게 인기 있는 user-friendly 사용하기 편한, 사용자 친화적인 install 설치하다 free-standing 독립된, 단독으로 서 있는 designer furniture 명품[디자인] 가구 secure 안전한 prearranged 사전에 협의된 renter 세입자 access 접근, 이용 customize 개인의 필요에 맞추다 shopping district 상업지구, 상점가 parking garage 주차 전용 건물 security access control 보안 접근 제어기 central business district 중심업무지구(CBD) state-of-the-art 첨단의, 최신식의 videoconferencing 화상회의 wireless Internet 무선 인터넷

수신: 나타샤 보르조바; 톰 아냐티; 로사나 트루히요
발신: 마커스 폴릿
날짜: 6월 15일, 오후 4:39
제목: 사무 공간

모두에게,

우리의 조사 범위를 이 선택지들로 좁혀줘서 고마워요, 톰. 198지난 월요일의 팀 기획회의가 매우 생산적이었던 것 같군요. 저도 그 자리에 참석하고 싶었는데 막판에 토론토로 출장을 가게 되어 어쩔 수가 없었습니다. 199또한 제가 이 이메일 토론에 마지막으로 의견을 내는 사람 같은데, 다들 참고 기다려줘서 고맙습니다.

199로사나, 널찍한 중역실 같은 사무실에 자리 잡고 싶은 마음은 이해하지만, 200저는 우리가 우선 시내 중심에 있어야 한다는 우선 사항은 타협하지 않아야 한다고 생각합니다. 에드먼턴의 대중교통 체계를 잘 아는 사람이 있나요? 대중교통으로 통근할 수 있는지 알면 도움이 될 텐데 말이죠.

우리가 에드먼턴에서 열리는 기술박람회에 참가해야 한다는 톰의 생각에 저도 동의합니다. 다음 주말에 아내와 제가 집을 몇 군데 보러 다닐

때 박람회에 관해 알아보겠습니다. 또한 로사나가 연결해 준 덕에, 제가 사일런 컨설턴츠에서 일했던 에드먼턴 지역 임원 한 명과 점심을 먹을 예정입니다. 새로운 식견을 얻게 되면 보고할게요.

마커스 폴릿, 사일런 컨설턴츠

어휘 narrow down 범위를 좁히다 option 선택지, 선택사항 team-planning meeting 팀 기획회의 productive 생산적인 had hoped to + 동사원형 ~였다면 좋았겠다 last-minute 막판의 cannot be helped 어쩔 수 없다 comment on ~에 관해 논평하다, 의견을 말하다 patience 인내, 참을성 appreciate 충분히 인식하다, 잘 이해하다 compromise on ~에 대해 타협하다 priority 우선순위 be familiar with ~에 익숙하다, ~을 잘 알다 public transit system 대중교통 체계 commute 통근[출퇴근]하다 have a presence 존재감을 드러내다, 참가하다 technology fair 기술박람회 view some housing options 집을 보러 다니다 used to + 동사원형 (과거에) ~했다 connection 연결, 연줄 insight 통찰, 식견

196 추론 / 암시

번역 아냐티 씨는 누구이겠는가?
(A) 기술 컨설턴트 (B) 모태너 그릴의 직원
(C) 회의 조직자 (D) 부동산 중개업자

해설 아냐티 씨가 쓴 이메일의 첫 번째 단락에서 회의에서 첫 고객들을 확보하고 목표를 달성하는 데 정보기술을 가장 잘 활용할 수 있는 방안을 에드먼턴에 있는 여러 회사에 빨리 조언하고 싶어하는 열정을 우리가 공유하고 있다고 느꼈다(At the meeting, I sensed our shared eagerness to land our first clients and begin advising firms in Edmonton on how best to use information technology in achieving their goals)고 했다. 따라서 아냐티 씨가 정보기술의 활용에 대해 조언하는 컨설턴트라고 유추할 수 있으므로, 정답은 (A)이다.

197 사실 관계 확인

번역 첨부 문서에 언급된 부동산의 특징 한 가지는?
(A) 직원 샤워실 (B) 건물 내 인기 식당
(C) 주인이 지불하는 전기요금 (D) 운동 코스와 가까운 위치

해설 첨부 문서 두 번째 부동산의 특징을 보면 조깅족에게 인기 많은 산책로가 있는 마빈 파크가 인근에 있다(Marvin Park, whose trails are very popular with joggers, is nearby)고 했다. 따라서 운동이 가능한 공원이 가까이에 있다고 언급하고 있으므로, 정답은 (D)이다.

▶▶Paraphrasing 지문의 nearby → 정답의 close to

198 연계

번역 폴릿 씨에 대해 암시된 것은?
(A) 모태너 그릴 모임에 불참했다.
(B) 승용차를 팔 생각을 하고 있다.
(C) 한 공연에 참가할 계획이다.
(D) 버스로 에드먼턴을 둘러보고 싶어 한다.

해설 폴릿 씨가 쓴 이메일의 첫 번째 단락에서 지난 월요일의 팀 기획회의가 매우 생산적이었던 것 같다면서 자신도 그 자리에 참석하고 싶었는데 막판에 토론토로 출장을 가게 되어 어쩔 수가 없었다(It sounds like last Monday's team-planning meeting was very productive. I had hoped to be there, but my last-minute trip to Toronto couldn't be helped)고 했다. 따라서 폴릿 씨가 지난 월요일의 팀 기획회의에 참석할 수 없었다는 것을 알 수 있다. 아냐티 씨가 쓴 이메일의 첫 번째 단락에서 지난 월요일 모태너 그릴에서 있었던 업무 오찬은 매우 즐거웠다(I thoroughly enjoyed our work luncheon at Motano Grill last Monday)고 했다. 따라서 폴릿 씨가 불참했던 미팅이 모태너 그릴에서 있었다고 유추할 수 있으므로, 정답은 (A)이다.

▶▶Paraphrasing 지문의 work luncheon / team-planning meeting → 정답의 gathering

199 사실 관계 확인

번역 트루히요 씨에 관해 명시된 것은?
(A) 새 집으로 방금 이사했다.
(B) 예전 동료를 만날 것이다.
(C) 동료들에게 이메일을 보냈다.
(D) 예전에 에드먼턴에 살았다.

해설 폴릿 씨가 쓴 이메일에서 폴릿 씨는 자신이 이 이메일 토론에 마지막으로 의견을 내는 사람 같은데, 다들 참고 기다려줘서 고맙다(Also, it looks like I am the last to comment on this e-mail discussion, so thank you for your patience)고 했으며, 두 번째 단락에서 '로사나, 널찍한 중역실 같은 사무실에 자리 잡고 싶은 마음은 이해하지만(Rosana, I appreciate the desire to locate in a spacious executive-style office)'을 통해 트루히요 씨가 이메일 토론에 의견을 냈다는 것을 알 수 있으므로, 정답은 (C)이다.

▶▶Paraphrasing 지문의 comment on this e-mail discussion → 정답의 sent an e-mail to her coworkers

200 연계

번역 폴릿 씨는 어떤 부동산을 좋아하겠는가?
(A) 록 폴스 불르바드 2185번지
(B) 트리멕 웨이 12440번지
(C) 오피스 파크 드라이브 5123번지
(D) 크로튼 애비뉴 9982번지

해설 폴릿 씨가 쓴 이메일의 두 번째 단락에서 폴릿 씨는 우리가 우선 시내 중심에 있어야 한다는 우선 사항은 타협하지 않아야 한다고 생각한다(I really feel we shouldn't compromise on the priority of being right in the heart of downtown)고 했으므로, 폴릿 씨는 시내 중심에 위치한 부동산을 우선시한다는 것을 알 수 있다. 첨부 문서를 참고로 폴릿 씨는 '에드먼턴의 중심업무지구 안에 위치(Located within Edmonton's central business district)'한 '크로튼 애비뉴 9982번지(9982 Croton Avenue)'를 선호할 것으로 유추할 수 있으므로, 정답은 (D)이다.

TEST 4

101 (B)	102 (A)	103 (A)	104 (D)	105 (C)
106 (D)	107 (D)	108 (D)	109 (B)	110 (B)
111 (A)	112 (B)	113 (C)	114 (C)	115 (D)
116 (D)	117 (D)	118 (C)	119 (C)	120 (A)
121 (B)	122 (C)	123 (C)	124 (B)	125 (A)
126 (C)	127 (B)	128 (D)	129 (C)	130 (B)
131 (D)	132 (B)	133 (C)	134 (C)	135 (D)
136 (A)	137 (C)	138 (C)	139 (B)	140 (C)
141 (D)	142 (D)	143 (A)	144 (D)	145 (A)
146 (C)	147 (B)	148 (D)	149 (B)	150 (D)
151 (B)	152 (C)	153 (C)	154 (C)	155 (D)
156 (D)	157 (C)	158 (B)	159 (A)	160 (D)
161 (B)	162 (A)	163 (A)	164 (B)	165 (D)
166 (C)	167 (A)	168 (C)	169 (A)	170 (B)
171 (A)	172 (D)	173 (C)	174 (D)	175 (A)
176 (B)	177 (A)	178 (D)	179 (C)	180 (A)
181 (B)	182 (C)	183 (C)	184 (D)	185 (B)
186 (D)	187 (B)	188 (A)	189 (B)	190 (D)
191 (C)	192 (A)	193 (C)	194 (B)	195 (A)
196 (C)	197 (B)	198 (A)	199 (B)	200 (C)

PART 5

101 인칭 대명사의 격 _ 주격

해설 빈칸은 부사절 접속사(when)가 이끄는 부사절 내 동사(work)의 주어 자리이다. 주어 자리에 올 수 있는 주격 인칭대명사 (B) they와 소유대명사 (C) theirs 중에서, 앞에 있는 주어(Sales clerks)를 대신해야 하므로, 정답은 (B) they이다.

번역 실라 바자르의 점원들은 저녁에 근무하면 추가 보수를 받는다.

어휘 sales clerk 점원, 판매원   additional 추가의   pay 급료, 보수

102 형용사 어휘

해설 빈칸은 앞에 있는 형용사(high-quality)와 함께 뒤에 있는 명사(machine parts)를 수식하는 형용사 자리이다. 문맥상 '고품질이지만 저렴한'이라는 대조의 의미가 자연스러우므로, 정답은 (A) inexpensive(저렴한)이다. (B) unhappy(불행한), (C) incomplete(미완성의, 불완전한), (D) undecided(미결정의)는 문맥상 적합하지 않다.

번역 고품질이지만 저렴한 기계 부품의 사용으로 김 씨 공장의 비용이 절감되었다.

어휘 high-quality 고품질의, 고급의   part (기계 등의) 부품   lead to ~로 이어지다   cost 비용   inexpensive 저렴한, 비싸지 않은

103 조동사 + 동사원형

해설 빈칸은 앞의 조동사(can) 뒤에 나오는 동사원형 자리로, 정답은 (A) damage이다.

번역 습기가 목재를 손상시킬 수 있기 때문에 가구 보관 창고의 기후가 제어되어야 한다.

어휘 humidity 습기   climate 기후, 날씨   storage unit 보관 창고   control 제어하다, 조절하다   damage 손상시키다, 훼손하다

104 전치사 자리

해설 빈칸 뒤의 목적어(the entire factory)와 함께 앞의 명사(guidelines)를 수식하는 전치사 자리로, 정답은 (D) for이다. 등위접속사 (B) and가 앞뒤의 명사를 연결한다고 볼 경우, 문맥상 적합하지 않다. 등위접속사 (A) so는 주로 절과 절을 연결하고, (C) both 뒤에는 복수명사가 나와야 한다.

번역 최신 안전 매뉴얼은 공장 전체에 대한 지침을 포함하고 있다.

어휘 updated 최신의   safety 안전   guideline 가이드라인, 지침   entire 전체의

105 명사 어휘

해설 빈칸은 뒤에 나오는 동사(will be granted)의 주어 역할을 하는 명사 자리로, 뒤의 전치사구(of time for questions)의 수식을 받는다. 문맥상 '약간의 질문 시간'이라는 양의 의미가 자연스러우므로, 정답은 (C) amount(양, 총계)이다. (A) value(가치), (B) record(기록), (D) setting(배경, 환경)은 문맥상 적합하지 않다.

번역 다나카 씨의 연설 후에 제한된 질문 시간이 주어질 것입니다.

어휘 limited 제한된, 한정된   grant 허락하다, 승인하다   following (전치사) ~ 후에, ~에 이어   amount 양, 수량

106 부사 자리 _ 동사 수식

해설 빈칸은 현재진행 시제를 이루는 동사(are)와 현재분사(researching) 사이에서, 현재분사(researching)를 수식하는 부사 자리로, 정답은 (D) continually이다. 형용사 (A) continual, 동사 (B) continues와 (C) continue는 품사상 적합하지 않다.

번역 코레이아 전자는 지속적으로 가전 기술을 연구하고 있습니다.

어휘 research 연구하다   appliance (가정용) 기구, 가전제품   continually 계속적으로, 지속적으로

107 전치사 어휘

해설 빈칸은 뒤의 기간을 나타내는 목적어(two business days)와 함께 앞의 동사(can be made)를 수식하는 전치사 자리이다. 문맥상 '영업일 기준으로 이틀 이내에 제작될 수 있다'라는 의미가 자연스러우므로, 정답은 (D) within(~ 이내에)이다. (A) since(~ 이래로)는 과거 시점을 나타내는 목적어를 취한다.

번역 임프린트 아이웨어는 영업일 기준으로 이틀 이내에 대부분의 도수 안경을 제작할 수 있습니다.

어휘 | eyewear 안경류 prescription eyeglass 도수 안경 business day 영업일

108 명사 자리 _ 전치사의 목적어

해설 | 빈칸 앞에 있는 전치사(for)의 목적어 역할을 하는 명사 자리로, 정답은 (D) excellence이다. 동사원형 (A) excel, 동사의 과거형/과거분사 (B) excelled, 형용사 (C) excellent는 품사상 적합하지 않다.

번역 | 수여된 첫 번째 상은 우수 교육용 장난감 디자인에 주는 코자르 상이었다.

어휘 | present 주다, 수여하다 educational 교육의, 교육용의 excellence 탁월함, 우수함

109 부사 어휘

해설 | 빈칸은 앞뒤 대조되는 내용을 연결하는 등위접속사(but)가 이끄는 절 내의 주어(she)와 동사(attends) 사이에서, 동사(attends)를 수식하는 부사 자리이다. 문맥상 '오늘은 참석하지 않았지만, 보통은 참석한다'라는 대조의 의미가 자연스러우므로, 정답은 (B) typically(일반적으로, 보통)이다. (A) previously(이전에는)는 주로 과거시제 동사를 수식하고, (C) almost(거의)와 (D) well(잘)은 문맥상 적합하지 않다.

번역 | 링 씨는 오늘 참석하지 않았습니다. 하지만 그녀는 보통 모든 도서관 이사회에 참석합니다.

어휘 | attend (회의 등에) 참석하다, 출석하다 board meeting 이사회 typically 보통, 일반적으로

110 원급 비교

해설 | 빈칸은 뒤에 나오는 as possible과 짝을 이루어 뒤의 복수 명사(properties)를 수식하는 자리로, 정답은 (B) as many이다. (A) as much는 뒤에 셀 수 없는 명사를 수식한다.

번역 | 가능한 한 많은 부동산에 투자하면 위험할 수 있지만 수익성이 좋을 때가 많다.

어휘 | invest in ~에 투자하다 property 부동산 risky 위험한 lucrative 수익성이 좋은, 돈벌이가 되는

111 동사 어휘

해설 | 빈칸 뒤의 목적어(the committee's decision)와 의미가 가장 잘 통하는 동사를 선택해야 한다. 문맥상 '위원회의 결정을 최종 승인했다'라는 의미가 자연스러우므로, 정답은 (A) finalized(완료하다, 마무리 짓다)이다. (B) designed(디자인하다, 의도하다) (C) hosted(주최하다), (D) created(창작하다)는 문맥상 적합하지 않다.

번역 | 직접 가르시아 씨를 면접한 후 사장은 그녀를 최고재무책임자로 고용하고자 하는 위원회의 결정을 확정했다.

어휘 | personally 개인적으로, 몸소 chief financial officer(CFO) 최고재무책임자 finalize 마무리 짓다, 완결하다

112 동사 자리 _ 태 구분

해설 | 빈칸은 주어(Construction of the Yukimura Building) 뒤의 동사 자리이다. 문맥상 '유키무라 빌딩 건축은 연기되었다'라는 수동의 의미가 자연스러우므로, 정답은 (B) has been postponed이다. 빈칸 뒤에 목적어가 없는 것으로도 수동태가 와야 함을 알 수 있다. (A) postpones, (C) will have postponed, (D) is postponing은 능동의 의미를 나타내므로 적합하지 않다.

번역 | 건축 설계도 수정 때문에 유키무라 빌딩 건축은 연기되었다.

어휘 | modification 수정, 변경 architectural 건축학의 plan 도면, 설계도 postpone 연기하다, 미루다

113 명사 어휘

해설 | 빈칸 앞에 있는 전치사(of)의 목적어 역할을 하는 명사 자리로, 뒤에 나오는 전치사구(to your office supplies order)의 수식을 받는다. 문맥상 '사무용품 주문건에 변경사항'이라는 의미가 자연스러우므로, 정답은 (C) adjustments(조정, 변경)이다. (A) announcements(발표), (B) conversions(개조, 전환), (D) commitment(약속, 전념)는 문맥상 적합하지 않다.

번역 | 사무용품 주문건에 변경사항이 있으면 오후 2시까지 몽고메리 씨에게 알려주십시오.

어휘 | inform 알리다, 통지하다 office supplies 사무용품 order 주문 adjustment 수정, 조정

114 전치사 어휘

해설 | 빈칸 뒤의 목적어(paper ones)와 함께 앞에 있는 to부정사 구문(to sign up for electronic statements)을 수식하는 전치사 자리이다. 문맥상 '종이 명세서 대신 전자 명세서를 신청하다'라는 의미가 자연스러우므로, 정답은 (C) instead of(~ 대신에)이다. (A) except(~을 제외하고), (B) through(~을 통해), (D) according to(~에 따라)는 문맥상 적합하지 않다.

번역 | 모든 버틀러 에너지 고객들은 종이 명세서 대신 전자 명세서를 신청하시길 권해드립니다.

어휘 | customer 고객 encourage 권장하다, 장려하다 sign up for ~을 가입하다, 신청하다 electronic statement 전자 명세서

115 형용사 자리 _ 명사 수식

해설 | 빈칸은 명사(quality)를 수식하는 형용사 자리이다. 현재분사 (B) admiring(칭찬하는)과 형용사 (D) admirable(칭찬할 만한, 감탄할 만한) 중에 문맥상 '가장 칭찬할 만한 자질'이라는 의미가 자연스러우므로, 정답은 (D) admirable이다. 명사 (A) admiration, 동사 (C) admire는 품사상 적합하지 않다.

번역 | 추천서에서 아이즈너 씨는 다른 사람들과의 협업 능력이 파텔 씨의 가장 칭찬할 만한 자질이라고 말한다.

어휘 | letter of reference 추천서 indicate 나타내다, 말하다 quality 자질, 특성 admirable 감탄할 만한, 칭찬할 만한

116 부사절 접속사

해설 | 빈칸은 완전한 두 절 사이에 있으므로 이 두 절을 연결하는 부사절 접속사 자리이다. 부사절 접속사 (C) because(~ 때문에)와 (D) unless(~하지 않는다면) 중에 문맥상 '담당 매니저가 달리 남으라는 지시를 하지 않는 한'이라는 의미가 자연스러우므로, 정답은

(D) unless이다. 부정의 의미를 나타내는 접속사 (B) nor 뒤에는 주어와 동사가 도치되어 나타난다.

번역 이번 주 금요일 전 직원은 담당 매니저가 달리 남으라는 지시를 하지 않는 한 종료 2시간 전에 퇴근할 수 있습니다.

어휘 employee 직원, 종업원　depart 출발하다, 떠나다　require 요구하다, 요청하다

117 명사 자리 _ 전치사의 목적어

해설 빈칸은 전치사(with)의 목적어 역할을 하는 명사 자리로, 문맥에 어울리는 명사를 골라야 한다. 명사 (A) recruit(신입사원), (C) recruitments(채용)와 (D) recruiters(채용담당자) 중에 문맥상 '구직자들이 채용담당자들을 만나다'라는 의미가 자연스러우므로, 정답은 (D) recruiters이다.

번역 과학 취업 박람회는 구직자들이 해당 분야 주요 기업 채용담당자들을 직접 만날 수 있는 굉장한 기회가 된다.

어휘 career fair 취업 박람회　job seeker 구직자　meet with (논의를 위해) ~와 (직접) 만나다　recruiter 채용 담당자, 신병[신인] 모집자

118 전치사 어휘

해설 빈칸 뒤의 목적어(the most innovative musical arrangements)와 함께 앞에 있는 주어(The songs)를 보충 설명하는 전치사 자리이다. 문맥상 '수록곡들은 가장 혁신적인 편곡에 속하는'이라는 의미가 자연스러우므로, 정답은 (C) among(~ 사이에, ~의 범위 안에)이다.

번역 소피아 베스트라의 새 앨범 수록곡들은 그녀의 커리어에 있어 가장 혁신적인 편곡에 속한다.

어휘 innovative 혁신적인　arrangement 편곡, 편곡한 곡

119 명사 자리 _ 주어

해설 빈칸은 명사절(that절) 내에서 동사(has remained)의 주어 역할을 하는 명사 자리이다. 명사 (A) tourists(관광객), (B) tours(관광), (C) tourism(관광업) 중 동사가 단수(has remained)이므로 정답은 단수 명사인 (C) tourism이다.

번역 연구는 체스넛 밸리의 관광업이 지난 2년간 안정적으로 유지되었음을 보여준다.

어휘 remain 여전히[계속] ~이다, 남아 있다　stable 안정적인, 안정된

120 부사절 접속사

해설 빈칸은 완전한 두 절 사이에 있으므로 이 두 절을 연결하는 부사절 접속사 자리이다. 부사절 접속사 (A) while(~ 동안, ~ 반면에)과 (B) until(~까지) 중에 문맥상 '일반 우편 주문은 아도토 씨 그룹이 감독하는 반면'이라는 의미가 자연스러우므로, 정답은 (A) while이다. 전치사 (C) despite(~에도 불구하고)는 뒤에 완전한 절이 나올 수 없고, 부사절 접속사 (D) whether(~이든 아니든)는 or (not)과 짝을 이루어 부사절 접속사 자리에 올 수 있다.

번역 일반 우편 주문은 아도토 씨 그룹이 감독하는 반면 온라인 주문은 클라크 씨 팀이 처리한다.

어휘 handle 처리하다, 다루다　regular 일반적인, 보통의　oversee 감독하다, 감시하다

121 형용사 자리 _ 명사 수식

해설 빈칸은 부사절 접속사(After)가 이끄는 부사절 내의 명사 주어(upgrades)를 수식하는 형용사 자리이다. 과거분사 (B) suggested와 현재분사 (C) suggesting 중에 문맥상 '제안된 업그레이드'라는 수동의 의미가 자연스러우므로, 정답은 (B) suggested이다. 현재분사 (C) suggesting은 능동의 의미를 나타내고, 동사 (A) suggest와 (D) suggests는 형용사 자리에 들어갈 수 없다.

번역 제안된 업그레이드가 시행된 이후에는 생산 공정이 더욱 효율적으로 이루어질 것이다.

어휘 implement 시행하다　run 작동하다, 기능하다　efficiently 효율적으로　suggest 제안하다

122 동사 어휘

해설 빈칸 앞에 있는 명사(an airline)를 형용사처럼 수식하는 과거분사 자리이다. 문맥상 '싱가포르에 본사를 둔 항공사'라는 의미가 자연스러우므로, 정답은 (C) based(본사를 두다, 근거를 두다)이다. (A) stored(저장하다, 축적하다), (B) stayed(머무르다), (D) moved(옮기다)는 문맥상 적합하지 않다.

번역 싱가포르에 본사를 둔 항공사인 팬잰 에어는 방콕과 자카르타 행 저가 항공편을 제공한다.

어휘 offer 제공하다　budget flight 저가 항공편　based in (기업 등이) ~에 근거지[본사]를 둔

123 형용사 자리 _ 명사 수식

해설 빈칸은 동사(welcomes)의 목적어인 명사(ideas)를 수식하는 형용사 자리로, 정답은 (C) specific이다. 명사 (A) specifics(세부사항), 동사 (B) specifies와 (D) specify(명시하다, 명확히 말하다)는 품사상 적합하지 않다.

번역 고급 TV 콘텐츠를 제공하는 메즈미오는 서비스 향상을 위한 구체적인 아이디어를 환영합니다.

어휘 provider 제공자, 제공업체　premium 고급의　welcome 환영하다, 반기다　specific 구체적인, 명확한

124 부사 자리 _ 형용사 수식

해설 빈칸은 동사원형(be)과 형용사(applicable) 사이에서, 형용사(applicable)를 수식하는 부사 자리로, 정답은 (B) directly이다. 동명사/현재분사 (A) directing과 형용사/동사 (D) direct는 품사상 적합하지 않다.

번역 우리 분석에서 도출한 결론들은 예산 문제에 직접적으로 적용 가능한 것으로 밝혀졌다.

어휘 turn out ~인 것으로 드러나다[밝혀지다]　applicable 적용 가능한　budget 예산

125 to부정사 _ 형용사적 용법

해설 빈칸은 뒤의 명사(the vacant land)를 목적어로 취하면서 빈칸 앞의 명사인 주어(The proposal)를 형용사처럼 수식하는 자리로, 정답은 to부정사 (A) to transform이다. 과거분사 (D) transformed는 목적어를 취할 수 없다.

번역 스프링 스트리트의 공터를 마을 텃밭으로 변신시키자는 제안은 이번 월요일 표결에 부쳐진다.

어휘 vacant 빈, 비어 있는   vote on 표결에 부치다, ~에 대해 투표하다   transform 변형하다, 탈바꿈하다

126 동사 어휘

해설 빈칸은 부사절 접속사(After)가 이끄는 부사절 내의 동사 자리로, 뒤에 명사절(that all specifications are met)을 목적어로 취한다. 문맥상 '모든 세부 사항들이 충족되었음을 증명하다'라는 의미가 자연스러우므로, 정답은 (C) certify(증명하다)이다. (A) affect(영향을 미치다), (B) replace(교체하다, 대신하다), (D) associate(관련시키다, 연상하다)는 문맥상 적합하지 않다.

번역 품질관리 감독관들이 모든 세부 사항들이 충족되었음을 증명해야만 제품이 선적될 수 있다.

어휘 quality control 품질관리   inspector 감독관, 조사관   specification 명세, 세부 내역   ship 수송하다, 선적하다   certify 증명하다, 보증하다

127 형용사 어휘

해설 빈칸은 명사(meadowlands)를 앞에서 수식하는 형용사 자리이다. 문맥상 '박물관을 둘러싼 광활한 목초지'라는 의미가 자연스러우므로, 정답은 (B) vast(거대한)이다. (A) ethical(윤리적인), (C) absolute(완전한, 절대적인), (D) economic(경제의)은 문맥상 적합하지 않다.

번역 박물관을 둘러싼 광활한 목초지는 야생 동식물 서식지로 지정되어 있다.

어휘 meadowland 목초지   designate 지정하다   wildlife 야생 동(식)물   habitat 서식지   vast (크기, 양 등이) 방대한, 광활한

128 부정대명사 _ 주어

해설 빈칸은 뒤에 나오는 단수동사(was filmed)의 주어 역할을 하는 단수 주어 자리이므로 정답은 (D) Each one이다. 부정대명사 (A) All은 전치사구(of Mitesh Sandu's international performances)의 수식을 받아 복수의 의미를 나타내므로, 적합하지 않다.

번역 미테쉬 산두의 각각의 국제 공연은 다큐멘터리를 위해 촬영되었다.

어휘 performance 공연, 연주   film 촬영하다

129 관계대명사 _ 주격

해설 빈칸 뒤의 주어가 없는 불완전한 절(decrease their water consumption)을 이끌면서, 앞의 사물명사(local businesses)를 수식하는 형용사절 접속사 자리로, 정답은 주격 관계대명사 (C) that 이다. (B) when과 (D) if 뒤에는 완전한 절이 나와야 한다.

번역 신설된 세제 혜택은 물 소비를 줄이는 지역 기업들에게 보상한다.

어휘 incentive 인센티브, 혜택   reward 보상하다   consumption 소비, 소모(량)

130 부사 어휘

해설 빈칸은 앞에 있는 주어(Min-Soo Trucking's proposal)를 보충 설명하는 형용사(successful)를 수식하는 부사 자리로, 앞의 강조 부사(only)의 수식을 받는다. 문맥상 '민수 트럭킹의 제안은 단지 미미하게 성공적인'이라는 의미가 자연스러우므로, 정답은 (B) marginally (미미하게, 아주 조금)이다. (A) conspicuously(눈에 띄게, 두드러지게), (C) regrettably(유감스럽게, 애석하게), (D) intriguingly(흥미를 자아내는)는 문맥상 적합하지 않다.

번역 새 데이터에 근거하면, 동남 아시아로 사업을 확장하자는 민수 트럭킹의 제안은 성공 가능성이 미미할 것이다.

어휘 based on ~에 근거하여   proposal 제안   expand 확장하다, 확대하다   marginally 아주 조금, 미미하게

PART 6

131-134 이메일

발신: 직무개발실 우영호
수신: 전 직원
제목: 강연 시리즈
날짜: 10월 1일 화요일

동료 직원 여러분께,

업계 조망 강연 중 첫 번째 강연이 10월 3일에 열립니다. **131**다가올 이 강연은 성공한 신생 기업 라디오 데디케이트의 창업자 로베르토 콜론 씨가 진행합니다. 콜론 씨는 기존 기술 기업들이 신생 기업들에게 무엇을 배울 수 있을지를 **132**논의할 것입니다. **133**콜론 씨의 강연은 강연 시리즈 중 신생 기업을 다루는 유일한 강연입니다. 나머지 강연들은 마케팅 및 고객 서비스를 포함한 다양한 주제를 다룰 예정입니다.

아시다시피 콜론 씨는 업계의 훌륭한 리더입니다. 모쪼록 전 직원이 참석하길 바랍니다. 하지만 참석 전 부서 매니저에게 **134**승인을 받아야 합니다.

감사합니다.

우영호

어휘 lecture 강연   colleague 동료   founder 창업자, 창시자   start-up 신생 기업   established 기존의, 확실히 자리 잡은   address 다루다   present 참석한, 출석한   nevertheless 그럼에도 불구하고   seek 얻다, 찾다   attend (회의, 강의 등에) 참석하다

131 형용사 어휘

해설 빈칸 뒤의 명사(lecture)를 수식하는 형용사 자리이다. 앞 문장 '업계 조망 강연 중 첫 번째 강연이 10월 3일에 열립니다(The first of our Surveying the Field lectures will be held on October 3)'를 통해 강연이 열릴 예정임을 알 수 있으므로, 정답은 (D) upcoming(다가오는, 곧 있을)이다. (A) final(마지막의, 최종적인), (B) daily(매일의), (C) revised(수정된)는 문맥상 적합하지 않다.

어휘 upcoming 다가오는, 곧 있을

132 동사 어형 _ 시제

해설 빈칸 앞의 주어(Mr. Colon) 뒤의 동사 자리이다. 앞 문장 '강연은 성공한 신생 기업 라디오 데디케이트의 창업자 로베르토 콜론 씨가 진행합니다(This upcoming lecture will be led by Roberto Colon, founder of the successful start-up Radio Dedicate)'를 통해 강연이 열릴 예정임을 알 수 있으므로, 정답은 미래시제 동사 (B) will discuss이다. 미래완료시제 동사 (D) will have discussed는 미래 이전부터 미래까지의 의미를 나타내므로, 적합하지 않다.

133 문맥에 맞는 문장 고르기

번역 (A) 많은 기술 대기업들은 개인 소유 회사들입니다.
(B) 기업 강연 시리즈가 기술 분야에서 인기를 얻고 있습니다.
(C) 학창시절 콜론 씨는 저명한 경제 학회지에 논문을 발표했습니다.
(D) 나머지 강연들은 마케팅 및 고객 서비스를 포함한 다양한 주제를 다룰 예정입니다.

해설 빈칸 앞 문장 '콜론 씨의 강연은 강연 시리즈 중 신생 기업을 다루는 유일한 강연입니다(Mr. Colon's talk is the only one in the series that addresses start-ups)'를 통해 다른 추가 강연이 있음을 알 수 있다. 따라서 빈칸에는 추가 강연에 대한 내용이 이어지는 것이 문맥상 자연스러우므로, 정답은 (D)이다.

어휘 prestigious 저명한, 권위 있는   deal with ~을 다루다, 취급하다

134 명사 자리 _ 동사의 목적어

해설 빈칸 뒤의 명사(your manager)를 목적어로 취하면서 앞에 있는 동사(must seek)의 목적어 역할을 하는 자리이다. 동명사 (A) approving과 (D) having approved, 명사 (C) the approval of 중에 문맥상 '매니저의 승인을 받아야 한다'라는 의미가 자연스러우므로, 정답은 (C)이다. 동명사 (A) approving과 (D) having approved, 명사절 (B) who approves는 '매니저를 승인하다'라는 의미가 되므로, 문맥상 적합하지 않다.

어휘 approval 승인

135-138 편지

1월 28일

오자스 라마찬드란
사와트 의류 회사
벵갈루루 560 001
카르나타카, 인도

라마찬드란 씨께:

당사의 주문 처리 서비스가 일시적으로 135중단됨을 알려드리는 바입니다. 1363월 20일 당사는 모든 재고를 교토에 위치한 새 창고로 이전하기 시작할 것입니다. 이전을 통해 당사는 더욱 다양한 품목을 갖출 수 있게 될 것입니다. 재고 이전은 최대 2주가 소요될 것입니다. 그 기간 137동안 해외 주문의 배송은 불가능합니다. 지연을 138피하시려면 다음 주문을 3월 14일까지 해주십시오. 질문이 있으시면 언제든 저에게 연락 주십시오.

아이코 오바 올림
고객서비스 담당이사

어휘 temporary 임시의, 일시적인   order fulfillment service 주문조달서비스(주문을 받고, 처리하여 배송에 이르는 일련의 서비스)   inventory 재고(품)   warehouse 창고   ship 배송하다, 운송하다   overseas 해외의   place an[one's] order 주문하다   hesitate 주저하다

135 명사 어휘

해설 빈칸은 형용사(temporary)의 수식을 받는 명사 자리이다. 문맥상 '주문 처리 서비스가 일시적으로 중단됨'이라는 의미가 자연스러우므로, 정답은 (D) disruption(중단, 두절)이다. (A) extension(연장, 확대), (B) solution(해법, 해결책), (C) improvement(향상, 개선)는 문맥상 적합하지 않다.

어휘 disruption 중단

136 문맥에 맞는 문장 고르기

번역 (A) 이전을 통해 당사는 더욱 다양한 품목을 갖출 수 있게 될 것입니다.
(B) 이 물품들은 한시적으로 특별 가격에 판매될 것입니다.
(C) 창고업은 그 지역에서 중요한 산업이 되었습니다.
(D) 고객은 저희 웹사이트에서 주문 처리 상황을 추적할 수 있습니다.

해설 빈칸 앞 문장 '3월 20일 당사는 모든 재고를 교토에 위치한 새 창고로 이전하기 시작할 것입니다(On March 20, we will begin moving all of our inventory to a new warehouse in Kyoto)'에서 새 창고로 이전한다는 것을 언급하고 있다. 따라서 빈칸에는 새 창고로 이전한 후의 이점에 대한 내용이 이어지는 것이 문맥상 자연스러우므로, 정답은 (A)이다.

어휘 a variety of 다양한   in stock 비축되어, 재고로   special price 특가   warehousing 창고업, 창고 보관   track 추적하다   status 상태, 상황

137 전치사 어휘

해설 빈칸 뒤의 관계형용사(which time)와 함께 뒤에 나오는 관계사절을 이끌면서, 앞에 있는 기간 명사(two weeks)를 수식하는 전치사 자리이다. 문맥상 '그 기간(two weeks) 동안'이라는 의미가 자연스러우므로, 정답은 (C) during(~ 동안)이다. (A) rather than(~라기 보다는, ~ 대신에), (B) due to(~ 때문에), (D) above(~을 넘는, ~ 위에)는 문맥상 적합하지 않다.

138 to부정사 _ 부사적 용법

해설 빈칸은 명사(any delays)를 목적어로 취하면서, 뒤에 나오는 완전한 절을 수식하는 자리이다. to부정사 (A) To avoid와 현재분사 (B) Having avoided 중에 문맥상 '지연을 피하기 위해'라는 의미가 자연스러우므로, 정답은 to부정사 (A) To avoid이다. 현재분사 (B) Having avoided는 앞에 생략된 부사절 접속사를 고려하더라도 문맥상 적합하지 않고, 과거분사 (D) Avoided는 뒤에 목적어를 취할 수 없다.

139-142 기사

> GTC 공청회
>
> 5월 7일
>
> 요십 코바치
>
> 그린빌 교통 위원회(GTC)는 ¹³⁹그린빌 공단으로 경전철 서비스를 연장하는 안을 논의하기 위해 5월 15일(목) 오후 7시 시청에서 공청회를 개최한다. 이 철도 노선은 주택가를 관통해 지나갈 예정이다. ¹³⁹인근 주민들은 노선이 연장되면 교통량이 가장 많은 출퇴근 시간에 지나친 소음이 발생할 것이라며 민원을 제기했다. ¹⁴⁰이에 대한 대응으로 GTC는 철로변 차음벽 설치 타당성을 조사하고 있다. 공청회에서는 어쿠스틱 엔지니어링 사의 CEO 리오라 켈만 씨가 차음벽을 통해 GTC가 어느 정도의 소음 감소를 ¹⁴¹기대할 수 있는지를 설명할 것이다. 이어서 조로완 시장의 ¹⁴²발표가 있을 것이다.

어휘 commission 위원회 public meeting 공청회 extend 연장하다 light rail 경철도, 경전철 neighborhood 인근, 근처 complain 불평하다, 항의하다 generate 발생시키다, 일으키다 peak (수요, 교통량이) 가장 많은, 최고조의 commuting hours 출퇴근 시간 feasibility 실행가능성, 타당성 install 설치하다 noise barrier 차음벽 reduction 감소 mayor 시장

139 문맥에 맞는 문장 고르기

번역
(A) GTC는 일정보다 빨리 프로젝트를 완수했다.
(B) 이 철도 노선은 주택가를 관통해 지나갈 예정이다.
(C) 위원회 위원장은 내년에 시장에 출마할 것이다.
(D) GTC는 월례회의를 개최하기로 결정했다.

해설 빈칸 앞 '그린빌 공단으로 경전철 서비스를 연장하는 안을 논의하기 위해(to discuss its proposal to extend light rail service to Greenville Industrial Park)'를 통해 경전철 서비스의 연장을 논의한다는 것을 알 수 있다. 또한 빈칸 뒤 '인근 주민들은 노선이 연장되면 교통량이 가장 많은 출퇴근 시간에 지나친 소음이 발생할 것이라며 민원을 제기했다(Residents of the neighborhood have complained that the extension will generate too much noise during peak commuting hours)'에서 주민들이 불평한다고 언급하고 있다. 따라서 빈칸에는 경철도 연장과 주민 불평의 연관성에 대한 내용이 이어지는 것이 문맥상 자연스러우므로, 정답은 (B)이다.

어휘 ahead of schedule 일정보다 빨리 residential 주택지의, 거주의 commission chair 위원회 위원장 run for ~에 출마하다 monthly meetings 월례 회의

140 부사 어휘

해설 빈칸에는 앞뒤 문장을 자연스럽게 이어줄 접속부사가 필요하다. 앞에서 '인근 주민들은 노선이 연장되면 교통량이 가장 많은 출퇴근 시간에 지나친 소음이 발생할 것이라며 민원을 제기했다(Residents of the neighborhood have complained that the extension will generate too much noise during peak commuting hours)'라는 주민들의 민원 제기에 대해 언급하고 있다. 뒤에는 'GTC는 철로변 차음벽 설치 타당성을 조사하고 있다(the GTC has been studying the feasibility of installing noise barriers along the tracks)'라는 민원에 대응하여 해결책을 제시하고 있으므로, 정답은 (C) In response(대응하여)이다. (A) In addition(덧붙여, 게다가), (D) In conclusion(마지막으로)은 문맥상 적합하지 않다.

141 동사 어휘

해설 빈칸은 명사절 내 조동사(can) 뒤의 동사원형 자리로, 뒤에 나오는 to부정사구(to achieve with the barriers)를 목적어로 취한다. 문맥상 '차음벽을 통해 GTC가 어느 정도의 소음 감소를 기대할 수 있는지'라는 의미가 자연스러우므로, 정답은 (D) expect(기대하다, 예상하다)이다. (A) remind(상기시키다), (C) accept(수락하다, 받아들이다), (C) persuade(설득하다)는 문맥상 적합하지 않다.

142 명사 자리 _ 주어

해설 빈칸은 동사(will follow)의 주어 역할을 하는 명사 자리이다. (C) presenter(발표자)와 (D) presentation(발표) 중에서 뒤의 전치사구(by Mayor Joe Rowan)와 함께 의미가 자연스러운 (D) presentation이 정답이다. 동사 (A) present와 동명사/현재분사 (B) presenting은 품사상 적합하지 않다.

143-146 이메일

> 발신: rosgrove@lavilli.com
> 수신: henriksson@skanenursery.se
> 제목: 스벤스카 옐로우
> 날짜: 4월 2일
>
> 헨릭슨 씨께,
>
> 라빌리 가든 스토어즈 체인을 대표해 문의 드립니다. 저희 회사는 현재 새로 개발된 수종들을 포함해 상품군을 ¹⁴³확대하고 있습니다. 저희는 매장에 스벤스카 옐로우 사과 묘목을 구비하고자 합니다. 본 ¹⁴⁴품종이 스웨덴에서 유래했기 때문에 저희는 스웨덴 과수 농가 협회에 연락했고 협회에서 귀하의 사과 묘목장을 저희에게 추천해 주었습니다. 귀하의 웹사이트를 보니 해당 상품이 ¹⁴⁵실제 비축되어 있는 것으로 나오는데요. ¹⁴⁶우선 저희는 샘플로 묘목을 소량만 구입하고자 합니다. 하지만 앞으로 더 많은 양을 주문하고 싶습니다. ¹⁴⁶대량 구매 시 할인이 있는지요?
>
> 답변 기다리겠습니다.
>
> 로저 오스그로브
> 라빌리 가든 스토어즈

어휘 represent 대표하다, 대변하다 in the process of ~하는 과정에 있는, ~하는 중인 product range 제품[상품] 범위 sapling 묘목 originate 유래하다, 비롯되다 recommend 추천하다 nursery 묘목장 in stock 비축되어, 재고로 initially 처음에는 bulk purchase 대량 구매 look forward to -ing ~하기를 고대하다

143 동명사

해설 빈칸은 뒤의 명사(its product range)를 목적어로 취하면서 앞의 전치사(of)의 목적어 역할을 하는 자리이므로, 정답은 동명사인 (A) expanding이다. 과거분사 (B) expanded는 뒤에 목적어를 취할 수 없고, 동사 (C) expands와 (D) expand는 전치사의 목적어 역할을 할 수 없다.

어휘 expand 확대하다, 확장하다

144 명사 어휘

해설 빈칸은 부사절 내 동사(originated)의 주어 역할을 하는 명사 자리이다. 앞 문장 '저희는 매장에 스벤스카 옐로우 사과 묘목을 구비하고자 합니다'에서 사과 묘목을 언급하고 있으므로, 빈칸에는 그 사과 묘목을 대신할 수 있는 명사가 적합하다. 따라서 정답은 (D) variety (품종, 다양성)이다. (A) response(응답), (B) method(방법), (C) ability(능력)는 문맥상 적합하지 않다.

어휘 variety 품종

145 부사 어휘

해설 빈칸은 강조의 조동사(do)와 동사원형(have) 사이에서, 동사원형(have)를 수식하는 부사 자리이다. 문맥상 '실제로 가지고 있다'라는 의미가 자연스러우므로, 정답은 (A) indeed(정말, 확실히)이다. (B) alone(홀로), (C) quite(매우, 상당히), (D) ever(줄곧, 내내)는 문맥상 적합하지 않다.

146 문맥에 맞는 문장 고르기

번역 (A) 저희 묘목장은 100년이 넘게 가족이 소유해 오고 있습니다.
(B) 안타깝지만 현재 그 상품들은 재고가 없습니다.
(C) 하지만 앞으로 더 많은 양을 주문하고 싶습니다.
(D) 그러시다면 저희 웹사이트를 방문해 상품에 대한 더 많은 정보를 보실 수 있습니다.

해설 빈칸 앞에서 '우선 저희는 샘플로 묘목을 소량만 구입하고자 합니다 (Initially, we would be interested in buying a small sample of saplings)'라는 소량 구입 의사를 밝히고, 뒤에는 '대량 구매 시 할인이 있는지요?(Do you offer discounts for bulk purchases?)'라며 대량 구입에 따른 할인을 문의하고 있다. 따라서 빈칸에는 추후 대량 구입에 대한 계획을 언급하는 것이 문맥상 자연스러우므로, 정답은 (C)이다.

PART 7

147-148 공지

TSL 노트북 대여 프로그램

타탄 스트리트 도서관(TSL) 이용객은 이제 노트북 대여 프로그램을 이용하실 수 있습니다. 147린콰이어 코퍼레이션의 기부 덕분에 우리는 이제 도서관 내부에서만 사용 가능한 새 노트북 25대를 보유하게 됐습니다. 장비는 서비스 카운터에서 시간 당 3달러 비용으로 최대 두 시간까지 매일 한 차례 대여할 수 있습니다. 이용객들은 페이지당 15센트로 도서관 내 무선 프린터를 이용하실 수 있습니다.

주의: TSL 직원들이 일반적인 노트북 부팅 방법과 무선 인터넷 및 프린터 연결을 도와드릴 수 있습니다. 148하지만 직원들은 노트북 자체 혹은 실행중인 컴퓨터 프로그램으로 인해 사용자가 겪을 수 있는 기술적 문제에 대해서는 어떠한 도움도 제공할 수 없습니다.

어휘 laptop 노트북 컴퓨터 loan 대여, 대출 patron (도서관 등의) 이용자 take advantage of ~을 이용하다 thanks to ~ 덕분에 donation 기부 in-house (회사, 조직) 내부의 equipment 장비 rent 빌리다, 대여하다 fee 수수료, 요금 charge 요금 procedure 절차, 방법

147 사실 관계 확인

번역 타탄 스트리트 도서관의 노트북 컴퓨터에 대해 언급된 것은?
(A) 무료로 빌릴 수 있다.
(B) 건물 내에서만 사용할 수 있다.
(C) 린콰이어 코퍼레이션의 소유다.
(D) 하루 세 번 대여할 수 있다.

해설 첫 번째 단락 두 번째 문장에서 린콰이어 코퍼레이션의 기부 덕분에 도서관 내에서만 사용 가능한 새 노트북 25대를 보유하게 됐다 (Thanks to a donation from the Lynquire Corporation, we now have 25 new laptop computers available for in-house use only)고 했다. 따라서 노트북은 도서관 안에서만 사용 가능하다는 것을 알 수 있으므로, 정답은 (B)이다.

어휘 borrow 빌리다 at no charge 무료로

▶▶Paraphrasing 지문의 available for in-house use only → 정답의 can be used only within the building

148 세부 사항

번역 공지에 따르면 노트북 사용자를 위해 TSL 직원들이 할 수 없는 것은?
(A) 장비 구동
(B) 인터넷 연결
(C) 프린터 접속 제공
(D) 장비 문제에 대한 도움

해설 두 번째 단락 마지막 문장에서 직원들은 노트북 자체 혹은 실행중인 컴퓨터 프로그램으로 인해 사용자가 겪는 기술적 문제에 대해서는 어떠한 도움도 제공할 수 없다(However, they are unable to provide any assistance with technical difficulties users may experience involving either the laptop itself or any computer program being used)고 했다. 따라서 기술적인 문제에 대해서는 도움을 줄 수 없다는 것을 알 수 있으므로, 정답은 (D)이다.

어휘 connect 연결하다 access 접근, 접속

▶▶Paraphrasing 지문의 provide any assistance with technical difficulties
→ 정답의 Help with equipment problems

149-150 편지

블랭크 앤 카쎌 사무용품
콜로라도 주 덴버 시 벨몬트 스트리트 55번지, 80252
전화: 720-555-0101
www.blanckandcassell.com

10월 4일

엘레나 카딜로
세이지브러쉬 애비뉴 124번지 B-3호
콜로라도 주 덴버 시, 80033

카딜로 씨께:

149단골 고객이 되어 주신 것에 대한 감사로 새로운 단골 고객 클럽의 회원으로 귀하를 초대하고자 합니다. 가입은 무료이고 향후 구매 시 돈을 절약할 수 있도록 도와드립니다. 한 번 등록하시면 덴버 및 볼더 매장에서 구매하신 모든 물품에 대해 5 퍼센트 할인을 받게 됩니다. 회원자격 유지를 위한 유일한 조건은 1년에 최소 1회 구매입니다.

150가입하시려면 동봉된 양식을 작성해 보내시거나 저희 웹사이트 www.blanckandcassell.com을 방문해 주세요.

아이작 그랜트웨이
고객 서비스 담당

동봉

어휘 loyal customer 단골 고객 frequent 잦은, 자주 일어나는 frequent buyer 자주 구매하는 사람, 단골 purchase 구매 enroll 등록하다 requirement 요구사항, 조건 maintain 유지하다 at least 적어도, 최소한 sign up ~에 등록[신청]하다

149 주제 / 목적

번역 카딜로 씨에게 편지가 발송된 이유는?
(A) 웹사이트 업데이트를 공지하기 위해
(B) 할인 프로그램을 제공하기 위해
(C) 최근 주문을 확인하기 위해
(D) 새 매장을 광고하기 위해

해설 첫 번째 단락에서 단골 고객이 되어 준 것에 대한 감사로 새로운 단골 고객 클럽의 회원으로 귀하를 초대하고자 하는데 가입은 무료이고 향후 구매 시 돈을 절약할 수 있다(To thank you for being such a loyal customer, we would like to invite you to become a member of our new Frequent Buyer Club. It is free to join and will help you save money on future purchases)고 했다. 구매할인 혜택이 있는 프로그램 가입을 권유하기 위해 쓴 편지임을 알 수 있으므로, 정답은 (B)이다.

어휘 confirm 확인하다 recent 최근의 advertise 광고하다

▶▶Paraphrasing 지문의 help you save money on future purchases
→ 정답의 offer a discount program

150 세부 사항

번역 편지와 함께 발송된 것은?
(A) 청구서
(B) 상품권
(C) 환불금
(D) 신청서

해설 두 번째 단락에서 가입하려면 동봉된 양식을 작성해 보내거나 웹사이트 www.blanckandcassell.com을 방문하라(To sign up, simply complete and send in the enclosed form or visit our Web site at www.blanckandcassell.com)고 했다. 따라서 가입 신청서를 동봉했음을 확인할 수 있으므로, 정답은 (D)이다.

어휘 bill 청구서 gift card 상품권 refund 환불(금) application 신청서

▶▶Paraphrasing 지문의 the enclosed form
→ 정답의 An application

151-152 이메일

수신: 영업 사원 팀
발신: 클리포드 셰인
날짜: 11월 22일
제목: 긴급 사안

영업 사원 여러분,

151〈브룩타운 위클리〉 최신판에 오탈자가 있는 우리 광고가 실렸습니다. 광고에 우리의 반값 할인 종료일이 12월 1일이 아닌 12월 11일로 기재되어 있습니다. 다음 호부터는 수정되어 나가지만 일부 고객은 오류가 있었다는 것을 인지하지 못하리라 예상됩니다. 그러므로 혹 고객들이 12월 2일과 11일 사이 할인에 대해 문의하게 되면 우선 불편을 끼친 것에 대해 사과하시고 매장이든 온라인이든 고객이 구매를 희망하는 모든 상품에 대해 10% 할인 쿠폰을 제공하시기 바랍니다.

152고객이 추가 질문이 있을 경우 매장 매니저에게 연결해 주십시오. 이 건에 대한 여러분의 도움에 감사드립니다.

클리포드 셰인, 윌리엄스 어패럴 총괄 매니저

어휘 associate 동료, 직원 misprint 오식, (인쇄상) 오탈자 half-price sale 반값 세일 issue (신문, 잡지 등의) 호 apologize for ~에 대해 사과하다 inconvenience 불편, 폐 purchase 구매하다 floor manager 매장 매니저 apparel 의류, 의복

151 사실 관계 확인

번역 〈브룩타운 위클리〉에 대해 언급된 것은?

(A) 윌리엄스 어패럴의 광고를 매 호마다 싣는다.
(B) 윌리엄스 어패럴의 판촉 행사 종료일을 잘못 확인했다.
(C) 다음 호에 윌리엄스 어패럴의 할인 쿠폰을 실을 것이다.
(D) 불편을 끼친 것에 대해 윌리엄스 어패럴의 총괄 매니저에게 사과했다.

해설 첫 번째 단락 초반부에서 〈브룩타운 위클리〉 최신판에 오탈자가 있는 광고가 실렸는데, 광고에 반값 할인 종료일이 12월 1일이 아닌 12월 11일로 기재되었다(The most recent edition of The Brooktown Weekly ran our advertisement with a misprint. It listed the end of our half-price sale as December 11 instead of December 1)고 했다. 따라서 윌리엄스 어패럴의 반값 세일 종료일이 잘못 실렸음을 알 수 있으므로, 정답은 (B)이다.

어휘 misidentify 잘못 확인하다, 오인하다 promotional 홍보용의, 판촉용의

▶▶Paraphrasing 지문의 listed the end of our half-price sale as December 11 instead of December 1 → 정답의 misidentified the last day of Williams Apparel's promotional event

152 세부 사항

번역 셰인 씨는 영업 사원들에게 무엇을 하라고 요청하는가?

(A) 여타 상품에 대해 고객들을 회사 웹사이트로 안내하기
(B) 고객에게 지역 신문에 실린 매장 광고 안내하기
(C) 고객에게 추가 사항에 대해서는 관리자와 이야기하라고 말하기
(D) 고객들에게 신제품의 문제에 대해 알리기

해설 두 번째 단락 첫 번째 문장에서 고객이 추가 질문이 있을 경우 매장 매니저에게 연결해 주라(Should customers have any further questions, please direct them to the floor manager)고 했다. 매니저를 통해 고객을 응대하도록 요청하고 있으므로, 정답은 (C)이다. 참고로 이메일에서 수신자(Sales Associate Team)는 주로 인칭대명사 You로 나타난다.

어휘 refer A to B A를 B에게 보내다[소개하다], A에게 B를 참고하게 하다

▶▶Paraphrasing 지문의 any further questions → 정답의 additional concerns
지문의 the floor manager → 정답의 a supervisor

153-155 기사

오클랜드 데일리 크로니클
비즈니스 단신

오클랜드 (6월 6일)–¹⁵³자전거 대여 업체들을 위한 소프트웨어를 개발하고 판매하는 기어 굿의 전직 이사 앤 마리 하스 씨는 새롭지만 연관된 직책을 맡게 됐다. 11월부터 하스 씨는 오클랜드 소재 자전거 대여 업체인 시티 휠즈에서 총괄 매니저로 근무를 시작한다.

이번 이동은 하스 씨와 시티 휠즈 모두에게 적기에 이루어졌다. 하스 씨는 5년 전 웰링턴에서 문을 연 기어 굿에서 근무하면서 늘 자신이 자란 오클랜드로 돌아오고 싶어했다. ¹⁵⁴시티 휠즈는 오클랜드의 자전거 정류장을 50개에서 75개로 증설하는 계획을 총괄할 새로운 리더를 찾고 있었다. "주민과 관광객 모두에게 중요한 회사에 합류하게 되어 매우 기쁩니다." 하스 씨는 전한다.

¹⁵⁵시티 휠즈 시스템은 간편하며 가격도 가끔 이용하기에 적당하다. 시티 휠즈 자전거를 이용하려면 5달러라는 부담 없는 등록비가 필요하다. ¹⁵⁵자전거 사용 첫 30분은 무료이며 그 이후에는 시간당 4달러, 종일 사용에는 20 달러가 부과된다. 하스 씨는 자신 뿐 아니라 오클랜드 시를 위해서도 이 사업에 매우 열정적으로 임하고 있다고 말한다. – 전속 기자 타헤이 데이비스

어휘 former 전 ~, 이전의 executive director 전무[상무] 이사 bike-sharing company 자전거 대여 업체 opportune (시간상으로) 적절한 yearn 갈망하다, 동경하다 expansion 확장, 확대 thrilled 신이 난, 아주 흥분한 resident 거주자, 주민 occasional 가끔[때때로]의 enthusiastic 열성적인, 열정적인 venture (벤처) 사업, 모험

153 주제 / 목적

번역 이 기사의 목적은 무엇인가?

(A) 한 기업이 직면한 재정적 어려움을 설명하기 위해
(B) 신생 소프트웨어 기업의 개업을 알리기 위해
(C) 한 기업 중역의 전직 소식을 전하기 위해
(D) 오클랜드의 최신 관광 추세를 진단하기 위해

해설 첫 번째 단락의 첫 번째 문장에서 자전거 대여 업체들을 위한 소프트웨어를 개발하고 판매하는 기어 굿의 전 이사 앤 마리 하스 씨가 새롭지만 연관된 직책을 맡게 됐다(Ann Marie Haas, former executive director of Gear Good, a company that develops and sells software for bike-sharing companies, has a new but related position)고 했다. 따라서 하스 씨의 전직을 알리기 위한 기사임을 알 수 있으므로, 정답은 (C)이다.

어휘 face 직면하다 launch 개시, 출시 assess 평가하다

▶▶Paraphrasing 지문의 has a new but related position → 정답의 career move

154 세부 사항

번역 시티 휠즈는 무엇을 하고자 기대하는가?

(A) 웰링턴에 지점 열기
(B) 자전거 정류장 증설
(C) 요금 인상
(D) 몇 가지 신규 자전거 투어 제공

해설 두 번째 단락 중반부에서 시티 휠즈는 오클랜드의 자전거 정류장을 50개에서 75개로 증설하는 계획을 총괄할 새로운 리더를 찾고 있었다(City Wheels was looking for a new leader to oversee its planned expansion from 50 to 75 bike stations in Auckland)고 했다. 따라서 자전거 역을 증설한다는 것을 알 수 있으므로, 정답은 (B)이다.

> ▸Paraphrasing 지문의 its planned expansion from 50 to 75 bike stations
> → 정답의 Add more bike stations

155 문장 삽입

번역 [1], [2], [3], [4] 로 표시된 자리 중 다음 문장이 들어가기에 가장 적절한 곳은?

"시티 휠즈 자전거를 이용하려면 5달러라는 부담 없는 등록비가 필요하다."

(A) [1]
(B) [2]
(C) [3]
(D) [4]

해설 삽입 문장의 '시티 휠즈 자전거를 이용하려면(to begin using City Wheels bikes)'을 통해 앞에서는 시티 휠즈 시스템의 사용에 대해 언급하고 있음을 알 수 있다. [4]번 앞 문장에서 시티 휠즈 시스템은 간편하고 가격도 가끔 이용하기에 적당하다(The City Wheels system is simple and affordable for occasional use)고 했으며, [4]번 뒤에서는 자전거 사용 첫 30분은 무료이며 그 이후에는 시간당 4달러, 종일 사용에는 20 달러가 부과된다(The first thirty minutes of biking are free, and after that, the cost is $4 per hour or $20 per day)고 했다. 따라서 사용에 따른 요금을 나타내고 있으므로, 정답은 (D)이다.

어휘 modest (가격 등이) 그다지 비싸지 않은

156-157 문자 메시지

> 클레어 차   오후 3시 55분
> 아주 급하게 가셨네요. 156기차는 놓치지 않고 타셨어요?
>
> 혁 신   오후 3시 55분
> 156아니요. 하지만 10분 후에 다른 기차가 있어요.
>
> 클레어 차   오후 3시 57분
> 다행이네요. 퇴근하시기 전에 권 씨에게 출장요리 송장 보내셨나요?
>
> 혁 신   오후 3시 59분
> 네. 그런데 빠른 우편으로 보내야 했습니다. 팩스가 연결이 안 되더라고요.
>
> 클레어 차   오후 4시 01분
> 괜찮습니다. 157어차피 권 씨는 내일 받게 될 테니까요.
>
> 혁 신   오후 4시 02분
> 저도 그렇게 생각했습니다.
>
> 어휘 rush 서두름, 분주 manage to 간신히 ~하다 catering (출장, 연회 등을 위한) 음식 공급, 출장 요리 invoice 송장 express mail 빠른 우편, 급행 우편

156 추론 / 암시

번역 신 씨는 어디에서 차 씨에게 메시지를 보내고 있겠는가?

(A) 사무실에서
(B) 식당에서
(C) 지역 우체국에서
(D) 기차역에서

해설 차 씨가 오후 3시 55분 메시지에서 기차를 놓치지 않고 탔는지(Did you manage to catch the train)를 묻자 신 씨는 오후 3시 55분 응답 메시지에서 놓쳤지만 10분 후에 다른 기차가 있다(No, but there's another one in 10 minutes)고 했다. 따라서 신 씨가 기차역에 있다고 유추할 수 있으므로, 정답은 (D)이다.

157 의도 파악

번역 오후 4시 2분에 신 씨가 "저도 그렇게 생각했습니다"라고 쓸 때, 그 의도는 무엇인가?

(A) 간신히 팩스로 보낼 수 있었다.
(B) 배송은 제 시간에 도착할 것이다.
(C) 속달 우편이 나은 방법이다.
(D) 송장을 수정해야 한다.

해설 차 씨의 오후 4시 1분 메시지에서 어차피 권 씨가 내일 받게 될 것 (He'll get it by tomorrow anyway)이라면서 내일 배송되어도 문제가 없음을 언급하고 있다. 이에 대해 신 씨가 자신도 그렇게 생각했다(That's what I thought)면서 동의를 표하고자 했음을 알 수 있으므로, 정답은 (B)이다.

158-161 온라인 채팅

> 아니쉬 쿠마르   오전 11시 15분
> 다음 회의에 앞서 이렇게 모두들 온라인에 모여 주셔서 감사해요. 158축제 준비 중 지금까지 완료된 것과 앞으로 해야 할 일들을 살펴 보는 것이 도움이 되리라 생각했어요. 엘라 씨가 공유할 소식이 있는 것으로 압니다.
>
> 엘라 코스타   오전 11시 16분
> 맞아요. 158, 159드디어 시의회로부터 그린힐 파크에서 축제를 개최할 수 있다는 허가가 났어요.
>
> 박미영   오전 11시 17분
> 굉장해요!
>
> 케네스 보딘   오전 11시 18분
> 좋은 소식이네요. 의견을 바꾸지 않으면 어쩌나 걱정했는데.
>
> 엘라 코스타   오전 11시 19분
> 제가 우리 계획에 쓰레기를 제한하고 기타 인파로 인해 발생할 수 있는 문제를 줄이는 방안들이 포함되어 있다는 것을 보여줬더니 설득이 되더라고요.
>
> 아니쉬 쿠마르   오전 11시 20분
> 다른 소식 있나요?

| 박미영 | 오전 11시 21분 |

킹 피자가 축제에서 피자 트럭을 운영하기로 합의했어요. ¹⁶⁰제가 지역 내 다른 식당들에도 전화를 여러 통 했는데요. 금요일 회의 때까지 아마 몇 군데에서 답변이 있을 겁니다.

| 케네스 보딘 | 오전 11시 22분 |

전 추가 공연자들을 섭외하고 있어요. ¹⁶¹자닌 도허티가 밴드와 함께 몇 곡을 부르기로 잠정적으로 합의했습니다.

| 아니쉬 쿠마르 | 오전 11시 23분 |

아주 잘됐군요. 목소리도 좋고 이곳에서 사랑 받는 가수이니까요.

어휘 get together (사람들이) 모이다 permit 허가, 인가 city council 시의회 come around (의견, 입장을) 바꾸다, 동조하다 potential 잠재적인 crowd-related 인파와 관련된 convince 납득시키다, 확신시키다 eatery 음식점, 식당 act (음악) 공연자 tentatively 잠정적으로, 임시로 number (공연에서 부르는 노래 중) 한 곡 favorite 인기 있는 사람[것]

158 주제 / 목적

번역 채팅 참여자들은 무엇을 논하고 있는가?

(A) 새 레스토랑
(B) 야외 행사
(C) TV 프로그램
(D) 온라인 콘서트

해설 쿠마르 씨는 오전 11시 15분 메시지에서 축제 준비 중 지금까지 완료된 것과 앞으로 해야 할 일들을 살펴 보는 것이 도움이 되리라 생각했다(I thought it would be helpful to see what's been done and what still needs to be done for the festival)고 했다. 또 코스타 씨가 오전 11시 16분에 시의회로부터 축제를 그린힐 파크에서 개최할 수 있다는 허가를 받았다(I finally got the permit from the city council to hold the festival in Greenhill Park)고 했다. 따라서 야외 행사인 축제 관련 논의를 하고 있음을 알 수 있으므로, 정답은 (B)이다.

▶▶Paraphrasing 지문의 the festival
→ 정답의 An outdoor event

159 의도 파악

번역 오전 11시 18분에 보딘 씨가 "의견을 바꾸지 않으면 어쩌나 걱정했는데"라고 쓸 때, 그 의도는 무엇인가?

(A) 허가가 나지 않을 것이라고 생각했다.
(B) 의회가 행사에 참여하지 않을 것이라고 생각했다.
(C) 의회 회의가 취소될 것이라고 생각했다.
(D) 쓰레기가 치워지지 않을 것이라고 생각했다.

해설 코스타 씨는 오전 11시 16분 메시지에서 드디어 시의회로부터 그린힐 파크에서 축제를 개최할 수 있다는 허가가 났다(I finally got the permit from the city council to hold the festival in Greenhill Park!)면서 시의회로부터 어렵게 공원 사용의 허가를 받았다고 언급하고 있다. 이에 대해 보딘 씨가 의견을 바꾸지 않으면 어쩌나 걱정했다(I was worried they weren't going to come around)고 했으므로 보딘 씨는 공원 사용 허가를 받지 못할 것으로 생각했음을 유추할 수 있다. 따라서 정답은 (A)이다.

160 세부 사항

번역 박 씨가 기다리고 있는 것은?

(A) 허가에 대한 공지
(B) 밴드로부터의 답변
(C) 일정의 변경
(D) 식당들로부터의 응답

해설 박 씨는 오전 11시 21분 메시지에서 지역 내 다른 식당들에도 전화를 여러 통 했는데, 금요일 회의 때까지 아마 몇 군데에서 답변이 있을 것(I also have several calls out to other local eateries. I should have responses from some others by the time we meet on Friday)이라고 했다. 따라서 연락한 식당들의 응답을 기다리고 있음을 알 수 있으므로, 정답은 (D)이다.

▶▶Paraphrasing 지문의 responses from some others
→ 정답의 Replies from restaurants

161 추론 / 암시

번역 도허티 씨는 어떤 사람이겠는가?

(A) 새 동료
(B) 공연자
(C) 기자
(D) 고객

해설 보딘 씨는 오전 11시 22분 메시지에서 자닌 도허티가 밴드와 함께 몇 곡을 부르기로 잠정적으로 합의했다(Janine Dougherty has tentatively agreed to sing with a band for a few numbers)고 했다. 따라서 도허티 씨는 밴드와 함께 공연하는 사람임을 유추할 수 있으므로, 정답은 (B)이다.

162-164 웹페이지

http://www.saponacstateparkauthority.com

사포낙 주립 공원

| 홈 | 소식 및 공지 | 하이킹 | 캠핑 | 약도 | 공원 소개 |

¹⁶³유명 상업 관광 웹사이트인 www.newenglandexplored.com 은 사포낙 주립 공원의 주소를 밀리노켓 드라이브 42번지로 게재했다는 점을 주목해 주시길 바랍니다. 이 주소는 비포장 도로에 위치하고 공원 관계자에게만 개방되는 공원 관리 시설의 주소임을 알려드리는 바입니다. 사포낙 주립 공원 방문객 센터와 정식 공원 입구는 관리 건물에서 약 32 마일 떨어진 뎁스코니그 웨이 66번지에 위치합니다. ¹⁶²공원 방문객들은 반드시 공원 정문을 이용해야 합니다. 표지판이 있는 모든 등산 코스와 가이드가 인솔하는 도보여행은 이곳에서 시작됩니다. ¹⁶⁴엘크데일 방면에서는 82번 고속도로 북행선을 이용 558번 출구에서 랜치 로드로 진입한 후 표지판들을 따라 공원 정문까지 약 8마일을 주행하시면 됩니다. 공원 정문으로 이어지는 모든 도로는 포장도로입니다. 자세한 정보는 (207) 555-0117로 전화 주십시오.

어휘   note 주목하다, 주의하다   commercial 상업의, 영리 목적의   list 명단[목록]에 올리다   aware 의식[자각]하고 있는   maintenance 유지, 보수   facility 시설   unpaved (도로가) 비포장의   entrance (출)입구   trail 등산로, 산길   guided 가이드[안내원]가 인솔하는   walk 산책(길), 도보여행   approximately 대략, 약   paved (도로가) 포장된

162 추론 / 암시

번역   공지의 대상은 누구이겠는가?

(A) 공원 방문객
(B) 엘크데일 통근자들
(C) 도로 건설 작업자들
(D) 공원 관리 직원들

해설   중반부에서 공원 방문객들은 반드시 공원 정문을 이용해야 한다(Park visitors must use the park's main entrance)고 했다. 따라서 공원 방문객들을 위한 공지임을 유추할 수 있으므로, 정답은 (A)이다.

163 추론 / 암시

번역   웹사이트 www.newenglandexplored.com에 대해 암시된 내용은 무엇인가?

(A) 신뢰할 수 없는 정보를 담고 있다.
(B) 현재 업데이트 중이다.
(C) 여러 국가들의 공원에 대한 정보를 담고 있다.
(D) 사포낙 주립 공원 직원들이 만들었다.

해설   지문 초반부에서 유명 상업 관광 웹사이트인 www.newenglandexplored.com은 사포낙 주립 공원의 주소를 밀리노켓 드라이브 42번지로 게재했다는 점을 주목하라면서 이 주소는 비포장 도로에 위치하고 공원 관계자에게만 개방되는 공원 관리 시설의 주소(Please note that www.newenglandexplored.com, a popular commercial tourism Web site, lists 42 Millinocket Drive as the address of Saponac State Park. Be aware that this is the address for the park's maintenance facilities, which are located on an unpaved road that is open only to park employees)라고 했다. 따라서 웹사이트에 틀린 공원 주소가 게시되어 있음을 유추할 수 있으므로, 정답은 (A)이다.

어휘   unreliable 신뢰할 수 없는

164 세부 사항

번역   공지에 포함된 내용은?

(A) 예약 방법에 대한 설명
(B) 자동차로 공원 찾아가는 길 안내
(C) 공원 인근에서 현재 진행중인 도로 공사 목록
(D) 고용 기회에 대한 정보

해설   지문 후반부에서 엘크데일 방면에서는 82번 고속도로 북행선을 이용 558번 출구에서 랜치 로드로 진입한 후 표지판들을 따라 공원 정문까지 약 8마일을 주행하면 된다(From Elkdale, take Highway 82 north, use exit 558 for Ranch Road, and follow the signs approximately 8 miles to the park's main entrance)고 했다. 따라서 공지는 공원 정문으로 진입하는 방법을 포함하고 있음을 알 수 있으므로, 정답은 (B)이다.

어휘   instruction 설명, 지시   directions 길 안내   current 현재의   roadwork project 도로 공사

▶▶Paraphrasing   지문의 From Elkdale, take Highway 82 north, use exit 558 for Ranch Road, and follow the signs approximately 8 miles to the park's main entrance
→ 정답의 Directions for driving to the park

165-168 이메일

수신: 함자 다르지 〈hdarzi@gady.net〉
발신: 애나 레스키 〈leski@zengerproducts.com〉
날짜: 2월 8일
제목: 리프레쉬 2000

다르지 씨께,

165리프레쉬 2000을 사용하면서 경험하신 문제점들을 저희에게 알려주셔서 감사드립니다. 저희는 고품질 가전 제조에 큰 자긍심을 갖고 있어서 즉시 귀하의 우려를 해결하기 위한 조치를 취하고 있습니다.

귀하가 기기를 구입하신 이후에 리프레쉬 2000은 디자인을 개량해 철저한 테스트를 거쳤습니다. 167 (C)업데이트된 기기들 중 하나를 귀하의 자택 주소로 보냈습니다. 166새 버전은 만족스럽게 카펫에서 먼지를 제거하리라 자신합니다. 167 (B)만약에 그렇지 못하다면 291-555-0177번으로 레이크사이드에 있는 경리부에 연락해서 구입액 전액을 환불 받으시기 바랍니다. 167 (D), 168또한 저희는 이제 막 모든 생산 시설을 더 큰 건물로 이전했고 제조 공정을 개선하고 있습니다. 저희 품질 관리 매니저가 공장을 방문해 어떤 것도 소홀히 지나치지 않도록 공정을 관찰할 것입니다.

그 외 도움이 필요한 일이 있으면 알려 주십시오. 젱거를 대표해 본 문제로 불편함을 끼쳐드린 점 사과 드립니다. 다시 한 번 고객으로 모시기를 고대합니다.

애나 레스키, 고객 상담원
젱거 하우스홀드 프로덕츠 주식회사
동부 지사
켈리 애비뉴 267번지
플랜터빌, VA 42558

어휘   bring one's attention to ~를 주목하게 하다, 주의를 환기시키다   take pride in ~에 자긍심을 갖다, 자랑스럽게 여기다   appliance (가정용) 기기, 가구   address 다루다, 처리하다   redesign 다시 디자인하다, 디자인을 개량하다   thoroughly 철저하게   confident 자신 있는, 확신하는   transfer 옮기다, 이전하다   refine 개선하다, 개량하다   on behalf of ~을 대표하여   inconvenience 불편(함)

165 주제 / 목적

번역 이메일의 목적은 무엇인가?
(A) 배송 상세 내역을 제공하기 위해
(B) 고객 불만에 응대하기 위해
(C) 새로운 환불 규정을 알리기 위해
(D) 직원에게 절차 변경을 알리기 위해

해설 첫 번째 단락에서 리프레쉬 2000을 사용하면서 경험한 문제점들을 알려주어 감사한다면서 고품질 가전 제조에 큰 자긍심을 갖고 있어 즉시 귀하의 우려를 해결하기 위한 조치를 취하고 있다(Thank you for bringing our attention to the issues you have experienced with the Refresh 2000. We take pride in creating high-quality appliances, so we are taking steps to address your concerns immediately)고 했다. 따라서 고객 불만에 응대하기 위해 쓴 이메일임을 알 수 있으므로, 정답은 (B)이다.

어휘 complaint 불만 (사항), 불평   policy 규정, 정책   process 절차

▶▶Paraphrasing 지문의 to address your concerns
→ 정답의 To respond to a customer complaint

166 추론 / 암시

번역 리프레쉬 2000은 무엇이겠는가?
(A) 세탁기
(B) 전자 레인지
(C) 진공 청소기
(D) 식기 세척기

해설 두 번째 단락의 중반부에서 새 버전은 만족스럽게 카펫에서 먼지를 제거하리라 자신한다(I am confident that the new version will remove dirt from your carpet to your satisfaction)고 했다. 따라서 리프레쉬 2000은 카펫 청소기임을 유추할 수 있으므로, 정답은 (C)이다.

167 사실 관계 확인

번역 문제의 해결책으로 제시되지 않은 것은?
(A) 구입품의 수리
(B) 구입액의 환불
(C) 대체품 제공
(D) 생산 시설 개선

해설 두 번째 단락 중반부에서 291-555-0177번으로 레이크사이드에 있는 경리부에 연락해서 구입액 전액을 환불 받으라고 한 것(If it does not, please contact our accounting office in Lakeside at 291-555-0177 for a full repayment of the purchase price)을 통해 (B)를, 초반부의 업데이트된 기기들 중 하나를 귀하의 자택 주소로 보냈다(We have shipped one of these updated units to your home address)고 한 것을 통해 (C)를, 또 모든 생산 시설을 더 큰 건물로 이전했으며 제조 공정을 개선하고 있다(Additionally, we have just transferred all production to a larger building and are refining our manufacturing procedures)고 한 것을 통해 (D)를 확인할 수 있다. 따라서 정답은 언급되지 않은 (A)이다.

어휘 repair 수리하다   replacement product 대체품   manufacturing operations 생산 시설

▶▶Paraphrasing 지문의 a full repayment of the purchase price
→ 보기의 Refunding the purchase price
지문의 shipped one of these updated units
→ 보기의 Offering a replacement product
지문의 refining our manufacturing procedures
→ 보기의 Improving manufacturing operations

168 문장 삽입

번역 [1], [2], [3], [4] 로 표시된 자리 중 다음 문장이 들어가기에 가장 적절한 곳은?

"저희 품질 관리 매니저가 공장을 방문해 어떤 것도 소홀히 지나치지 않도록 공정을 관찰할 것입니다."

(A) [1]
(B) [2]
(C) [3]
(D) [4]

해설 삽입 문장에서 품질 관리 매니저가 공장을 방문해 공정을 관찰할 것(Our quality control manager will visit the factory and observe those processes)이라고 했으므로 앞에서 그러한 제조 공정(those processes)에 대해 구체적으로 언급하고 있음을 알 수 있다. [3]번 앞 문장에서 또한 이제 막 모든 생산 시설을 더 큰 건물로 이전했고 제조 공정을 개선하고 있다(we have just transferred all production to a larger building and are refining our manufacturing procedures)면서 제조 공정의 개선에 대해 나타내고 있으므로, 정답은 (C)이다.

어휘 quality control 품질 관리   observe 관찰하다
overlook 못 보고 넘어가다, 간과하다

169-172 기사

공항 확장 계속된다

5월 26일 – 169오날리아 시티의 대규모 공항 확장 프로젝트가 진행중이다. 이 프로젝트는 16억 달러의 비용이 소요될 것으로 추산되며 신축 터미널은 국제선 터미널로 약 1년 후 개장 예정이다.

그러나 공항은 협소한 대지에 자리하고 있어서 증가하는 이착륙을 감당하기에는 큰 어려움이 예상된다. 공항이 지금처럼 두 개의 활주로로만 운영된다면 항공교통을 170처리하는 수용능력이 3년 내에 한계에 도달할 수 있다.

171, 172문제 해결을 위해 오날리아 시티 공항 프로젝트의 담당 관리들은 윌포드 엔지니어링의 기술자들과 계약을 맺고 태평양 위로 제 3 활주로 건설이 가능한지 조사하고 있다. 이 엔지니어링 업체는 6개월간 해당 지역을 측량하여 결과를 발표하고 향후 계획을 제안할 것이다.

172바다 위로 뻗은 활주로가 전례가 없는 것은 아니다. 이런 류의 활주로는 유사한 문제들을 겪고 있는 지브롤터나 일본에서 볼 수 있다.

어휘 expansion 확대, 확장 be under way 진행중이다 estimate 추산하다, 추정하다 cost ~의 비용이 들다, 비용이 ~다 be scheduled to ~로 예정되어 있다 approximately 대략 confined 좁고 사방이 막힌 challenge 도전, 과제 takeoff 이륙 landing 착륙 runway 활주로 capacity 용량, 수용력 handle 처리하다, 다루다 contract 계약하다 explore 탐구하다, 분석하다 finding (조사, 연구의) 결과 plan of action 행동 계획 unprecedented 전례가 없는 face 직면하다

169 세부 사항

번역 오날리아 시티 공항이 확장 공사를 하는 이유는?
(A) 외국행 항공편을 수용하기 위해
(B) 늘어나고 있는 인근 도시 주민들에게 서비스를 제공하기 위해
(C) 인근 공항과 경쟁하기 위해
(D) 비행기 지연을 줄이기 위해

해설 첫 번째 단락에서 오날리아 시티의 대규모 공항 확장 프로젝트가 진행중인데, 이 프로젝트는 16억 달러의 비용이 소요될 것으로 추산되며 신축 터미널은 국제선 터미널로 약 1년 후 개장 예정(A major airport expansion project is under way in Onalia City. The project is estimated to cost $1.6 billion, and a new terminal is scheduled to open for international service in approximately one year)이라고 했다. 따라서 국제선 터미널을 신축하고 있다는 것을 알 수 있으므로, 정답은 (A)이다.

어휘 accommodate 수용하다 population 인구, 주민 surrounding 주변의 compete with ~와 경쟁하다

▶▶Paraphrasing 지문의 under way → 질문의 undergoing
지문의 to open for international service
→ 정답의 To accommodate flights to other countries

170 동의어 찾기

번역 두 번째 문단 다섯 번째 줄에 나오는 "handle"과 의미상 가장 가까운 것은?
(A) 만지다
(B) 관리하다
(C) 살펴보다
(D) 배출하다

해설 공항이 지금처럼 두 개의 활주로로만 운영된다면 항공교통을 처리하는 수용능력이 3년 내에 한계에 도달할 수 있다(If the airport remains limited to its current two runways, the capacity to handle air traffic could be reached within three years)고 했는데, 여기서 handle은 문맥상 '다루다, 처리하다'라는 의미가 자연스러우므로, 정답은 (B) manage(관리하다, 다루다)이다.

171 세부 사항

번역 윌포드 엔지니어링이 고용되어 하는 일은 무엇인가?
(A) 잠재 활주로 터가 타당한지 결정
(B) 항공관제탑 규모 증설을 위한 계획 수립
(C) 공항 연결로의 교통 개선 방안 연구
(D) 지브롤터 및 일본 관리들과 확장 계획 검토

해설 세 번째 단락 첫 문장에서 문제 해결을 위해 오날리아 시티 공항 프로젝트의 담당 관리들은 윌포드 엔지니어링의 기술자들과 계약을 맺고 태평양 위로 제 3 활주로 건설이 가능한지 조사하고 있다(officials overseeing the Onalia City Airport project have contracted a group of engineers from Wilford Engineering to explore the possibility of extending a third runway over the Pacific Ocean)고 했다. 따라서 태평양 위로 활주로 건설이 가능한지 조사하기 위해 고용되었음을 알 수 있으므로, 정답은 (A)이다.

어휘 potential 잠재적인, 가능성 있는 suitable 적합한, 알맞은 air traffic control tower 항공관제탑

▶▶Paraphrasing 지문의 have contracted → 질문의 been hired
지문의 to explore the possibility of extending a third runway
→ 정답의 To determine whether a potential runway site is suitable

172 추론 / 암시

번역 오날리아 시티 공항에 대해 암시된 것은?
(A) 개항한 지 1년이 되었다.
(B) 16억 달러의 수입을 거두었다.
(C) 구조물이 훼손되었다.
(D) 해안에 위치한다.

해설 세 번째 단락의 태평양 위로 제 3 활주로 건설이 가능한지 조사하는 것(to explore the possibility of extending a third runway over the Pacific Ocean)과 마지막 단락의 바다 위로 뻗은 활주로가 전례가 없는 것은 아니다(Runways that extend over water are not unprecedented)를 통해 활주로를 바다 위에 건설하고자 한다는 것을 유추할 수 있으므로, 정답은 (D)이다.

어휘 earn (수입 등을) 벌어들이다 revenue 수익 sustain (피해 등을) 입다 structural 구조의 damage 손상 coast 해안

▶▶Paraphrasing 지문의 over the Pacific Ocean / over water
→ 정답의 on the coast

173-175 규정 공지

두바이 생태 건축 엑스포
전시관 규정
배지 통제

[173]전시관 입장은 자격이 부여된 업체, 전시 참가자, 그리고 물류 인력으로 제한됩니다.

전시층에서는 입관 및 퇴관일 포함 항상 배지를 소지해야 합니다.

- [174]전시업체 배지는 업체의 주 연락 담당자에게 제공되어 전시업체 직원들에게 배포됩니다.

- [175]각 전시업체에 배정된 배지의 수는 해당 업체가 대여한 부스 공간의 크기를 토대로 결정됩니다.

- 정식으로 등록되지 않은 사람은 엑스포에서 퇴장 조치합니다.

- 업체 전시 담당으로 허위 증명하거나 전시업체 배지를 오용 시 전시장에서 전시물을 철거하는 정당한 사유가 됩니다.

어휘 ecological 생태(계)의 admission 입장 exhibit hall 전시관 restricted to ~으로 제한된 qualified 자격을 갖춘 attendee 참석자 logistics 물류 assign 배정하다 register 등록하다 evict 퇴거시키다, 쫓아내다 false 거짓의 certification 증명 misuse 오용 just 정당한, 합법적인

173 주제 / 목적

번역 규정 공지의 목적은 무엇인가?
(A) 등록 절차의 개요를 설명하기 위해
(B) 전시물 설치에 대한 상세 내용을 전달하기 위해
(C) 전시관 출입이 허락된 사람들을 명시하기 위해
(D) 참가자들이 이용할 수 있는 시설을 설명하기 위해

해설 첫 번째 단락에서 전시관 입장은 자격이 부여된 업체, 전시 참가자, 그리고 물류 인력으로 제한된다(Admission to the exhibit hall is restricted to exhibitors from qualified companies, exposition attendees, and logistics personnel)고 했다. 따라서 전시관 입장이 허락된 대상을 명시하기 위해 정책을 공지하고 있음을 알 수 있으므로, 정답은 (C)이다.

어휘 registration 등록 process 절차 set up ~을 설치하다 specify 명시하다, 구체적으로 설명하다 permit 허락하다 describe 설명하다 available 이용 가능한 participant 참가자

▶Paraphrasing 지문의 Admission to the exhibit hall is restricted
→ 정답의 specify who is permitted in the exhibit hall

174 세부 사항

번역 전시팀 구성원 개개인은 어떻게 배지를 얻는가?
(A) 등록 시 엑스포 관계자로부터 배지를 받을 것이다.
(B) 엑스포 등록 웹페이지에서 직접 배지를 출력할 것이다.
(C) 개인별 배지가 우편으로 송부될 것이다.
(D) 업체 담당자가 배지를 배포할 것이다.

해설 첫 번째 규칙 항목에서 전시업체 배지는 업체의 주 연락 담당자에게 제공되어 전시업체 직원들에게 배포된다(Exhibitor badges will be given to the company's primary contact for distribution to that exhibitor's personnel)고 했다. 따라서 업체의 주 연락 담당자를 통해 배지를 얻을 수 있다는 것을 알 수 있으므로, 정답은 (D)이다.

▶Paraphrasing 지문의 the company's primary contact
→ 정답의 A company representative

175 세부 사항

번역 업체가 자사 전시 부스에서 배치될 직원 수를 늘리려면 어떻게 해야 하는가?
(A) 전시를 위해 더 큰 공간을 대여한다
(B) 온라인으로 추가 전시업체 배지를 신청한다
(C) 직원 수 제한 면제를 신청한다
(D) 엑스포 담당자에게 직접 말한다

해설 두 번째 규칙 항목에서 각 전시업체에 배정된 배지의 수는 대여한 부스 공간의 크기를 토대로 결정된다(The number of badges assigned to each exhibitor will be based on the size of booth space the company has rented)고 했다. 따라서 부스 공간의 크기에 근거해 직원의 수가 결정된다는 것을 알 수 있으므로, 정답은 (A)이다.

어휘 exemption 면제, 공제

176-180 이메일 + 이메일

수신: calvin.galt@zmurk.net
발신: s_duval@cps.org
날짜: 2월 2일
제목: 다음 단계

골트 씨께,

176카리브해 전문 시나리오작가(CPS) 회의 조직위원회의 위원 위촉을 수락해 주셔서 감사드립니다. 저는 강연자와 발표자 건으로 모였던 첫 회의의 후속 업무를 하고 있습니다.

저희가 1순위로 생각한 티모시 프라이머스 씨는 아무래도 저희의 금액대를 벗어나는 것 같다고 177생각합니다. 178하지만 정부 보조금 형태로 자금을 구하고 있습니다. 성공적으로 이 재원을 확보한다면 프라이머스 씨를 섭외해 보겠습니다. 잘 안 될 경우, 로라 탬비 씨가 괜찮은 선택인 듯 합니다. 그건 그렇고 "만나서 배우자" 시간에 필요한 패널리스트 6명은 섭외에 성공하시길 바랍니다.

감사합니다.

쉬넬 두발

어휘 organizing committee 조직위원회 screenwriter 시나리오 작가 follow up on ~에 대해 추후 조치를 취하다 impression 인상 price range 가격폭, 가격대 grant 보조금 resource 재원, 자원 come through (상황이) 잘 되어 가다, 성공하다 secure 확보하다 in the meantime 그러는 동안, 한편 recruit 모집하다, 모으다

수신: tprimus@agency.net
발신: s_duval@cps.org
날짜: 4월 12일
제목: CPS 회의
첨부: 계약서

프라이머스 씨께,

178귀하가 카리브해 전문 시나리오작가(CPS) 회의에 기조연설자로 참석하시게 됨을 확인해 드립니다. 귀하는 회의 첫날인 7월 10일 토요일 트리니다드 샌 페르난도의 할렌 호텔에서 연설하게 됩니다. 연설은 30-45분 동안 하실 수 있도록 마련했습니다. 당연히 원하시면 귀하의 영화에서 발췌한 동영상들을 재생할 수 있도록 현장에 장비를 구비해 놓겠습니다. 179또한 "만나서 배우자" 시간에 참석하시길 요청 드리는 바입니다. 이 시간은 예비 시나리오 작가들이 업계 전문가들과 인맥을 쌓을 수 있는 기회를 제공합니다. 회의 둘째 날에 열리며 약 90분간 진행될 예정입니다.

180기꺼이 저희가 귀하의 식사, 숙박, 샌 페르난도 왕복 교통 비용 전액을 부담할 예정입니다. 단, 계약서에 명시되어 있듯이 왕복 항공료는 회의 양일간 머물고 전일 참석하는 분들에게만 제공됩니다. 가장 편한 일정의 항공권을 구입하시려면 5월 말까지 항공권을 확보하실 것을 권합니다.

동의하시면 첨부된 계약서에 서명해서 제출해 주시기 바랍니다. 회의에서 만나 뵙기를 고대합니다.

쉬넬 두발, CPS 회의 조직위원장

> 어휘 confirm 확인하다 keynote speaker 기조 연설자 be scheduled to + 동사원형 ~하기로 예정되다 on hand 가까이에, 수중에 enable ~을 할 수 있게 하다 aspiring 장차 ~가 되려는 expert 전문가 approximately 대략 expense 비용 lodging 숙박, 숙소 convenient 편한 submit 제출하다 attached 첨부된

176 주제 / 목적

번역 두발 씨가 골트 씨에게 이메일을 쓴 이유는 무엇인가?

(A) 재정 지원을 요청하기 위해
(B) 행사 계획을 논의하기 위해
(C) 고용 추천을 하기 위해
(D) 계약 조건을 협상하기 위해

해설 두발 씨가 쓴 첫 번째 이메일의 첫 번째 단락에서 카리브해 전문 시나리오작가(CPS) 회의 조직위원회의 위원 위촉을 수락해 주어서 감사한다면서 강연자와 발표자 건으로 모였던 첫 회의의 후속 업무를 하고 있다(Thank you again for agreeing to serve on the organizing committee for the Caribbean Professional Screenwriters (CPS) Conference. I am following up on our initial meeting about speakers and presenters)고 했다. 따라서 두발 씨가 골트 씨와 회의에 대해 논의하기 위해 쓴 이메일임을 알 수 있으므로, 정답은 (B)이다.

어휘 negotiate 협상하다 terms (계약 등의) 조건

177 동의어 찾기

번역 첫 번째 이메일 두 번째 문단 첫 번째 줄에 나오는 "impression"과 의미상 가장 가까운 것은?

(A) 생각
(B) 표시
(C) 기억
(D) 경험

해설 1순위로 생각한 티머시 프라이머스 씨는 아무래도 금액대를 벗어나는 것 같다고 생각한다는 의미로 여기서 impression은 문맥상 '생각, 인상'이라는 의미가 자연스럽다. 따라서 정답은 (A) idea(생각)이다.

어휘 impression 인상, 느낌, 감명

178 연계

번역 두발 씨에 대한 진술 중 맞는 것은?

(A) 취업 박람회에 참석할 계획이다.
(B) 연사들에 대한 그녀의 추천이 수용되지 않았다.
(C) 7월 10일 프라이머스 씨와 만나 점심을 먹을 것이다.
(D) 정부 보조금을 지원해 확보했다.

해설 첫 번째 이메일의 두 번째 단락에서 정부 보조금 형태로 자금을 구하고 있다면서 재원 확보에 성공하면 프라이머스 씨를 섭외해 보겠다(I've been pursuing some funding in the form of government grants. If these resources come through, I'll try to secure Mr. Primus)고 했는데 프라이머스 씨에게 쓴 두 번째 이메일의 첫 번째 단락에서 프라이머스 씨에게 카리브해 전문 시나리오작가(CPS) 회의에 기조연설자로 참석하게 됨을 확인(I would like to confirm your participation as the keynote speaker at the Caribbean Professional Screenwriters (CPS) Conference)하고 있다. 따라서 두발 씨는 프라이머스 씨를 섭외할 정부 보조금을 받았다고 유추할 수 있으므로, 정답은 (D)이다.

어휘 job fair 취업 박람회

> ▶Paraphrasing 지문의 pursuing some funding in the form of government grants → 정답의 Her application for government funding

179 추론 / 암시

번역 프라이머스 씨에 대해 암시된 것은?

(A) 기자다.
(B) 90분간 강연할 것이다.
(C) 영화 업계에서 성공을 거두었다.
(D) 이전에 CPS 회의에 참석했다.

해설 두 번째 이메일의 첫 번째 단락에서 "만나서 배우자" 시간에 참석하길 요청한다면서, 이 시간은 예비 시나리오 작가들이 업계 전문가들과 인맥을 쌓을 수 있는 기회를 제공한다(please note that we request your participation at the "Meet and Learn" session, which allows aspiring screenwriters an opportunity to network with industry experts)고 했다. 따라서 프라이머스 씨는 업계의 전문가임을 유추할 수 있으므로, 정답은 (C)이다.

> ▶Paraphrasing 지문의 industry experts → 정답의 has had success in the film industry

180 세부 사항

번역 두 번째 이메일에 따르면 비용 전액을 CPS가 부담하게 하려면 프라이머스 씨가 해야 할 일은 무엇인가?

(A) 모든 회의 행사 참석
(B) 음식 구입 영수증 제출
(C) 6월 1일 전까지 여행 일정 확정
(D) 비용상환 양식에 서명하고 제출

해설 두 번째 이메일의 두 번째 단락에서 CPS에서 식사, 숙박, 샌 페르난도 왕복 교통 비용 전액을 부담하는데, 단, 계약서에 명시되어 있

듯이 왕복 항공료는 회의 양일간 머물고 전일 참석하는 사람들에게만 제공된다(We are pleased to cover all your expenses for food, lodging, and travel both to and from San Fernando. However, as stated in the contract, return airfare can only be provided for those staying for and fully participating in both days of the conference)고 했다. 따라서 프라이머스 씨가 전일 행사에 참석해야만 모든 경비를 제공 받는 것을 알 수 있으므로, 정답은 (A)이다.

어휘 reimbursement (지출 비용, 경비에 대한) 환급, 상환

> **Paraphrasing** 지문의 fully participating in both days of the conference
> → 정답의 Attend all conference events

181-185 이메일 + 잡지 색인

발신: editor@kichengoodiesmag.com
수신: thaydon@fennmail.com
181제목: 조리법 출간
날짜: 9월 10일

헤이든 씨께,

181, 184귀하의 **182**출품작인 "티어의 풍미 가득한 민트 멜론 레이스"가 〈과일 조리법 도전〉에서 우승하여 〈키친 구디즈〉 11월호에 실리게 됨을 기쁜 마음으로 알려 드립니다. 편집 위원들이 지면 공간과 배치의 제약으로 귀하의 조리법 제목을 짧게 줄일 수도 있다는 점을 유념해 주십시오.

몇 가지 정보도 요청 드리는 바입니다. 귀하의 조리법에서 감미료로 설탕 대신 꿀을 사용해도 된다고 하셨는데요. **183 (A)**독자들이 꿀을 선택할 경우 얼마만큼 넣어야 하는지를 알려 주시겠습니까? 또한 이 요리는 식탁에 내기 전에 냉장을 해야 한다고 하셨습니다. **183 (B)**최소한 얼마 동안 식혀야 하는지도 알려주시겠습니까?

183 (D)마지막으로 독자 조리법은 보통 저자의 사진과 함께 실립니다. 본 이메일로 회신할 때 귀하의 고해상도 사진도 첨부해 주십시오.

클리브 다우티
부편집장
키친 구디즈

어휘 recipe 조리법 entry 출품작, 입장, 참가 zesty 풍미가 강렬한, 자극적인 space limitation 공간 제약 layout (지면, 건물 등의) 배치 sweetener 감미료 measurement 치수, 크기, 양 refrigerate 냉장하다 chill (음식을) 차게 식히다 accompany 동반하다 author 저자, 작가 high resolution 고해상도

키친 구디즈
198호
조리법 색인

유명 요리사들의 조리법

12 **치즈 크러스티**. 치즈 마니아라면 놓칠 수 없는 별미

16 **병아리콩 망고 카레**. 당신이 인도 대표 요리를 다 안다고 생각한다면 오산.

베이킹 요리

21 **할머니가 만들어 주신 초콜릿 쿠키**. 부드러운 가나슈 초콜릿으로 속을 채운 바삭한 쿠키

184조리법 도전 우승자

27 **멜론 레이스**. 반전 있는 맛있는 재료가 있는 풍미 가득한 멜론 샐러드

185초간단 요리

18535 **사과 딜라이츠**. TV 광고 시간에 후딱 만들어 먹을 수 있는 간식을 원하시나요? 여기 당신이 찾는 조리법이 있어요.

특집 재료

43 **설탕에 절인 생강**. 우리의 주방 실험실에서 설탕에 절인 생강을 주인공으로 푸짐한 붉은 렌즈콩 수프를 만들어 보았어요.

어휘 celebrity 유명 인사[연예인] treat 훌륭한 요리 aficionado 광, 마니아 afford ~할 여유[형편]가 되다 staple 주식 cuisine 요리법, 요리 crispy 바삭한 filling (파이, 만두 등의) 소[속] ingredient 재료 whip up (음식을) 빠르게 만들어 내다 commercial break 광고 시간 featured 특집의, 특종의 crystallize 설탕에 절이다 hearty 푸짐한

181 주제 / 목적

번역 헤이든 씨에게 이메일을 발송한 이유는 무엇인가?
(A) 요리 학교 강의를 부탁하기 위해
(B) 조리법 게재를 논의하기 위해
(C) 발송될 상품에 대해 알려주기 위해
(D) 추가 조리법을 요청하기 위해

해설 이메일의 제목은 조리법 출간(Recipe Publication)이며 첫 번째 단락에서 헤이든 씨가 출품한 "티어의 풍미 가득한 민트 멜론 레이스"가 〈과일 조리법 도전〉에서 우승하여 〈키친 구디즈〉 11월호에 실리게 됨을 알린다(I am happy to inform you that your entry, "Thea's Zesty Mint Melon Rays," has won the Fruit Recipe Challenge and will be published in the November issue of *Kitchen Goodies* magazine)고 했다. 따라서 헤이든 씨의 조리법을 잡지에 싣는 것에 대해 논의하기 위해 쓴 이메일임을 알 수 있으므로, 정답은 (B)이다.

> **Paraphrasing** 지문의 will be published
> → 정답의 the publication

182 동의어 찾기

번역 이메일 첫 번째 문단 첫 번째 줄에 나오는 "entry"와 의미상 가장 가까운 것은?

(A) 대회 출품작
(B) 통로
(C) 잡지 구독
(D) 제일 낮은 수준

해설 헤이든 씨가 출품한 "티어의 풍미 가득한 민트 멜론 레이스"가 〈과일 조리법 도전〉에서 우승하여 〈키친 구디즈〉 11월호에 실리게 된다(your entry, "Thea's Zesty Mint Melon Rays," has won the Fruit Recipe Challenge and will be published in the November issue of Kitchen Goodies magazine)라는 의미이다. 여기서 entry는 문맥상 '출품작'이라는 의미가 자연스러우므로, 정답은 (A) submission to a contest(대회 출품작)이다.

183 사실 관계 확인

번역 다우티 씨가 헤이든 씨에게 알려 달라고 요청한 것이 아닌 것은?

(A) 재료의 양
(B) 과정의 소요 시간
(C) 조리법의 수정된 제목
(D) 그녀 자신의 사진

해설 이메일 두 번째 단락 세 번째 문장에서 독자들이 꿀을 선택할 경우 얼만큼 넣어야 하는지를 알려 달라(Could you provide a measurement for the honey, should readers choose to use it?)고 요청한 것을 통해 (A)를, 마지막 문장에서 최소한 얼마 동안 식혀야 하는지도 알려 달라(Could you provide the minimum amount of time it should be chilled)고 요청한 것을 통해 (B)를, 세 번째 단락에서 독자 조리법은 보통 저자의 사진과 함께 실린다(Finally, recipes from our readers are usually accompanied by a photograph of the author)면서 이메일로 회신할 때 고해상도 사진을 첨부해달라(please attach a high resolution picture of yourself)고 요청한 것을 통해 (D)를 요청하고 있음을 확인할 수 있으므로, 정답은 언급되지 않은 (C)이다.

> ▶Paraphrasing
> 지문의 a measurement for the honey
> → 보기의 An amount for an ingredient
> 지문의 the minimum amount of time
> → 보기의 A length of time for a process
> 지문의 a high resolution picture of yourself
> → 보기의 A photograph of herself

184 연계

번역 헤이든 씨의 조리법은 몇 페이지에 나오는가?

(A) 12
(B) 16
(C) 21
(D) 27

해설 이메일의 첫 번째 단락에서 헤이든 씨가 출품한 "티어의 풍미 가득한 민트 멜론 레이스"가 〈과일 조리법 도전〉에서 우승하여 〈키친 구디즈〉 11월호에 실리게 된다(your entry, "Thea's Zesty Mint Melon Rays," has won the Fruit Recipe Challenge and will be published in the November issue of Kitchen Goodies magazine)고 했다. 따라서 헤이든 씨의 조리법이 대회 우승으로 잡지에 실리게 된다는 것을 알 수 있다. 잡지 색인을 보면 조리법 도전 우승자(RECIPE CHALLENGE WINNER)의 조리법이 27 페이지에 실리게 된다는 것을 확인할 수 있으므로, 정답은 (D)이다.

185 사실 관계 확인

번역 35 페이지의 조리법에 대해 알 수 있는 것은?

(A) 요리 전문 지식이 필요하다.
(B) 만드는 데 시간이 별로 걸리지 않는다.
(C) 아주 많은 재료가 들어간다.
(D) 유명 요리사가 개발했다.

해설 잡지 목차 35 페이지의 제목 '초간단 요리(DONE IN NO TIME)'와 '사과 딜라이츠. TV 광고 시간에 후딱 만들어 먹을 수 있는 간식을 원하시나요?(Want to whip up a quick snack during a commercial break on TV)'를 통해 단시간에 요리가 가능하다는 것을 알 수 있으므로, 정답은 (B)이다

> ▶Paraphrasing
> 지문의 DONE IN NO TIME
> → 정답의 takes little time to prepare

186-190 메모 + 이메일 + 기사

발신: 라빈더 카푸르, LTL CEO
수신: LTL 공장 작업장 직원들
제목: 업데이트
날짜: 11월 26일

12월 4일 화요일 〈월간 아시아 엔터프라이즈〉 기자가 우리의 새 날염기 기사에 대한 정보 수집 차 LTL을 방문합니다. **189우리 홍보부 직원이 방문객들의 공장 견학을 안내할 것입니다.** 기자는 직원들에게 말을 걸 수 있도록 허가를 받았습니다. 여러분의 일상 업무에 대한 질문에 자유롭게 대답해 주십시오. 하지만 기타 다른 질문들은 기자와 동행한 직원에게 187넘기시기 바랍니다. 186이 방문에 앞서 여러분 모두 우리 회사의 미디어 정책을 다시 살펴보시길 권하는 바입니다. 이번 행사 계획에 변동이 생기면 공지해 드리겠습니다.

협조해 주셔서 감사합니다.

어휘 tour (시찰, 관광 목적으로) 돌아 다니다, 견학하다 article (신문, 잡지) 기사 textile-printing 날염 public relations (기업 등의) 홍보 grant 승인하다, 허락하다 permission 허가 feel free to 거리낌 없이 ~하다 day-to-day 일상의 refer A to B A (문제 등을) B에게 부탁하다, 맡기다 cooperation 협조, 협력

발신: 데즈먼드 슈엘링 〈dxueling@aem.com.sg〉
수신: 라빈더 카푸르 〈rkapur@ltl.com.sg〉
제목: 회의
날짜: 11월 27일

카푸르 씨께,

일정이 겹치게 되어 귀하의 시설 방문 일정을 조정해야 할 것 같습니다. **188대신 저는 다음 일자와 시간에 방문이 가능합니다: 12월 3일 월요일 오전, 12월 5일 수요일 오후, 12월 6일 목요일 오후.**

또한 사내 사진기자에게 일러 두었습니다. 귀하의 요청에 따라 사진 촬영은 경영진의 사무실로만 제한될 것입니다. 귀사의 재산권 대상 정보를 보호할 것을 약속합니다.

다시 한 번 시간 내어 주셔서 감사합니다.

데즈먼드 슈엘링, 월간 아시아 엔터프라이즈

어휘 scheduling conflict 일정이 겹침, 일정상의 충돌 reschedule 다시 일정을 잡다 following 다음의 staff photographer 사내 사진사 per one's request ~의 요청에 따라 management 경영진 Rest assured (that ~) (~임을) 확신해도 된다, 믿어도 된다 proprietary information 재산권 대상이 될 수 있는 정보

새 장비가 LTL에게 호재가 될 것인가?
1월 7일

데즈먼드 슈엘링

싱가포르의 혼잡한 산업지구 깊숙한 곳에 자리한 LTL 제조 시설은 잿빛의 작고 평범한 건물이다. 하지만 별 다를 것 없는 건물의 외관 속에는 풍부한 색과 분주함이 숨어 있다. **188어느 화창한 12월 이른 아침, 거대한 새 날염기 두 대가 이미 이 공장에서 가공한 것 중 가장 큰 직물들을 뽑아내고 있었다.**

"이 기계는 가가 폭 3미터가 넘습니다." **189취재진의 공장 삭업장 견학에 동행한 LTL의 펠리시티 통 씨의 말이다.** "저희 기계 운전공들은 아직 효과적으로 기계를 사용하는 법을 익히고 있습니다. 보다시피 불합격된 천들이 잔뜩 쌓여 있죠." 통 씨가 말했다. "이 기계들은 효율적이지만 우리 작업공들이 사용법을 완전히 익히는 데 다소 어려움을 겪고 있습니다."

이 날염기는 큰 수익으로 이어질 가능성이 크다. 업체 CEO 라빈더 카푸르 씨는 최근 수년간 LTL 가공 직물에 대한 수요가 증가하고 있다고 말했다. **190"이 기계들은 과거에 장비 부족으로 할 수 없었던 비닐 및 여타 소재 염색을 가능하게 해줍니다"**라고 그는 말했다. "고객 수요를 충족시켜 드릴 수 있어서 저희는 매우 기쁩니다."

어휘 boon 이익, 요긴한 것 tucked (~에) 쏙 들어가 위치한 unassuming 주제넘지 않은, 겸손한 nondescript 특징이 없는 exterior 외관 mask 가리다, 숨기다 abundance 다량, 풍부 enormous 거대한 churn out 대량으로 만들어 내다 efficient 효율적인 master 완전히 익히다, 통달하다 work crew 작업반 resource 자원, 재료

---

186 주제 / 목적

번역 메모의 목적은 무엇인가?

(A) 기업의 미디어 정책 변경을 알리기 위해
(B) 새 장비 구입을 발표하기 위해
(C) 직원들에게 신문 기사를 읽도록 권고하기 위해
(D) 기자와의 인터뷰를 위한 지침을 제공하기 위해

해설 메모의 후반부에서 이 방문에 앞서 모두 우리 회사의 미디어 정책을 다시 살펴보시길 권한다(We encourage you to review our media policy prior to the visit)고 했다. 따라서 직원들에게 미디어 정책에 대해 알리기 위해 쓴 메모임을 알 수 있으므로, 정답은 (D)이다.

어휘 publicize 공표하다

▶▶ **Paraphrasing** 지문의 our media policy → 정답의 guidelines for speaking to a journalist

187 동의어 찾기

번역 메모 첫 번째 문단 여섯 번째 줄에 나오는 "refer"와 의미상 가장 가까운 것은?

(A) 확인하다
(B) (~에게) 보내다
(C) 고려하다
(D) 설명하다

해설 기타 다른 질문들은 기자와 동행한 직원에게 넘기기 바란다(You should, however, refer all other inquiries to the official accompanying the reporter)라는 의미이다. 여기서 refer은 문맥상 '넘기다, 보내다'라는 의미가 자연스러우므로, 정답은 (B) direct(보내다)이다.

188 연계

번역 슈엘링 씨는 언제 공장을 방문했겠는가?

(A) 12월 3일
(B) 12월 5일
(C) 12월 6일
(D) 1월 7일

해설 슈엘링 씨가 쓴 이메일의 첫 번째 단락에서 슈엘링 씨는 12월 3일 월요일 오전, 12월 5일 수요일 오후, 12월 6일 목요일 오후(I could visit on one of the following days and times instead: Monday morning, 3 December; Wednesday afternoon, 5 December; or Thursday afternoon, 6 December)에 방문 가능하다고 했다. 슈엘링 씨가 쓴 기사 첫 번째 단락 세 번째 문장의 어느 화창한 12월 이른 아침(Early on a sunny December morning)을 통해 슈엘링 씨가 12월 3일(월) 오전에 공장을 방문했음을 유추할 수 있으므로, 정답은 (A)이다.

189 연계

번역 통 씨에 대해 암시된 것은?

(A) 11월 26일에 LTL에 입사했다.
(B) 홍보를 담당한다.
(C) 카푸르 씨와 사진을 찍었다.
(D) 견학 전에 직원들을 인터뷰했다.

해설 기사의 두 번째 단락에서 취재진의 공장 작업장 견학에 동행한 LTL의 펠리시티 통 씨의 말이다(LTL's Felicity Tong, who accompanied us on a tour of the factory floor)를 통해 통 씨가 견학에 동행했다는 것을 알 수 있다. 메모의 두 번째 문장에서 홍보부 직원이 방문객들의 공장 견학을 안내할 것(An official from our public relations department will be guiding our guests through the factory)이라고 했다. 따라서 통 씨는 홍보부 소속임을 유추할 수 있으므로, 정답은 (B)이다.

어휘 specialize in ~을 전문으로 하다

▶▶Paraphrasing 지문의 An official from our public relations department → 정답의 She specializes in public relations.

190 사실 관계 확인

번역 LTL에 대해 기사에서 언급한 것은?

(A) 기계 운전공들이 연수 프로그램을 완수했다.
(B) 새 장비가 과거 장비보다 더 안정적이다.
(C) 최근 수년간 고객이 감소하고 있다.
(D) 이전에는 사용하지 않았던 직물들을 사용하고 있다.

해설 기사의 마지막 단락에서 이 기계들은 과거에 장비 부족으로 할 수 없었던 비닐 및 여타 소재 염색을 가능하게 해준다(These machines will allow us to print on vinyl and other materials that we had lacked the resources to work with)고 했다. 따라서 이전에 염색할 수 없었던 직물들을 염색할 수 있게 되었다는 것을 확인할 수 있으므로, 정답은 (D)이다.

어휘 complete 완수하다, 마치다   reliable 믿을 수 있는, 안정적인

▶▶Paraphrasing 지문의 vinyl and other materials that we had lacked the resources to work with → 정답의 fabrics that it had not used previously

191-195 편지 + 송장 + 편지

커틀러의 레어 북스
보일 스트리트 36번지
매사추세츠 주 보스턴 시 02116

커틀러 씨께,

저는 지난해 캘리포니아에서 열린 희귀 고서 박람회에서 커틀러의 레어 북스를 처음 접했습니다. 양질의 다양한 상품이 있음을 알게 됐고 그래서 귀사 온라인 매장에서 책 몇 권을 구입하기로 결정했습니다. 손상된 책을 제 소장 도서에 넣고 싶지는 않습니다. 그래서 구매에 앞서 저는 책 상태에 대한 설명을 자세히 읽습니다. 책들이 손상되지 않은 원래의 상태라고 믿었습니다. [191, 192]책이 도착해서 제가 살펴본 결과 노리스 책이 풀칠이 허술해 지난 몇 년 새 다시 제본됐다는 것을 발견했습니다.

[191]이 실망스러운 상황에 대해 논의하고 싶습니다. 가능하신 시간에 최대한 빨리 연락 주시기 바랍니다.

로저 배스킨

어휘 rare 희귀한, 드문   come across (우연히) 만나다, 찾아내다   antiquarian 고물수집의, 고서의   range 범위   assure 보증하다, 장담하다   sloppily 대충, 허술하게   glue (접착제로) 붙이다   rebind (책을) 다시 묶다, 다시 제본하다

커틀러의 레어 북스
보일 스트리트 36번지 · 매사추세츠 주 보스턴 시 02116

[192]M. 노리스	해적의 모험	$100.00
[195]J. 반 리우	바다에서 보낸 9년	$60.00
A. 맨지노	청년들을 위한 조언	$75.00
S. G. 디크루즈	갈도나 해변	$79.00
B. 홀	그림으로 보는 스페인 역사	$125.00
	총계	$439.00

[193]모든 상품은 현 상태 그대로 판매되고, 판매 후 교환·환불 불가입니다.

어휘 adventure 모험   illustrated 삽화[사진]가 들어 있는   as is 있는 그대로   final (할인 상품 등) 판매 후 교환·환불 불가의

커틀러의 레어 북스
매사추세츠 주 보스턴 시 보일 스트리트 36번지 02116

로저 배스킨
트레일 리지 드라이브 14111번지
애리조나 주 선 시티 웨스트 85375

배스킨 씨께,

[194]제가 자신 있게 말씀드릴 수 있는 것은 상품 카탈로그에 책 설명을 기입하기 전에 모든 책들을 제가 직접 자세히 살펴본다는 것입니다. 해당 책이 처음 저희에게 도착했을 때 그리고 귀하께 배송하기 위해 포장하기 전에 검사했던 것을 저는 뚜렷하게 기억합니다. 제 직업적 견식으로는 책의 원 소유자가 족히 70년 이전에 다시 제본한 것입니다. 그러므로 저희 업계 기준으로 책은 원래 상태입니다.

실망하신 것은 이해합니다. [195]따라서 조셉 반 리우 책의 지불액을 환불해 드리겠습니다. 저희가 드리는 선물입니다.

감사합니다.

데이비드 커틀러

어휘 enter 기입하다   distinctly 분명히, 뚜렷하게   volume 책   package 포장하다   standard 기준   make it up to ~에게 보상하다   refund 환불하다   with someone's compliments 공짜로 무언가를 줄 때 의례적으로 쓰는 말

191 주제 / 목적

번역 배스킨 씨가 커틀러 씨에게 편지를 쓴 이유는 무엇인가?

(A) 부정확한 청구서에 대해 항의하기 위해
(B) 최근에 한 주문을 취소하기 위해
(C) 물품의 상태에 대해 이의를 제기하기 위해
(D) 빠진 물품에 대해 문의하기 위해

해설 첫 번째 편지의 첫 번째 단락 마지막 문장에서 책이 도착해서 살펴본 결과 노리스 책이 풀칠이 허술해 지난 몇 년 새 다시 제본됐다는 것을 발견했다(When I examined the books on their arrival, I discovered that the Norris volume had been sloppily glued and rebound within the last several years)고 했으며, 두 번째 단락에서 이 실망스러운 상황에 대해 논의하고 싶으니 최대한 빨리 연락 달라(Please contact me at your earliest convenience to discuss this disappointing situation)고 했다. 따라서 책의 상태에 대해 문제를 제기하기 위해 쓴 편지임을 알 수 있으므로, 정답은 (C)이다.

어휘 dispute 논박하다, 이의를 제기하다   object to ~에 대해 이의를 제기하다, ~에 반대하다

> **Paraphrasing**   지문의 to discuss this disappointing situation
> → 정답의 To object to an item's condition

192 연계

번역 배스킨 씨가 문제를 제기한 책은?

(A) 해적의 모험
(B) 바다에서 보낸 9년
(C) 청년들을 위한 조언
(D) 갈도나 해변

해설 배스킨 씨가 쓴 첫 번째 편지의 첫 번째 단락에서 책이 도착해서 살펴본 결과 노리스 책이 풀칠이 허술해 지난 몇 년 새 다시 제본됐다는 것을 발견했다(When I examined the books on their arrival, I discovered that the Norris volume had been sloppily glued and rebound within the last several years)고 했으므로 노리스 책의 상태에 문제를 제기하고 있음을 알 수 있다. 송장을 보면 노리스 책의 제목이 '해적의 모험(Adventures of a Pirate)'임을 확인할 수 있으므로, 정답은 (A)이다.

193 사실 관계 확인

번역 커틀러의 레어 북스에 대해 언급된 것은?

(A) 온라인 매장이 없다.
(B) 삽화가 들어간 책들은 취급하지 않는다.
(C) 재고가 많지 않다.
(D) 반품을 받지 않는다.

해설 송장의 마지막 부분에서 모든 상품은 현 상태 그대로 판매되고, 판매 후 교환·환불이 되지 않는다(All items are sold as is, and all sales are final)고 했다. 따라서 반품이 되지 않는다는 것을 알 수 있으므로, 정답은 (D)이다.

> **Paraphrasing**   지문의 all sales are final
> → 정답의 does not allow product returns

194 사실 관계 확인

번역 두 번째 편지에서 알 수 있는 것은?

(A) 커틀러 씨가 배송 상품을 직접 검사했다.
(B) 배스킨 씨의 물품은 아직 배송되지 않았다.
(C) 배스킨 씨는 교환품을 곧 받게 된다.
(D) 커틀러 씨는 감정을 위해 책을 전문가에게 보낼 것이다.

해설 커틀러 씨가 쓴 두 번째 편지의 첫 번째 단락에서 커틀러 씨는 상품 카탈로그에 책 설명을 기입하기 전에 모든 책들을 자신이 직접 자세히 살펴본다면서 해당 책이 처음 도착했을 때와 배송하기 위해 포장하기 전에 검사했던 것을 뚜렷하게 기억한다(I carefully check all of our books myself before their descriptions are entered in our sales catalog. I distinctly remember examining the volume in question when it arrived and again before it was packaged for shipping to you)고 했다. 따라서 커틀러 씨가 직접 배스킨 씨의 주문품을 확인했다는 것을 알 수 있으므로, 정답은 (A)이다.

어휘 replacement 대체, 교환(품)   evaluation 평가

> **Paraphrasing**   지문의 examining the volume in question
> → 정답의 inspected the shipment

195 연계

번역 배스킨 씨가 환불 받을 금액은?

(A) 60달러
(B) 75달러
(C) 100달러
(D) 125달러

해설 커틀러 씨가 쓴 두 번째 편지의 두 번째 단락에서 조셉 반 리우 책의 지불액을 환불해 주겠다(to try to make it up to you, I am refunding your payment for the book by Joseph Van Liew)고 했다. 따라서 함께 주문한 조셉 반 리우 책의 금액을 배스킨 씨에게 환불한다는 것을 알 수 있다. 송장을 보면 조셉 반 리우 책의 가격이 $60임을 확인할 수 있으므로, 정답은 (A)이다.

196-200 이메일 + 웹페이지 + 기사

수신: 벤 그리니지
발신: 니르말라 더카란
제목: 요청
날짜: 1월 13일

그리니지 씨께,

경영진이 CASATO 가상 비즈니스 토너먼트에 저희 회사 참가를 고려해 주시기를 정중히 요청 드립니다. **196카리브해 및 남미 무역 기구(CASATO)가 개최하는 이 대회는 참가자들이 가상 기업의 장기 안정과 지속성을 보장하기 위한 비즈니스 전략을 개발하고 실행하는 대회입니다.**

TEST 4 **89**

이 대회에 참가하면 우리 회사에 크게 도움이 될 것입니다. 많은 토너먼트 참가자들이 각자의 조직에서 의사결정 직책에 있지는 않지만 대회는 이들이 광범위한 리더십 실천 방법들을 적용하도록 요구합니다. ¹⁹⁷ ⁽ᴬ⁾ 이 과정에서 대부분의 참가자는 매일매일의 현실과 실제 기업 운영의 복잡성을 더 잘 이해할 수 있게 됩니다. ¹⁹⁷ ⁽ᴰ⁾더욱이 참가자들은 협업, 분석, 문제 해결 등 대회 참가 중 얻거나 갈고 닦은 기량들을 실제 업무에 활용하게 됩니다. ¹⁹⁷ ⁽ᶜ⁾덧붙여 이 행사에 참가하면 회사의 인지도가 상승해 우리 제품에 대한 신규 시장이 열릴 것입니다. ²⁰⁰지난해 토너먼트 이후 약 6개월 간 70개 참가 기업 중 약 3분의 1이 지역 영업 활동이 증가했다고 보고했습니다.

토너먼트에 대한 상세한 정보는 www.casato.org/events/tournament_information에서 볼 수 있습니다.

니르말라 더카란
운항관리사
오미크론 항공 화물

어휘 virtual 가상의 implement 실행하다 strategy 전략 long-term 장기의 stability 안정(성) continuity 지속성 imaginary 상상의 beneficial 득이 되는, 도움이 되는 a broad range of 광범위한 appreciative 진가를 아는, (차이를) 식별할 수 있는 complexity 복잡함, 복잡성 acquire 습득하다 collaboration 협업, 협동 profile 인지도, (대중의) 관심 take part in ~에 참여하다 regional 지방의, 지역의

---

http://www.casato.org/events/tournament_information

CASATO
CASATO 가상 토너먼트

참가 안내

올해 토너먼트 참가 신청 기간은 3월 1일부터 4월 1일까지이며 토너먼트는 6월 8일에 시작됩니다. 한 기업당 두 팀 이하만 신청할 수 있습니다. ¹⁹⁸3위까지 입상 팀은 7월 3일 발표되며 8월 19일 브라질 리우데자네이루 바이아 다 루아 호텔에서 열리는 행사에서 시상합니다.

어휘 registration 신청, 등록 honor 명예[영예]를 주다, 상을 주다 ceremony 의식, 식

오미크론 가상의 돌파구를 찾다

7월 9일 – CASATO 가상 토너먼트는 카리브해 및 남미 소재 기업들에서 참가한 팀들이 경쟁을 벌여 그중 가장 성공적으로 가상 기업을 경영하는 팀을 결정하는 대회다. ¹⁹⁹대회가 시작된 이후 다양한 가이아나 소재 기업 팀들이 참여해왔지만 여태 입상 팀은 배출하지 못했다. ¹⁹⁸,¹⁹⁹,²⁰⁰그러나 지난달 올해 토너먼트에 오미크론 항공 화물을 대표하여 참가한 팀이 85개 기업을 대표하는 109개 팀 중에 3위를 차지했다는 소식이다. 입상한 오미크론 팀의 주장은 니르말라 더카란 씨다. 이 팀은 CASATO 가상 비즈니스 상을 수상하는 영예를 안았다.

어휘 breakthrough 돌파구, 진전 pit A against B A를 B와 경쟁 붙이다 determine 결정하다, 정하다 inception 처음, 시초 consist of ~로 구성되다

196 세부 사항

번역 CASATO 토너먼트 참가자들의 목표는 무엇인가?
(A) 국제무역협정 성사시키기
(B) 예비 경영인 훈련을 위한 교재 제작
(C) 실재하지 않는 기업 운영
(D) 기업 웹사이트 디자인

해설 이메일의 첫 번째 단락에서 카리브해 및 남미 무역 기구(CASATO)가 개최하는 대회로 참가자들이 가상 기업의 장기 안정과 지속성을 보장하기 위한 비즈니스 전략을 개발하고 실행하는 대회(The competition, organized by the Caribbean & South American Trade Organization (CASATO), requires participants to develop and implement business strategies that ensure the long-term stability and continuity of an imaginary company)라고 했다. 따라서 가상 기업 운영이 목표임을 알 수 있으므로, 정답은 (C)이다.

어휘 agreement 협정 nonexistent 존재하지 않는

▸▸**Paraphrasing** 지문의 an imaginary company
→ 정답의 a nonexistent company

197 사실 관계 확인

번역 더카란 씨가 CASATO 참가의 이점으로 언급한 것이 아닌 것은?
(A) 경영자들이 수행하는 업무를 더 잘 이해할 수 있다
(B) 지역 기업들에 투자할 수 있는 기회가 늘어난다
(C) 기업 제품의 인지도를 높인다
(D) 직원들간의 협력이 증대된다

해설 이메일 두 번째 단락의 세 번째 문장에서 대부분의 참가자는 매일매일의 현실과 실제 기업 운영의 복잡성을 더 잘 이해할 수 있게 된다(most become more appreciative of the day-to-day realities and complexities of managing an actual company)고 했으므로 (A)를, 끝에서 두 번째 문장에서 이 행사에 참가하면 회사의 인지도가 상승해 우리 제품에 대한 신규 시장이 열릴 것(participation in the event may increase our company's profile, opening up new markets for our products)이라고 했으므로 (C)를, 또 네 번째 문장에서 참가자들은 협업, 분석, 문제 해결 등 대회 참가 중 얻거나 갈고 닦은 기량들을 실제 업무에 활용하게 된다(they tend to apply the skills acquired or refined during the competition—such as collaboration, analysis, and problem-solving—in actual work situations)는 (D)를 이점으로 언급하고 있음을 확인할 수 있으므로, 정답은 언급되지 않은 (B)이다.

어휘 awareness 인식, 의식 offering (구입하거나 사용할 수 있도록) 제공된 것

> **▶▶Paraphrasing** 지문의 more appreciative of the day-to-day realities and complexities of managing an actual company
> → 보기의 Better understanding of the tasks that managers perform
> 지문의 increase our company's profile, opening up new markets for our products
> → 보기의 Greater public awareness of a company's offerings
> 지문의 collaboration → 보기의 cooperation

198 연계

번역 더카란 씨에 관하여 무엇이 사실이겠는가?

(A) 축하 행사에 초대받았다.
(B) 관리자 직책으로 물망에 올라 있다.
(C) 예전에 쌍방향 온라인 시험에 참여했다.
(D) 몇몇 경영 기법을 시행하자고 제안했다.

해설 기사 중반부에서 올해 토너먼트에 오미크론 항공 화물을 대표하여 참가한 팀이 85개 기업을 대표하는 109개 팀 중에 3위를 차지했다면서 입상한 오미크론 팀의 주장은 니르말라 더카란 씨(the team representing Omicron Air Cargo in this year's event learned it had earned third place in a field ~ Omicron's winning team was led by Nirmala Deokaran)라고 했으므로 더카란 씨가 이끈 오미크론 팀이 토너먼트에서 3등을 했다는 것을 알 수 있다. 웹페이지 마지막 문장에서 3위까지 입상 팀은 8월 19일 브라질 리우데자네이루 바이아 다 루아 호텔에서 열리는 행사에서 시상한다(The top three teams will be announced on 3 July and will be honored during a ceremony to be held on 19 August at Hotel Baia da Lua in Rio de Janeiro, Brazil)고 했다. 따라서 3위 입상자 자격으로 더카란 씨가 시상 행사에 참석했다고 유추할 수 있으므로, 정답은 (A)이다.

어휘 celebratory 기념하는, 축하하는 managerial 경영의, 관리의 interactive 양방향의, 상호작용의

> **▶▶Paraphrasing** 지문의 a ceremony
> → 정답의 a celebratory event

199 사실 관계 확인

번역 오미크론 항공 화물에 대해 명시된 것은?

(A) 회사에서 제공하는 서비스들에 대한 수요가 높다.
(B) 회사가 가이아나에 소재한다.
(C) 6월에 신규 비즈니스 전략을 수립할 것이다.
(D) CASATO 토너먼트에 두 개 팀이 등록했다.

해설 기사의 중반부에서 대회가 시작된 이후 다양한 가이아나 소재 기업 팀들이 참여해왔지만 여태 입상 팀은 배출하지 못했는데(While teams from various Guyana-based companies have participated in the competition since its inception, none had ever won) 지난주 올해 토너먼트에 오미크론 항공 화물을 대표하여 참가한 팀이 3위를 차지했다(the team representing Omicron Air Cargo in this year's event learned it had earned third place in a field)고 했다. 따라서 오미크론 항공 화물은 가이아나 지역 출신으로 수상을 한 최초의 팀임을 알 수 있으므로, 정답은 (B)이다.

어휘 in great demand 수요가 많은 operation 기업, 사업체 formulate 만들어 내다

> **▶▶Paraphrasing** 지문의 Guyana-based companies
> → 정답의 located in Guyana

200 연계

번역 가장 최근에 열린 CASATO 토너먼트에 대해 알 수 있는 것은?

(A) 브라질 호텔 체인이 후원했다.
(B) 새 기준들이 도입됐다.
(C) 지난해 행사보다 더 많은 기업이 참가했다.
(D) 지난해보다 언론에서 더 많이 보도했다.

해설 이메일 두 번째 단락 마지막 문장에서 지난해에는 70개 기업이 참가했다(about one-third of the 70 companies that had taken part in that event)는 것을 알 수 있으며 기사 끝에서 두 번째 문장에서 올해는 85개 기업이 참가했다(109 teams, which represented 85 companies)고 했다. 따라서 지난해보다 올해 참가한 팀이 늘었다는 것을 알 수 있으므로, 정답은 (C)이다.

어휘 sponsor 후원하다 criteria (*sing.* criterion) 기준, 표준 coverage (언론의) 보도, 방송

TEST 5

101 (C)	102 (B)	103 (D)	104 (C)	105 (A)
106 (B)	107 (C)	108 (A)	109 (A)	110 (A)
111 (B)	112 (B)	113 (B)	114 (C)	115 (D)
116 (A)	117 (D)	118 (D)	119 (B)	120 (A)
121 (A)	122 (A)	123 (B)	124 (C)	125 (C)
126 (D)	127 (D)	128 (C)	129 (D)	130 (D)
131 (A)	132 (B)	133 (C)	134 (B)	135 (D)
136 (A)	137 (C)	138 (B)	139 (C)	140 (A)
141 (A)	142 (C)	143 (C)	144 (C)	145 (B)
146 (C)	147 (D)	148 (C)	149 (D)	150 (D)
151 (A)	152 (D)	153 (C)	154 (C)	155 (D)
156 (C)	157 (D)	158 (B)	159 (A)	160 (C)
161 (A)	162 (B)	163 (D)	164 (C)	165 (B)
166 (A)	167 (C)	168 (C)	169 (C)	170 (B)
171 (D)	172 (A)	173 (B)	174 (D)	175 (C)
176 (C)	177 (B)	178 (A)	179 (B)	180 (D)
181 (A)	182 (B)	183 (A)	184 (B)	185 (C)
186 (D)	187 (B)	188 (C)	189 (B)	190 (A)
191 (B)	192 (D)	193 (A)	194 (C)	195 (D)
196 (B)	197 (B)	198 (A)	199 (C)	200 (A)

PART 5

101 부사 자리 _ 동사 수식

해설 빈칸은 현재완료시제를 이루는 has been과 recommended 사이에서, 동사를 수식하는 부사 자리이므로, 정답은 (C) highly이다. 형용사의 원급 (A) high, 비교급 (B) higher, 최상급 (D) highest는 품사상 적합하지 않다.

번역 애쉬버튼 씨는 자신의 추천인 세 명 모두에게 적극 추천 받았다.

어휘 be highly recommended 적극 추천 받다   reference (취업 등을 위한) 추천인, 신원보증인

102 인칭대명사의 격 _ 소유격

해설 빈칸 앞에 있는 전치사(for)의 목적어 역할을 하는 명사(review)를 수식하는 자리이므로, 정답은 소유격 인칭대명사 (B) his이다.

번역 최 씨는 자신이 검토할 수 있도록 삽화가 언제 준비될지 알고 싶어한다.

어휘 illustration 삽화   be ready for ~할 준비가 되다   review 검토

103 전치사 어휘

해설 빈칸 뒤의 목적어(tomorrow)와 함께 앞에 있는 동사(has been rescheduled)와 어울리는 전치사를 찾는 문제이다. 문맥상 '내일로 일정이 변경되었다'라는 의미가 자연스러우므로, 정답은 (D) for이다. (A) in은 특정한 날과 함께 쓰이지 않고, (B) by(~까지)는 문맥상 적합하지 않다. '~로 일정이 변경되다(be rescheduled for)'라는 관용적인 표현으로 묶어서 기억하자.

번역 악천후로 인해 프로젝트 회의는 내일로 일정이 변경되었다.

어휘 be rescheduled for ~로 일정이 변경되다

104 형용사 자리 _ 목적격 보어

해설 빈칸은 앞의 목적어(it)를 보충 설명하는 목적격 보어(형용사) 자리로, 앞에 있는 비교급을 강조하는 부사(much)의 수식을 받는다. 따라서 정답은 비교급 형용사 (C) easier이다. 부사 (B) easily와 명사/동사 (D) ease는 품사상 적합하지 않다. 참고로 비교급을 강조하는 부사에는 much외에 far, even, a lot, still 등이 있고, 원급을 강조하는 부사로는 very, too, so, as, quite 등이 있다.

번역 스무스텍의 최신 소프트웨어는 경영주들이 소식지를 훨씬 더 쉽게 작성할 수 있도록 해 준다.

어휘 business owner 경영주, 사업주   newsletter 소식지

105 동명사 자리 _ 전치사 뒤

해설 빈칸은 뒤의 명사(offices)를 목적어로 취하면서 앞의 전치사(By)의 목적어 역할을 하는 자리이다. 전치사 뒤에는 명사 또는 동명사가 올 수 있는데 목적어를 취할 수 있는 것은 동명사이므로, 정답은 (A) opening이다. 동사의 과거형/과거분사 (B) opened와 동사원형/형용사 (D) open은 전치사의 목적어 역할을 할 수 없다.

번역 세지힐 사는 런던, 파리, 마드리드에 지사를 설립함으로써 계속 성장해 해외시장에 진출할 수 있었다.

어휘 continue one's growth 계속 성장하다   overseas 해외로, 해외에

106 부사절 접속사

해설 빈칸은 두 개의 완전한 절을 연결하는 부사절 접속사 자리이므로, 정답은 (B) If이다. 등위 접속사 (A) So와 (C) But은 연결하는 절과 절 사이에 들어가야 하고, 명사절/형용사절 접속사 (D) Why가 이끄는 절은 부사처럼 쓰이지 않는다.

번역 가마의 열이 너무 높게 설정되면 내부의 도자기 물체가 망가질 수 있다.

어휘 kiln 가마   ceramic 도자기   object 물건, 물체   ruin 파괴하다, 망가뜨리다

107 부사 자리 _ 최상급

해설 빈칸은 뒤의 과거분사(distributed)를 수식하는 부사 자리이므로, 최상급 (C) most widely와 비교급 (D) more widely가 적합하다. 빈칸 앞의 서수(the fourth)와 뒤에 나오는 전치사구(in the northeastern region)와 함께 '북동부 지역에서 네 번째로 널리 배포되는'이라는 의미를 나타내므로, 정답은 최상급 (C) most widely이다. 형용사 (A) wide와 동사 (B) widen은 품사상 적합하지 않다.

번역 〈내셔널 오버뷰〉는 북동부 지역에서 네 번째로 널리 배포되는 신문이다.

어휘 widely distributed 널리 배포되는   region 지역

108 동사 어휘

해설 빈칸 뒤의 목적어(several groundbreaking dental devices)와 의미가 가장 잘 통하는 동사를 선택해야 한다. 문맥상 '획기적인 치과 장비 몇 개를 발명했다'라는 의미가 자연스러우므로, 정답은 (A) invented(발명하다)이다. (B) exceeded(초과하다, 능가하다), (C) supervised(감독하다), (D) communicated(전하다, 연락하다)는 문맥상 적합하지 않다.

번역 올해 사우스이스트 치과의학 대회의 기조연설자인 린 박사는 획기적인 치과 장비 몇 개를 발명했다.

어휘 keynote speaker 기조연설자 dentistry 치과의학 convention 대회, 협의회 groundbreaking 획기적인 dental device 치과 장비 invent 발명하다 exceed 초과하다 supervise 감독하다, 관리하다 communicate 연락하다

109 명사 어휘

해설 빈칸은 앞에 있는 전치사(due to)의 목적어 역할을 하는 명사 자리로, 앞의 명사(operating)와 복합명사를 이뤄 그 앞에 있는 형용사(escalating)의 수식을 받는다. 문맥상 '증가하는 운영비 때문에'라는 의미가 자연스러우므로, 정답은 (A) expenses(경비, 비용)이다. (B) functions(기능, 행사), (C) customers(고객), (D) occasions(행사, 경우)는 문맥상 적합하지 않다.

번역 로즈 비스트로는 운영비 증가 때문에 다음달에 문을 닫는다.

어휘 due to ~ 때문에 escalating 증가하는 operating expenses 운영비 function 기능 customer 고객 occasion 행사, 경우

110 명사 자리 _ 목적어

해설 빈칸은 앞에 있는 동사(offered)의 목적어 자리로, 앞의 소유격 인칭대명사(her)의 수식을 받는다. 따라서 정답은 명사 (A) congratulations이다. 동사원형 (B) congratulate, 동명사/현재분사 (C) congratulating, 형용사 (D) congratulatory는 품사상 적합하지 않다.

번역 어제 회의 중 밀른 씨는 이번 분기의 뛰어난 실적에 대해 영업팀을 치하했다.

어휘 offer one's congratulations to ~에게 축하의 말을 전하다 sales team 영업팀 quarter 분기

111 형용사 어휘

해설 빈칸은 앞에 있는 주어(The employee satisfaction survey results)를 보충 설명하는 형용사 자리로, 뒤에 나오는 to부정사 구문(to differ among departments)의 수식을 받는다. 문맥상 '부서별로 다를 수 있다'라는 의미가 자연스러우므로, 정답은 (B) likely(~할 것 같은, 있을 법한)이다. (A) important(중요한)와 (D) recent(최근의)는 문맥상 적합하지 않고, (C) probable(있을 법한, 가망성이 있는)은 주로 〈It(가주어) be probable to부정사(진주어)〉의 구조로 쓰인다.

번역 직원 만족도 설문조사 결과는 부서별로 다를 수 있다.

어휘 survey 설문조사 differ among ~마다 다르다 department 부서 important 중요한 likely ~할 것 같은 probable 있을 법한, 가망성이 있는 recent 최근의

112 지시대명사

해설 빈칸은 앞의 전치사(for)의 목적어 자리로, 뒤에 있는 과거분사 구문(interested in medical or health-related careers)의 수식을 받는다. 문맥상 '의학 또는 보건 관련 직업에 관심 있는 사람들'이라는 의미가 자연스러우므로, 정답은 복수의 사람들을 가리키는 지시대명사 (B) those이다. 상관 접속사 (A) either가 뒤에 나오는 medical과 상관관계를 이루기 위해서는 medical 앞에 있어야 한다.

번역 브레닉크 교수가 지도하는 강좌는 의학 또는 보건 관련 직업에 관심 있는 사람들을 위한 것이다.

어휘 be intended for ~을 위한 것이다 health-related 보건 관련

113 부사 자리 _ 동사 수식

해설 빈칸은 뒤에 있는 전치사구(from biweekly paychecks)와 함께 앞의 동사(will issue)를 수식하는 부사 자리로, 정답은 (B) separately(별도로, 따로따로)이다. 동사 (A) separates(분리하다, 나누다), 동명사/현재분사 (C) separating, 명사 (D) separation은 품사상 적합하지 않다.

번역 회계부서는 9월 1일부터 격주 급여와 별도로 출장비를 환급해 줄 것이다.

어휘 accounting department 회계부서 issue 지급하다 reimbursement 환급, 변제 biweekly 격주의 paycheck 급여

114 형용사 어휘

해설 빈칸은 앞에 있는 동사(has created)의 목적어(demand)를 수식하는 형용사 자리이다. 문맥상 '상당한 수요가 생겼다'라는 의미가 자연스러우므로, 정답은 (C) sizable(상당한, 상당히 큰)이다. 형용사 (A) lengthy(긴)와 (D) durable(튼튼한, 오래가는)은 문맥상 적합하지 않다. (B) plenty는 of와 함께 명사 앞에 올 수 있다.

번역 뉴버리에 신규 사옥 몇 곳의 건립이 계획되면서 숙련된 인부에 대한 상당한 수요가 생겼다.

어휘 create a demand for ~에 대한 수요가 생기다 skilled 숙련된 lengthy 긴 plenty 풍부한 sizable 상당한 크기의 durable 튼튼한, 오래가는

115 to부정사 _ to + 동사원형

해설 빈칸 뒤의 명사(any suspicious activity)를 목적어로 취하면서, to와 함께 앞에 있는 동사(allows)의 목적어(users)를 보충 설명하는 목적격 보어 자리로, 정답은 동사원형 (D) monitor이다. 목적격 보어 자리의 to는 to부정사의 to이므로, 전치사 뒤에 나오는 동명사 (A) monitoring은 적합하지 않다. 참고로 빈칸 앞에 to가 있을 경우, to가 전치사의 to인지, to부정사의 to인지를 구별하는 것이 중요하다.

번역 새 컴퓨터 보안 프로그램은 사용자들이 자신의 계정에서 발생하는 의심스러운 움직임을 감시할 수 있도록 해 준다.

어휘 security program 보안 프로그램 suspicious 의심스러운, 수상쩍은 account 계정

116 명사 자리 _ 주어

해설 빈칸은 뒤에 있는 동사(has had)의 주어 역할을 하는 명사 자리이다. (A) expansion(확장)과 (C) expanse(넓은 공간) 중에 뒤에 있는 전치사구(of the Kawagoe factory)의 수식을 받아 '가와고에 공장 확장'이라는 의미를 나타내므로, 정답은 (A) expansion이다. 동사 (B) expanded와 (D) expand는 품사상 적합하지 않다.

번역 가와고에 공장 확장은 이나기 테크놀로지 직원들의 생산성에 상당한 영향을 끼쳤다.

어휘 have a significant impact on ~에 상당한 영향을 끼치다 productivity 생산성

117 부사절 접속사

해설 빈칸은 빈칸 앞뒤의 두 개의 완전한 절을 연결해주는 부사절 접속사 자리이다. 문맥상 '관리부서에서 받는 대로'라는 의미가 자연스러우므로, 정답은 (D) as soon as(~하자마자, ~하는 대로)이다. (B) while(~ 반면에, ~ 동안)과 (C) ever since(~ 이래로)는 문맥상 적합하지 않고, 부사 (A) then(그러고 나서, 그때)은 완전한 절을 이끌지 못한다.

번역 관리부서에서 수리 견적서를 받는 대로 꼼꼼히 검토하십시오.

어휘 repair estimate 수리 견적서 receive 받다 maintenance 유지보수

118 명사 어휘

해설 빈칸은 뒤에 나오는 동사(include)의 주어 역할을 하는 명사 자리이다. 문맥상 '마케팅 보조의 책무에 포함된다'라는 의미가 자연스러우므로, 정답은 (D) Responsibilities(책무, 의무)이다. (A) Promotions(승진, 홍보), (B) Offerings(헌금, 선사품), (C) Productions(생산, 제작)은 문맥상 적합하지 않다.

번역 마케팅 보조의 책무에는 포커스 그룹 조직과 상세보고서 작성이 포함된다.

어휘 assistant 보조, 조수 include 포함하다 coordinate 조직하다, 편성하다, 조정하다 focus group 초점 집단, 포커스 그룹(시장 조사 등을 위해 각계각층에서 선별한 소수의 집단) detailed 상세한 promotion 승진, 홍보 offering 헌금, 선사품 production 생산, 제작

119 동사 어형 _ 태

해설 빈칸 뒤의 명사(a package redesign)를 목적어로 취하면서, 앞의 be동사(is)와 함께 동사구를 이루는 것을 찾아야 한다. (C) considers, (D) consider는 be동사 뒤에 올 수 없으므로 (A) considered와 (B) considering 중 골라야 한다. 팀이 포장지를 다시 디자인하는 것을 고려하고 있다는 능동의 의미가 자연스러우므로 정답은 (B) considering이다.

번역 허비브 코스메틱스의 제품개발팀은 매출 신장을 꾀하기 위해 포장지를 다시 디자인하는 것을 고려하고 있다.

어휘 product development 제품 개발 redesign 다시 디자인하다 increase 늘리다

120 전치사 어휘

해설 빈칸 뒤의 명사구(an increase in small, individual furnaces)와 자연스럽게 연결되는 전치사(구)를 찾아야 한다. 문맥상 '작은 개인 용광로의 증가로 인해'라는 의미가 자연스러우므로, 정답은 (A) Because of(~ 때문에, ~로 인해)이다. (B) Instead of(~ 대신에), (C) Rather than(~ 대신에, ~라기 보다는), (D) Such as(~와 같은)는 문맥상 적합하지 않다.

번역 작은 개인 용광로의 증가로 유리 세공은 더욱 다가가기 좋고 인기 있는 예술 표현수단이 되었다.

어휘 individual 개인의 furnace 용광로 glassblowing 유리 세공 accessible 다가가기 쉬운 medium 매개, 수단, 방법

121 명사 어휘

해설 빈칸 앞의 주어(Our investment in solar energy)와 동격 관계를 나타내는 명사 자리로, 형용사(key)의 수식을 받는다. 문맥상 '에너지 독립을 달성한 주요 요인'이라는 의미가 자연스러우므로, 정답은 (A) factor(요인, 요소)이다. (B) role(역할), (C) basis(기초, 토대), (D) agency(대행회사)는 문맥상 적합하지 않다.

번역 우리가 태양열 에너지에 투자한 것이 에너지 독립을 달성한 주요 요인이었다.

어휘 investment 투자 solar energy 태양열 에너지 key 주요한 independence 독립

122 동사 어형 _ 태

해설 빈칸 앞에 있는 동사(are)와 함께 주어(Payments)를 설명하는 자리이다. 과거분사 (A) reflected와 현재분사 (C) reflecting 중에 문맥상 '지급된 금액은 반영되지 않는다'라는 수동의 의미가 자연스러우므로, 정답은 과거분사 (A) reflected이다. 동사 (B) reflects와 (D) reflect는 be동사 뒤에 나올 수 없고, 현재분사 (C) reflecting은 능동의 의미를 나타내므로 적합하지 않다.

번역 청구서 발행 이후 계좌로 지급된 금액은 나타난 잔고에 반영되지 않는다.

어휘 account 계좌 invoice 청구서 balance 잔고, 잔액

123 전치사 어휘

해설 빈칸 뒤의 목적어(our line of lighting equipment)와 함께 앞의 명사(facts and information)와 가장 자연스럽게 연결되는 전치사를 찾아야 한다. 문맥상 '조명장비에 관한 사실 및 정보'라는 의미가 자연스러우므로, 정답은 (B) regarding(~에 대해, 관해)이다. (A) pending(~을 기다리는 동안), (C) among(~ 사이에), (D) throughout(~ 내내, 도처에)는 문맥상 적합하지 않다.

번역 저희 조명장비 제품군에 관한 사실 및 정보는 미디어 자료를 참조하십시오.

어휘 media kit 미디어 자료(제품 마케팅 등에 활용되는 자료) line 제품군 lightning equipment 조명장비

124 전치사 자리

해설 빈칸 뒤의 목적어(last-minute negotiations)와 함께 앞에 있는 동사(was (successfully) concluded)와 어울리는 전치사를 찾는 문제로, 정답은 (C) thanks to(~ 덕분에)이다. (A) as well as(~뿐만 아니라)는 앞뒤에 연결하는 대상이 필요하고, 형용사/부사 (B) overall(전반적인/전반적으로)은 문맥상 적합하지 않으며, 부사절 접속사 (D) even if(~에도 불구하고)는 뒤에 완전한 절이 나와야 한다.

번역 변호사들은 막바지 협상 덕분에 합병이 성공적으로 마무리되었다고 발표했다.

어휘 merger 합병 conclude (협정, 조약을) 맺다 last-minute 막바지의 negotiation 협상

125 형용사 자리 _ 명사 수식

해설 빈칸은 명사(information)를 수식하는 형용사 자리이다. 현재분사 (A) confiding(신뢰하는)과 형용사 (C) confidential(기밀의) 중에 문맥상 '기밀정보'라는 의미가 자연스러우므로, 정답은 (C) confidential이다. 동사 (B) confides(신뢰하다, 비밀을 터놓다)와 부사 (D) confidentially는 품사상 적합하지 않다.

번역 홍 씨는 고객의 기밀 정보를 처리하는 절차의 개요를 설명할 것이다.

어휘 outline 개요를 설명하다 procedure 절차 confidential information 기밀 정보

126 동사 어휘

해설 빈칸은 주어(the Fromley Company) 뒤의 동사 자리로, 뒤에 나오는 목적어(an internship program)와 의미가 가장 잘 통하는 동사를 선택해야 한다. 문맥상 '인턴십 프로그램을 마련했다'라는 의미가 자연스러우므로, 정답은 (D) established(설립하다, 제정하다)이다. 자동사 (B) specialized(전문으로 하다)는 전치사(in)와 함께 목적어를 취할 수 있고, (A) expressed(표현하다), (C) signaled(신호하다)는 문맥상 적합하지 않다.

번역 지난해 프롬리 컴퍼니는 전기기술을 공부하는 직업학교 학생들을 대상으로 인턴십 프로그램을 마련했다.

어휘 trade school 직업학교 electrical technology 전기기술 express 표현하다 specialize 전문으로 하다 signal 신호하다 establish 설립하다, 마련하다

127 부사 어휘

해설 빈칸 뒤의 전치사구(in the news)와 함께 뒤에 나오는 완전한 절을 수식하는 부사 자리이다. 문맥상 '좀처럼 뉴스에 등장하지 않는'이라는 의미가 자연스러우므로, 정답은 (D) Seldom(거의 않는)이다. (A) Less(덜), (B) Enough(충분히), (C) Apart(따로따로)는 문맥상 적합하지 않다.

번역 좀처럼 뉴스에 등장하지 않는 신시아 렝글 의원은 지방세 대폭 삭감을 제의하여 대서특필되고 있다.

어휘 make headlines 화제가 되다, 대서특필되다 drastically 과감하게, 대폭으로 reduce 삭감하다, 줄이다 local tax 지방세

128 부사 어휘

해설 빈칸 뒤의 동사(won)을 수식하는 부사 자리로, 문맥상 대조적인 의미를 나타내는 앞의 전치사구(Despite being the audience's least favorite film at the Star Film Festival)와 비슷한 의미의 부사를 선택해야 한다. 따라서 정답은 (C) nevertheless(그럼에도 불구하고)이다. 부사 (A) furthermore(게다가, 더욱이)는 문맥상 적합하지 않고, 전치사 (B) without(~없이)은 뒤에 목적어가 와야 한다. (D) neither는 주로 nor와 짝을 이뤄 상관접속사로 쓰인다.

번역 영화 〈로스트 독〉은 스타 영화제에서 관람객의 선호도가 가장 낮은 영화였음에도 불구하고 최고의 애니메이션으로 평론가상을 수상했다.

어휘 least 가장 적은 favorite 좋아하는, 인기 있는 win (상 등을) 타다, 받다 critics' award 평론가상

129 형용사 어휘

해설 빈칸 뒤의 전치사구(for our needs)와 함께 앞의 명사(the only one)를 수식하는 형용사 자리이다. 문맥상 '우리의 요구사항에 잘 맞는 유일한 시스템'이라는 의미가 자연스러우므로, 정답은 (D) adequate(적합한, 충분한)이다. (A) cooperative(협조적인), (B) deliberate(고의의, 신중한), (C) extensive(광범위한)은 문맥상 적합하지 않다.

번역 우리는 스태프플렉스 급여관리 시스템이 우리의 요구사항에 잘 맞는 유일한 시스템이라는 사실을 알았다.

어휘 payroll 급여대상자 명단 management 관리 adequate 적합한, 충분한 cooperative 협조적인 deliberate 고의의, 신중한 extensive 광범위한

130 부사 어휘

해설 빈칸 앞의 동사원형(increase)을 수식하는 부사 자리이다. 문맥상 '점차 증가할 것이다'라는 의미가 자연스러우므로, 정답은 (D) incrementally(점차, 증가하여)이다. (A) arguably(거의 틀림없이), (B) reportedly(전하는 바로는), (C) productively(생산적으로)는 문맥상 적합하지 않다.

번역 밀스 씨는 회사의 라디오 광고가 계속 방송되면서 판매가 점차 증가할 것이라고 정확히 예측했다.

어휘 correctly 정확히 predict 예측하다 increase 증가하다 advertisement 광고

PART 6

131-134 기사

> **B-B 창 인터내셔널, 시엠 테크놀로지 인수**
>
> 싱가포르 – B-B 창 인터내셔널(BBCI)은 지난 수요일, **131**그것이 4억 5천만 달러에 시엠 테크놀로지를 인수할 것이라고 발표했다.
>
> BBCI 대변인은 회사가 내년 말까지 수익을 두 배로 늘리리라 기대한다고 밝혔다. BBCI는 시엠 사가 **132**최근 새롭게 손 본 생산시설을 십분 활용하여 이를 달성할 계획이다. 네 곳 모두 최대치로 가동하고 있다.

금융전문가들은 시엥 인수로 말미암아 BBCI가 세계 유수의 회로 생산업체가 되리라 확신하고 있다. '이들은 133경쟁업체보다 훨씬 앞설 것'이라고 최고 애널리스트 로다 서튼 씨는 말했다.

B-B 창 사는 시엥의 현재 인력을 그대로 유지하면서 향후 5년간 시엥 공장들을 계속 정상 가동할 계획이다. BBCI는 134그 이후 추가 직원이 필요한지 여부를 평가할 예정이다.

어휘 announce 발표하다 valued at ~의 가치로 평가된 spokesperson 대변인 double one's profits 수익을 두 배로 만들다 by the end of next year 내년 말까지 accomplish 성취하다, 해내다 make full use of ~를 충분히 활용하다 recently updated 최근 업데이트된 production facility 생산시설 financial expert 금융전문가 acquisition 인수 circuit 회로 be well ahead of ~를 훨씬 앞서다 maintain 유지하다 current 현재의 workforce (특정 기업, 조직 등의 모든) 노동자 normal operation 정상 가동 evaluate 평가하다

131 인칭대명사의 격_주격

해설 빈칸은 명사절 접속사(that)가 이끄는 명사절 내의 주어 자리로, 앞에 있는 주어(B-B Chang International)를 대신 가리키고 있다. 따라서 정답은 (A) it이다. 복수 지시대명사 (C) those는 주어(B-B Chang International)와 수가 일치하지 않는다.

132 문맥에 맞는 문장 고르기

번역 (A) 다른 회사들의 제의는 거절했다.
(B) 네 곳 모두 최대치로 가동하고 있다.
(C) 내년에 다른 업체를 인수할 예정이다.
(D) 이번 거래는 분명 사기를 진작시킬 것이다.

해설 빈칸 앞의 '최근 새롭게 손 본 생산시설을 십분 활용하여(by making full use of Sieng's recently updated production facilities)'를 통해 시설을 최대로 활용할 계획임을 알 수 있다. 따라서 빈칸에는 시설들이 최대로 가동되고 있다는 내용이 이어지는 것이 자연스러우므로, 정답은 (B)이다.

어휘 at maximum capacity 최대치 용량으로, 완전 가동 시 transaction 거래 morale 사기, 의욕

133 명사 어휘

해설 빈칸 앞 전치사(ahead of)의 목적어 역할을 하는 명사 자리이다. 앞 문장의 '세계 유수의 회로 생산업체가 될 것(make BBCI the world's leading producer of circuits)'을 통해 경쟁업체보다 앞서 있음을 알 수 있으므로, 정답은 (D) competitors(경쟁업체, 경쟁자)이다. (A) critics(비평가), (B) suppliers(공급업체), (C) investors(투자자)는 문맥상 적합하지 않다.

134 부사 어휘

해설 빈칸에는 앞뒤의 문장을 자연스럽게 이어줄 부사가 필요하다. 앞에서 '현재 인력을 그대로 유지하면서 향후 5년간 시엥 공장들을 계속 정상 가동하다(to maintain Sieng's current workforce, with each of Sieng's factories continuing normal operations for the next five years)'라는 향후 5년간의 계획을 언급하고 있고, 뒤에는 '추가 직원이 필요한지 여부를 평가할 예정이다(will evaluate whether additional staff are needed)'라는 그 기간이 경과한 후의 계획을 밝히고 있다. 따라서 정답은 (B) After that time(그 이후)이다. (A) After all(결국), (C) As you requested(요청한대로), (D) As a matter of fact(사실상)은 문맥상 적합하지 않다.

135-138 공지

트레비소 인: 예약

트레비소의 호텔 숙박시설은 매우 135한정되어 있으므로 예약을 권장합니다. 예약은 1박 보증금 또는 1박을 초과하는 숙박기간의 전체 숙박료의 50%를 지불하여 이루어집니다. 예정된 도착일자보다 7일 이전에 이뤄진 취소 건은 전액 136환불됩니다. 138여하한 이유로 도착 예정일 1주일 이내에 예약을 취소해야 할 경우, 숙박 137기간 전체 요금이 청구됩니다. 이 규정은 이른 출발 건에도 역시 적용됩니다.

어휘 reservation 예약 recommend 권장하다 accommodation 숙박시설 deposit 보증금 room charge 숙박료 cancellation 취소 prior to ~에 앞서 scheduled 예정된 arrival date 도착일자 for some reason 어떤[여하한] 이유로 entire 전체의 be billed 청구되다

135 형용사 자리_과거분사

해설 빈칸은 앞에 있는 부사절 접속사(because)가 이끄는 부사절 내 주어(hotel accommodations in Treviso)를 보충 설명하는 형용사 자리로, 정답은 형용사와 같은 역할을 하는 과거분사 (D) limited(한정된)이다. 명사 (A) limitation(제한, 한정)과 동사/명사 (B) limit(한정하다; 한계, 경계)는 문맥상/품사상 적합하지 않다.

136 동사 어형_태와 시제

해설 빈칸 앞에 있는 과거분사구(made more than seven days prior to your scheduled arrival date)의 수식을 받는 주어(Cancellations) 뒤의 동사 자리이다. 문맥상 '예정된 도착일자보다 7일 이전에 이뤄진 취소 건은 환불된다'라는 수동의 의미가 자연스럽다. 수동인 (A) will be refunded와 (B) were refunded 중에 이 글은 예약에 따른 공지로 앞으로 일어날 일을 언급하고 있기 때문에, 정답은 미래시제 동사 (A) will be refunded이다.

137 명사 어휘

해설 빈칸은 형용사(entire)의 수식을 받는 명사 자리로, 뒤에 나오는 전치사구(of your stay)와도 잘 어울리는 명사를 찾아야 한다. 문맥상 '숙박 기간 전체'라는 의미가 자연스러우므로, 정답은 (C) length(기간, 길이)이다. (A) area(지역, 분야), (B) degree(학위, 정도), (D) week(주)는 문맥상 적합하지 않다.

138 문맥에 맞는 문장 고르기

번역 (A) 호텔 숙박객들은 저희 피트니스 센터를 이용하셔도 좋습니다.
(B) 이 규정은 이른 출발 건에도 역시 적용됩니다.
(C) 아울러 저희는 트레비소에 다른 호텔을 곧 개장할 예정입니다.
(D) 머무는 동안 즐거우셨기를 바랍니다.

해설 빈칸 앞 문장은 '여하한 이유로 도착 예정일 1주일 이내에 예약을 취소해야 할 경우, 숙박 기간 전체 요금이 청구된다(If, for some reason, a reservation must be cancelled within one week of your scheduled arrival date, charges for the entire length of your stay will be billed to you)'라는 예약 취소에 따른 환불 방침에 대해 언급하고 있다. 따라서 빈칸에도 이 규정과 관련된 내용이 이어지는 것이 문맥상 자연스러우므로, 정답은 (B)이다.

어휘 apply to ~에 적용되다

139-142 기사

노트북 기금 승인 받아

신기술이 페어몬트 학생들을 139찾아온다. 수잔 카이퍼 시장은 (지난) 화요일 140자신의 "테크 나우" 제안이 감리위원회의 승인을 받았다고 밝혔다. 투표는 6월 2일 월요일에 실시되었다.

해당 프로그램은 페어몬트 시의 학교마다 노트북 컴퓨터 구입 비용으로 3만 5천 달러를 할당해 준다. 학생들은 특별 과제, 학급 프로젝트 등 141일부 경우에 노트북을 집으로 가져갈 수 있지만 보통은 수업 142중에만 사용 가능할 예정이다.

어휘 fund 기금 approve 승인하다 proposal 제안 Board of Supervisors 감리위원회 allot 할당하다 purchase 구입 be allowed to ~하는 것이 허용되다 assignment 과제 normally 보통 available 사용 가능한

139 동사 어형_시제

해설 빈칸은 주어(New technology) 뒤의 동사 자리이다. 두 번째 단락의 현재시제 동사(allots), 미래시제 동사(will be allowed) 등을 참고로 승인된 내용이 앞으로 시행될 것임을 알 수 있으므로, 정답은 미래의 일정을 표현할 수 있는 현재진행 동사 (C) is coming이다.

140 문맥에 맞는 문장 고르기

번역 (A) 투표는 6월 2일 월요일에 실시되었다.
(B) 노트북은 할인 가격으로 구매될 것이다.
(C) 최종 결정이 매우 기대된다.
(D) 그럼에도 불구하고 시장은 결정에 계속 만족하고 있다.

해설 빈칸 앞의 '자신의 "테크 나우" 제안이 감리위원회의 승인을 받았다(her "Tech Now" proposal was approved by the Board of Supervisors)'를 통해 감리위원회의 회의가 있었음을 알 수 있다. 따라서 빈칸에는 감리위원회의 회의에 관련된 내용이 이어지는 것이 문맥상 자연스러우므로, 정답은 (A)이다.

어휘 at a discount rate 할인된 가격으로 highly anticipated 몹시 기대되는

141 부정대명사

해설 빈칸 뒤의 전치사구(of the time)의 수식을 받는 부정대명사 자리로, 뒤에 나오는 명사(time)가 셀 수 없는 명사이므로 불가산 명사와 쓰이는 부정대명사를 찾아야 한다. (A) some, (C) none, (D) all 중에 문맥상 '시간의 일부'라는 의미가 자연스러우므로, 정답은 (A) some이다. (B) many는 셀 수 있는 명사와 함께 쓰인다.

142 전치사 어휘

해설 빈칸은 명사(school hours) 앞에 위치할 알맞은 전치사를 찾는 문제이다. 문맥상 '수업 중에만 사용이 가능한'이라는 의미가 자연스러우므로, 정답은 기간을 나타내는 전치사 (C) during(~ 동안, ~ 중에)이다. (A) at, (B) on 뒤에는 시각, 요일, 날짜 등이 온다.

143-146 편지

9월 20일
에이미 엘러슨
벨고어 인슈어런스 그룹
126 선라이즈 로드
티넥, NJ 07666

엘러슨 씨께:

저희 번스타인 제지용품에서 고급 종이 25상자를 구매해 주셔서 감사합니다. 143귀하의 온라인 주문은 9월 18일에 접수되어 현재 배송 준비 중입니다. 주문하신 물품은 영업일 (기준으로) 5-7일 후에 받아 보실 수 있습니다.

귀사의 종이 수요를 위해 번스타인 제지용품으로 바꾸는 결정을 해 주셔서 감사드립니다. 감사의 뜻을 표하기 위해 금번 144최초 주문 건에 대해 5% 할인을 적용해 드리겠습니다. 145아울러 배송비 환불분도 넣었습니다. 동봉된 조정 청구서와 58.38달러 수표를 확인해 주시기 바랍니다.

번스타인 제지용품은 귀하를 146모시게 되어 기쁩니다. 향후 협력도 기대하겠습니다.

두리 윤
고객 서비스 팀장
동봉

어휘 purchase 구입 premium 고급의 shipping 배송 appreciate 감사하다 make the switch to ~로 바꾸다, 전환하다 show one's gratitude 감사의 뜻을 표명하다 apply a discount to ~에 할인을 적용하다 reimbursement 환급 shipping charge 배송비 enclosed 동봉된 adjusted 조정된 invoice 청구서 look forward to -ing ~하기를 고대하다 representative 직원, 대표

143 문맥에 맞는 문장 고르기

번역 (A) 수년간 애용해 주신 점을 무척 소중히 여깁니다.
(B) 그런데 주문액보다 초과 지불하신 것으로 보입니다.
(C) 주문하신 물품은 영업일 (기준으로) 5-7일 후에 받아 보실 수 있습니다.
(D) 안타깝게도 배송 지연을 알려드립니다.

해설 빈칸 앞 문장 '귀하의 온라인 주문은 9월 18일에 접수되어 현재 배송 준비 중입니다(Your online order was received on September 18 and is ready for shipping)'를 통해 배송 준비중임을 알 수 있다. 따라서 빈칸에는 배송일에 관한 내용이 이어지는 것이 문맥상 자연스러우므로, 정답은 (C)이다.

어휘 patronage 거래, 후원 overpay 초과 지불 business days 영업일, 평일

144 형용사 어휘

해설 빈칸은 뒤에 있는 명사(order)를 수식하는 형용사 자리이다. 앞 문장 '귀사의 종이 수요를 위해 번스타인 제지용품으로 변경한 것(to make the switch to Bernstein Paper Products for your company's paper needs)'을 통해 처음으로 번스타인 제지용품을 주문했음을 알 수 있으므로, 정답은 (C) initial(처음의, 초기의)이다. (A) upcoming(다가오는), (B) complimentary(무료의, 칭찬의), (D) sequential(잇따라 일어나는, 순차적인)은 문맥상 적합하지 않다.

145 부사 어휘

해설 빈칸에는 앞뒤 문장을 자연스럽게 이어줄 접속부사가 필요하다. 앞에서 '5% 할인(a 5 percent discount)'이라는 혜택을, 뒤에서 '배송비 환급분(a reimbursement of shipping charges)'이라는 추가 혜택을 언급하고 있으므로, 정답은 앞에 언급한 내용에 비슷한 내용을 추가할 때 쓰는 접속부사 (B) In addition(덧붙여, 게다가)이다. (A) However(하지만), (C) For instance(예를 들어), (D) Still(그럼에도, 여전히)은 문맥상 적합하지 않다.

146 to부정사 _ 부사적 용법

해설 빈칸 뒤의 인칭대명사(you)를 목적어로 취하면서 부사처럼 앞의 형용사(pleased)를 수식하는 자리이므로, 정답은 to부정사 (C) to welcome이다. be pleased to부정사(~하게 되어 기쁘다)를 통으로 외워 두자. 현재분사 (B) welcoming과 (D) having welcomed는 형용사와 같은 역할을 하므로, 앞의 과거분사를 수식할 수 없고, 동사 (A) welcomes는 앞에 접속사가 있어야 한다.

PART 7

147-148 영수증

영수증 번호 84502-11516
(이 영수증 번호를 편리한 곳에 보관하십시오. 고객서비스에 연락해야 할 경우 영수증 번호가 필요합니다.)

4월 17일 오후 6시 43분
자스민 샬리브 지불: 필그림 극장에 54달러
끝자리가 ****-1394인 신용카드로 청구
147내역: 5월 1일 금요일 오후 7시 30분 필립 대디언 콘서트 입장권
단가: 27달러 / 수량: 2매 / 액수: 54달러

중요: 148본 영수증을 출력하여 콘서트장에 가져가십시오. 종이 입장권은 발송되지 않습니다. 일찍 도착하여 매표소의 사전예약자 명단에서 이름을 꼭 확인하십시오. 입장권은 환불되지 않습니다.

어휘 receipt 영수증 handy 이용하기 편한 곳에 있는 payment 지불 be charged to ~로 청구되다 unit price 단가 quantity 수량 venue 장소 be sure to 반드시 ~하다 preorder 사전예약 nonrefundable 환불되지 않는

147 세부 사항

번역 샬리브 씨는 5월 1일에 무엇을 하려고 계획하는가?
(A) 극장에 전화하기
(B) 환불 요청하기
(C) 신용카드 청구대금 지불하기
(D) 음악행사에 참석하기

해설 영수증의 내역(Description) 부분의 5월 1일 금요일 오후 7시 30분 필립 대디언 콘서트 입장권(Tickets for Philip Dadian in concert Friday, May 1, 7:30 A.M.)에서 샬리브 씨가 콘서트에 참석할 예정임을 알 수 있으므로, 정답은 (D)이다.

▶▶Paraphrasing 지문의 concert → 정답의 a musical event

148 세부 사항

번역 샬리브 씨는 무엇을 가져가야 하는가?
(A) 신용카드
(B) 종이 입장권
(C) 영수증
(D) 신분증

해설 영수증의 중요(IMPORTANT) 부분에서 영수증을 출력해 콘서트장에 가져가라(Please print this receipt and bring it with you to the venue)고 했으므로 영수증을 가져가야 한다는 것을 알 수 있다. 따라서 정답은 (C)이다.

▶▶Paraphrasing 지문의 this receipt → 정답의 A copy of a receipt

149-151 청구서

오미크론 프리미어 서비스 주식회사
83 말레 스트리트
런던
WC1E 7HU

청구서: 1Z67HN2
150도착일자: 4월 3일

청구대상: 배송지:
존 광 박사 오버브룩 병원
오버브룩 병원 27 St. 스티븐 그린
 더블린, 아일랜드

물품번호	149품목	물품 가격
12B	149소형 반창고 5상자	£12
12C	149대형 반창고 10상자	£30
151431Z*	149대형 살균장갑 2상자	£5
10CD	149대형 무릎보조대 5개	£25
총액		£72

상품 수령 즉시 지불

151 * 물품 431Z는 현재 재고가 없어 추후 발송될 예정임.

어휘 description 품목, 종류 bandage 반창고 sterile 살균된 knee brace 무릎보조대 payment due 지불 기한 upon receipt of ~을 받는 대로 ship 배송하다 at a later date 후일에, 나중에 currently 현재 warehouse 창고

149 추론 / 암시

번역 오미크론 프리미어 서비스는 어떤 업체이겠는가?
(A) 병원
(B) 개인 병원
(C) 배송업체
(D) 의료품 공급업체

해설 표의 품목(Description) 부분의 '소형 반창고(Small Bandages)', '대형 반창고(Large Bandages)', '대형 살균장갑(Large Sterile Gloves)', '대형 무릎보조대(Large Knee Braces)'를 통해 의료품 공급업체임을 알 수 있으므로, 정답은 (D)이다.

150 세부 사항

번역 청구서에 따르면, 4월 3일에 무슨 일이 있을 것인가?
(A) 청구서가 변경될 것이다.
(B) 주문이 이뤄질 것이다.
(C) 지불한 금액이 환불될 것이다.
(D) 물건이 배송될 것이다.

해설 청구서의 도착날짜(Arrival Date: 3 April)를 통해 4월 3일에 주문 품이 도착할 예정임을 알 수 있으므로, 정답은 (D)이다.

▶▶Paraphrasing 지문의 Arrival → 정답의 will be delivered

151 사실 관계 확인

번역 장갑에 대해 명시된 것은?
(A) 현재 재고가 없다.
(B) 한 가지 크기만 있다.
(C) 더 이상 제조하지 않는다.
(D) 잘못된 상표이다.

해설 표의 대형 살균장갑(Large Sterile Gloves)의 품목번호(431Z)에 대한 추가설명 부분에서 물품 431Z는 현재 재고가 없어 추후 발송될 예정(*Item 431Z will be shipped at a later date as it is currently not in the warehouse)이라고 했으므로, 현재 재고가 없다는 것을 확인할 수 있다. 따라서 정답은 (A)이다.

▶▶Paraphrasing 지문의 currently not in the warehouse → 정답의 out of stock at the moment

152-153 문자 메시지

발신: 릭 바릴라, 10월 3일 목요일, 오전 8시 53분

마리아, 저는 베이크레스트 호텔에서 새 연회장 조명 시스템을 설치하고 있습니다. **152**조가 아파서 결근한다고 전화했는데 이 일은 혼자 하기엔 너무 벅찹니다. 이런 일은 예상 못했습니다. 작은 방들로 나눌 만한 넓은 공간이고, 호텔 측에서는 동시에 한 건 이상의 회의 또는 저녁식사가 일정이 잡힐 때 쓸 수 있는 프로그래밍 가능한 시스템을 원합니다. **153**스코트에게 전화해서 가서 저를 도와 달라고 얘기해 주시겠어요? 저는 스코트의 전화번호를 모릅니다.

어휘 install 설치하다 ballroom 연회장, 무도회장 lightning 조명 call in sick 아파서 결근한다고 전화하다 be divided into ~로 나뉘다 at the same time 동시에

152 세부 사항

번역 바릴라 씨에게 어떤 문제가 있는가?
(A) 아파서 일할 수 없다.
(B) 예정된 저녁식사에 참석할 수 없을 것이다.
(C) 큰 객실을 나누는 방법을 알지 못한다.
(D) 혼자서 일하기 어렵다.

해설 두 번째 문장에서 조가 결근했는데 일이 혼자 하기엔 너무 벅차다(Joe called in sick, and this job is too big to do alone)고 했으므로 혼자서는 일을 감당할 수 없다는 것을 알 수 있다. 따라서 정답은 (D)이다.

▶▶Paraphrasing 지문의 too big to do alone → 정답의 unable to do a job by himself

153 주제 / 목적

번역 바릴라 씨가 마리아에게 문자 메시지를 보낸 이유는?
(A) 호텔에서 있을 회의 일정을 조정하도록 하기 위해
(B) 호텔 연회장 행사를 취소하기 위해
(C) 전화해 달라고 부탁하기 위해
(D) 특수장비를 요청하기 위해

해설 지문 후반부에서 자신은 스코트의 전화번호를 모르니 스코트에게 전화해 도와 달라고 얘기해 달라(Can you phone Scott and ask him to come help me)고 했으므로 동료에게 전화를 걸어달라고 부탁하기 위해 문자 메시지를 보냈음을 알 수 있다. 따라서 정답은 (C)이다.

▶▶Paraphrasing 지문의 phone → 정답의 make a call

154-155 설문조사

브로드 레이크 인

브로드 레이크 인에 숙박해 주셔서 감사합니다. 저희는 고객 만족을 매우 중시하며 귀하의 의견을 환영합니다. **154**아래의 설문조사를 작성하셔서 체크아웃 시 프런트의 접수 담당자에게 주기기 바랍니다.

귀하는 브로드 레이크 인에 얼마나 만족하셨습니까?
범주 별로 하나를 골라 원으로 표시해 주십시오.

서비스	불만족	만족	매우 만족
청결	불만족	만족	매우 만족
외관	불만족	만족	매우 만족
레스토랑	불만족	만족	매우 만족

브로드 레이크 인을 다른 분께 추천하시겠습니까?
　　　　아니오　　　글쎄요　　　예

아래 공란에 전할 말씀이나 제안사항을 적어 주십시오.
전반적으로 호텔에서 멋진 경험을 했습니다. 직원들은 매우 친절했고 호텔은 무척 깨끗하고 편안했습니다. 설비가 잘 갖춰진 컴퓨터 센터 덕분에 많은 분량의 일을 끝낼 수 있었습니다. 그런데 레스토랑은 꽤 비쌌지만 음식은 딱히 맛있지 않았습니다.

155귀하의 의견에 관해 연락을 받고자 하시면 아래에 성함과 전화번호 또는 이메일 주소를 기입해 주십시오.

155미나 하타자
mhaataja@feridia.fi

어휘　customer satisfaction 고객 만족　appreciate 고마워하다, 환영하다　fill out a survey 설문조사서를 작성하다　receptionist 접수 담당자　front desk 프런트(호텔 등의 입구에서 계산, 접수 등의 업무를 보는 곳)　cleanliness 청결　appearance 외관　suggestion 제안, 의견　overall 전반적으로　well-equipped (설비 등이) 잘 갖춰진　particularly 특히　tasty 맛있는　regarding ~에 관해

154 세부 사항

번역　투숙객들은 무엇을 하라는 요청을 받는가?
(A) 작성한 서식 돌려주기
(B) 열쇠를 프런트에 맡기기
(C) 친구들에게 호텔에 대해 이야기하기
(D) 상을 탈 직원 추천하기

해설　설문의 첫 단락 세 번째 문장에서 아래의 설문조사를 기입해서 체크 아웃 시 프런트데스크의 접수 담당자에게 제출하라(Please fill out the survey below and leave it with the receptionist at the front desk when you check out)고 했으므로 설문지의 작성과 제출을 요청 받고 있음을 알 수 있다. 따라서 정답은 (A)이다. 참고로 고객 설문지에서 고객(guests/customers)은 주로 인칭대명사 you로 나타낸다.

▶▶Paraphrasing　지문의 fill out the survey below and leave it → 정답의 Return a completed form

155 추론 / 암시

번역　하타자 씨에 대해 암시된 것은?
(A) 숙련된 요리사다.
(B) 호텔업계 일자리를 원한다.
(C) 자주 출장을 간다.
(D) 자신의 숙박 경험에 관해 호텔 직원과 이야기 나누고 싶어한다.

해설　설문지의 마지막 단락에서 작성한 의견에 관해 연락받고 싶으면 아래에 성함과 전화번호 또는 이메일 주소를 기입해 달라(If you wish to be contacted regarding your feedback, please provide your name and phone number or e-mail address below)고

했으며, 이메일 주소(mhaataja@feridia.fi)를 남긴 것으로 보아 하타자 씨는 작성한 고객 의견서에 관해 연락 받는 것에 동의했다고 유추할 수 있으므로, 정답은 (D)이다.

156-157 온라인 채팅

| 버나뎃 라킨: [오후 1:51] |
| 온라인 교육 세션에 참가하는 것은 처음입니다. 방금 이메일의 회의 초청을 열어 참석 버튼을 클릭했어요. 맞죠? |
| 하워드 슐럽: [오후 1:52] |
| 맞습니다. 그러고 나서 접속코드 63119003을 입력해야 할 겁니다. |
| 버나뎃 라킨: [오후 1:54] |
| 156"접속 거부. 나중에 다시 시도하십시오"라는 메시지가 적힌 창이 뜹니다. 다른 코드를 넣어봐야 할까요? |
| 하워드 슐럽: [오후 1:55] |
| 156확인해 보겠습니다. |
| 버나뎃 라킨: [오후 1:55] |
| 아니면 제가 받은 초청에 문제가 있는 것일까요? |
| 하워드 슐럽: [오후 1:56] |
| 됐습니다. 156제가 접속코드 대신 회의 코드를 드렸군요. 882963을 입력해 보세요. |
| 버나뎃 라킨: [오후 1:57] |
| 됐어요. 감사합니다. |
| 하워드 슐럽: [오후 1:58] |
| 좋습니다. 157컴퓨터 스피커를 켜 두시고 화면 우측 상단에 있는 음소거 버튼을 클릭해 주세요. 강사의 목소리는 들리지만 그쪽에서 나는 잡음은 저희가 들을 수 없을 겁니다. |

어휘　participate in ~에 참가하다　access code 접속코드　deny 거부하다　issue 문제　instead of ~ 대신에　mute 소리를 줄이다　background noise (무선 송수신 때의) 잡음

156 의도 파악

번역　오후 1시 56분에 슐럽 씨가 "됐습니다"라고 쓸 때, 그 의도는 무엇인가?
(A) 회의를 시작하려는 참이다.
(B) 라킨 씨의 요청에 놀랐다.
(C) 문제의 원인을 알아냈다.
(D) 라킨 씨를 회의에 초청하고 싶다.

해설　라킨 씨의 오후 1시 54분 메시지에서 나중에 다시 시도하라는 접속 거부 메시지가 적힌 창이 뜬다면서 다른 코드를 넣어봐야 할지 (A window appeared with this message: "Access denied. Please try again later." Should I try a different code)를 묻자 슐럽 씨가 확인해 보겠다(Let me check on that)고 응답하고 있다. 슐럽 씨는 오후 1시 56분 메시지에서 접속코드 대신 회의 코드를 드렸다면서 882963을 입력해 보라(I gave you the meeting code instead of the access code. Try 882963)고 했으므로 문제점의 원인과 해결책을 찾았음을 알 수 있다. 따라서 '됐습니다(Here we go)'를 통해 문제의 원인을 파악했다는 것을 알리려 했음을 유추할 수 있으므로, 정답은 (C)이다.

어휘　determine 알아내다, 밝히다, 결정하다　cause 원인

157 추론 / 암시

번역 라킨 씨에 대해 무엇이 사실이겠는가?
(A) 최근 새 컴퓨터를 받았다.
(B) 회의 참석에 대한 허가를 받지 못했다.
(C) 종종 전화회의에 참석한다.
(D) 강의시간 동안 이야기할 필요가 없다.

해설 슐럽 씨의 오후 1시 58분 메시지에서 컴퓨터 스피커를 켜 두고 화면의 우측 상단에 있는 음소거 버튼을 클릭하면 강사의 목소리는 들리지만 그쪽에서 나는 잡음은 들을 수 없을 것(You'll be able to hear the trainer, but we won't hear any background noise from your side)이라고 했으므로 라킨 씨(You)의 수업이 주로 듣는 것과 관련되어 있다고 유추할 수 있다. 따라서 정답은 (D)이다.

어휘 permission 허가, 허락 conference call 전화회의

158-160 메모

> 수신: 사무실 전 직원
> 발신: 폴 선드퀴스트
> 제목: 문서 인쇄
> 날짜: 4월 5일 목요일
>
> ¹⁵⁸지난 분기 지출품의서를 바탕으로 보면 우리가 사무용품 비용을 줄여야 한다는 사실이 명백해집니다. 절약할 수 있는 한 가지 부분은 문서 인쇄 및 복사입니다.
>
> 우리 대다수가 회의록, 제품설명서 초안, 예산표 등 기본 문서를 컬러 인쇄해 왔습니다. ¹⁵⁹여러 색으로 된 문서가 흑백 문서보다 더 보기 좋고 눈길을 끌지만 컬러 잉크 카트리지는 매우 비쌉니다. 교체품을 자주 구입하면 결국 우리가 출장, 친목 행사 등에 지출할 비용이 줄어듭니다.
>
> 매사 부서 감독관 승인부터 받아야 하는 시스템을 도입하는 것보다 직원들이 인쇄 및 복사에 대해 스스로 결정을 내리는 편이 더 나을 것입니다. ¹⁶⁰시각적 매력이 유의미한 요소인 경우일 때를 제외하고는 컬러 사용을 보류하십시오. 고객용 홍보 전단이 명확한 예시입니다. 이 사안에 관심을 가져 주셔서 감사합니다.

어휘 expense report 지출품의서 reduce 줄이다 office supplies 사무용품 realize savings 절약을 실천하다 meeting minutes 회의록 draft 초안 budget sheet 예산표 multicolor 다색의 attractive 매력적인 attention-grabbing 관심을 끄는 black-and-white 흑백의 replacement 교체품 ultimately 결국, 궁극적으로 business travel 출장 social event 사교[친목] 행사 rather than ~보다 institute 도입하다 supervisor 감독관 prefer 선호하다 make one's own decision 스스로 결정하다 reserve 보류하다 visual 시각적인 relevant 유의미한, 적절한 factor 요인

158 주제 / 목적

번역 메모의 한 가지 목적은 무엇인가?
(A) 분기별 지출품의서 발행을 알리기 위해
(B) 직원들에게 예산 문제를 환기시키기 위해
(C) 문서의 오류를 직원들에게 알리기 위해
(D) 부서 절차에 대한 의견을 요청하기 위해

해설 첫 번째 단락에서 지난 분기 지출품의서를 바탕으로 보면 우리가 사무용품 비용을 줄여야 한다는 사실이 명백해진다(Based on the expense report from last quarter, it is clear that we must reduce our costs for office supplies)고 했으므로 직원들에게 지출을 줄여야 한다는 것을 알리기 위해 쓴 메모임을 알 수 있다. 따라서 정답은 (B)이다.

159 세부 사항

번역 직원들에게 무엇을 하라고 권고하는가?
(A) 기본 문서는 흑백 인쇄하기
(B) 동료들에게 다가오는 친목 행사 알리기
(C) 회의록을 이메일로 배포하기
(D) 고장 난 복사기에 대해 상사에게 보고하기

해설 두 번째 단락에서 대다수가 회의록, 제품설명서 초안, 예산표 등 기본 문서를 컬러 인쇄해 왔는데 여러 색으로 된 문서가 흑백 문서보다 더 보기 좋고 눈길을 끌지만 컬러 잉크 카트리지가 매우 비싸다(While multicolor documents are more attractive and attention-grabbing than black-and-white ones, color ink cartridges are very expensive)면서 기본문서는 흑백으로 인쇄하도록 우회적으로 권고하고 있다. 따라서 정답은 (A)이다.

160 문장 삽입

번역 [1], [2], [3], [4]로 표시된 자리 중 다음 문장이 들어가기에 가장 적절한 곳은?

"고객용 홍보 전단이 명확한 예시입니다."

(A) [1] (B) [2]
(C) [3] (D) [4]

해설 삽입 문장의 '고객용 홍보 전단이 명확한 예시입니다(Publicity flyers intended for clients are one obvious example)'를 통해 앞에서 예시를 들 만한 상황을 언급하고 있음을 알 수 있다. [4]번 앞 문장에서 시각적 매력이 유의미한 요소인 경우를 제외하고는 컬러 사용을 보류하라(Please reserve the use of color for only those cases where visual appeal is a relevant factor)면서 시각적 요소가 꼭 필요한 경우의 예시를 들 만한 상황을 나타내고 있으므로, 정답은 (D)이다.

161-163 기사

> **주차 관련 조사 기대돼**
>
> 숨리타 주민, 기업체, 방문객 등 다수가 시 관계자에게 주차 공간이 충분치 않다는 우려를 표명해왔다. ¹⁶¹일부는 향후 2년 내에 두 번째 주차장 건물을 건설하자고 요구하기도 했다.
>
> 턴브리지 패스턴 어소시에이츠가 이끄는 자료 수집 프로젝트가 화요일에 시작하기로 예정되면서 ¹⁶²시 관계자들이 평소 주중, 저녁 시간대, 도심에서 행사가 열릴 때 가장 몰리는 시간대 등의 주차 문제가 어느 정도인지 곧 파악할 수 있게 될 전망이다. 조사가 완료되면 지역 내 모든 공공 및 사설 주차 공간의 최신 목록과 평소 이용률이 나온다.

해설	163"사람들은 신규 업체 네 곳과 지난 5년간 보아 온 주택 사업으로 수요가 증가했다고 경험담을 이야기합니다." 기획담당관 아카시 싱 씨의 설명이다. "하지만 비용이 많이 드는 다른 주차장 건물을 고려하기에 앞서 확실한 데이터가 필요하다."
어휘	await 기다리다, 기대하다 resident 주민 express concerns 우려를 표명하다 official 관계자, 공무원 call for ~을 요구하다 construction 건설, 건립 parking garage 주차장 (건물) data-collection 자료 수집 extent 정도 typical 보통의, 일반적인 take place 개최되다, 일어나다 complete 완료하다 inventory 재고목록 rate of use 사용률, 이용률 anecdotally 일화로 demand 수요 residential 주거의 hard data 확실한 데이터

161 세부 사항

번역 숨리타에는 현재 몇 개의 주차장 건물이 있는가?

(A) 1 (B) 2
(C) 3 (D) 4

해설 첫 번째 단락에서 일부는 향후 2년 내에 두 번째 주차장 건물을 건설할 것을 요구하기도 했다(Some have called for construction of a second parking garage in the next two years)고 했으므로 현재 주차장이 하나임을 알 수 있다. 따라서 정답은 (A)이다.

162 사실 관계 확인

번역 기사에서 조사에 대해 명시된 것은?

(A) 인근 지역 세 곳의 주차장 수요를 조사할 것이다.
(B) 다양한 시간대의 주차장 수요를 평가할 것이다.
(C) 턴브리지 패스턴 어소시에이츠가 비용을 지불할 것이다.
(D) 숨리타 기획담당관에 의해 실시될 것이다.

해설 두 번째 단락에서 시 관계자들이 평소 주중, 저녁 시간대, 도심에서 행사가 열릴 때 가장 몰리는 시간대 등의 주차 문제가 어느 정도인지 곧 파악할 수 있게 될 전망(town officials will soon learn the extent of the parking problem on a typical weekday, during the evening, and at peak times when events are taking place in the center of town)이라고 했으므로 다양한 시간대의 주차 수요를 파악하고 있음을 알 수 있다. 따라서 정답은 (B)이다.

어휘 local 지역의 various 다양한 conduct 실시하다, 수행하다

▶▶Paraphrasing 지문의 learn the extent of the parking problem on a typical weekday, during the evening, and at peak times
→ 정답의 measure the demand for parking at various times

163 문장 삽입

번역 [1], [2], [3], [4]로 표시된 자리 중 다음 문장이 들어가기에 가장 적절한 곳은?

"하지만 비용이 많이 드는 다른 주차장 건물을 고려하기에 앞서 확실한 데이터가 필요하다."

(A) [1] (B) [2]
(C) [3] (D) [4]

해설 삽입 문장은 하지만 비용이 많이 드는 다른 주차장 건물을 고려하기에 앞서 확실한 데이터가 필요하다(But we need hard data before we can consider another costly parking garage)는 의미로, 앞에서는 삽입 문장과 반대(But)로 주차장 건설의 강한 필요성을 언급하고 있음을 알 수 있다. [4]번 앞 문장에서 사람들은 신규 업체 네 곳과 지난 5년간 보아 온 주택 사업으로 수요가 증가했다고 경험담을 이야기한다(Anecdotally people say that demand has increased with the four new businesses and the residential projects we've seen in the last five years)면서 주차장 건설에 대한 수요의 증가를 설명하고 있으므로, 정답은 (D)이다.

164-167 웹사이트

| 홈 | 주제 안내 | 최근 여론조사 | 연락처 |

폰드레스
귀하의 의견은 중요하기 때문입니다

폰드레스 코퍼레이션은 30년 이상 164현재의 쟁점들에 대한 여론조사를 실시해 왔습니다. 165(C), (D)모든 여론조사는 특정 여론조사 지역에 거주하는 18세 이상 성인을 대상으로 한 전화 인터뷰로 이루어집니다. 한 여론조사 지역에 거주하는 성인 모두가 연락 받을 기회를 공평하게 받을 수 있도록 165(A)잠재적 인터뷰 대상자는 영업 중인 교환국 전체에서 전화번호를 무작위로 생성하는 컴퓨터에 의해 선별됩니다.

오늘날 세계에서 벌어지는 일에 대한 사람들의 의견을 알아보시려면 저희 '최근 여론조사' 페이지를 방문하십시오. 166새로운 여론조사 결과가 매주 게시되며 모든 여론조사는 온라인으로 저장되고 이용 가능합니다. 주제별 여론조사 결과를 찾고 싶으시면 '주제 안내' 페이지로 가십시오. 167폰드레스에서 작성한 표, 차트, 기타 그래픽 등을 복제하고자 하시면 '연락처' 페이지로 가서 승인 부서를 클릭하십시오. 사용하기 쉬운 온라인 양식이 있어 해당 정보의 사용 방법과 사용처를 자세히 기입할 수 있습니다. 대개 제출 후 24시간 이내에 회신해 드립니다.

어휘 subject 주제 latest 최신의 poll 여론조사, 투표 matter 중요하다 conduct 실시하다 public opinion poll 여론조사 current 현재의 issue 쟁점 adult 성인 specific 특정한 polling area 투표구 potential 잠재적인 randomly 무작위로 generate 생성하다 publish 게재하다, 게시하다 accessible 이용 가능한 search for 찾다 reproduce 복제하다, 복사하다 permission 승인, 허가 easy-to-use 사용하기 쉬운 fill out 기입하다, 작성하다 in most cases 대개의 경우에 response 응답 submission 제출

164 동의어 찾기

번역 첫 번째 문단, 첫 번째 줄에 나오는 "current"와 의미상 가장 가까운 것은?

(A) 움직이는 (B) 습관적인
(C) 현대의 (D) 순간적인

해설 해당 문장은 '폰드레스 코퍼레이션은 30년 이상 현재의 쟁점들에 대한 여론조사를 실시해 왔습니다'라는 의미로 해석되는데, 여기서 current는 문맥상 '현재의, 지금의'라는 의미가 자연스러우므로, 정답은 (C) contemporary(현대의, 동시대의)이다.

어휘 customary 습관적인, 관행적인 contemporary 현대의, 동시대의 momentary 순간적인

165 사실 관계 확인

번역 여론조사 참가자에 대해 언급되지 않은 것은?
(A) 무작위로 선정된다.
(B) 그룹 단위로 인터뷰한다.
(C) 전화로 인터뷰한다.
(D) 성인이다.

해설 첫 번째 단락 마지막 문장 잠재적 인터뷰 대상자는 영업 중인 교환국 전체에서 전화번호를 무작위로 생성하는 컴퓨터에 의해 선별된다(potential interviewees are selected by a computer that randomly generates phone numbers from all working exchanges)를 통해 (A)를, 두 번째 문장의 모든 투표는 특정 투표구에 거주하는 18세 이상 성인을 대상으로 한 전화 인터뷰로 이루어진다(All our polls are based on telephone interviews with adults 18 years of age or older who live in specific polling areas)를 통해 (C)와 (D)를 확인할 수 있다. 따라서 정답은 언급되지 않은 (B)이다.

▶▶Paraphrasing 지문의 based on telephone interviews
→ 보기의 interviewed over the phone

166 사실 관계 확인

번역 폰드레스 코퍼레이션에 대해 명시된 것은?
(A) 매주 웹사이트를 업데이트한다.
(B) 여러 곳에 지사가 있다.
(C) 새 직원을 찾고 있다.
(D) 논픽션 도서를 발행한다.

해설 두 번째 단락의 두 번째 문장에서 새로운 투표 결과가 매주 게시되며 모든 투표 내용은 저장되어 온라인으로 이용 가능하다(New polls are published weekly, and all polls are stored and accessible online)고 했으므로, 매주 웹사이트에 새로운 투표 결과를 게시한다는 것을 알 수 있다. 따라서 정답은 (A)이다.

어휘 multiple 다수의, 다양한 location 위치, 장소 search for ~을 찾다, 모색하다 nonfiction 논픽션

▶▶Paraphrasing 지문의 New polls are published weekly, and all polls are stored and accessible online
→ 정답의 updates its Web site every week

167 세부 사항

번역 독자들은 그래픽을 복제하려면 어떻게 승인을 받을 수 있는가?
(A) 이메일을 보내서
(B) 전화를 걸어서
(C) 종이 양식을 제출해서
(D) 온라인으로 정보를 제공해서

해설 두 번째 단락 후반부에서 폰드레스에서 작성한 표, 차트, 기타 그래픽 등을 복제하려면 '연락처' 페이지로 가서 승인 부서를 클릭하고 사용하기 쉬운 온라인 양식이 있어 해당 정보의 사용 방법과 사용처를 자세히 기입할 수 있다(If you would like to reproduce tables, charts, or any other graphics created by Pondress, ~ where you intend to use the information)고 했으므로 웹페이지의 양식에 정보를 기입함으로써 복제 승인을 받을 수 있음을 알 수 있다. 따라서 정답은 (D)이다.

▶▶Paraphrasing 지문의 to fill out with details about how and where you intend to use the information
→ 정답의 providing information

168-171 기사

소기업 전문가, 상파울루에 오다

상파울루 (5월 19일) – 168《로스앤젤레스 크로니클》지가 '소기업 전문가'라는 별칭을 붙인 안젤로 아제베도가 제1회 연례 상파울루 소기업 엑스포(SPSBE)의 기조연설자로 나설 예정이다. 엑스포는 6월 3일부터 5일까지 상파울루 이벤트센터에서 개최된다. 2천 명 이상의 소기업 경영인이 워크숍에 참가하며 부스에서 자신의 업체를 소개하는데 관람객들은 여기서 정보를 수집하고 문의할 수 있다.

SPSBE의 보도 자료에 따르면, 169아제베도 씨는 작년에 출판한 자신의 베스트셀러 《창업 성공에 이르는 열쇠》에 나온 많은 아이디어들을 강조할 예정이다. 아제베도 씨는 신규 사업 계획 착수에 앞서 반드시 내려야 할 주요 결정이 몇 가지 있다고 확신한다. "자신이 팔고 싶은 물건을 만들겠다는 생각으로 뛰어들어서는 안 된다." 아제베도 씨가 저서에 쓴 내용이다. "170사람들이 사고 싶어하는 제품을 만들어야 한다. 이것이 제일 규칙이다. 사업이 성공하길 바란다면 이 점을 제대로 이해하는 것이 절대적으로 필요하다."

아제베도 씨는 지난 10년 간 거주한 로스앤젤레스에서 성공한 사업체를 다수 소유하고 있다. "171저는 원래 상파울루 출신입니다." 아제베도 씨는 말했다. "171그래서 제가 할 수 있는 어떤 방식으로든 출발점이 된 지역사회를 돕고 싶었습니다. 이것이 제가 이번 엑스포 참가 초청을 수락한 이유입니다. 거기에 소기업주들에게 중요한 기회가 있습니다. 이 간단하지만 중요한 지침을 따르는 일은 저와 많은 성공한 소기업주들에게 효과가 좋았습니다."

엑스포 입장권은 R$100이며 엑스포 웹사이트 www.saopauloexpo.com/br에서 구매할 수 있다.

어휘 expert 전문가 dub 별명을 붙이다 keynote speaker 기조연설자 annual 연례의 take place 개최되다 entrepreneur 기업가 attend 참석하다 showcase 공개하다 collect information 정보를 수집하다 press release 보도자료 highlight 강조하다 key decision 주요 결정 launch into ~를 시작하다 scheme 계획 absolutely 절대적으로 essential 필수적인 outstanding 중요한 be purchased through ~을 통해[에서] 구매하다

168 주제 / 목적

번역 기사의 주요 내용은 무엇인가?
(A) 신규업체 창업
(B) 마케팅의 새로운 동향
(C) 기업체 경영주의 행사 참가
(D) 소기업 운영의 이점

해설 첫 번째 단락 첫 문장에서 〈로스앤젤레스 크로니클〉지가 '소기업 전문가'라는 별칭을 붙인 안젤로 아제베도가 제1회 연례 상파울루 소기업 엑스포(SPSBE)의 기조연설자로 나설 예정(Angelo Azevedo, dubbed the "small-business expert" by The Los Angeles Chronicle, will be the keynote speaker at the first annual São Paulo Small Business Expo(SPSBE))이라고 했으므로 아제베도 씨의 엑스포 참가를 알리기 위해 쓴 기사임을 알 수 있다. 따라서 정답은 (C)이다.

어휘 trend 동향 participation 참가 benefit 혜택, 이점

▶Paraphrasing
지문의 the "small-business expert"
→ 정답의 A business leader
지문의 the first annual São Paulo Small Business Expo → 정답의 an event

169 세부 사항

번역 기사에 따르면, 아제베도 씨가 최근 한 일은 무엇인가?
(A) 저서를 집필했다.
(B) 상을 수여했다.
(C) 워크숍을 이끌었다.
(D) 상파울루로 여행을 갔다.

해설 두 번째 단락의 첫 문장에서 아제베도 씨는 작년에 출판한 자신의 베스트셀러 〈창업 성공에 이르는 열쇠〉에 나온 많은 아이디어들을 강조할 예정(Mr. Azevedo will highlight many of the ideas from his best-selling book Keys to Startup Success, published just last year)이라고 했으므로, 아제베도 씨가 지난해 책을 출판했다는 것을 알 수 있다. 따라서 정답은 (A)이다.

▶Paraphrasing
지문의 just last year → 질문의 recently
지문의 his best-selling book Keys to Startup Success, published
→ 정답의 He wrote a book.

170 세부 사항

번역 아제베도 씨는 창업자가 가장 중요하게 고려할 사항은 무엇이라고 말하는가?
(A) 제품을 공격적으로 마케팅하기
(B) 소비자에게 매력적인 제품 개발하기
(C) 비용 효율이 높은 방식으로 제품 제조하기
(D) 사업주가 열정을 느끼는 제품 만들기

해설 두 번째 단락의 후반부에서 사람들이 사고 싶어하는 제품을 만드는 것이 제일 규칙(You have to create a product people want to buy. This is rule number one)이라고 했으므로, 사람들이 원하는 제품을 만드는 것이 가장 중요한 고려사항임을 알 수 있다. 따라서 정답은 (B)이다.

어휘 aggressively 공격적으로 attractive 매력적인 consumer 소비자 cost-effective 비용 효율이 높은, 저렴한 passionate 열정적인, 갈망하는

▶Paraphrasing
지문의 rule number one
→ 질문의 the most important consideration
지문의 create a product people want to buy → 정답의 Developing a product that is attractive to consumers

171 세부 사항

번역 아제베도 씨가 엑스포에 참가하기로 결정한 이유는?
(A) 신문기사를 위해 조사를 하고 있다.
(B) 직원 몇몇을 채용하고자 한다.
(C) 매출을 늘릴 방법을 찾고 있다.
(D) 고향의 기업가들을 지원하고 싶어한다.

해설 세 번째 단락에서 아제베도 씨는 원래 상파울루 출신(I'm originally from São Paulo)이며 자신이 할 수 있는 어떤 방식으로든 출발점이 된 지역사회를 돕고 싶었으며 이것이 이번 엑스포 참가 초청을 수락한 이유(So I wanted to help the community where I got my start in any way I could, which is why I accepted the invitation to participate in the Expo)라고 했으므로, 출신지인 상파울루를 돕기 위해 엑스포에 참가했음을 알 수 있다. 따라서 정답은 (D)이다.

▶Paraphrasing
지문의 accepted the invitation to participate → 질문의 decide to participate
지문의 to help the community where I got my start → 정답의 to support entrepreneurs in his hometown

172-175 온라인 채팅

리언 바코프 [오전 9:42]
모두들 안녕하세요. 172방금 회의실에 도착했는데 프로젝터에 문제가 있습니다. 계속 꺼지네요. 이유 아시는 분 있습니까?

웨인 프레스턴 [오전 9:44]
저도 지난번에 겪었어요. 회색 리셋 버튼을 눌러보세요.

애나 머츠 [오전 9:44]
173오늘 아침 9시 30분까지 모든 것이 준비되어야 하는 것 아닌가요? 172신입사원들이 도착하기 전에 만반의 준비가 되면 좋겠네요.

리언 바코프 [오전 9:48]
173캐롤 하인즈 씨가 하기로 되어 있었는데 회의실에 다른 회의가 있었고 회의가 늦게 끝났어요. 캐롤이 기다릴 수가 없어서 저에게 회의실이 비면 준비해 달라고 했습니다.

리언 바코프 [오전 9:49]
174아뇨, 안 되네요. 웨인, 이리로 내려와 주시겠어요?

웨인 프레스턴 [오전 9:50]
가고 있어요.

애나 머츠 [오전 9:51]
그 외엔 모두 준비됐나요?

리언 바코프 [오전 9:52]
네. 슬라이드는 준비됐습니다. 다 괜찮은지 확인하려고 동료 몇 명을 통해 구동해 봤습니다. 발표자료와 신입사원이 작성해야 하는 서류 전체를 출력해 두었습니다.

애나 머츠 [오전 9:55]
좋아요. 175제가 12시에 거기로 가서 모두를 데리고 점심식사를 하러 간 다음 경비실에서 명찰을 가져올게요. 이후에 서류도 걷을 테니 그 전에 모두 작성 완료해 주세요. 오리엔테이션 나머지 세션을 위해 1시 30분에 다시 데려오겠습니다.

리언 바코프 [오전 9:59]
175**감사합니다.** 이제 프로젝터가 잘 작동합니다. 웨인이 다른 전원코드를 연결했습니다.

> 어휘 get in ~에 도착하다 conference room 회의실 have some trouble with ~에 문제가 있다 shut off 멈추다 be supposed to ~하기로 되어 있다 new hire 신입사원 otherwise 그 외에는 colleague 동료 hard copy 출력된 자료 fill out 작성하다, 기입하다 security office 경비실, 보안사무실 complete 완료하다 attach 부착하다

172 세부 사항

번역 바코프 씨는 무엇을 준비하고 있는가?
(A) 신입사원 교육
(B) 머츠 씨와의 회의
(C) 문서 복사
(D) 회의에서의 발표

해설 바코프 씨는 오전 9시 42분 메시지에서 방금 회의실에 도착했다(I just got in the conference room)고 했으며 머츠 씨는 오전 9시 44분 메시지에서 신입사원들이 도착하기 전에 모두 준비할 수 있었으면 좋겠다(I hope we'll be able to get everything ready before the new hires start arriving)고 했다. 바코프 씨는 회의실에서 신입사원을 위한 행사를 준비하고 있음을 알 수 있으므로, 정답은 (A)이다.

▶▶Paraphrasing 지문의 the new hires → 정답의 new employees

173 세부 사항

번역 회의실이 오전 9시 30분까지 준비되지 않은 이유는 무엇인가?
(A) 프로젝터가 설치되지 않았다.
(B) 회의가 정시에 끝나지 않았다.
(C) 하인즈 씨가 직장에 있지 않았다.
(D) 신입사원들이 늦게 도착했다.

해설 머츠 씨가 오전 9시 44분 메시지에서 오늘 아침 9시 30분까지 모든 것이 준비되어야 하는 것이 아닌지(Wasn't everything supposed to be set up by 9:30 this morning) 확인하자 바코프 씨가 오전 9시 48분 메시지에서 원래 캐롤 하인즈 씨가 하기로 되어 있었는데 회의실에 다른 회의가 있었고 늦게 끝났다(there was another meeting in the room and it ran late)고 준비가 늦어진 이유를 밝히고 있으므로, 정답은 (B)이다.

▶▶Paraphrasing 지문의 ran late → 정답의 did not end on time

174 의도 파악

번역 오전 9시 50분에 프레스턴 씨가 "가고 있어요"라고 쓸 때, 그 의도는 무엇인가?
(A) 출근하는 중이다.
(B) 점심식사를 위해 머츠 씨를 만날 것이다.
(C) 일부 슬라이드 검토를 마칠 것이다.
(D) 바코프 씨를 돕기 위해 가고 있다.

해설 바코프 씨가 오전 9시 49분 메시지에서 안 된다면서 프레스턴 씨에게 이리로 내려와 달라(No, that doesn't work. Wayne, can you come down here)고 요청하자 프레스턴 씨가 가고 있다(On my way)고 응답하고 있다. 따라서 프레스턴 씨는 바코프 씨를 도와 주고자 한다는 것을 알 수 있으므로, 정답은 (D)이다.

어휘 travel to work 통근하다

175 세부 사항

번역 정오에 무슨 일이 있을 것인가?
(A) 직원들이 발표를 들을 것이다.
(B) 직원들이 경비실에서 돌아올 것이다.
(C) 머츠 씨가 회의실로 올 것이다.
(D) 바코프 씨가 일부 서류 작성을 완료할 것이다.

해설 머츠 씨가 오전 9시 55분 메시지에서 12시에 거기로 가서 모두를 데리고 점심식사를 하러 간 다음 경비실에서 명찰을 가져오겠다(I'll be there at noon to take everyone to lunch and then to the security office to pick up their badges)고 하자 바코프 씨가 오전 9시 59분 메시지에서 감사하다(Thanks)고 했다. 머츠 씨는 바코프 씨가 있는 회의실로 갈 것임을 알 수 있으므로, 정답은 (C)이다.

▶▶Paraphrasing 지문의 I'll be there → 정답의 Ms. Mertz will go to the conference room

176-180 광고 + 이메일

보리켄 아일랜더

보리켄 아일랜더는 푸에르토리코의 지역 최대 차량 대여 업체입니다. 가능한 최저 가격에 다양한 차량을 제공합니다. 어떤 업체든 지역 경쟁 업체에서 더 낮은 가격으로 이용하신다면 해당 가격에 맞춰 드리고 연료를 가득 채울 비용을 드립니다! 대여용으로 다음 차량들이 있습니다.

차량 등급	176 (B), (D)차량	176 (A)주당 요금
이코노미	승객 4인과 대형가방 2개에 맞는 2도어	$199.00
177콤팩트	승객 4인과 대형가방 3개에 맞는 4도어	$229.00
스탠더드	승객 5인과 대형가방 4개에 맞는 4도어	$259.00
프리미엄	승객 5인과 대형가방 5개에 맞는 4도어	$309.00

목록에 있는 가격은 저희 고객 서비스 카운터에서 직접 지불하는 경우를 의미합니다. 할인가격 및 차량 유형별 특징에 대한 세부사항은 저희 웹사이트 www.borikenislander.com에 나와 있습니다. 비용을 더 줄이고 싶습니까? 179 **그렇다면 4월과 5월에 저희 서비스를 이용하시고 주당 요금에서 추가로 10% 할인을 받으십시오.**

> 어휘 locally owned 지역의 offer 제공하다 a range of 다양한 at the lowest possible price 가능한 최저 가격으로 rate 요금 competitor 경쟁업체 available 이용 가능한 weekly rate 주당 요금 suitable for ~에 적합한 refer to ~를 나타내다 in person 직접, 몸소 discounted rate 할인요금 feature 특징, 기능 additional 추가의

TEST 5

수신: customerservice@borikenislander.com
발신: mgutierrez@rotpa.net
날짜: **179**4월 4일
제목: 문의

안녕하세요.

179저는 이번 달 후반부에 푸에르토리코로 출장을 갈 예정입니다. 그래서 예약을 하려고 귀사의 웹사이트를 방문했습니다. **177**세 명의 동료와 함께 출장을 갈 예정이고 동료들이 편안하게 가도록 신경 쓰고 싶어서 4도어 차량을 예약할 계획입니다. 동시에 예산이 한정되어 있어, 이 유형 중 가장 저렴한 차량을 예약하고자 합니다.

그러나 예약을 마무리하기 전에 제가 얻고 싶은 두 가지 정보가 있습니다만, 둘 다 사이트에서 찾을 수가 없었습니다. **178**첫째, 산후안 지점에서 차량을 인수하고 대여기간 종료 시 폰세나 아과디야 지점에 인계하면 인계비용이 부과되나요? **180**둘째, 저는 그 섬의 도로와 교통에 익숙하지 않아서 주문사항에 내비게이션 시스템을 추가하고 싶습니다. 가능할까요? 만약 가능하다면, 주당 비용은 얼마인가요?

도와 주셔서 감사합니다.

막달레나 구티에레즈

어휘 travel on business 출장 가다 make a reservation 예약하다 be mindful of ~를 염두에 두다, ~에 신경 쓰다 comfort 안락함 limited budget 한정된 예산 intend to ~하고자 하다 the least expensive 가장 저렴한 finalize 마무리하다 locate 찾다 branch 지점 drop ~ off ~를 인계하다 rental period 대여기간 charge 요금을 부과하다 be unfamiliar with ~에 익숙하지 않다

176 사실 관계 확인

번역 보리켄 아일랜더의 광고에 포함되지 않은 정보는?

(A) 차량 대여료
(B) 차량 유형별 수용 가능한 인원수
(C) 차량 유형별 보통 사용하는 연료의 양
(D) 차량 유형별 트렁크의 크기

해설 광고의 표에서 주당 요금(Weekly rate) 부분을 통해 (A)를, 차량(Description) 부분의 승객 4인과 대형가방 2개에 맞는 2도어(2-door vehicle suitable for 4 passengers and 2 large bags), 승객 4인과 대형가방 3개에 맞는 4도어(4-door vehicle suitable for 4 passengers and 3 large bags), 승객 5인과 대형가방 4개에 맞는 4도어(4-door vehicle suitable for 5 passengers and 4 large bags), 승객 5인과 대형가방 5개에 맞는 4도어(4-door vehicle suitable for 5 passengers and 5 large bags)를 통해 (B)와 (D)를 확인할 수 있다. 따라서 정답은 언급되지 않은 (C)이다.

어휘 accommodate 수용하다 luggage space 트렁크

> ▶▶Paraphrasing 지문의 **Weekly rate** → 보기의 **The rental prices**
> 지문의 **suitable for**
> → 보기의 **can accommodate**
> 지문의 **large bags** → 보기의 **luggage**

177 연계

번역 구티에레즈 씨는 어떤 유형의 차량을 대여하겠는가?

(A) 이코노미
(B) 콤팩트
(C) 스탠더드
(D) 프리미엄

해설 이메일의 첫 번째 단락에서 세 명의 동료와 함께 출장을 갈 예정이고 동료들이 편안하게 가도록 신경 쓰고 싶어서 4도어 차량을 예약할 계획(I plan to rent a 4-door vehicle)인데 예산이 한정되어 있어, 이 유형 중 가장 저렴한 차량을 예약하고자 한다(I am on a limited budget, so I intend to book the least expensive vehicle of this type)고 했으므로 구티에레즈 씨는 4도어 차량 중 가장 저렴한 것을 빌리고자 한다는 것을 알 수 있다. 광고의 표를 보면 4도어 중 가장 저렴한 차량은 '콤팩트(Compact)'임을 확인할 수 있으므로, 정답은 (B)이다.

178 사실 관계 확인

번역 보리켄 아일랜더에 대해 명시된 것은?

(A) 푸에르토리코의 다양한 도시에 지점이 있다.
(B) 고객은 주로 사업가들이다.
(C) 온라인 예약에 대해 현금보증금을 부과한다.
(D) 국제적인 기업 소유이다.

해설 이메일 두 번째 단락에서 산후안 지점에서 차량을 인수하고 대여기간 종료 시 폰세나 아과디야 지점에 인계하면 인계비용이 부과되는지(if I pick up the car at your branch in San Juan and drop it off at either your Ponce or Aguadilla branch at the end of the rental period, will I be charged a drop-off fee)를 묻고 있다. 따라서 보리켄 아일랜더가 여러 도시에 지점을 갖고 있다는 것을 확인할 수 있으므로, 정답은 (A)이다.

> ▶▶Paraphrasing 지문의 **branch** → 정답의 **locations**

179 연계

번역 구티에레즈 씨에 대해 암시된 것은?

(A) 전에 푸에르토리코를 방문한 적이 있다.
(B) 할인요금을 적용 받을 요건이 된다.
(C) 종종 보리켄 아일랜더와 거래한다.
(D) 다른 여행객이 그녀를 해당 대여업체에 보냈다.

해설 구티에레즈 씨가 이메일을 쓴 날짜(April 4)와 첫 번째 단락에서 이번 달 후반부에 푸에르토리코로 출장을 갈 예정(I will be traveling to Puerto Rico on business during the second half of this month)이라고 했으므로, 4월에 푸에르토리코로 간다는 것을 알 수 있다. 광고 마지막 문장에서 4월과 5월에 서비스를 이용하고 주당 요금에서 추가로 10% 할인을 받으라(Use our services during April and May and receive an additional 10% off the weekly rate)고 했다. 4월에 푸에르토리코로 가는 구티에레즈 씨는 할인 조건을 충족함을 알 수 있으므로, 정답은 (B)이다.

어휘 eligible for ~을 받을 자격이 되는 frequently 종종, 자주

> ▶▶Paraphrasing 지문의 **an additional 10% off the weekly rate**
> → 정답의 **a discounted rate**

180 세부 사항

번역 이메일에 따르면, 구티에레즈 씨가 찾는 정보 중 하나는 무엇인가?

(A) 업체의 영업시간
(B) 업체의 예약 절차
(C) 이용 가능한 차량 유형에 대한 추가 세부사항
(D) 내비게이션 장비 이용 가능성

해설 이메일 두 번째 단락에서 구티에레즈 씨는 섬의 도로와 교통에 익숙하지 않아서 주문사항에 내비게이션 시스템을 추가하고 싶다면서 가능한지(I am unfamiliar with the roads and the traffic on the island, so I would like to add a navigation system to my order. Would that be possible) 묻고 있다. 내비게이션 시스템의 이용 가능성에 대해 문의하고 있으므로, 정답은 (D)이다.

어휘 business hours 영업시간　procedure 절차　availability 이용[입수] 가능성

▶▶ **Paraphrasing**　지문의 a navigation system
→ 정답의 a navigation device
지문의 possible → 정답의 The availability

181-185 웹사이트 + 공지

http://www.mooneycounty.com

| 홈 | 지역 | 식사 | 하이킹 | 쇼핑 |

181무니 카운티 지역

181, 182하버 디스트릭트는 가장 인기 있는 식당 및 밤문화로 유명하며 힐버 스트리트를 따라가면 찾을 수 있다. 인근 지역은 다양한 이국 전통 요리를 제공하는 것으로 유명하다.

181웨스트 엔드는 화가와 음악가들이 활기찬 공동체를 이루고 있는 본고장이다. 박물관과 미술관에서 연중 내내 전시회를 주최한다. **184윈드미어 파크 내 파크 파빌리온은 다양한 음악 행사를 선사한다.** 장소가 넓고 음악회는 항상 무료이다.

181, 183 (C)히스토릭 디스트릭트에는 카운티 코트하우스, 벨라 마켓 등을 비롯해 주에서 가장 오래되고 흥미로운 건물들이 있다. **183 (D)**지역 내에서 시티 투어 컴퍼니를 통해 가이드가 있는 버스 투어를 준비할 수 있다. **183 (B)자전거 대여소**는 메인 스트리트의 여행객 센터에서 찾을 수 있다.

181레오나 힐즈는 무니 카운티의 자연미를 보여준다. 무니 카운티 천연보호구는 이 지역의 주요 명소이다. 레오나 리버 밸리의 매우 아름다운 경관은 하이킹 코스에서 감상할 수 있다.

어휘　district 지구, 지역　dining 식사　top-rated 가장 인기 있는　eatery 식당　neighborhood 인근　a wide selection of 다양하게 선택할 수 있는　ethnic 민족의　cuisine (고급) 요리　vibrant 활기찬　exhibition 전시회　year-round 일 년 내내　a range of 다양한　venue 장소　showcase 보여주다, 공개하다　natural beauty 자연미　nature preserve 천연보호구　attraction 명소　exquisite 매우 아름다운　hiking trail 하이킹 코스

공지: 무니 카운티 퍼레이드

183 (C)인기 있는 이 연례 행사가 오는 토요일 정오부터 카운티 코트하우스에서 열립니다. 평소대로 퍼레이드 그룹이 킬 스트리트까지 가두 행진하고 로렐 로드에서 반환점을 돕니다. 경로는 윈드미어 파크에서 끝납니다. **184퍼레이드가 끝나면 오후 2시 파크 파빌리온에서 산티아고 하트 밴드의 공연이 예정되어 있습니다.** 퍼레이드의 많은 부문에서 상위를 차지한 참가자들에게 상도 시상할 예정입니다.

관계당국은 임시 도로 봉쇄로 퍼레이드 경로 인근에서 차량들이 우회해야 하며 거리 주차는 매우 제한될 예정임을 시민들에게 알리고 있습니다. **185관중들은 셔틀 버스 서비스 이용을 장려합니다.** 셔틀 버스는 오전 10시 30분에 출발, 20분마다 종일 운행됩니다.

어휘　announcing 공지　as usual 평소대로　march down the street 가두 행진하다　be scheduled to ~하도록 예정되어 있다　perform 공연하다　recognize 인정하다　official 관계자　encounter 맞닥뜨리다　detour 우회　in the vicinity of ~의 근처에서　temporary 일시적인　road closure 도로 봉쇄　spectator 관중, 구경꾼　be encouraged to ~하도록 장려되다

---

181 추론 / 암시

번역 웹사이트는 누구를 대상으로 하겠는가?

(A) 무니 카운티 방문객
(B) 부동산 개발업체
(C) 퍼레이드 참가자
(D) 정부 관계자

해설 웹사이트 전반에 걸쳐 무니 카운티 지역(Mooney County Districts)의 가볼 만한 곳을 소개하고 있으므로, 무니 카운티 방문객을 위한 웹사이트임을 유추할 수 있다. 따라서 정답은 (A)이다.

---

182 세부 사항

번역 웹사이트에 따르면, 하버 디스트릭트에서는 무엇이 제공되는가?

(A) 가이드가 있는 버스 투어
(B) 다양한 식사 선택사항
(C) 경관이 좋은 산책로
(D) 유명한 건축유적

해설 웹사이트 첫 번째 단락에서 하버 디스트릭트는 가장 인기 있는 식당 및 밤문화로 유명하며 힐버 스트리트를 따라가면 찾을 수 있는데, 인근 지역은 다양한 민족별 요리를 제공하는 것으로 유명하다(The Harbor District, known for its top-rated eateries and nightlife, can be found along Hilver Street. The neighborhood is famous for offering a wide selection of ethnic cuisines)고 했다. 따라서 다양한 요리를 즐길 수 있는 곳임을 알 수 있으므로, 정답은 (B)이다.

어휘 a variety of 다양한　scenic 경치 좋은　architectural site 건축유적

▶▶ **Paraphrasing**　지문의 a wide selection of
→ 정답의 a variety of

183 연계

번역 히스토릭 디스트릭트에 대해 암시되지 않은 것은?

(A) 역사 박물관의 중심지이다.
(B) 자전거를 타기에 적합하다.
(C) 퍼레이드가 매년 이곳에서 시작된다.
(D) 버스 투어가 제공된다.

해설 웹사이트 세 번째 단락 마지막 문장의 자전거 대여소는 메인 스트리트의 여행객 센터에서 찾을 수 있다(Bicycle rentals can be found at the Visitor Center on Main Street)를 통해 (B)를, 첫 번째 문장의 '히스토릭 디스트릭트에는 카운티 코트하우스, 벨라 마켓 등을 비롯해 주에서 가장 오래되고 흥미로운 건물들이 있다(The Historic District has some of the oldest and most interesting buildings in the state, including the County Courthouse and Bella's Market)와 공지 첫 단락 첫 번째 문장의 인기 있는 이 연례 행사가 오는 토요일 정오부터 카운티 코트하우스에서 열린다(This popular annual event will be held next Saturday starting at noon at the County Courthouse)'를 통해 (C)를, 웹사이트 세 번째 단락 두 번째 문장의 지역 내에서 시티 투어 컴퍼니를 통해 가이드가 있는 버스 투어를 준비할 수 있다(Guided bus tours through this area can be arranged through the City Tour Company)를 통해 (D)를 확인할 수 있다. 따라서 정답은 언급되지 않은 (A)이다.

어휘 suitable for ~에 적합한

> **▶▶Paraphrasing**
> 지문의 This popular annual event will be held ~ at the County Courthouse.
> → 보기의 A parade begins there every year.
> 지문의 Guided bus tours through this area can be arranged
> → 보기의 Bus tours are offered there.

184 연계

번역 퍼레이드 이후에 있을 음악 공연에 대해 명시된 것은?

(A) 지역 음악가들의 재능을 보여준다.
(B) 대중에게 무료 개방된다.
(C) 레오나 힐즈에서 열릴 예정이다.
(D) 상을 받은 밴드가 나온다.

해설 공지 첫 단락 중반부에서 퍼레이드가 끝나면 오후 2시 파크 파빌리온에서 산티아고 하트 밴드의 공연이 예정되어 있다(After the parade, the Santiago Heart band is scheduled to perform at 2:00 p.m. at the Park Pavilion)고 했으므로 파크 파빌리온에서 밴드 공연이 있음을 알 수 있다. 웹사이트 두 번째 단락 마지막 두 문장에서 밴드 공연이 있을 파크 파빌리온에 대해 확인할 수 있는데 '윈드미어 파크 내 파크 파빌리온은 다양한 음악 행사를 선사하며 장소가 넓고 음악회는 항상 무료(shows are always free)라고 했다. 따라서 무료로 공연을 관람할 수 있음을 알 수 있으므로, 정답은 (B)이다.

185 세부 사항

번역 공지에서는 무엇을 추천하는가?

(A) 공사 중인 윈드미어 파크 지역 피하기
(B) 퍼레이드를 가장 잘 보려면 로렐 로드를 따라가기
(C) 교통량을 최소화하기 위해 대중교통 이용하기
(D) 시장 방문을 위해 일찍 도착하기

해설 공지의 두 번째 단락 후반부에서 관중들에게 셔틀 버스 서비스 이용을 장려하고(Spectators are encouraged to use the shuttle bus service) 있으므로, 정답은 (C)이다.

> **▶▶Paraphrasing**
> 지문의 use the shuttle bus service
> → 정답의 Take public transportation

186-190 신용카드 명세서 + 이메일 + 이메일

에두아르도 블랑케라	2페이지
계좌번호: XXXX XXXX XXXX 8191	7월 3일 – 8월 2일

구매내역		
186날짜	**186**판매업체	금액
7월 5일	르 쁘띠 바투 카페	40.05
7월 8일	마이어스 맨즈 샵	48.25
7월 11일	미드타운 시티 식당	24.11
7월 17일	세타 레스토랑	33.88
1877월 21일	하모니엄 기프트	37.50
7월 30일	이타카 식당	56.60
8월 2일	뉴웨이브 사무용품	99.87

어휘 purchase 구매 vendor 판매업체 amount 금액 eatery 식당 office supplies 사무용품

수신: customerservice@harmoniumgifts.com
발신: eblanquera@mynet.com
날짜: 8월 5일
제목: 잘못된 요금 부과

담당자께,

187지난달 하모니엄 기프트에서 제 신용카드에 부과한 금액과 관련하여 메일 드립니다. 저는 면 스카프를 전화 주문했고 37.50달러의 금액이 부과됐는데요. 온라인 카탈로그에 **188**표시된 스카프 가격은 30.00달러였습니다. 일반 배송비는 10.00달러라는 사실은 알고 있지만, 저는 25.00달러 이상 주문에 주어지는 특별 무료배송 혜택을 받았습니다.

189제 주문을 검토하시고 구매 건보다 과잉 청구된 금액을 반영하여 7.50달러를 환불해 주시면 감사하겠습니다.

에두아르도 블랑케라

어휘 in reference to ~와 관련하여 charge 요금 place an order 주문하다 shipping rate 배송비 a special offer 특가 제공 free shipping 무료배송 refund 환불 overcharge 과잉 청구

수신: eblanquera@mynet.com
발신: ftaylor@harmoniumgifts.com
날짜: 8월 8일
제목: 귀하의 문의사항

블랑케라 씨께,

8월 5일에 귀하의 신용카드 대금에 관한 문의 이메일을 주셔서 감사합니다. **189**저희 기록에 따르면, 저희에게 구매하신 제품을 선물 포장해 달라고 요청하셨습니다. 추가 요금은 저희 표준 선물 포장비를 반영하고

있습니다. 전화 판매원이 통화 마지막에 전체 금액을 분명히 해 두었어야 했는데, 오해가 있었다면 정말 죄송합니다. **190저희 쪽 실수를 바로잡기 위해 본 주문 건에 대해 5달러를 입금해 드리거나 추후 주문 건(최소 40달러 이상 구매)에 대해 15달러를 할인해 드리고자 합니다.** 어느 쪽을 원하는지 알려주시면 즉시 처리해 드리겠습니다. 늘 그렇듯 거래에 감사드리며 향후에 다시 모실 수 있기를 바랍니다.

프레다 테일러
판매 관리자
하모니엄 기프트

> 어휘 inquiry 문의 gift wrap 선물 포장하다 reflect 반영하다 standard 표준 apologize 사과하다 misunderstanding 오해 sales representative 판매원 remedy 바로잡다 credit 입금 discount 할인 process 처리하다 right away 즉시 as always 늘 그렇듯

186 세부 사항

번역 블랑케라 씨는 7월에 신용카드를 어디에 가장 자주 썼는가?

(A) 사무용품
(B) 의류
(C) 선물
(D) 식사

해설 신용 카드 명세서의 7월 지출 내역 6건 중 7월 5일 Le Petit Bateau Café, 7월 11일 Midtown City Diner, 7월 17일 Theta Restaurant, 7월 30일 Ithaca Eatery를 통해 식사에 자주 신용카드를 사용했음을 알 수 있으므로, 정답은 (D)이다.

187 연계

번역 블랑케라 씨는 하모니엄 기프트와 언제 통화했는가?

(A) 7월 3일
(B) 7월 21일
(C) 8월 5일
(D) 8월 8일

해설 블랑케라 씨가 쓴 첫 번째 이메일에서 지난달 하모니엄 기프트에 제 신용카드에 부과한 금액과 관련하여 메일을 쓴다면서 면 스카프를 전화 주문했고 37.50달러의 금액이 부과됐다(I am writing in reference to a charge placed on my credit card by Harmonium Gifts last month. I had placed a telephone order for a cotton scarf and was charged $37.50)고 했다. 전화로 하모니엄 기프트의 스카프를 주문했다는 것을 알 수 있다. 신용카드 명세서를 통해 하모니엄 기프트에 전화 주문한 날이 7월 21일임을 확인할 수 있으므로, 정답은 (B)이다.

188 동의어 찾기

번역 첫 번째 이메일 첫 번째 문단, 세 번째 줄에 나오는 "listed"와 의미상 가장 가까운 것은?

(A) 순위에 오른
(B) 명확한
(C) 제공된
(D) 확인된

해설 온라인 카탈로그에 표시된 스카프 가격은 30.00달러였다(even though the price listed for the scarf in the online catalog is $30.00)는 의미이므로 여기서 listed는 문맥상 '(명부나 표에) 표시된, 실려 있는'이라는 뜻이 자연스럽다. 따라서 정답은 (C) provided(제공된)이다.

189 연계

번역 하모니엄 기프트는 선물 포장비로 얼마를 청구하는가?

(A) 5.00 달러
(B) 7.50 달러
(C) 10.00 달러
(D) 15.00 달러

해설 테일러 씨가 쓴 두 번째 이메일에서 기록에 따르면, 블랑케라 씨가 구매한 제품을 선물 포장해 달라고 요청했으며, 추가 요금은 표준 선물 포장비를 반영하고 있다(According to our records, you asked us to gift wrap your purchase. The additional charge reflects our standard gift wrapping rate)고 했으므로, 블랑케라 씨에게 청구된 추가 요금은 선물 포장비임을 알 수 있다. 블랑케라 씨가 쓴 첫 번째 이메일에서 구매 건보다 과잉 청구된 금액을 반영하여 7.50달러를 환불해 달라(I would appreciate it if you could review my order and give me a refund of $7.50, which would reflect the overcharge on my purchase)고 했다. 따라서 선물 포장비(추가 요금)가 7.50 달러였음을 확인할 수 있으므로, 정답은 (B)이다.

190 세부 사항

번역 테일러 씨는 블랑케라 씨에게 어떤 정보를 요구하는가?

(A) 어떤 형태의 보상을 선호하는지
(B) 어떤 판매원과 통화했는지
(C) 어떤 품목을 선물 포장해야 하는지
(D) 환불 금액을 어디로 보낼지

해설 테일러 씨가 쓴 두 번째 이메일 후반부에서 실수를 바로잡기 위해 본 주문 건에 대해 5달러를 입금해 주거나 추후 주문 건(최소 40달러 이상 구매)에 대해 15달러를 할인해 주겠다면서 어느 쪽을 원하는지 알려주면 즉시 처리하겠다(In order to remedy our mistake, I would like to offer you a $5.00 credit on this order or a $15.00 discount on a future order (minimum purchase of $40.00). Please let me know which you would prefer and I will process it right away)고 했다. 둘 중 선호하는 보상 형태를 알려달라고 요청하고 있으므로, 정답은 (A)이다.

> ▶▶Paraphrasing 지문의 a $5.00 credit on this order or a $15.00 discount on a future order
> → 정답의 form of compensation

191-195 안내 책자 + 이메일 + 주차권

엘몬트 타운십
평생교육 강좌 – 5월

192 (A), (C) 평생교육 강좌가 18세 이상의 엘몬트 타운십 거주자 전원을 대상으로 열립니다. 강좌는 별도 고지가 없는 한 엘몬트 커뮤니티 칼리지 캠퍼스에서 개최됩니다. **192 (B)** 등록, 비용, 결제에 관한 정보는 본 책자 2페이지를 참조하십시오.

193 부동산 자격증 취득하는 법	취미 사진과 상업 사진
매주 월요일 오후 6시-9시	매주 화요일, 오후 7시-9시
스탠튼 홀, 114 강의실	스탠튼 홀, 114 강의실
193 강사: J. 에쿠아, 타운앤컨트리 부동산 협회	강사: B. 차오, 프리랜서 사진작가
소기업 경영하기: 당신이 알아야 할 것들	차량 관리
매주 월요일, 오후 7시-9시	5월 22일, 24일 오전 9시-오후 1시
갤러거 라이브러리, 306 강의실	엘몬트 직업고등학교, 자동차 정비소
강사: K. 노비츠키, 소기업 개발 관리	**191 강사: R. 수마왕**, 수마왕 브라더스 자동차 수리

어휘 continuing education 평생교육, 성인교육 resident 주민 aged ~ and over ~세 이상의 unless otherwise noted 별도 고지가 없는 한 registration 등록 qualify for ~의 자격을 얻다 real estate 부동산 license 면허, 자격증 profit 수익 small business 소기업 car care 차량 관리 vocational 직업과 관련된 auto shop 자동차 정비소

수신: 젤다 오하욘 [외 14명]
발신: 빌 오툴 〈w.otoole@elmont.gov〉
제목: 강의 취소
날짜: 5월 23일

여러분 안녕하십니까.

193 에쿠아 씨가 **194** 처리해야 할 급한 일이 생겨 내일 강좌를 취소하고 다시 일정을 잡는다고 여러분께 알려드릴 것을 요청했습니다. **195** 날짜를 알게 되는 대로 이메일을 통해 알려드릴 예정이며, 현재 갖고 계신 주차권은 더 이상 유효하지 않아 임시 주차권을 보내 드리겠습니다. 불편을 끼쳐 죄송합니다.

빌

어휘 emergency 비상사태 attend to ~을 처리하다 cancel 취소하다 reschedule 일정을 다시 잡다 temporary 임시의 parking pass 주차권 currently 현재 no longer 더 이상 ~ 않다 valid 유효한 apology 사과 inconvenience 불편

엘몬트 커뮤니티 칼리지 주차당국
195 임시 주차권 – 당일에 한해 유효

A 구역
195 유효기간: 5월 27일
입차 시각: 오후 6시 45분

* 주차권은 반드시 차량 계기판 위에 외부에서 보이도록 놓아 주십시오.

어휘 authority 당국 good for ~ 동안 유효한 time stamp 문서를 받은 시각을 표시하는 것 dashboard 계기판 be visible from ~에서 보이다

---

191 추론 / 암시

번역 R. 수마왕은 누구이겠는가?

(A) 대학교수
(B) 시 직원
(C) 고등학교 교사
(D) 지역 업체 소유주

해설 안내 책자 중 차량관리(Car Care)의 강사: R. 수마왕, 수마왕 브라더스 자동차 수리(Instructor: R. Sumaoang, Sumaoang Brothers Auto Repair)를 통해 R. 수마왕 씨는 자동차 수리 업체를 운영한다는 것을 유추할 수 있으므로, 정답은 (D)이다.

192 추론 / 암시

번역 평생교육 강좌 참가자들에 대해 암시되지 않은 것은?

(A) 최소 연령이 18세이다.
(B) 등록비를 지불했다.
(C) 엘몬트 타운십에 거주한다.
(D) 엘몬트 커뮤니티 칼리지 졸업생이다.

해설 안내 책자 첫 단락의 평생교육 강좌가 18세 이상의 엘몬트 타운십 거주자 전원을 대상으로 열린다(Continuing Education classes are open to all residents of Elmont Township aged 18 and over)를 통해 (A)와 (C)를, 등록, 비용, 결제에 관한 정보는 본 책자 2페이지를 참조하라(For registration, fees, and payment information, please see page 2 of this brochure)를 통해 (B)를 확인할 수 있다. 따라서 정답은 언급되지 않은 (D)이다.

▶▶ Paraphrasing 지문의 aged 18 and over
→ 보기의 at least 18 years old
지문의 all residents of Elmont Township
→ 보기의 live in Elmont Township

193 연계

번역 오하욘 씨는 무엇에 관심이 있는가?

(A) 부동산
(B) 경영
(C) 사진
(D) 차량 관리

해설 오툴 씨가 오하윤 씨에게 쓴 이메일 첫 문장에서 '에쿠아 씨가 처리해야 할 급한 일이 생겨 내일 강좌를 취소하고 다시 일정을 잡는다고 알려줄 것을 요청했다(Ms. Ekua asked me to let everyone know that an emergency came up that she needs to attend to, so tomorrow's class has been canceled and will be rescheduled)고 했으므로 오하윤 씨는 에쿠아 씨의 강좌를 신청했다는 것을 알 수 있다. 따라서 안내 책자를 참고로 에쿠아 씨의 강좌를 확인해야 한다. 안내 책자 중 '부동산 자격증 취득하는 법(How to Qualify for Your Real Estate License)'과 '강사: J. 에쿠아(Instructor: J. Ekua)'를 통해 에쿠아 씨가 부동산 관련 강좌를 한다는 것을 알 수 있으므로, 정답은 (A)이다.

194 동의어 찾기

번역 이메일 첫 번째 문단, 두 번째 줄에 나오는 "attend to"와 의미상 가장 가까운 것은?

(A) 듣다
(B) 시중들다
(C) 처리하다
(D) 참석하다

해설 에쿠아 씨가 처리해야 할 급한 일이 생겨 내일 강좌를 취소하고 다시 일정을 잡는다(an emergency came up that she needs to attend to, so tomorrow's class has been canceled and will be rescheduled)라는 의미로 해석되는데, 여기서 attend to는 문맥상 '처리하다, 돌보다'라는 의미가 자연스러우므로, 정답은 (C) take care of(돌보다, 처리하다)이다.

195 연계

번역 일정이 조정된 강좌는 며칠에 열렸는가?

(A) 5월 22일
(B) 5월 23일
(C) 5월 24일
(D) 5월 27일

해설 오툴 씨가 쓴 이메일 두 번째 문장에서 날짜를 알게 되는 대로 이메일을 통해 알려줄 예정이며, 현재 갖고 있는 주차권은 더 이상 유효하지 않아 임시 주차권을 보내겠다(As soon as we know the date, we'll let you know by e-mail and send you a temporary parking pass because the one you currently have will no longer be valid)면서 조정된 강좌일에 사용 가능한 임시 주차권을 보내준다고 언급하고 있다. 따라서 조정된 강좌일은 임시 주차권(TEMPORARY PASS)이 유효한 날짜(Valid: May 27)와 같은 날임을 알 수 있으므로, 정답은 (D)이다.

196-200 이메일 + 공고 + 주문서

발신: 진 무마스
197수신: 카딤 나크라
196제목: 운수업체
날짜: 6월 1일

나크라 씨, 안녕하세요.

저희 20에이커 가족 농장에서 재배한 신선한 채소, 딸기류 과일, 꽃, 허브 등의 배송을 신청해 주셔서 무척 기쁩니다. 귀하와 귀하의 고객께서 저희가 제공해 드리는 농산품에 만족하실 거라고 장담합니다.

197귀하의 매장은 저희가 새로 거래하는 지역이어서, 저희 우수한 농산품이 신규 시장에 진입하리라 기대하고 있습니다. **196**선호하는 운수업체가 있다면 말씀해 주십시오. **197**샌턴에 기반을 둔 저희 운전기사들은 앨런타운으로는 가지 않습니다. 귀하에게 최대한 순조로운 서비스를 제공할 수 있도록 선택해 주신 업체와 기꺼이 협력하겠습니다.

보내주실 제안사항에 대해 미리 감사의 말씀을 드립니다.

진 무마스

어휘 trucking company (트럭) 운수업체 sign up for ~를 신청하다 delivery 배송 family-owned 가족이 소유한 assure 장담하다, 확인하다 produce 농산품 quality produce 우수한 농산품 enter a new market 신규 시장에 진입하다 preferred 선호되는 based in ~에 기반을 둔 suggestion 제안

샵 프레쉬 마켓

금주의 새 상품

6월 26일 토마스 그린즈 농장 농산품

고객 여러분, 저희 농산품 코너에 최신 상품이 있으니 주목해 주시기 바랍니다. 여러분께서 갓 수확한 신선한 지역 과일 및 채소를 요청하셔서, **198**여기서 한 시간 거리인 카니에 있는 토마스 그린즈 농장에서 들여왔습니다.

199

√ 덩굴에 달린 토마토   √ 어린 가지
√ 노란 옥수수   √ 황색 양파 (낱개)
√ 신선한 허브 (바질, 백리향, 오레가노)

가을에는 이거튼의 브리지 워터 과수원에서 나는 과일을 가져올 예정입니다. 요청이 있으시면 말씀해 주십시오.

어휘 fresh market 청과시장 draw one's attention ~의 이목을 끌다 harvest 수확하다 vine 덩굴 eggplant 가지 loose 묶여 있지 않은, 낱개로 된 thyme 백리향 request 요청

토마스 그린즈 농장	주문서

197 고객	샵 프레쉬 마켓
주문일자	6월 30일
199 배송일자	7월 3일

주문 세부사항

199 지난주 주문에 아래의 변경사항을 반영하여 재주문
- 금주에는 가지와 신선한 허브는 필요 없습니다.
200 - 낱개 양파 대신 자루에 담긴 양파를 보내주세요.
(우리에게 보여주었던 견본처럼 6개 정도 한 묶음)
- 주문에 녹색 방울다다기양배추 두 상자 추가해 주세요.
추신: 콘 트럭킹의 배송에 문제가 있으면 이야기해 달라고 말씀하셨는데, 아무런 문제가 없습니다. 제때 배송됐고 기사는 친절했으며 농산품 상태도 좋습니다.

197 성명	카딤 나크라, 농산품부 관리자
서명	카딤 나크라

어휘 order form 주문서   burlap bag 자루   bunch 묶음
crate 상자   Brussels sprout 방울다다기양배추   be on time 시간을 잘 지키다   courteous 정중한, 친절한   in good condition 상태가 좋은

196 주제 / 목적

번역 무마스 씨가 이메일을 보낸 이유는?
(A) 신상품을 광고하려고
(B) 추천을 요청하려고
(C) 배송 견적서를 요청하려고
(D) 방침 변경에 대해 불만을 제기하려고

해설 이메일의 제목 운수업체(Trucking company)와 두 번째 단락에서 선호하는 운수업체가 있다면 말해달라(Please let me know if you have a preferred trucking service)고 했다. 따라서 운수업체 추천을 받기 위해 이메일을 썼음을 알 수 있으므로, 정답은 (B)이다.

197 연계

번역 샵 프레쉬 마켓은 어디에 위치해 있겠는가?
(A) 샌튼
(B) 앨런타운
(C) 카니
(D) 이거튼

해설 무마스 씨가 나크라 씨에게 쓴 이메일의 두 번째 단락에서 귀하의 매장은 새로 거래하는 지역이어서, 저희 우수한 농산품이 신규 시장에 진입하리라 기대하고 있다(Your store is in an area that is new to us, and we are looking forward to our quality produce entering a new market)고 했으며, 샌튼에 기반을 둔 저희 운전기사들은 앨런타운으로는 가지 않는다(Our usual drivers, based in Santon, do not go out to Allentown)다고 했으므로, 나크라 씨의 매장은 앨런타운에 있다고 유추할 수 있다. 주문서(Order Form)를 통해 나크라 씨가 샵 프레쉬 마켓(Customer: Shop Fresh Market)의 상품 부서 관리자(Manager, Produce Department)라는 것을 확인할 수 있으므로, 정답은 (B)이다.

198 사실 관계 확인

번역 공고에서 토마스 그린즈 농장의 농산품에 대해 명시된 것은?
(A) 비교적 마켓 가까운 곳에서 재배된다.
(B) 다른 상품보다 건강에 더 좋다.
(C) 다음 달부터 입고될 예정이다.
(D) 1주일 동안 할인할 예정이다.

해설 공고의 첫 단락 마지막 문장에서 여기서 한 시간 거리인 카니에 있는 토마스 그린즈 농장에서 들여왔다(We're bringing these to you from Thomas Greens Farm, located just one hour from here in Carney)고 했다. 따라서 토마스 그린즈 농장이 매장 가까이에 있음을 알 수 있으므로, 정답은 (A)이다.

어휘 relatively 비교적   healthful 건강에 좋은   in stock 재고가 있는

▶▶ Paraphrasing   지문의 **located just one hour from here**
→ 정답의 **relatively near the market**

199 연계

번역 샵 프레쉬 마켓은 7월 3일에 무엇을 받겠는가?
(A) 가지
(B) 허브
(C) 옥수수
(D) 상추

해설 7월 3일(Delivery date: July 3) 주문서에서 지난주 주문에 아래의 변경사항을 반영하여 재주문한다면서, 금주에는 가지와 신선한 허브는 필요 없다(Repeat last week's order with the following changes: -No eggplants or fresh herbs needed this week)고 했으므로, 지난주 주문과 다른 변경사항이 있음을 알 수 있다. 따라서 지난주 주문품을 보여주는 공고를 참고로 이번 주 받게 될 농작물을 유추할 수 있다. 공고의 덩굴에 달린 토마토(Tomatoes on the vine), 어린 가지(Baby eggplants), 노란 옥수수(Yellow corn), 황색 양파(낱개)(Yellow onions(loose), 신선한 허브 (바질, 백리향, 오레가노)(Fresh herbs(basil, thyme, and oregano))를 통해 보기 중 옥수수를 받는다는 것을 확인할 수 있으므로, 정답은 (C)이다.

▶▶ Paraphrasing   지문의 **Delivery date: July 3**
→ 질문의 **receive on July 3**

200 사실 관계 확인

번역 나크라 씨가 주문서에서 명시한 것은?
(A) 선호하는 물품 포장 방식이 있다.
(B) 지난주에 방울다다기양배추가 특히 잘 팔렸다.
(C) 콘 트럭킹의 서비스에 실망했다.
(D) 지난주 배송된 허브는 신선하지 않았다.

해설 나크라 씨가 작성한 주문서에서 낱개 양파 대신(약 여섯 개 묶음으로 보여주셨던 견본과 같은) 자루에 담긴 양파를 보내달라(Instead of loose onions, please send them in burlap bags(like the sample you showed us, about six to a bunch))고 했다. 양파 포장 방법에 대해 언급하고 있으므로, 정답은 (A)이다.

기출보다 더 좋은 수험서는 없다!

토익 출제기관 ETS가 독점 공개한 기출문제!
· 정기시험 기출 5세트
· ETS 표준 점수 환산표

정확하고 명쾌한 해설
· 정확하고 체계적인 문항 분석
· 상세하고 이해하기 쉬운 해설